Die Reise
des Kronprinzen Władysław Wasa

DIE REISE DES KRONPRINZEN

Władysław Wasa

IN DIE LÄNDER WESTEUROPAS

IN DEN JAHREN 1624/1625

Mit 91 zeitgenössischen
Kupferstichen

1988
Verlag C. H. Beck München

Herausgegeben und aus dem Polnischen übersetzt
auf der Grundlage der von Adam Przyboś besorgten polnischen Ausgabe von BOLKO SCHWEINITZ

Die vorliegende Ausgabe wurde auf der Grundlage des polnischen Originaltitels
›Podróż królewicza Władysława Wazy do krajów Europy Zachodniej w latach 1624–1625 w świetle ówczesnych relacji‹,
Wydawnictwo Literackie Kraków 1975, erarbeitet.

Die Einführungstexte (Das Leben des Kronprinzen Władysław; Materialien zur Reisebeschreibung) von A. Przyboś wurden von B. Schweinitz für diese Ausgabe gekürzt.
Das Personenregister und das Verzeichnis der geographischen Namen erstellte Petra Schweinitz.

ISBN 3 406 32726 5
Ausgabe für die Bundesrepublik Deutschland,
Berlin-West, die Schweiz und Österreich:
Verlag C. H. Beck, München 1988

Gesamtherstellung: Grafische Werke Zwickau
Schrift: Baskerville-Antiqua
Gestaltung: Lothar Gabler
Printed in the German Democratic Republic

Inhalt

Das Leben des Kronprinzen Władysław (bis 1624)

Władysław Wasa wurde am 9. Juni 1595 im königlichen Sommerpalais von Łobzów, einem Dorf bei Krakau, als erster Sohn von König Zygmunt III. und Anna von Habsburg, Tochter des österreichischen Erzherzogs Karl von Habsburg, geboren. Ihr zweiter Sohn Krzysztof starb 1598 gleich nach der Geburt, und auch die älteren Königstöchter starben, Katarzyna 1594 und Anna Maria, im Alter von sieben Jahren, 1600. Dies ist wohl der Grund dafür, daß – wie der zeitgenössische Historiker Stanisław Kobierzycki festhielt – Kronprinz Władysław vom überwiegenden Teil des polnischen Volkes als Thronfolger und Sproß der jagiellonischen Dynastie besonders geschätzt und verehrt wurde. Und Piotr Skarga, Hofprediger von Zygmunt III. und bekannter Schriftsteller, beglückwünschte den Vater und sagte seinem Sohn und der polnischen Krone in prophetischem Überschwang eine große Zukunft voraus. In seinen berühmten ›Sejm-Predigten‹ empfahl er dem Volk den dreijährigen Kronprinzen wiederholt als Thronfolger.

Man jubelte Władysław bereits als Kind in den Straßen von Warschau enthusiastisch zu, und sein Porträt, das ihn mit einem Kindersäbel in der Hand zeigte, war im ganzen Land bekannt.

Gegen Ende der frühen Kindheitsjahre und nach Verlust der Mutter im Jahr 1598 wurde der Kronprinz der strengen Obhut einer einflußreichen Hofdame und zugleich Vertrauten des Königs, Ursula Meierin, genannt Gienger, übergeben, deren Rolle am Königshof bis auf den heutigen Tag nicht ganz geklärt ist. Der Vater versäumte es nicht, ihn und die Söhne aus zweiter Ehe, trotz seiner Liebe zu ihnen, in aller Strenge zu erziehen. Im Jahr 1602 bestimmte der König den Danziger Kastellan Michał Konarski, einen preußischen Magnaten, zum Hofmeister des Kronprinzen. Kobierzycki schätzte Konarski nicht nur als einen Vertreter des adligen Standes, sondern auch als einen ausgeglichenen und ernsthaften Mann, der zudem der deutschen Sprache mächtig war. Kurz darauf erhielt Władysław einen eigenen Hof und eigene Lehrer. Selbst Piotr Skarga fügte 1603 in die Widmung zur Ausgabe seines Werkes ›Lebensläufe der Heiligen‹, das er speziell für den Kronprinzen verfaßt hatte, Lebensweisheiten und erzieherische Hinweise ein.[1] Da Władysław in der vom Katholizismus geprägten Atmosphäre des königlichen Hofes aufwuchs, machte er sich die Grundsätze des herrschenden Glaubens zu eigen.

Frühzeitig erlernte er auch die deutsche Sprache, war doch Fräulein Ursula eine Deutsche, und auch der Hofmeister Konarski, der aus Preußen stammte, beherrschte diese Sprache. Die Grundlagen des Lateinischen brachte ihm sicherlich Pfarrer Marek Łetowski bei. Sehr bald beherrschte der Kronprinz

König Zygmunt III. von Polen

um das Jahr 1605 aus: ›Ein angenehmes, regelmäßiges Gesicht mit zartrosa Haut, das wahre Bescheidenheit ausstrahlt, helles Haar, lebhafte Augen mit heiterem, aber jederzeit beherrschtem Blick, eine längliche Nase, die Haltung noch knabenhaft, die Gliedmaßen wohlgestalt, die Sprache voller Anmut. Mit seinem Auftreten nahm er in dieser Zeit vor allem die ältere Generation durch seine offensichtliche Liebe zum polnischen Volk für sich ein und auch, weil er sich bereits nach polnischer Manier zu kleiden pflegte.‹

Władysław pflegte sich zur Freude aller auch schon frühzeitig in der Öffentlichkeit zu zeigen, nahm an Gottesdiensten und Festlichkeiten des Königshofes teil und empfing Gesandtschaften. So war er beispielsweise bei der Trauung des Zaren Dmitri mit Maryna Mniszchówna im Jahr 1604 und bei der Hochzeit seines Vaters mit der Tante Konstanze im Jahr 1605 anwesend. Seit dem Krieg mit Rußland begann sich der junge auch die italienische Sprache, und das so gut, daß die Italiener ihn beinahe für ihren Landsmann hielten. Ab 1609 befaßte sich ein Zögling der Krakauer Akademie, Gabriel Prevancius, der aus der Gegend von Chełm stammte, systematisch und ernsthaft mit der Ausbildung des Kronprinzen. Er war vom König und sogar vom Sejm und Senat eingesetzt und bemühte sich, den Kronprinzen mit den Grundlagen von Wissenschaft und Kultur vertraut zu machen, insbesondere auf dem Gebiet der Geschichte. Für seine Bemühungen und Erfolge wurde er 1609 mit dem ehrenvollen Namen Władysławski geadelt. In die Geheimnisse der Kriegskunst führte den zukünftigen König der erfahrene Soldat Zygmunt Kazanowski ein, Starost von Kokenhausen und zugleich Gouverneur und Betreuer des Kronprinzen. Und wie sein Vater, verriet Władysław großes Interesse an bildenden Künsten, Gesang und Musik.

Und so sah Władysław nach Kobierzycki

Władysław IV. Wasa

Kaiser Ferdinand II.

Thronfolger deutlich für Staatsangelegenheiten zu interessieren, vor allem, als die russischen Bojaren, unzufrieden mit der Regierung des Zaren Wassili Schuiski, 1610, während des Smolensker Feldzuges, dem fünfzehnjährigen polnischen Kronprinzen die Zarenkrone antrugen. Verhandlungen von Hetman Stanisław Żółkiewski am 27. August 1610 vor Moskau begünstigten die Chancen. Doch Zygmunt III. war mit der Wahl seines Sohnes nicht einverstanden. ›Ich weiß nicht, warum er seine Zustimmung verweigerte‹, schrieb später Albrycht Stanisław Radziwiłł, ›manche glaubten, der König strebte selbst nach der Krone.‹[2] Als 1611 in Moskau ein Aufstand gegen die polnische Besatzung ausbrach, schloß sich diesem ein langjähriger Krieg an, an dem Kronprinz Władysław persönlich teilnahm. Bekanntlich beendete diesen Krieg ein Waffenstillstand, der am 3. Januar 1619 in Deulino unterschrieben wurde und zwischen Rußland und Polen eine Waffenruhe für vierzehn Jahre und sechs Monate vorsah.

Kronprinz Władysław erwarb in diesem Krieg große militärische und politische Erfahrungen und gewann auch einen größeren Überblick über staatliche Angelegenheiten. Außerdem warf die ihm angetragene, wenn auch nicht erhaltene Zarenkrone ihren Glanz auf ihn; Schmeichler konnten ihn den ungekrönten russischen Zaren nennen. Władysław selbst ließ sich bis 1634 als ›electus Magnus Dux Moscoviae‹ titulieren.

Bald darauf übernahm Władysław eine andere Mission. Als 1618 in Böhmen ein Aufstand gegen die Habsburger ausbrach, schloß sich auch die protestantische Bevölkerung des kaiserlichen Schlesien der Bewegung gegen die katholischen Habsburger an. Darauf bat der Erzherzog Karl von Habsburg, in den Jahren 1609–1624 Bischof von Breslau, der Bruder der polnischen Königinnen Anna und Konstanze, Władysławs Onkel also, den pol-

Kaiser Matthias I.

nischen König Zygmunt III., er möge seinen Sohn nach Neiße, der Hauptstadt des Herzogtums, schicken, um die schlesischen Stände davon abzuhalten, die böhmischen Aufständischen zu unterstützen. Zygmunt III., ein eifriger Katholik und Schwager des bedrohten Bischofs, willigte in die Reise des Sohnes nach Neiße unter dem Vorwand einer Wallfahrt zur Jasna Góra ein.

Władysław erreichte am 15. oder 16. Mai 1619 Neiße und blieb bis zum September des gleichen Jahres, nicht nur, weil er hier erkrankte, sondern um dem bedrohten Erzherzog Karl zu helfen. In dieser Zeit suchte ihn auch eine Abordnung von Schlesiern und Böhmen auf und trug ihm die böhmische Krone an. Darüber ist nur wenig bekannt, und man weiß auch nicht, von welchen böhmischen Emigrantenkreisen diese Initiative ausging. Allerdings hatte Władysław nach dem Tod des Kaisers Matthias – er starb am 20. März 1619 – in dieser Richtung durchaus reale Chancen. Der böhmische Antrag zeugte jedenfalls davon, daß der Kronprinz als tolerant galt und Polen sich des Rufs erfreute, ein Land zu sein, in dem Glaubensfreiheit herrschte. Doch mit Rücksicht auf seinen Vater reagierte Władysław nicht auf diese Initiative gewisser Kreise in Schlesien. In Neiße wiederum, wo sich die Schlesier mit den Böhmen verständigt und auch bereit erklärt hatten, sich an deren Landtag zu beteiligen, schlug Erzherzog Karl seinem Neffen vor, mit den polnischen Herren unter seiner Führung dem Kaiser zu Hilfe zu eilen und dafür die Besitztümer der aufständischen schlesischen Fürsten zu übernehmen. Nach dem Sieg des Kaisers sollten diese Ländereien gegen eine

Folterungen und Hinrichtungen von tschechischen Aufständischen in Prag 1621

Entschädigung wieder an den Erzherzog zurückfallen. Es ist nicht ausgeschlossen, daß dieser Plan mit Wissen des polnischen Königs von Władysław selbst vorgetragen wurde. Außerdem sollte eine gewisse Zahl von Kosaken, die sogenannten Lisowtschiki, in kaiserlichen Sold treten. Die Pläne wurden aber vom polnischen Sejm abgelehnt.

Auf die Nachricht von der Absetzung Kaiser Ferdinand II. durch die Böhmen und die Wahl Friedrichs zum König verließen Erzherzog Karl und Władysław am 27. September Neiße und befanden sich bereits am 7. Oktober in Warschau. Bei dieser Reise nach Schlesien wurde der Kronprinz vom Vertrauten des Königs, Albrycht Stanisław Radziwiłł, begleitet, der damals schon litauischer Vizekanzler war und Władysław als Betreuer und Berater zur Seite stehen sollte. Es lief damals nicht alles nach dem Wunsch von Radziwiłł, denn er beklagte sich bei Stefan Pac, dem damaligen litauischen Generalschreiber, daß er die Reise nach Neiße bedauere, weil er ›nicht alles dem Kronprinzen ausreden konnte, womit man ihn beschwatzet hatte‹. Dies war die erste Reise des polnischen Kronprinzen in westliche Länder und auch der erste Kontakt mit Schlesien gewesen.

Der Krieg gegen die Türken im Jahr 1620, die Niederlage von Cecora und der Tod des allgemein verehrten Hetmans Żółkiewski erschütterten das Land. Ein Jahr später nahm Władysław an dem Feldzug nach Chocim an der Spitze einer Armee von über 18000 Mann teil. Vom päpstlichen Nuntius Cosimo de Torres noch in Warschau mit einer Fahne mit weißem Adler und der Aufschrift ›pro gloria crucis‹ beschenkt, erreichte er in den ersten Septembertagen 1621 das Lager von Chocim. Dort erkrankte er am gelben Fieber, so daß er wohl kaum bis zu Ende aktiv an den Kämpfen teilnahm. Doch er schlichtete Streitigkeiten, beteiligte sich an Beratungen und sorgte für Ordnung und Disziplin im Lager. Der Sieg von Chocim war ganz sicher nicht allein sein Verdienst, wie man im Land darzustellen bemüht war, doch seine Popularität unter den Schlachtschitzen stieg zweifellos. Die Nachricht über den Sieg von Chocim verbreitete sich schnell in der ganzen christlichen Welt. Papst Urban VIII. (1623–1644) bestimmte aus diesem Grund den 10. Oktober sogar zum Feiertag und begrüßte Władysław später in Rom als Sieger und Verteidiger der Christenheit.

Papst Urban VIII.

In den folgenden Jahren sah es ganz so aus, als sorge sich der Vater des Kronprinzen bewußt darum, daß sein Sohn nicht über ihn hinauswachse. Wenn dieser auch für die Staatsgeschäfte Interesse verriet, zum Beispiel für den Streit der Jesuiten mit der Krakauer Akademie oder für den Krieg mit Schweden, so spielte er in den Jahren 1621–1624 keine größere Rolle. Entweder befand er sich zur Jagd in Litauen, oder er reiste mit dem Vater in Preußen herum, um den Bau

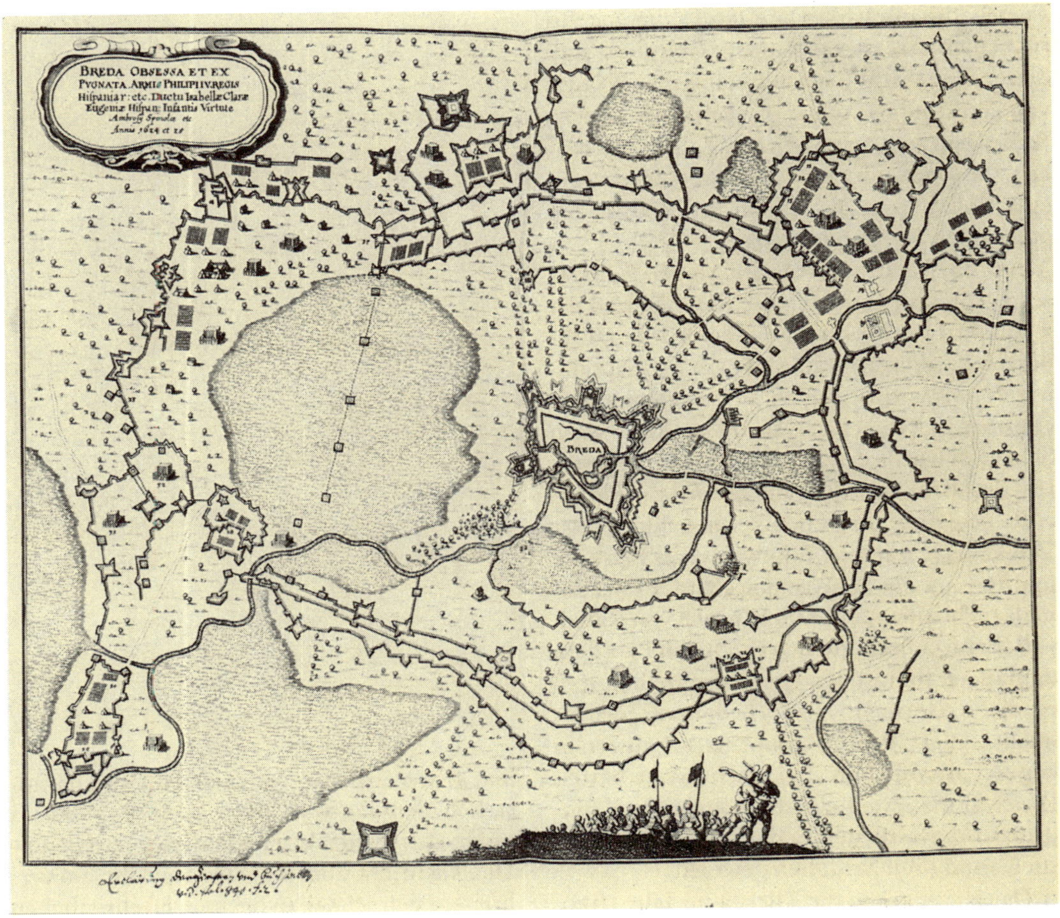

Die Belagerung Bredas durch die Spanier 1624/25

von Hafenanlagen zu besichtigen. Öfters kränkelte er auch in dieser Zeit, sicher machten ihm seine Nierensteine zu schaffen, was allgemeine Sorge und Befürchtungen um seine Zukunft weckte.

In dieser Zeit, Ende 1622, traf man Vorbereitungen für Władysławs Reise nach dem Westen. Der Kronprinz hatte wahrscheinlich schon früher daran gedacht und deshalb während seiner Krankheit im Lager von Chocim eine Pilgerfahrt nach dem wundersamen Loreto in Mittelitalien gelobt, um der Mutter Gottes für seine Genesung und den Sieg bei Chocim zu danken. Es nahte außerdem das Jubiläumsjahr in Rom. Nach A. S. Radziwiłł stammte der Plan zu einer solchen Reise von Władysław selbst: ›Als im Land alles ruhig war, äußerte er den Wunsch, fremde Völker zu besuchen, um an Reife und Erfahrung zu gewinnen.‹ Dies bestätigte auch S. Pac, als er schrieb: ›Schon lange dachte er daran und wünschte sich, eine solche Reise zu unternehmen, weshalb er sich auch rechtzeitig nach geeigneten Reisekameraden umsah.‹

Man kann sich leicht denken, weshalb Władysław eine solche Reise erwog. Im Land spielte er keine größere Rolle, nach dem Sieg von Chocim war er von einer aktiven Teilnahme am öffentlichen Leben ausgeschlossen. Es waren also nicht nur religiöse Gründe, die ihn in die Welt ziehen ließen. Und ganz sicher zog ihn der Westen auch deshalb an, weil er von ihm viel gehört und gelesen hatte. Söhne wohlhabender Adliger hatten seit Jahren ähnliche Reisen unternommen, um sich zu bilden. Den Kronprinzen interessierte außerdem die westliche Kriegskunst, wie etwa die berühmt gewordene Belagerung der niederländischen Festung Breda durch den spanischen Feldherrn Ambrogio di Spinola. Schließlich und endlich spielte hierbei wohl auch der Wunsch des 29jährigen Mannes nach Erlebnissen und Abenteuern mit. Nebenbei wollte er natürlich die mit den Wasas verwandten Monarchen und deren Familien besuchen und kennenlernen.[3] Bereits 1622 schien der König einverstanden mit der Reise seines Sohnes, denn er sah sich nach geeigneten Reisebegleitern um. Doch damals war die Sache noch nicht spruchreif und der König entweder selbst nicht ganz entschlossen oder von Dritten anders beraten. Und so hatte er die Entscheidung über die Reise angeblich dem Senat überlassen. Der Vorgang ist nicht ganz klar, obwohl Pac schreibt, daß der Senat ›nach der Sejmkonklusion anno 1622 am nächsten Tag in einer kleinen Frequenz‹ darüber beriet, und auch erwähnt, daß sich Primas Gembicki negativ zu dieser Angelegenheit geäußert habe. In Wirklichkeit war der Sejm 1622 überhaupt nicht zusammengetreten, die Beratung muß also zu einem anderen Zeitpunkt stattgefunden haben.

Der König jedenfalls überlegte lange, ob ein persönlicher Kontakt seines Sohnes mit der Welt und anderen Monarchen seinen frischen Ruhm nicht schmälern, gar zur Rivalität führen, mehr Schaden als Nutzen für ihn und die Dynastie der Wasa bringen würde. Außerdem tobte in Deutschland ein blutiger Krieg, bei einer eventuellen Reise drohten Gefahren. Zügellose Söldnertruppen trieben sich auf den Landstraßen herum; es seien nur die polnischen Lisowtschiki genannt, mit denen der Kronprinz eine Begegnung übrigens nicht verhindern konnte. All diese Gründe bestärkten die Gegner der Reise in ihrer Ablehnung.

Doch Władysław beschloß, seinen Plan durchzusetzen. Er brachte vor allem politische Argumente vor, vermied es, mit den Senatoren über persönliche Dinge zu sprechen, vertraute sich nur noch seinem Freund Adam Kazanowski, der damals sein Kammerherr war, an und suchte Hilfe und Unterstützung bei seinen Verwandten, bei Kaiser Ferdinand II. und Erzherzog Karl, dem Bischof von Breslau. Beide wandten sich schriftlich an König Zygmunt und Königin Konstanze mit der Bitte, dem Kronprinzen die Erlaubnis zu erteilen, erst sie und dann weitere Länder besuchen zu dürfen. Angeblich wandte sich Władysław sogar an die spanische Infantin Isabella, Tochter von Philipp II., Statthalterin von Belgien, die ebenfalls den Wunsch äußerte, den Kronprinzen Władysław persönlich kennenzulernen. Nicht ohne Bedeutung waren die Meinungen verschiedener Ratgeber des Königs, die betonten, die Eigenschaften des Kronprinzen würden bei den Fremden, das heißt bei den ausländischen Fürsten und Königen, Bewunderung und Sympathie hervorrufen.

Schließlich gab der König nach zwei Jahren des Überlegens seine Zustimmung zur Reise seines Sohnes. Dabei dachte er nicht allein an die Bildung des Kronprinzen, sondern er vertraute ihm auch verschiedene diplomatische Aufgaben an. Zu diesem Zweck schrieb Zygmunt III. am 15. Mai 1624 mehrere Empfehlungsbriefe, unter anderem an den Bischof von Passau, Erzherzog Leopold von Habsburg, an die Infantin Isabella, an die bayrischen Kurfürsten Wilhelm und Maximilian I., an Kaiser Ferdinand II. und Kaiserin Eleonore sowie an Kardinal Cosimo de Torres. Verschiedenen Schreiben fügte Königin Konstanze noch eigene Briefe hinzu.

Radziwiłł, der ›Reiseleiter‹, empfing einge-

Brandschatzung und Plünderung niederländischer Dörfer durch spanische Söldner

hende Instruktionen, außerdem wurden er und der Kronprinz mit ›Geleitbriefen‹ (litterae passus) versehen. In Neiße, der Residenz des Breslauer Bischofs Erzherzog Karl von Habsburg, sollte der Kronprinz besondere Vorsicht walten lassen und sich den Wünschen des Bischofs unterordnen, wenn dieser etwa mit ihm nach Wien reisen wollte. Wir können uns denken, daß es dem König darum ging, das Breslauer Bistum für seinen Sohn Karol Ferdynand zu sichern. In Wien, so war Władysław aufgetragen, sollte er die freundschaftlichen Bande festigen, da diese nicht allein auf verwandtschaftlichen, sondern auch auf gemeinsamen politischen Interessen basierten. Kanzler Radziwiłł aber hatte außerdem die Aufgabe, die unangenehmen Vorkommnisse im Zusammenhang mit den Söldnertruppen zu klären, die in kaiserlichen Ländern, insbesondere in Schlesien und Mähren, marodierten und brandschatzten. Doch darüber wird eingehender in der Instruktion berichtet, die Radziwiłł erhielt. In den spanischen Niederlanden, in Brüssel, sollte er mit der Infantin Isabella engere Kontakte aufnehmen. Man kann daraus entnehmen, daß es Zygmunt III. darum ging, bei seinen Bemühungen um die schwedische Krone durch Spanien unterstützt zu werden. Daneben sah die Instruktion vor, daß Radziwiłł der Infantin bei privaten Audienzen seine Mission näher erläuterte. Die Besuche in Rom, Florenz und Venedig besaßen, wie aus der Instruktion hervorgeht, ausschließlich Höflichkeitscharakter.

Für die Reise erhielt Władysław von seinem Vater 100000 Dukaten, von der Königin 4000, und aus seinen eigenen Bezügen bestimmte er außerdem noch 70000 Dukaten, insgesamt eine ansehnliche Summe. Sie reichte trotzdem nicht aus, so daß die Königin nach seiner Rückkehr nochmals 8000 Dukaten[4] zur Deckung der Schulden zahlte.

Mit welchem Schatz an Wissen und Erfahrungen begab sich Władysław auf die Reise nach dem Westen, wie sah er aus, wovon träumte er, wofür interessierte er sich?

Als Kronprinz Władysław durch Europa reiste, war er 29 Jahre alt, hatte zwei Kriege miterlebt, an mehreren Zusammenkünften des Sejm teilgenommen und einen Teil Schlesiens bereist. Voraus eilte ihm der Ruhm des Sieges von Chocim. Wenn er sich auch nicht der besten Gesundheit erfreute, so drängte es ihn doch, die Welt kennenzulernen, Abenteuer zu erleben. Angeborene Energie ließ ihn jeglichen Müßiggang vermeiden. Es zeichneten ihn auch noch weitere vorteilhafte Eigenschaften aus, die, wenn sie von Ausländern erwähnt werden, besonderes Gewicht erhalten. So charakterisierte ihn der Gesandte des spanischen Königs Philipp III., Abraham von Dohna, im Jahr 1612 wie folgt: ›Ein überaus hoffnungsvoller junger Mann, von der Natur mit allen Gaben versehen, mit stattlicher Figur, hoher Stirn, offen blickenden Augen, freimütigem, zugänglichem Wesen. Der Kronprinz beherrscht in Vollkommenheit vier Sprachen: Polnisch, Deutsch, Italienisch und Latein, verrät gute Kenntnisse in den humanistischen Wissenschaften und beschäftigt sich zur Zeit mit den Lehren der Rechtswissenschaft. Der junge Mann ist ein hervorragender Reiter und ein begeisterter Soldat, weshalb er sich auch der großen Verehrung seiner Landsleute erfreut. Es scheint überdies, daß er über eine für seine jungen Jahre ungewöhnliche Umsicht verfügt.‹ Und sein Betreuer und ›Reiseleiter‹, A. S. Radziwiłł, zählte zu den Eigenschaften des Kronprinzen neben der Kenntnis von vier Sprachen auch noch einen ›trefflichen Humor‹, ein ›großes Geschick bei Antworten‹, ›nachsichtiges, freundliches Verhalten gegen jedermann‹ sowie einen ›angeborenen Verstand‹.

Die Reisegesellschaft

Von größter Wichtigkeit war, unter welchem Schutz sich der junge Kronprinz auf die weite Reise begeben und wen man als Reisebegleitung bestimmen sollte: einmal, um seine Sicherheit zu garantieren, und zum anderen, um ihn selbst und das Königreich zu repräsentieren. Aus Sparsamkeitsgründen und um unterwegs strapaziöse Hofzeremonien zu vermeiden, sollte der Kronprinz incognito als Schlachtschitz Snopkowski reisen und erst an den ausländischen Höfen, insbesondere den habsburgischen, als polnischer Kronprinz auftreten.

A. S. Radziwiłł notierte, daß ›der König dem Kronprinzen drei Herren als Reisebegleiter zuweisen wollte, und zwar den litauischen Großmarschall J. S. Sapieha, den Hofmarschall des litauischen Großfürstentums K. Wiesiołowski und mich als dritten [...] Doch während sich die beiden anderen herausredeten [...] konnte ich nicht anders und mußte schließlich zusagen.‹ Radziwiłł, 1593 geboren, also ein paar Jahre älter als der Kronprinz, war seit 1623 Kanzler von Litauen. Als rechtschaffener, geistvoller und wohlgebildeter Mann genoß er das volle Vertrauen des Königs. Nicht ohne Grund nannte man ihn den ›Hüter des Gesetzes‹, und auch der Kronprinz war ihm herzlich zugetan. Was aber vor allem für ihn sprach, war die Tatsache, daß er als junger Mann Deutschland, Belgien, die Niederlande, Frankreich, die Schweiz und Italien bereist hatte, Länder also, die er jetzt in einer ganz anderen Mission aufsuchen sollte. Der junge Fürst hatte in Würzburg, Louvain und Bologna studiert, und nach S. Pac war es Kronprinz Władysław selbst, der auf Radziwiłł hingewiesen hatte, ›der als Hofmeister über seine und alle Regierungsgeschäfte Bescheid wissen sollte‹. Der junge Magnat übernahm die Funktion des ›Reiseleiters‹ mit einigem Widerstand, schrieb aber später voller Stolz, daß er zwei Jahre lang Lehrer des Kronprinzen Władysław gewesen sei. Aus der am Schluß angeführten königlichen Instruktion für den Kanzler werden seine Rolle und Aufgaben während der Reise im Detail erkennbar.

Den restlichen Teil der Reisegesellschaft wählte der Kronprinz selbst nach dem Grundsatz, daß ›in großer Zahl, entsprechend seinem Stande, zu reisen, wegen der ungünstigen Zeit und um Mittel einzusparen, nicht ratsam sei. Daher sollten nur jene in notwendiger Zahl mitreisen, die dem Kronprinzen unterwegs behilflich sein und bei den Fremden nicht nur ihm, sondern auch Seiner Majestät, dem König, und dem ganzen polnischen Volk große Ehre einbringen konnten‹. Als es soweit war, machte sich trotzdem eine ziemlich große Gesellschaft von über fünfzig Personen auf den Weg. Zu seinem näheren Kreis bestimmte der Kronprinz erfahrene und gebildete Leute, die bereits in der Welt herumgekommen waren und auch fremde Sprachen kannten: den schon erwähnten Stefan Pac und Łukasz Żółkiewski, den Starost von Kaluga und späteren Wojewoden von Bracław, der erst in Neiße zu der Reisegesellschaft stieß. Pac zeigte anfangs keine Neigung zu dieser Reise und schob die Indisponiertheit seiner Frau und häusliche Schwierigkeiten vor. Der König mußte die Hilfe und den Einfluß von Pfarrer Jakub Zadzik, damals Sekretär des Kanzlers und Bischof von Krakau, in Anspruch nehmen, um den hartnäckigen Litauer zu überzeugen. Zum weiteren engeren Kreis des Kronprinzen gehörten: Gerard Denhoff, ab 1643 Wojewode von Pommern; Adam Kazanowski, bester Freund des Kronprinzen, damals noch ohne Amt, später Kastellan von Sandomierz und Königlicher Hofmarschall; Samuel Rylski, 1642 Königlicher Kammerherr. In den Tagebüchern werden noch erwähnt ein gewisser R. Rożewski und M. Pigłowicki, über die weiter nichts bekannt ist, außer daß letzterer bald nach der Reise starb. Die Wache befehligte ›Dubreil aus Artois‹. ›Alle diese Personen saßen mit dem Kronprinzen an einem Tisch‹, erinnerte sich der litauische Kanzler.

Zur Reisegesellschaft gehörten auch noch einige Personen als ›Kammerherren‹, wie Mikołaj Czetwertyński, seit 1649 Kastellan von Minsk; Jan Giejsztor, später Starost von Kowno, der Chirurg Melchior; Kasper Nagot, der fließend Deutsch sprach, ein gewisser Dawid und schließlich jener Jan Hagenaw, von dem Radziwiłł schrieb, daß er eigentlich sein Diener gewesen sei, doch habe ihn der Kronprinz ganz einfach übernommen. Hagenaw ist Autor eines wenig bekannten, aber sehr wertvollen Tagebuches über die Reise des Kronprinzen, worüber noch berichtet werden soll.[5] Am 24. Juli 1624 nahm der Kronprinz außerdem in Wien den Doktor der Medizin, den Chirurgen Jeremiasz Golner in sein Gefolge auf.

Materialien zur Reisebeschreibung

Das Tagebuch von Stefan Pac

Die erhalten gebliebenen Materialien erlauben es, die Reise des Kronprinzen, Routen, Etappen, Abenteuer, die Interessen des Kronprinzen und der mit ihm reisenden Personen sowie die Reaktionen der Ausländer auf den Besuch des Königssohnes ziemlich genau zu beschreiben.

Das vollständigste Bild dieser bedeutsamen Reise schuf der Teilnehmer und Sekretär des Kronprinzen, Stefan Pac, der Ablauf und Ereignisse der Reise in polnischer Sprache in einem sorgfältig geführten Tagebuch festhielt.

Dieses handgeschriebene Tagebuch, das den Titel ›Acta publica seu Fasti Polonici a maio anni 1624 ad maium anni 1625‹ trug, wurde von dem Historiker Józef Kazimierz Plebański herausgegeben unter dem Titel: ›Bild der europäischen Höfe zu Beginn des XVII. Jahrhunderts, dargestellt im Tagebuch über die Reise des Kronprinzen Władysław, Sohn von Zygmunt III., nach Deutschland, Österreich, Belgien, der Schweiz und Italien im Jahr 1624–1625, aufgezeichnet von Stefan Pac, dem litauischen Hofschreiber und Referendar, Starost von Preny, der den Kronprinzen auf dieser Reise begleitete‹.

Stefan Pac (1587–1640) gehörte einer litauischen Adelsfamilie an, von der man in Italien zu berichten wußte, daß sie von der Florentiner Familie der Pazzi abstamme, die einst aus Italien nach Litauen gekommen sei. Mikołaj Pac, Stefans Vater, war Kammerherr von Brześć und starb 1595 in Krakau. Seine Mutter, Zofia Agata Sapieżanka, stammte aus einer Minsker Wojewodenfamilie. Stefan hatte noch sechs Geschwister, drei Brüder und drei Schwestern. Als junger Mann besuchte Stefan Pac Westeuropa und schrieb sich 1609 an der Universität von Padua ein. Unter anderem weilte er auch in Bologna. 1610 begleitete er Kronprinz Władysław nach Smolensk, wo er bei ›schwierigen Legationsgeschäften‹ vermittelte. Er avancierte der Reihe nach zum Königlichen Sekretarius, Generalschreiber und Generalreferendar von Litauen, zum Hofschatzmeister und 1635 schließlich zum Vizekanzler von Litauen. Und sowohl als Schatzmeister als auch als Vizekanzler spielte er unter der Regierung von Władysław IV. im Senat und am Hofe eine wichtige Rolle. Der König blieb ihm bis zum Lebensende wohlgesinnt und ließ sich von ihm noch 1638 in die Heilbäder von Baden begleiten. 1640 erlitt Pac einen Schlaganfall und verstarb am 19. November 1640. Beigesetzt wurde Stefan Pac in der Karmeliterkirche von Wilno, die er selber gestiftet hatte. Mehr über ihn erfahren wir aus seinem eigenen Text. Denn er beschrieb sehr ausführlich einige Jahre nach der Reise, auf jeden Fall nach 1632, den genauen Verlauf der Reise mittels der Notizen, die er sich unterwegs gemacht hatte. Für das handgeschriebene Tagebuch von Stefan Pac interessierte sich Józef Kazimierz Plebański, Pädagoge und Professor der Warschauer Hauptschule, der vor allem die polnische Geschichte des siebzehnten Jahrhunderts erforschte. 1854 veröffentlichte er in Breslau das Tagebuch von Stefan Pac. Plebański stammte aus Großpolen. Er studierte in Berlin bei Professor Leopold Ranke und arbeitete in der Königlichen Bibliothek. Der Direktor der Bibliothek, Heinrich Pertz, dem bekannt war, daß Plebański sich für Slawistik interessierte, wies ihn auf die Handschrift von Stefan Pac hin, die den Historikern des XIX. Jahrhunderts unbekannt war, da Pac sein Tagebuch nie veröffentlicht hatte. Plebański war hell begeistert von dieser Entdeckung und beschäftigte sich noch vor seiner Dissertationsarbeit mit der Veröffentlichung des Tagebuches.

Ein Teil von Pac' Tagebuch war bereits 1841 in der ›Warschauer Bibliothek‹ erschienen, allerdings ohne genaue Quellenangabe, unter dem Titel: ›Reisen von Władysław IV., König von Polen, in seiner Jugendzeit durch Europa. Ausschnitte aus einem Tagebuch‹. Es handelt sich aber hierbei nur um den Aufenthalt des Kronprinzen in Brüssel vom 30. August bis 6. September 1624. Auch der Bericht über seinen Aufenthalt in Venedig kam 1841 gedruckt heraus, ebenfalls ohne Quellenangabe, mit falschen Zahlen und Namen.

Die Berliner Handschrift von Stefan Pac, die Plebański als Grundlage diente und im Katalog unter der Nummer 16 verzeichnet war, hatte, wie erwähnt, den Titel: ›Acta publica seu Fasti Polonici a maio anni 1624 ad maium anni 1625‹. Plebański änderte also den Titel. Das Werk trug auf einem starken Kartonumschlag die Aufschrift: ›Fasti Polonici 1624–1625‹. Es bestand aus 82 Blättern, von denen 78 beschrieben und vier leer waren. Zwischen dem fünften und sechsten Blatt war eine halbe Seite eingeklebt, mit zusätzlich geschriebenem Text, der sich auf die Notizen vom 28. September 1624 bezog. Die aus dem 17. Jahrhundert stammende Handschrift wurde von zwei Personen verfaßt: Bis zum 17. Juni 1624 ist die Schrift schräg, breit, mit gelblicher Tinte geschrieben. Nach diesem Datum zeichnet sie sich durch sorgfältig abgerundete, schön geschriebene Buchstaben und eine dunklere Tinte aus. Der damalige Herausgeber Plebański vermutete, der erste Teil stamme vom Autor des Tagebuches selbst, weil auch Streichungen und Verbesserungen von der gleichen Hand angebracht wurden. Während der erste Teil das Original sein müsse, handele es sich beim zweiten Teil offenbar um eine Kopie des Autographen, denn hier gab es im Vergleich zum ersten Teil keine Streichungen, sondern nur noch geringfügige Ergänzungen des Verfassers.

Der Autor füllte im zweiten Teil auch leere Stellen aus, die der Abschreiber absichtlich freigelassen hatte, also Namen von Ausländern und fremdsprachige Ausdrücke sowie unleserliche polnische Stellen.

Pac hatte seine Eindrücke, wie gesagt, gleich an Ort und Stelle festgehalten. Er fügte in der Endredaktion sogar wieder die Einzelheiten und Beschreibungen ein, die er vorher schon gestrichen hatte. Die endgültige Ausarbeitung des Werkes erfolgte später, nach der Rückkehr in die Heimat.

Nach der Veröffentlichung des ›Bildes der europäischen Höfe‹ erschienen überaus wohlwollende Rezensionen, u.a. von A. Przeździecki, der eine ausführliche Analyse des Werkes anfertigte, den historischen Wert dieser Quelle hoch beurteilte und es eine ›vorzüglich würdige Reisebeschreibung‹ und einen ›rühmlichen Beitrag zur bescheidenen Sammlung polnischer historischer Denkmäler‹ nannte, obgleich es ihm andererseits zu ›bündig und unsere Neugierde nur ungenügend befriedigend‹ erschien. Zwar lobte der Rezensent die Initiative des Herausgebers, rügte aber gleichzeitig zu Recht die geringe Sorgfalt bei der Herausgabe des Werkes, da viele Ortsnamen nicht überprüft, viele in falscher und nicht einheitlicher Schreibweise übernommen und manche unnötigerweise auf den neuesten Stand gebracht worden waren. Andere Rezensenten, wie beispielsweise J. Bartoszewicz, beurteilten das in dieser Ausgabe enthaltene Material von Pac als ›nicht unbedingt sehr wertvoll für die Geschichte des Volkes, aber trotzdem sehr interessant‹. Der Rezensent erkannte den Wert dieser historischen Quelle an und fügte Bemerkungen über die Herausgabe und den Autor hinzu, wobei er dessen Diskretion und seine verhaltene Sprache lobte. Von sich aus fügte er verschiedene Informationen hinzu, wie beispielsweise die über die Intrigen der Stiefmutter, der Königin Konstanze, und darüber, daß Władysław vorgab, sich in Loreto verloben zu wollen, nur um reisen zu dürfen, und daß sich auch England für die Reise des Kronprinzen lebhaft interessierte. Die Gesandten Thomas Roe und Wake schrieben am 26. November 1624 aus Konstantinopel nach England, daß Władysław eine Vermählung mit der Tochter des Kaisers oder mit der spanischen Prinzessin erwäge. Am 18. März 1625 beschrieben sie den Empfang der Polen in Venedig. Nebenbei verglich Bartoszewicz die polnische und spanische Kultur, unterstrich die Vorzüge des Kronprinzen und den diplomatischen Charakter dieser Reise.

Plebański wußte damals nicht, und auch heute ist dies nicht sicher, ob es nicht noch eine Kopie der erwähnten Berliner Handschrift gab. Nach Mitteilung von K. Piotrowicz aus dem Jahr 1934 befand sich die Handschrift von S. Pac zu damaliger Zeit in der Preußischen Staatsbibliothek zu Berlin. Die vom polnischen Herausgeber vorliegenden Werkes, Professor Adam Przyboś, aus der Deutschen Staatsbibliothek gewonnenen Informationen bestätigen die traurige Tatsache, daß diese Handschrift mit der Signatur Ms. Slav. fol. 16 von der Abteilung Handschriften zu den Kriegsverlusten gezählt wird.

A. S. Radziwiłł

1848 veröffentlichte E. Kotłubaj (gest. 1879), der unter anderem auch die Geschichte des Geschlechts der Radziwiłłs erforschte, einen kleinen Teil des handschriftlich, in lateinischer Sprache verfaßten historischen Werkes des litauischen Kanzlers Albrycht Stanisław Radziwiłł unter dem Titel ›Epitome rerum gestarum in Regno Poloniae, regnantibus Sigmundo III., Vladislao IV. et Joanne Casimiro‹ und gab der Veröffentlichung die Überschrift ›Geschichtlicher Abriß der Regierungszeit von Zygmunt III‹. Radziwiłł widmete in diesem Werk der Reisebeschreibung mehrere Abschnitte, was kaum verwundert, begleitete er doch selbst den Kronprinzen und war als Betreuer und ›Reiseleiter‹ für dessen Person verantwortlich.

A. S. Radziwiłł (1593–1656) stammte aus der katholischen Linie der Majoratsherren von Ołyka und war der Sohn von Stanisław, dem Großfürsten von Litauen. Nach seinem Studium in Wilno weilte er wiederholt im Ausland, bereiste Deutschland, Belgien, die Niederlande, die Schweiz und Italien. A.S. Radziwiłł studierte im Ausland in Würzburg (1609), in Louvain und in Bologna. Er besuchte auch Rom, Paris und Neapel (1616). Bereits 1619 erhielt er das Kleine und 1623 das Große Litauische Siegel. A. S. Radziwiłł verfaßte einige historische Werke, die der Herrschaft der Wasas gewidmet waren, von denen besonders die Arbeit ›Memoriale rerum gestarum in Polonia 1632–1656‹ erwähnt werden muß.

Wenn Radziwiłł, wie er selbst bemerkte, nicht beabsichtigt hatte, die Reise im einzelnen zu beschreiben, ›weil ein solches Unterfangen viel Mühe und Zeit beansprucht‹, so sollen doch einige seiner Notizen und Bemerkungen in den nachfolgenden Reisebericht einfließen.

Jan Hagenaw

Es gibt einen weiteren zeitgenössischen Bericht über die Reise des Kronprinzen – vielleicht den interessantesten und am wenigsten bekannten – aus der Feder Jan Hagenaws, eines Höflings des Kanzlers Radziwiłł und Teilnehmers der Reise. Hagenaw führte sein Tagebuch auf Anweisung König Zygmunts III. in sorgfältiger, täglicher Kleinarbeit, um nach der Rückkehr dem polnischen Monarchen den ausführlichen Reisebericht in überarbeiteter Form vorzulegen. Von diesem Tagebuch wußte man schon seit Ende des 18. Jahrhunderts, als Daniel Janocki dieses als unter der Nummer 97 und der Signatur 265 in der Załuski-Bibliothek in Warschau befindliche erwähnte und mitteilte, daß diese Handschrift ein sehr sorgfältig verfaßtes Autograph sei.

1830 kam in der Zeitschrift ›Allgemeine öffentliche Ossolinski-Bibliothek‹ ein Werk unter dem Titel ›Die Reise Władysławs IV.‹ als polnische Fassung der lateinischen Handschrift heraus. Möglicherweise war F. Siarczyński (1758–1829), erster Direktor des Ossolineums in Lwów, Autor dieser Skizze. Es war damals jedoch nicht üblich, Bearbeiter und Verfasser eines bearbeiteten Originals zu nennen. Man ist sich aber einig, daß es sich nur um das Tagebuch von Jan Hagenaw handeln kann.

Neben einigen weiteren Veröffentlichungen, die sich auszugsweise auf Hagenaws handschriftliches Tagebuch beziehen, sei die Handschrift genannt, die sich in der Radziwiłł-Abteilung des Hauptarchivs Alter Akte in Warschau befindet, in Abteilung II mit der Signatur 899, in der Schreibweise des 17. Jahrhunderts geschrieben, ohne festen Umschlag, in losen Blättern. Diese Handschrift besteht aus 74 gehefteten Seiten und ist noch gut lesbar. Sie enthält die schon erwähnte Instruktion für den Kanzler Radziwiłł, das Schreiben Hagenaws an Zygmunt III., das gesamte Tagebuch unter dem Titel ›Diarium peregrinationis Serenissimi Vladislai Sigismundi, Poloniae et Sueciae Principis, inchoatae anno Domini 1624 et anno 1625 finitae‹ sowie den Geleitbrief von Zygmunt III. an Kanzler Radziwiłł, in dem er seinen Sohn während der Reise dem Schutz des Kanzlers anvertraut. Es ist dies sicherlich die treueste und sorgfältigste Kopie von Hagenaws Tagebuch, von früheren Historikern wiederholt erwähnt. Möglicherweise ist es sogar das Original mit stilistischen Ergänzungen und Verbesserungen. Da es der am besten erhalten gebliebene Text über die Reise des Kronprinzen ist, wurde es als Grundlage für das vorliegende Werk gewählt. Dieses Tagebuch beschreibt die gesamte Reise, angefangen vom 17. Mai 1624 bis zum 22. Mai 1625.

Als Hagenaw sein dem Kronprinzen gewidmetes Tagebuch König Zygmunt III. überreichte, unterzeichnete er es mit ›humillimus servus et subditus [untertänigster Diener und Untertan] Joannes Hagenawo a Morawen‹. Offensichtlich ist die Schreibweise des Namens falsch, denn sonst kommt der Name nur als Jan oder Johann Hagenau oder Hagenaw vor. Wir übernehmen die polnische Schreibweise: Jan Hagenaw.

Über den Autor des Tagebuches ist nicht viel zu berichten. Wahrscheinlich stammte er aus Warmia, Lidzbark, oder aus Morany bei Dzierzgoń. Sajkowski nimmt an, Hagenaw sei Böhme gewesen und erst nach der Schlacht am Weißen Berg, also nach 1620, nach Polen gekommen. Mehr über Hagenaw erfahren wir aus dessen Tagebuch.

Die Widmung im Tagebuch ist nicht datiert, doch stammt sie auf jeden Fall aus der Zeit um 1632. Aus ihr geht hervor, daß Hagenaw die Beschreibung der Reise auf Empfehlung des Kronprinzen anfertigte. Hagenaw bemühte sich nach der Rückkehr, trotz seiner schwachen Augen und seines schlechten Allgemeinbefindens, das Tagebuch stilistisch zu verbessern und zu ergänzen. Das dem König überreichte Werk hielt er nur für eine Vorarbeit. Dabei hoffte er, nach Genesung an die Arbeit zurückzukehren, wozu es aber wohl nicht mehr kam.

Hagenaws Tagebuch ist für uns besonders wertvoll, weil sich der Chronist während der Reise fast immer in Gesellschaft des Kronprinzen und Radziwiłłs befand. Es ergänzt deshalb auch ganz hervorragend die Lücken, die Pac' Tagebuch aufweist, vor allem, wenn dieser wegen diplomatischer Missionen die Reisegesellschaft verließ oder Dinge für nicht erwähnenswert hielt. Deshalb nennt Sajkowski, der die alte polnische Geschichte untersucht, Hagenaw auch zu Recht ›Kronzeugen der Reiseabenteuer von Władysław Wasa‹ und zählt dessen Tagebuch zu den wertvollsten und interessantesten Reiseberichten dieser Zeit.

Als Höfling des Kanzlers Radziwiłł widmete Hagenaw diesem, neben dem Kronprinzen, besondere Aufmerksamkeit. Daher auch die vielen Mitteilungen über Radziwiłłs Krankheiten (Zahnschmerzen, Magendrükken, Beschwerden in den Beinen). Er erlaubte sich sogar einige Indiskretionen, wie beispielsweise die Beschreibung des Trinkgelages seiner durchlauchten Brotgeber am 18. September 1624. Bemerkenswert ist, daß er sich selbst kaum erwähnte, nichts darüber schrieb, was er machte und dachte. Dafür ließ er sich viel über die Natur, über Landschaften, Burgen, Schlösser, Städte, Dörfer aus, wie etwa über den Garten in Genua.

Einleitung der Chronisten

J. Hagenaw

Darauf eben beruht die Kraft und die Stärke der Erfahrung, daß man ohne ihre Hilfe nichts entsprechend und totalitär leiten kann, und es gibt wohl niemanden, der nicht in der täglichen Praxis dazulernte. Sie fügt dem Leben Licht bei, sowohl im privaten wie auch im öffentlichen Tun, und es ist nun einmal so, daß man das, was man in der Natur der Sonne, auf politischem Gebiet im gleichen Maße der Erfahrung verdankt. S. Hoheit, der Kronprinz von Polen und Schweden usw., usw., Władysław Zygmunt, entschloß sich mit der ihm angeborenen Umsicht, indem er den Wert der Erfahrung sowie die Würde und den Glanz seiner Geburt sorgfältig und reiflich abwog, mit allem Recht, sich immer und überall nach dieser Erfahrung zu richten. Und wenn sich dem suchenden Geist auch verschiedene Wege eröffnen, um Möglichkeiten und Methoden der Erfahrung anzuwenden, so ist doch jene die sicherste und mit den wenigsten Schwierigkeiten verbunden, sich während der Reise von der Fackel der Neugier leiten zu lassen und alle Absichten zu realisieren.

Als nun S. Hoheit Władysław Zygmunt, Kronprinz von Polen und Schweden, die schändlichen Türken und Tataren geschlagen und vernichtet hatte, glaubte er keine bessere Erholung mit gleichzeitigem Nutzen und Ruhm finden zu können, als eine Reise weit über das Land hinaus zu unternehmen und mit eigenen Augen alles zu sehen und mit seinem Verstand Sitten und Bräuche verschiedener Monarchen, Völker und Städte aufzunehmen und so neue, wünschenswerte Erfahrungen zu gewinnen. Nachdem S. Majestät der König, der sich in väterlicher Sorge und weiser Umsicht dem heißen Wunsch des Sohnes lange widersetzte, zum Schluß dem Plan der Reise zustimmte, wie sie vordem ein polnischer Kronprinz noch nie unternommen hatte, erfaßte S. Hoheit Władysław Zygmunt große Vorfreude auf diese fremden Länder. Mit Recht durfte man sich fragen, was größer war, der heiße Wunsch des Kronprinzen, fremde Menschen und Länder kennenzulernen, oder das Verlangen der Fremden, den Kronprinzen zu begrüßen, dessen Ruhm und Ehre durch die vielen glänzenden Siege auch ins Ausland gedrungen waren und ihn gleichsam unsterblich gemacht hatten.

A. S. Radziwiłł

Kronprinz Władysław, ein vorzüglicher junger Mann, verspürte, als im Land ruhige Zeiten anbrachen, den Wunsch, fremde Länder zu bereisen, um neue Erfahrungen zu sammeln. Er wandte sich mit diesem Anliegen deshalb wiederholt an seinen königlichen Vater, der aber seine Erlaubnis hinauszögerte. Im darauffolgenden Jahr 1624 erklärte er sich schließlich einverstanden, der Bitte des Sohnes zu willfahren. Dabei wünschte der König, dem Kronprinzen drei Herren als Reisebegleiter zur Seite zu stellen, von denen einer Reisedirektor sein sollte, und zwar Marschall Sapieha,[6] den Großmarschall des Großfürstentums Litauen Wiesiołowski[7] und mich als dritten. Und alle drei befragte der umsichtige Monarch nach ihrer Einwilligung. Doch da die beiden anderen Herren eine Ausrede wußten, entschuldigte auch ich mich, was ich mit meiner Familie und einer möglichen Vernachlässigung der mir aufgetragenen Ämter begründete. Es half mir alles nichts, ich ließ mich schließlich überzeugen, was meiner Frau[8] wegen der langen Abwesenheit nicht lieb war. Hatte sie doch vor einem Jahr einen Traum, in dem sie mich und den Kronprinzen aus dem Vaterland abreisen sah. Und sie weinte bitterlich, sowohl im Traum als auch am nächsten Tag. Ein Jahr später sollte ihr Traum in Erfüllung gehen.

Wir waren insgesamt über vierzig Personen. Zu der Gruppe um den Kronprinzen gehörten: Ich, der Generalschreiber des Großfürstentums Litauen Pac, der später zum Kanzler avancierte,[9] Żółkiewski, der Starost von Kaluga, Dönhoff, später Wojewode von Pommern, Kazanowski, später Hofmarschall, Rożewski, Rylski, später Königlicher Kammerherr, Pigłowicki, der nach der Rückkehr bald starb. Hauptmann der Wache war Dubreil d' Artois. Diese Herren pflegten mit dem Kronprinzen an einem Tische Platz zu nehmen. Es gab noch mehrere Herren, die dieser Gruppe angehörten, wie etwa: Nogatus,[10] Schatzmeister der Reisegruppe; Hagenau, mein Diener, den sich der König aneignete, Czetwertyński, später Kastellan von Minsk, und Gester,[11] später Starost von Kowno.

Es ist nicht meine Absicht, diese Reise im einzelnen zu beschreiben, weil ein solches Unterfangen viel Mühe und Zeit beansprucht. Vielmehr will ich in aller Kürze auf die wichtigsten Ereignisse eingehen, wobei ich eingangs betone, daß eine solche Reise noch nie von einer Durchlauchten Königlichen Person unternommen wurde und bemerkenswert ist aus dreierlei Gründen: erstens aus dem Grund der Rarität, weil hier ein polnischer Kronprinz zum ersten Mal außerhalb der polnischen Grenzen auftrat, zum zweiten, weil der Kronprinz über außergewöhnliche Eigenschaften verfügte: Er konnte sich verständigen, da er vier Sprachen beherrschte – Polnisch, Italienisch, Deutsch und Latein; war geübt in scharfsinniger, geschickter Konversation; hatte ein wohlgefälliges Auftreten gegenüber jedermann und eine angeborene Intelligenz. Außerdem eilte seiner Reise in die fremden Länder der Ruhm über den heldenhaft geführten und siegreich beendeten Krieg gegen die Türken voraus.

S. Pac

Seit langem erwog und wünschte sich S. Hoheit, der Kronprinz Władysław, fremde Länder zu sehen, über die er gelesen, und Persönlichkeiten kennenzulernen, von denen er gehört hatte. Dazu kam, daß die Zeit günstig war nach der bewaffneten Expedition nach Chocim[12] gegen die Heiden, die er in persona geleitet hatte, und es schien, daß der Staat von allen Seiten gesichert war und kein Feind offen drohte, da sowohl mit Moskau als auch mit Schweden für die nächste Zeit suspensio armorum [Waffenstillstand]* geschlossen war.[13]

Da er im Vaterland nichts Unterhaltsames zu tun wußte, drängte er Seine Königliche Majestät, den Herrn Vater, ihn für kurze Zeit in fremde Länder reisen zu lassen, nicht allein

* Die Textstellen in eckigen Klammern stammen vom Herausgeber, die in runden Klammern von den Chronisten.

der Kuriositäten wegen, die er kennenzulernen gedachte, sondern weil er auch weitere Konsiderationen und Hoffnungen hegte. Als Hauptgrund aber führte er sein Gelöbnis, nach Loreto[14] zu pilgern, an, das er angesichts seiner schweren Krankheit während der Türkenexpedition abgelegt hatte.

Und war der Durchlauchtige Kronprinz in seinen Bemühungen so sedulus [beharrlich], daß noch im Jahr 1622[15] die Königliche Majestät, den Wünschen des Durchlauchtigen Kronprinzen entsprechend, sich nach geeigneten Subjekten umzusehen begann, die ihm unterwegs behilflich sein konnten. Doch die Sache hatte ihre Maturität noch nicht erreicht, da die Königliche Majestät selbst, viele Dinge überlegend, die Zusage noch nicht offerierte oder sich von entgegengesetzten Meinungen beeinflussen ließ. Da er aber den nach Jahren und Verstand erwachsenen Sohn durch halbe Versprechungen nicht enttäuschen wollte, ließ er die Sache vor dem Senat verhandeln. Daselbst, nach der Session des Sejm anno 1622, wurde in einer kleinen Frequenz der Vorschlag S. Königlichen Majestät verhandelt. Als erster kontradiktierte der Erzbischof von Gniezno, Gembicki, in sua facundia [seinem Vorbehalt] ausführend, daß es non expediebat [nicht anging], den Durchlauchtigen Kronprinzen, primam spem Regni [die größte Hoffnung des Königreiches] nach S. Königlichen Majestät, auf einen tot periculis [so gefährlichen] und weiten Weg zu schikken. Seinen großen Affekt gegen die Reise des Durchlauchtigen Kronprinzen (die er anders als der Kronprinz auffaßte) begründete er damit, es nicht zu wünschen, daß der Durchlauchtige Königssohn, eine vom Herrgott mit so vielen vorzüglichen Eigenschaften ausgestattete, für das Königreich so höchstwichtige und verdienstvolle Person, extra Regnum [aus dem Königreich] reisen sollte und man in continuo meta [fortwährender Furcht] sein müsse, daß er verlorengehen könnte, denn: res est solliciti plena timoris amor [die Liebe ist eine Sache voller Sorge und Furcht]. In ähnlicher Weise äußerte sich nach der Aussage des ersten Senators der ganze Senat. In der Tat, um der Königlichen Majestät und deren Hohen Familie keinen schädlichen Affekt zu inspirieren, sorgten sie gemeinsam mit dem Erzbischof, diese Reise zu verhindern.

So war denn S. Hoheit der Kronprinz sehr niedergeschlagen, weil die Sache nicht so verlief, wie er es wünschte, doch er gab sein Streben nach der Reise nicht auf, im Gegenteil, er begann um so eifriger zu überlegen, wie seine Intention zu einem Erfolg gelangen könnte. Und da er merkte, daß ihm von Personen, denen er vertraut hatte, Schwierigkeiten erwuchsen, verhielt er sich vorsichtiger und verriet außer seinem Kammerherrn, Adam Kazanowski,[16] dem er herzlich zugetan war und vor dem er auch sonst keine Geheimnisse hatte, keinem Menschen seine Absichten.

Um stärker auf S. Königliche Majestät einzuwirken, sorgte er nicht allein am Hof oder beim Senat und bei königlichen Beamten, mit denen er verkehrte, sondern auch extra [im Ausland] bei Verwandten für eine Unterstützung seiner Interessen. Als erstes wandte er sich an den Bischof von Breslau, Erzherzog Carolus,[17] mit dem er familiarissimae verkehrte, und über diesen an S. Kaiserliche Majestät. Wonach diese beiden an die Hoheiten, den König und die Königin, schrieben und sie inständig baten, dem Neffen die Reise zu ihnen und anderen Verwandten, aber auch in andere fremde Länder, nicht zu versagen. Diese Interzession war von Gewicht, insbesondere die Stimme S. Kaiserlichen Majestät,[18] aus vielen respektablen Gründen, um so mehr, als auch der Kronprinz selbst nicht defuit [abließ], allemal über die Kammerherren und Kammerfrauen des Königlichen Paares, auf die es ankam, und oftmals sogar über die Durchlauchtige Königin[19] seine Absichten fleißig voranzutreiben. So kam es, daß auch die Infantin von Spanien,[20] die in Belgien regierte, sich in einem

Schreiben an das Königliche Paar wandte mit dem Begehr, den Kronprinzen kennenlernen zu wollen. Das alles kam gelegen, die Reise nicht allein mit dem Wunsch, fremde Länder und Menschen kennenzulernen, sondern auch mit gutem Nutzen und reichen Erfahrungen für den Kronprinzen zu begründen.

Endlich bequemte sich S. Königliche Majestät nach zweijähriger Überlegung, dem Kronprinzen ihren Konsens zu geben, extra patriam zu den erwähnten Stellen zu reisen, also erst zum Erzherzog Karl nach Neiße,[21] von da zum Kaiser, zu Erzherzog Leopold,[22] zum Herzog von Bayern,[23] nach den Niederlanden, nach Italien, bei einer Umgehung von Frankreich und Spanien, worüber express [ausdrücklich] nichts gesagt wurde.[24]

Nach Erhalt dieser Königlichen Resolution dachte der Durchlauchtige Kronprinz als nächstes daran, welche Personen und in welcher Zahl er zu dieser Reise auserwählen sollte. Im großen Gefolge zu reisen, gemäß seinem Stand, nequaquam expediebat [kam überhaupt nicht in Frage], aus zeitlichen Umständen und der großen Kosten wegen. Deshalb nur jene und in so großer Zahl gewählt wurden, die S. Hoheit dem Kronprinzen unterwegs von Nutzen und behilflich sein konnten und in Ehre nicht nur den Kronprinzen, sondern auch S. Königliche Majestät und das Volk bei den Fremden vertreten konnten.

Und so schlug S. Hoheit der Kronprinz von den Unseren einige vor. Als erstes den Durchlauchtigen Fürst Radziwiłł, Kanzler von Litauen,[25] als den Erfahrenen in jenen Ländern, der das Amt des Hofmeisters übernehmen und alle Dinge regieren sollte. Dann mich sowie Herrn Łukasz Żółkiewski, den Starost von Kaluga,[26] und Herrn Ostroróg, den Sohn des Wojewoden von Posen.[27] Zu seinen persönlichen Diensten: Herrn Denhoff,[28] Herrn Adam Kazanowski, Herrn Rylski[29] und noch einige andere als Kammerherren.

So S. Königliche Majestät uns drei, die wir dem König auf Treu und Glauben verpflichtet waren, in engere Wahl faßte, fand auch Seine Hoheit der Kronprinz uns für geeignet, ihm bei der Reise behilflich zu sein, über die wir, die Diener Ihrer Königlichen Majestät, absolut nichts wußten, außer daß einst Herr Denhoff (der dem Kronprinzen anvertraut hatte, daß ich bereits in fremden Ländern weilte) an mich herantrat und mir mitteilte, man hätte mich vorgeschlagen, während ich davon nichts wußte. Da ich weiter in ihn drang, was es wohl für ein Handel gewesen sei, gab er mir kund und zu wissen, worauf sich S. Hoheit der Kronprinz vorbereitete. Da erst erinnerte ich mich, daß diese Sache schon vor zwei Jahren im Gespräch gewesen war. Jetzt also sollte sie in Angriff genommen werden. Denn, wie mir S. Hoheit der Kronprinz selbst sagte, sollte ich mich schon damals unter jenen befunden haben, die mit ihm reisen sollten. Ich aber erklärte Herrn Denhoff, daß ich jetzo leider nicht dienen könne, da sich meine Frau kurz vor der Niederkunft befinde und ich verschiedene häusliche Dinge erledigen müsse. Mit gleichem redete ich mich vor dem Krakauer Fürsten Zbaraski heraus, der mich gebeten hatte, in seiner Gesellschaft die Bäder aufzusuchen, und so fertigte ich auch Herrn Denhoff ab.

Darauf schickte S. Hoheit der Kronprinz Hochwürden Zadzik, damals Sekretarius der Krone und später Vizekanzler der Krone, der mir nicht nur das Anliegen des Kronprinzen explizierte, sondern mich auch als mein guter Freund, dem ich vieles schuldig war, mit manch überzeugenden Argumenten dahin brachte, diese Dienste nicht allein S. Hoheit dem Kronprinzen zuliebe, sondern auch mit Rücksicht auf die Allerdurchlauchtigste Majestät, den König selbst, in der Person seines Sohnes zu übernehmen.

Es werde dies zu meinem und zum Vorteil des Königreiches und zur späteren Zierde meines Hauses gereichen.

Von dem Sekretär der Krone im voraus disponiert, verhandelte S. Hoheit der Kronprinz anschließend mit mir, erinnerte mich mit einem Schwall guter Worte an sein langjähriges Wohlwollen und Vertrauen, was auch jetzt der Grund war, mich – obgleich sich viele andere diese Gunst erbaten – mit auf die Reise zu nehmen, was auch S. Königliche Majestät unterstützte, sicher, daß ich ihm nicht abschlagen würde, worum er so dringlich bat.

Ich dankte S. Hoheit dem Kronprinzen untertänigst für seine gute Meinung über mich und seine Anerkennung dafür, daß ich immer zu seinen Diensten stand. Kurz erklärte ich, in häuslichen Angelegenheiten zwar größte impedimenta [Hindernisse] zu haben, die mich von der Reise abhielten, daß ich mich aber vor S. Hoheit dem Kronprinzen mit diesen auf keine Weise herausreden wolle. Daß ich zwar nicht mei iuris (in der Lage) sei, ich aber Ihrer Königlichen Majestät treu diene und Ihr Beamter sei und nur auf Ihre Anordnung warte und bereit sei, mich mit dieser zu konformieren. S. Hoheit der Kronprinz umarmte mich dankbar für diese Deklarierung und versicherte, daß es des Königs Wille sei und daß in Kürze S. Königliche Majestät selbst mit mir darüber sprechen werde.

Auch mit S. Durchlaucht dem Fürsten, dem Herrn Kanzler, hatte der Kronprinz gesprochen, weil der Fürst beabsichtigte, im Heiligen Jahr[30] in Rom zu weilen, und auch S. Hoheit der Kronprinz gedachte sich anzuschließen, so daß sie gemeinsam reisen wollten. Nicht gleich aber gab der Fürst einen solchen Respons, aus dem hervorging, daß er mit ihm reisen würde, und erbat sich Bedenkzeit. In einem aber stimmte er mit mir überein: indem er zögerte, die Präsidentschaft bei der Reise mit dem Kronprinzen nach Neiße zu übernehmen, wohin er von Ihrer Königlichen Majestät mit dem Kronprinzen beordert worden war. Nicht alles nämlich paßte ihm von jenen, die über den Kronprinzen bestimmten.[31]

Lebhaft also stritten wir pro et contra, tandem [schließlich] einigten wir uns darauf, daß wir uns des Dienstes nicht enthalten wollten, wenn es der Wille des Herrschers war.

Einige Tage später sprach S. Majestät mit dem Herrn Kanzler, da er ihn als die für den Kronprinzen verantwortliche Person auf die Reise schicken wollte. Danach verhandelte er auch mit mir. Wir versprachen zu tun, was uns aufgetragen war. Es wurden auch Kosaken mit Königlichen Schreiben zu den Herren Żółkiewski und Ostroróg beordert. Letzterer redete sich mit einer angegriffenen Gesundheit heraus, während Herr Żółkiewski uns in Neiße einholte.

Da wir uns also entschlossen hatten, begannen wir, uns auf die Reise vorzubereiten, die häuslichen Angelegenheiten zu ordnen, so daß wir für ein ganzes Jahr (denn diesen Termin hatte uns S. Königliche Majestät vorgegeben) fernbleiben konnten. Gesinde mitzuführen war uns untersagt, abgesehen von einigen Dienern, das heißt, der Fürst sollte drei, Herr Żółkiewski aber und ich sollten zwei mitnehmen. Den anderen war nur ein Diener gestattet. Doch später richteten sich verschiedene Herren der Reisegesellschaft nicht danach und führten in der Hoffnung auf die Nachsicht S. Hoheit des Kronprinzen Gesinde und Pferde mit, soviel sie wollten.

Tagebuchaufzeichnungen

1624

MAI

17. Mai, Freitag

S. Pac Als der festgelegte Tag der Abfahrt anbrach, es war der 17. Mai des Jahres 1624, nahm S. Hoheit der Kronprinz an der Messe in der Sakristei der Johanniskirche vor dem Konterfei unseres Erlösers mit der Dornenkrone teil, in der er seit langem in particulo die Messe hörte, und ging, um sich von den Königlichen Majestäten zu verabschieden. Und dort, erst privatim in einem Raum, in dem sonst niemand war außer S. Königlichen Majestät, S. Hoheit dem Kronprinzen, dem Fürsten und dem Herrn Kanzler von Kujawien und dem Kanzler der Krone, wurden die Instruktionen verlesen, nach denen der Kronprinz und wir, die wir mit ihm fuhren, uns verhalten sollten. Alsdann unterschrieben sie, erst S. Majestät und dann der Kronprinz. Die Instruktionen wurden anschließend dem Durchlauchtigen Fürsten übergeben, mit aller Amtsgewalt über die Gesellschaft, die sich auf die Reise begab.

Es kam als nächstes S. Majestät in das Zimmer, in dem wir uns versammelt hatten, die wir uns von dem Allerdurchlauchtigsten König verabschieden wollten. Dort hielt Ehrwürden Lipski, der Bischof von Kujawien, an der Seite des Königs eine Ansprache und ermahnte uns, daß wir uns während der Reise anständig verhielten, dem Kronprinzen fleißig zu Diensten eilten, selbst Anstand bewahrten et id generis cetera [und dergleichen mehr].

Ich begab mich dann (weil sich der Fürst noch privatim von S. Königlichen Majestät verabschieden wollte) zum König, wo ich einige Worte zu ihm sprach und ihn bat, während meiner Abwesenheit und im Fall, daß der Herrgott mich auf der Reise zu sich nehmen sollte, für meine Frau und meine Kinder ein gnädiger Herr sein zu wollen. Es antwortete mir S. Majestät der König mit milder Stimme, und man merkte, daß in seinen Augen Tränen standen, daß er mich für diese Dienste vorsah in der Hoffnung, daß ich S. Hoheit dem Kronprinzen verläßlich dienen werde. Und sowohl meiner früheren Verdienste sowie der jetzigen wolle er sich gnädigst erinnern, und sollte mir etwas humanitus [Menschliches] zustoßen, dann wolle er sich um meine Frau und Kinder kümmern. Ich fiel vor ihm nieder, umfing seine Knie und bedankte mich, wonach ich den anderen Platz machte, auf daß sie seine Hand küßten. Als einer nach dem anderen, die mitfahren sollten, vortraten, erblickte S. Königliche Majestät eine Person, die S. Hoheit der Kronprinz ohne Wissen des Königs mitnahm. Darüber war Seine Königliche Majestät sehr erzürnt, sie entfernte sich in die Gemächer der Königin, wo die Monarchen miteinander sprachen. Und so verblieben wir, ohne daß S. Königliche Majestät jene Person akzeptierte noch ablehnte, aber zu verstehen gab, daß wir sie unterwegs bald entfernen sollten. Der unwillkommene Reisebegleiter wußte aber seine Position zu halten, und so fuhr er mit uns los und kam mit uns auch wieder zurück.

Alsdann suchte ich Ihre Hoheit die Königin in ihrem Gemach auf. Hier sprach jene lange auf mich ein, daß ich dem Durchlauchtigen Kronprinzen eifrig zu Diensten sein sollte, wogegen sie sich selbst anbot, während meiner Abwesenheit für meine Frau und Kinder gnädigst zu sorgen. Danach suchte sie einen anderen Raum auf, wo sie an einer Messe teilnahm. Dort verabschiedete sich unsere Reisegesellschaft von ihr und auch von den Hochwohlgeborenen Königssöhnen Jan Kazimierz, Jan Albert, Karol Ferdynand und Aleksander Karol, die S. Hoheit den Kronprinzen bis zum Wagen begleiteten und ihm mit Tränen in den Augen nachwinkten. Ähnlich gestaltete sich der Abschied von den Majestäten, dem König und der Königin. Und es begleitete der ganze Hof S. Hoheit den Kronprinzen bis nach Wola,[1] eine knappe Meile hinter Warschau.

Der Durchlauchtige Fürst und ich aber blieben in Warschau zurück, um uns von unseren Frauen zu verabschieden. Dort aßen wir auch zu Mittag, der Fürst an seinem Hof, ich, meine Frau, der Generalsekretarius und weitere Kavaliere bei dem Hofmarschall von Litauen, Herrn Wieśiołowski. Nach dem Essen begleitete ich meine Frau auf dem Weg über die Weichsel und verabschiedete mich von ihr, worauf sie nach Preny[2] weiterfuhr und ich nach Warschau zurückkehrte. Darauf suchte ich mit dem Herrn Hofmarschall und dem Herrn Generalschreiber den Durchlauchtigen Fürsten auf, den wir in arger Not wegen seiner Gemahlin vorfanden, die sich wegen der Reise große Sorgen machte. Hier verabschiedeten wir uns von der Hofgesellschaft, stiegen in die Reisekutsche und folgten S. Hoheit dem Kronprinzen nach Radziejowice.

Unterwegs suchten wir Ehrwürden, den Kanzler von Kujawien, auf. Radziejowice erreichten wir am frühen Abend, trafen aber sowohl die Gäste als den Gastgeber (außer S. Hoheit den Kronprinzen) in Ch[...] an, und zwar unseren Herrn Kanzler Nowodworski, den wir hier das letzte Mal sahen, weil er während unserer Abwesenheit starb.

Der Herr Wojewode von Rawa empfing uns mit vielen freundlichen Worten. Wir aber baten ihn, daß man uns zu essen gäbe, weil wir nach sechs Meilen Fahrt einen mächtigen Appetit verspürten. Der Hausherr indes führte uns in den Garten und ließ uns einschenken. Als wir ihn jedoch ohne Scheu um Essen baten, ließ er ein Fastenmahl (denn es war ein Freitag) vorrichten. Wir hatten alsdann unsere liebe Not um Bier und Hafer, doch als der Hauswirt und auch wir es mit Scherzen versuchten, wobei wir ihm nichts schuldig blieben, wandte sich alles zum Guten. Aber so ist das nun einmal bei den Herren Schlachtschitzen, die nahe beim Hofe leben.

A. S. Radziwiłł Da wir nun Ermahnungen, Instruktionen und Segnungen des Königs empfangen hatten, verließen wir am 16. Mai 1624 Warschau.[3] Die erste Übernachtung bereitete uns Radziejowski vor. Königin Konstanze übergab dem Kronprinzen 4000 ungarische Goldmünzen; der König bestimmte 100000, und der Kronprinz zahlte aus eigenen Einkommen 70000 hinzu. Um die entstandenen Schulden zu begleichen, opferte die Königin nochmal 8000 ungarische Goldmünzen.

J. Hagenaw Nachdem nun Geist und Gemüt der ausländischen Fürsten und ihrer Untertanen ersucht worden waren, uns im Ausland jegliche Art Entgegenkommen zu erweisen, begab sich der wie ein Gott aus den Himmelssphären erwartete Durchlauchtige Kronprinz (wir werden es auch im weiteren aus der Reisebeschreibung entnehmen) im Jahr der wiedergewonnenen Erlösung 1624 am 17. Mai unter der Direktion von Fürst Albrycht

Stanisław Radziwiłł, Fürst des Heiligen Römischen Reiches, Fürst von Ołyka und Nieśwież und Großkanzler von Litauen, in Begleitung der Herren Stefan Pac, Schreiber des Großherzogtums Litauen, Łukasz Żółkiewski, Starost von Kaluga, und der Hofherren S. Hoheit des Kronprinzen: Gerard Denhoff, Adam Kazanowski, Samuel Rylski, Rheinhold von Rozen, Mikołaj Pigłowski, Schatzmeister Kasper Nagot um zehn Uhr des Vormittags glücklich auf die Reise. Nach Verabschiedung der Eltern und Brüder, nachdem die erwähnten Reisemitglieder die Königlichen Hände dreimal geküßt hatten, begleiteten die Königlichen Brüder den aus den Gemächern der Eltern herausgetretenen Kronprinzen mit Tränen in den Augen bis zur Reisekutsche. Zu dieser Zeit stand das Königliche Paar im Fenster des Palastes und winkte den Abreisenden viel Glück zu.

Am gleichen Tage noch erreichte man Radziejowice. Hier wurde S. Hoheit der Kronprinz von dem Wojewoden von Rawa mit einem erlesenen, üppigen Mahl empfangen. Hier erschienen auch einige Stunden nach dem Essen Fürst Radziwiłł und Herr Pac, die von dem Herrn Wojewoden freundlich begrüßt wurden. Während man das Abendessen anrichtete, schwand die Ungeduld der im Garten wartenden Gäste (hervorgerufen durch die Verzögerung) dank der Art und Weise, wie man die bis spät in die Nacht hineinreichende freie Zeit verbrachte: Zum Teil gondelte man auf dem See, wobei sich der sehr geehrte Herr Wojewode als ein vorzüglicher Ruderer erwies, zum Teil führte man auf der künstlich angelegten Insel angeregte Gespräche.

18. Mai, Sonnabend

J. Hagenaw Als der Kronprinz nach der Messe in Radziejowice nach Rawa fuhr, eilte ihm der Starost der Stadt entgegen und empfing ihn mitsamt der ganzen Reisegesellschaft zum Mittagessen. In Lubochnia lud uns der Wojewode von Rawa zum Abendessen ein.

19. Mai, Sonntag

S. Pac Nachdem S. Hoheit der Kronprinz in Lubochnia der heiligen Messe beigewohnt hatte, fuhr er zum Essen nach Wolborz. Unterwegs trat er bei Herrn Donin ein, den er bereits vorher mit dem Erzherzog aufgesucht hatte. Und auch auf der Rückreise weilte er bei ihm, der in Erinnerung an das festliche Mahl mit dem Kronprinzen dieses Ereignis in Reimen beschrieb.

Als wir Wolborz verließen, gerieten wir nach fast zwei Monaten erdrückender Dürre in einen heftigen Regen, vor dem wir uns ins Kloster von Witów retteten, e qui bever una volta (und auch etwas tranken). Die Nacht verbrachten wir in Rozprza.

J. Hagenaw Nach der Messe in Lubochnia frühstückten wir in aller Eile in Zaborów bei Herrn Dunin. Das Mittagessen wurde in Wolborz eingenommen und die Abendmahlzeit in Rozprza.

20. Mai, Montag

S. Pac In Kamieńsk nahm S. Hoheit der Kronprinz an der Andacht teil. Zum Mittagessen und zur Übernachtung weilte er in Radomsko, wo er auch den Kurier des Erzherzogs aus Neiße empfing.

J. Hagenaw Bei der Durchfahrt durch Kamieńsk nahm man an der Messe teil. Zu Mittag wurde in Radomsko gegessen, und dort ruhte man auch den Rest des Tages und die Nacht aus.

21. Mai, Dienstag

J. Hagenaw Gegen Mittag kamen wir in Częstochowa an und übernachteten auch hier. S. Hoheit der Kronprinz blieb mit Fürst Radziwiłł im Kloster, der Rest verstreute sich über die Herbergen am Fuße des Berges. Hierher kam bei Tagesneige Herr Wolski, der Kronmarschall, um S. Hoheit den Kronprinzen zu begrüßen und einzuladen. Die Begrüßung nahm man entgegen, doch die Einladung lehnte man höflich ab.

22. Mai, Mittwoch

S. Pac Nach der Andacht in Częstochowa fuhren wir nach Lubieniec,[4] gute fünf Meilen in südlicher Richtung. Dieses Städtchen gehörte den Herren Kochcicki in Schlesien. Dort übernachteten wir. Herr Marschall begleitete S. Hoheit den Kronprinzen und kehrte von dort auch nach Krzepice zurück. Dabei ließ er vor dem Kronprinzen verlauten, daß er für irgendwelche Verdienste gegenüber dem Kaiser und dem österreichischen Hofe[5] vom Kronprinzen gewisse Anerkennung erwartete. Mich aber machte er zu seinem Fürsprecher beim Kronprinzen. Doch wir beide, weder er noch ich, konnten etwas ausrichten. Hier erreichte uns der zweite Kurier des Erzherzogs und berichtete, daß man uns erwarte.

J. Hagenaw Gestärkt durch die heilige Kommunion, langte der Kronprinz mit Fürst Radziwiłł und anderen Herren, in Gesellschaft des Herrn Marschalls, der uns einen bequemeren Weg wies, gegen Mittag in Lubieniec an, der ersten Stadt in Schlesien. Nach dem Mittagessen kehrte der Herr Marschall nach Polen zurück, und der Kronprinz übernachtete hier.

23. Mai, Donnerstag

S. Pac Bei Morgengrauen verließen wir Lubieniec und hielten uns am Hof von Herrn Kochcicki auf, wo wir dem Echo lauschten, das ein Trompeter wundervoll hervorzurufen verstand. In Mielnica, vier Meilen vom Nachtlager entfernt, wohnten wir der Messe bei. Nach einer Meile in südlicher Richtung erreichten wir Strzelce, ein Städtchen des Herrn Reder. Übernachtung in Chrapowice, drei Meilen Sandweg. Auch dieses Städtchen gehörte der Familie Reder. Hier berieten wir, wie wir wohl den Erzherzog überraschen konnten. Konklusion: um Mitternacht losreiten, um frühzeitig in Neiße einzutreffen.

J. Hagenaw Wir brachen um drei Uhr morgens nach der Messe im Zisterzienserkloster von Mielnica auf. Das Mittagsmahl nahmen wir in Strzelce ein, wo uns eine Teuerung der Lebensmittel auffiel. Abends erreichten wir Krapkowice. Nach einem zeitig eingenommenen Abendessen ruhten wir aus. Hier fielen uns auch einige Kundschafter von Erzherzog Karl in die Hände, die wir sorgfältig arretierten, damit sie nicht mit einer Nachricht über die Ankunft des Kronprinzen vorauseilten, auf daß wir den Durchlauchtigen Erzherzog, der S. Hoheit den Kronprinzen noch nicht erwartete, überraschten. Um zwölf in der Nacht brachen wir in Krapkowice auf.

24. Mai, Freitag

S. Pac Wir fuhren um Mitternacht los, erreichten Neiße aber trotzdem erst spät, und das aus folgendem Grund: Wir hatten zwei Spione gefangen, die der Erzherzog selbst ausgeschickt hatte, auf daß sie den Kronprinzen aufspürten, weil er diesem selbst entgegenzueilen gedachte. Einen dieser Spione bestimmten wir zu unserem Pfadfinder, der uns den kürzesten Weg weisen sollte. Doch der Schelm zahlte unseren Streich mit gleicher Münze heim, denn er führte uns die ganze Nacht im Kreis herum. Als es dämmerte, war es ersichtlich, daß wir uns in der Nähe von Neiße befanden, doch er behauptete, es wäre noch eine halbviertel Meile. Wie froh wir waren, ist leicht zu raten, zumal die Nacht sehr kalt war, worunter vor allem der Fürst mit seinem kranken Kopf und seinen kranken Zähnen zu leiden hatte. Wir übrigen aber lachten, daß der gute Mann uns so hinters Licht geführt und seinem Herrn Zeit gegeben hatte, uns entgegenzukommen. Doch der Erzherzog, der sich auf seine Spione verließ, schlief noch auf das beste. Und so langten wir schließlich in Neiße[6] an und erreichten die Straßen, die dem Kronprinzen wohlbekannt waren und die zum Schloß führten.

Als wir mit den Pferden durch das Tor ritten, alle nach polnischer Manier gekleidet (wir waren an die vierzig Reiter), glaubte die

Wache, wir wären von Bethlen Gabór[7] geschickt, der in jener Zeit Angst und Furcht verbreitete. Eingeschüchtert, erkannten sie doch schließlich den Kronprinzen. Und als er über die ihm bekannten Stufen dorthin eilte, wo der Erzherzog[8] die Messe hörte, sprang dieser ihm entgegen, und seine ersten Begrüßungsworte waren: »Ei, mein Bruder, was hast du mit mir gemacht?« Danach begrüßte er uns alle und ging, die Messe zu Ende zu hören.

Der Erzherzog zeigte sich über den Besuch des Kronprinzen überaus erfreut und führte ihn in seine Zimmer. Wir aber und der Fürst wurden neben der Burg in einem Palast untergebracht, den der Erzherzog unter großen Kosten neu errichtet hatte. Hier befanden wir uns die ganze Zeit und fühlten uns dabei sehr wohl. An diesem Tag speisten wir mit dem Erzherzog und dem Kronprinzen gemeinsam an einem Tisch. Der Herzog bewirtete uns sehr reichlich, trank jedem zu, und wenn auf die Gesundheit des Durchlauchtigen Königs oder der Königin[9] angestoßen wurde, schossen Kanonen und 500 Schützen, die in Bereitschaft standen und auf ein Zeichen warteten.

Wir trafen am Hofe des Erzherzogs nicht wenige artige Herren an: Obristen, Hauptmänner und andere Herren des Ritterstandes. Oberkammerherr war Herr Wolkenstein (über den noch berichtet werden soll), Stallmeister und Faktotum, die rechte Hand des Erzherzogs, Herr Radape;[10] außerdem eine weitere Zahl von Kammerherren und Kavalieren, sowohl Deutsche als auch Ausländer.

A. S. Radziwiłł In den ersten Junitagen[11] kamen wir nach Neiße zu Erzherzog Karl, dem leiblichen Bruder unserer Königin. Er hatte einige Boten zu unserer Begrüßung ausgesandt, die wir samt und sonders einbehielten und so den Erzherzog mit unserem Erscheinen vollkommen überraschten. Er wälzte alle Schuld auf mich, daß ich es versäumt hätte, ihn über die Ankunft des Kronprinzen zu unterrichten. Dort weilten wir fast einen halben Monat. In dieser Zeit besuchte der Kronprinz mit dem Erzherzog Breslau. Ich aber erkrankte an Fieber.

J. Hagenaw Als wir am nächsten Tag um acht Uhr in Neiße anlangten und die Burg aufsuchten, setzten wir durch den plötzlichen Lärm der vielen Pferde alle in ein großes Erstaunen. Vor allem aber überraschten wir in der Kirche den Allergnädigsten Erzherzog ganz gegen seine Erwartung. Er war beim Anblick des Durchlauchtigen Kronprinzen ganz einfach sprachlos und schob die Schuld des mißglückten Auskundschaftens unseres Kronprinzen dem Fürsten Radziwiłł zu, während man sich auf beiden Seiten wegen der überraschenden Begegnung in fröhlichen Scherzen erging. Nachdem man der beiderseitigen Freude Ausdruck gegeben und das gesamte Gefolge begrüßt hatte, forderte man unseren Kronprinzen zur Messe auf. Danach wurden wir einzeln auf die Quartiere verteilt. Dem Kronprinzen wurden Zimmer in der Burg, Fürst Radziwiłł, Herrn Pac und Herrn Denhoff im neuen Palais zugewiesen. Während des Mittagessens, an dem alle engeren Begleiter unseres Kronprinzen teilnahmen, beteuerte der Gnädige Erzherzog wiederholt, daß der Durchlauchtige Kronprinz den schlecht vorbereiteten Empfang verzeihen möge, doch man könne nicht jene als Gäste bezeichnen, die durch das Hintertor eintreffen. Die Strafe für die Einbehaltung der Kundschafter sei nun ein mageres Mittagsmahl. Nächsten Tags sollte alles reichlicher ausfallen. Als dann der gnädige Erzherzog seinen Becher auf die Gesundheit S. Königlichen Majestät[12] leerte, erzitterte die Luft vom Gedröhn der Kanonen, Mörser und Musketen. Das gleiche wiederholte sich zur Gesundheit Ihrer Majestät der Königin und des Allerdurchlauchtigsten Kronprinzen. Das Abendessen nahmen die Hoheiten gesondert ein. Fürst Radziwiłł und weitere Herren wurden im neuen Palast von Herrn Baron

Konski, Ritter des heiligen Stefan,[13] empfangen, der die Pflichten des Kommissärs ausübte.

25. Mai, Sonnabend

S. Pac S. Hoheit der Kronprinz und Erzherzog Karl suchten eine halbe Meile hinter Neiße das Landgut von Herrn Radaptein auf, um bei ihm zu fischen. Man bat auch uns mitzukommen, doch wir gaben vor (zumal der Kronprinz auf unserer Teilnahme nicht bestand), für den weiteren Weg ausländische Kleidungsstücke besorgen zu müssen.

J. Hagenaw Die Hoheiten aßen bei Herrn Radaptein in dessen Haus zu Mittag und kehrten abends wieder heim.

26. Mai, Sonntag

S. Pac Mehrere Tage hindurch geschah nichts Erwähnenswertes.

J. Hagenaw Es war der Pfingsttag. Nach Andacht und Mittagessen waren Ihre Hoheiten mit sich selbst beschäftigt. Aber gleich nach der Messe hatte Fürst Radziwiłł eine Audienz beim gnädigen Erzherzog.

27. Mai, Montag

J. Hagenaw Es wurde ganz wunderbar die Messe gesungen unter Flötenbegleitung der Singstimmen. Die Jesuitenpatres bereiteten für die Hoheiten und Fürst Radziwiłł ein festliches Mahl vor.

28. Mai, Dienstag

J. Hagenaw Nach der Andacht aß man bei den Franziskanern zu Mittag, wo auch der Garten besichtigt wurde.

29. Mai, Mittwoch

J. Hagenaw Vor dem Mittagessen begab sich der Durchlauchtigste Erzherzog nach Oppeln[14] und Ratibor, um diese Fürstentümer in Besitz zu nehmen. Es wurden die überflüssigen Wagen des Kronprinzen mitsamt der überzähligen Bedienung nach Polen zurückgeschickt. Am gleichen Tag kamen die gnädigen Herren Żółkiewski und Denhoff an.

30. Mai, Donnerstag

J. Hagenaw Nach der Andacht blieb S. Hoheit der Kronprinz im Schloß, um sich in Ruhe auf die mannigfachen Angelegenheiten der Reise vorzubereiten.

31. Mai, Freitag

J. Hagenaw Der Durchlauchtigste Erzherzog kehrte um sieben Uhr morgens zurück und traf S. Hoheit den Kronprinzen bei der Andacht an. Gemeinsam mit der Reisegesellschaft nahmen die Hoheiten das Mittagessen im Garten des Bischofs ein. Hier verspeiste der Hofnarr des Erzherzogs in Anwesenheit der Hoheiten nacheinander acht lebende Fische.

JUNI

1. Juni, Sonnabend

J. Hagenaw Fürst Radziwiłł weilte wiederum beim Durchlauchtigsten Erzherzog zur Audienz, um im Namen der Königlichen Majestät Erkundigungen über Route und Verlauf der weiteren Reise einzuholen.

2. Juni, Sonntag

J. Hagenaw Die Hoheiten und Fürst Radziwiłł begaben sich am Abend bald zur Ruhe.

3. Juni, Montag

S. Pac S. Hoheit der Kronprinz und der Erzherzog fuhren nach Proskau und verlangten, daß ich sie begleite. Der gnädige Fürst entschuldigte sich mit seinem schlechten Gesundheitszustand, da ihn das Fieber zu schütteln begann. Wir suchten in Proskau Herrn Pruszkowski auf, einen vorzüglichen Gastgeber (einen reichen schlesischen Edelmann, der mit seinem Vermögen und seinen Einnahmen manchen dortigen hohen Fürsten übertraf, er besitzt nur einen Sohn, dafür mehrere Töchter), und weilten bei guter Bewirtung zwei Tage lang bei ihm. Hier wohnte ich in einem gemeinsamen Kabinett mit dem Kammerherrn des Erzherzogs, Herrn Wolkenstein, der sein Quartanafieber auf seine Weise kurierte. So versäumte er nicht, an freien Tagen, wenn sich ihm eine Gelegenheit und eine gute Gesellschaft bot, von Herzen zu trinken, und setzte sich auch immediate [unmittelbar], bevor ihn ein Anfall packte, zu uns an den Tisch und trank ordinarie [gewöhnlich] anstelle von Sirup zwei große Flaschen Wein, wobei er froh mit uns anstieß. Danach kroch er semi ebrius [halb betrunken] in die Federn und heilte auf diese Weise sein Fieber. Er war ein Mann von sechzig Jahren und praecognitum [fest überzeugt], mit der Quartana besser zurechtzukommen als sämtliche Medikusse.

J. Hagenaw Die Hoheiten begaben sich nach Proskau, und da Fürst Radziwiłł in der vorangegangenen Nacht an Zahnschmerzen gelitten hatte, fuhr an seiner Stelle Herr Pac mit.

4. Juni, Dienstag

J. Hagenaw In Proskau verbrachte man ein paar angenehme Stunden.

5. Juni, Mittwoch

S. Pac Von Proskau aus fuhren wir nach Neiße, wo wir beim Erzherzog zu Abend aßen und dem neuen Kapellmeister zuhörten.

6. Juni, Donnerstag

S. Pac Zum Fronleichnamsfest fand eine feierliche Prozession mit dem allerheiligsten Sakrament statt, an der auch der Durchlauchtige Erzherzog pontificaliter [in Pontifikalkleidung] teilnahm und auf sein Bemühen alles Volk, das sich in der Stadt befand, nicht allein Katholiken, sondern auch diversae religionis [Andersgläubige], jedoch in geringer Zahl.

J. Hagenaw Zur Prozession mit dem allerheiligsten Sakrament wurden, unter Androhung einer Geldstrafe, auch die Ketzer gezwungen. Als die Prozession durch die Stadt zog, riß ein bei der Explosion geplatztes Kanonenrohr dem Schützen einen Arm ab.

7. Juni, Freitag

J. Hagenaw S. Hoheit der Kronprinz ließ sich den ganzen Tag nicht sehen, da er Kleider bestellt hatte, womit er sich den Ländern und Leuten anzupassen gedachte, die er besuchen wollte. Es leisteten ihm einige ihm näherstehende Personen Gesellschaft.

8. Juni, Sonnabend

S. Pac S. Hoheit der Kronprinz begab sich nur mit einer Kutsche und einigen von uns nach Breslau, um dort unerkannt zu bleiben. Der Durchlauchtige Fürst, der an Zahnschmerzen litt, blieb in Neiße. Ich fuhr an seiner Stelle mit und war Herr der Fahrt, nahm den ersten Platz in der Kutsche und auch bei Tisch ein. So wollte es S. Hoheit der Kronprinz, der selbst erst der dritte nach mir war.[15]

In Breslau angekommen, stiegen wir im Gasthof am Marktplatz bei einem Gastwirt ab, den ich von früher kannte. Und da uns bis zum Abend noch einige Stunden verblieben, gingen wir, die Stadt zu besichtigen, doch nicht alle in einem Hauf. Und es verging uns dieser Tag vorzüglich, denn niemand erkannte unseren Allerdurchlauchtigsten Kronprinzen.

J. Hagenaw S. Hoheit der Kronprinz fuhr um fünf Uhr morgens mit den Herren Pac, Żółkiewski, Denhoff und Kazanowski (weil Fürst Radziwiłł erkrankt war) incognito nach Breslau.

9. Juni, Sonntag

S. Pac Wir spazierten durch die Stadt zu einer lutherischen Kirche, um die Andacht der Ketzer zu erleben. Hier weilten wir aber nicht lange, denn da gab es nichts Besonderes,

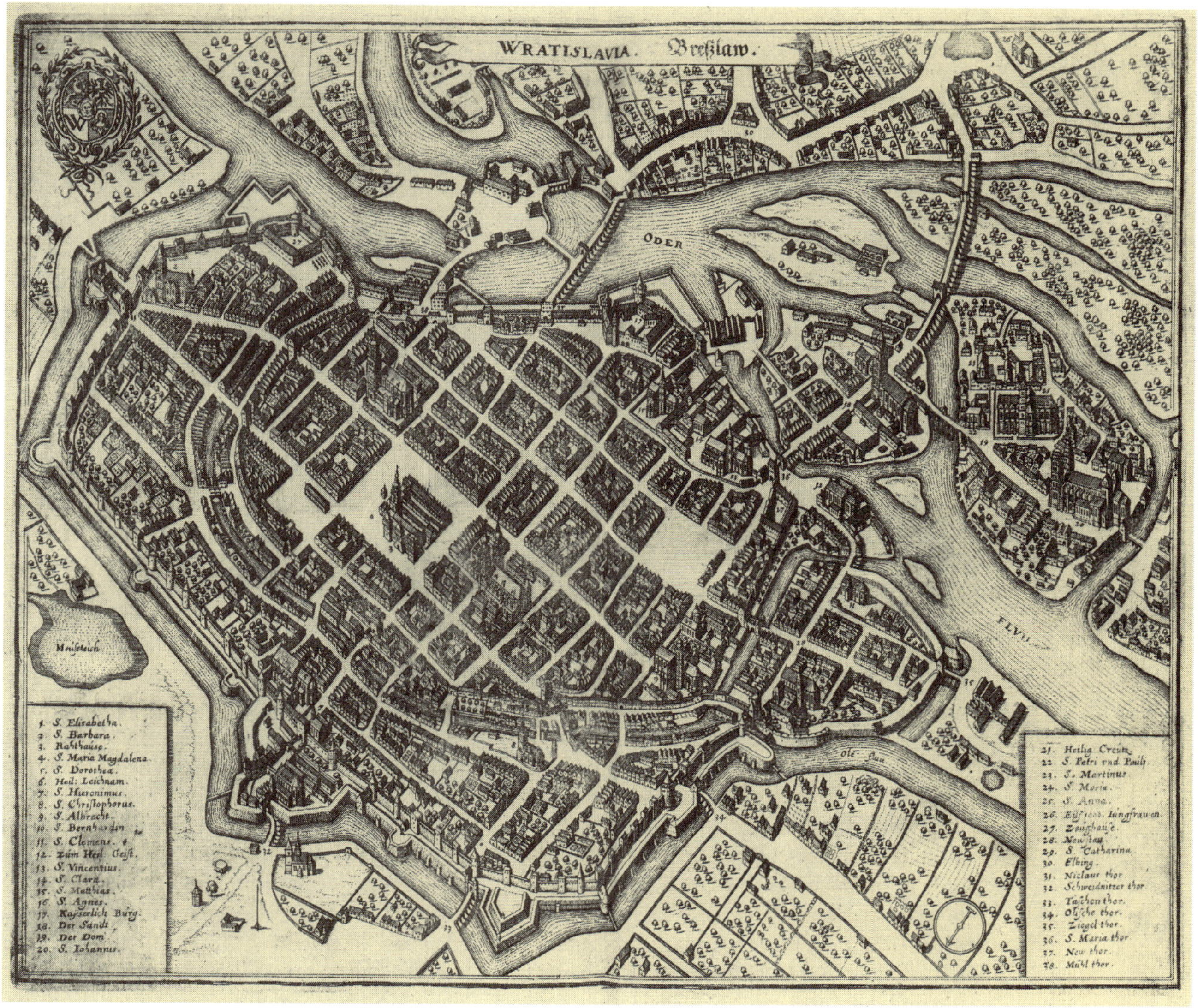

Stadtplan von Breslau

und wir verließen bei halber Andacht die Kirche, ohne darauf zu achten, daß uns die Ketzer wie Wölfe nachblickten. Weshalb Herr Denhoff, der uns begleitete und sonst übrigens höflich auftrat, aber in diesen Dingen heftig verbohrt war, uns schwere Vorwürfe machte. Als nächstes suchten wir die katholische Kathedralkirche auf, nahmen an der Prozession des allerheiligsten Sakramentes teil und hörten der Messe zu. Dann bestiegen wir den Kirchturm und besahen die Stadt. Aber auch die Reliquien bestaunten wir, die im Dom im Überfluß vorhanden waren.

Zum Mittagessen begaben wir uns zum Breslauer Archidiakonus, Pfarrer Peter Gebauer. Dieser hatte bereits in Neiße die Zusage S. Hoheit des Kronprinzen erhalten wegen der Bekanntschaft, die er mit Seiner Hoheit dem Kronprinzen geschlossen hatte, als er, der gleiche Gebauer, in der Mission eines kaiserlichen Gesandten bei S. Hoheit dem polnischen König geweilt hatte.[16] Er bewirtete uns privatim in herrschaftlichem Überfluß. Eine verwunderliche Sache fiel uns in seinem Haus auf: ein Jüngling von etwa achtzehn Jahren, sein Sohn, doch bereits so ergraut wie selten jemand mit sechzig Jahren.

Nach dem Mittagsmahl besichtigten wir die Dombibliothek, in der uns viele gute Bücher auffielen. Als nächstes besuchten wir die Rüstkammer, das heißt das städtische Zeughaus. Zu Abend aßen wir im Gasthof. Dort machten wir (wie das in Wirtshäusern üblich ist) die Bekanntschaft mit einem Soldaten, einem Hauptmann, einem Schlesier und tüchtigen Haudegen. Diesen Mann baten wir zu uns an den Tisch. Er sträubte sich nicht, obwohl er wußte, daß er nach hiesigem Brauch auch das Seinige zahlen mußte. Doch als er sah, daß mit großem Überfluß aufgetragen wurde (hatten wir doch dem Gastwirt befohlen, uns extraordinarie zu bedienen) und nicht so, wie er ansonsten im Gasthof zu speisen pflegte, begann er sich zu sorgen, in Furcht, die Rechnung nicht bezahlen zu können. Und als man aus der Stadt von einem italienischen Kaufmann italienischen Wein heranholte, der dort sehr teuer war; als er sah, daß man seine Pertraktionen nicht achtete, begann er sich herauszureden, daß er Wein nicht tränke, immer in Gedanken, ihn bezahlen zu müssen. Doch als andere ihn bedrängten und ihm insbesondere zu verstehen gaben, daß sie ihn mit diesem Wein aus eigener Lust und auf eigene Kosten bewirteten, ließ er sich überreden, wobei er erklärte, Wein nicht aus Gläsern, sondern aus Bechern zu trinken. Alsdann wurde er so munter und lustig, daß wir nicht mehr wußten, was wir mit ihm reden sollten. Es war vor allem Herr Denhoff, der sich mit ihm abgab und den der Hauptmann bat, ihn in Polen dem Kronprinzen zu empfehlen, denn er hatte vorher gehört, daß Herr Denhoff dem Kronprinzen diente. Er versprach, dem Allerdurchlauchtigsten Kronprinzen dienen zu wollen, so sich nur Gelegenheit eines Krieges bot, weil er vom Kronprinzen als einem tapferen Krieger schon viel gehört hätte. Und er sprach so laut, daß es auch S. Hoheit der Kronprinz selbst hörte und sich darauf mit ihm in ein Gespräch einließ, da er die deutsche Sprache vorzüglich beherrschte. Die beiden kamen sich als Soldaten in Freundschaft entgegen, denn dem Hauptmann kam nicht im Traum in den Sinn, daß es der polnische Kronprinz sein könnte, mit dem er aß und trank. Diese freundschaftliche Unterhaltung führte zu einer weiteren Konfidention. Der angeheiterte Hauptmann, der uns einen besonderen Gefallen erweisen wollte, begann Herrn Denhoff von einer anmutigen adligen Witwe zu perfidieren, die in einem ketzerischen Frauenkloster lebte, und versprach, ihn am nächsten Tag mit dieser Frau bekannt zu machen. Und so geschah es auch. Wir besuchten am nächsten Tag das Kloster und lernten dort eine reizvolle Dame mit artigen Manieren kennen.

J. Hagenaw Da der Kronprinz bei seinem Kirchbesuch in Breslau von den Soldaten, die unter seinem Befehl am Chocimer Feldzug teilgenommen hatten, beinah erkannt wurde, entzog er sich lieber ihren Blicken. Bei der Besichtigung der Stadt nutzte man die freiwillig angebotene Hilfe eines Hauptmanns, der im gleichen Gasthof wohnte, den wir vorher aber nie gesehen hatten. Und als der Kronprinz in einem Krämerladen unter seiner Führung verschiedene Waren betrachtete und dann weitergehen wollte, befahl ihm der Hauptmann, eine Weile zu warten, weil er noch etwas für seine Frau kaufen wollte. Belustigt durch die Unkundigkeit des Mannes, sich mühsam des Lachens erwehrend, gehorchte der Kronprinz und wartete, bis jener seine Dinge erledigt hatte.

10. Juni, Montag

S. Pac Nach dem Mittagessen verließen wir Breslau, denn die Anwesenheit des Kronprinzen war bereits ruchbar geworden. Erwähnter Hauptmann begleitete uns. Er war ein biederer Mann, der nichts anderes dachte, als daß wir einfache Soldaten wären. Er folgte Herrn Denhoff auf Schritt und Tritt und bat ihn unentwegt, ihn, wenn wir wieder in Polen sein würden, dem Kronprinzen zu empfehlen. Bei dieser seiner Einfältigkeit erlaubten wir ihm, die Kutsche zu besteigen und uns bis hinter die Stadt zu begleiten, worum er uns sehr gebeten hatte. Als wir nun die Stadt verlassen hatten und den guten Hauptmann verabschiedeten, sagte ihm Herr Denhoff (mit Erlaubnis S. Hoheit des Kronprinzen): »Herr Hauptmann, Ihr batet mich wiederholt, Euch dem Allerdurchlauchtigsten Kronprinzen, meinem Herrn, zu empfehlen, sowie ich in Polen ankomme. Und ich versprach Euch, so zu handeln. Doch der Allergnädigste Kronprinz befindet sich zur Zeit gar nicht in Polen, sondern vielmehr hier«, und er zeigt auf den Kronprinzen, »weshalb ich Euch gleich an Ort und Stelle empfehlen und S. Hoheit überreden konnte, daß S. Hoheit sich Euch zu erkennen gebe und Euch seiner Gnade versichere.« – Heilige Mutter Gottes! – Als der Hauptmann begriff, daß es der Kronprinz selbst war, mit dem er so respektlos umgegangen war und vor dem er immer wieder gesagt hatte: ›Hol dich doch der ...‹, fiel er S. Hoheit dem Kronprinzen zu Füßen und bat ihn inbrünstig, es ihm nicht zu verübeln und ihn in Gnaden zu entlassen. S. Hoheit der Kronprinz empfing ihn benissime [gütigst] und versprach, ihn nicht zu vergessen, sobald sich die Gelegenheit einer Aushebung ergebe. Er gab sich später auch dem Gastwirt zu erkennen, der uns unter tiefen Bücklingen hinausbegleitete, nicht ohne Grund, hatten wir ihm doch die Bewirtung mehr als reichlich bezahlt.

Ansicht der Stadt Breslau

Wir kamen am gleichen Tag, das heißt in der Nacht, in Neiße an, nachdem wir unterwegs die Pferde gewechselt hatten.

J. Hagenaw Nach beendetem Mittagsmahl, als erwähnter Hauptmann und der Gastwirt uns an die Tür begleiteten, gab sich der Kronprinz beiden zu erkennen. Und das war der Anlaß, sein Incognito zu lüften: Der Hauptmann, der während des Spaziergangs durch die Stadt auf Grund der ihm erwiesenen Höflichkeiten vollstes Vertrauen gewonnen hatte, bat Herrn Denhoff, seine Person S. Hoheit dem polnischen Kronprinzen (dessen Ruhm und Heldentaten große Hochachtung bei ihm erweckt hatten) zu empfehlen, auf daß man ihm bei der ersten Gelegenheit eines Krieges ein Kommando anvertraute. Herr Denhoff antwortete dem biederen Mann, daß er sich die Erweisung eines solchen Freundschaftsdienstes nicht entgehen lassen werde. Diese in der Stadt ausgesprochene Bitte wiederholte der Hauptmann noch einmal an der Tür des Gasthofes. Als der Kronprinz den ehrlichen Willen des Mannes sah, verzichtete er auf die Verstellung. Er wandte sich an Herrn Denhoff und den Hauptmann, der von seiner Bitte nicht abließ, und gebot ihm, unbesorgt zu sein, weil er selbst es sei, um dessen Gunst sich der Hauptmann bemühe. Er, der Kronprinz, habe sein Anliegen sehr wohl vernommen. Der von dieser Entdeckung erschütterte Hauptmann warf sich dem Kronprinzen voller Ehrfurcht zu Füßen und bat ihn, seine losen Worte zu verzeihen. Der Kronprinz hieß ihn aufstehen, versicherte ihn huldvoll seiner Gnade und entließ ihn. Der Gastwirt aber, der aus irgendeinem Grunde Verdacht geschöpft hatte, fragte schließlich recht aufdringlich, wer denn eigentlich jener sei, der seinem Haus die Ehre der Anwesenheit gegeben habe. Hier und da redeten die Leute nämlich, es wäre der Durchlauchtige polnische Kronprinz. Und da er die Ehre seines Besuches im Gasthof zu schätzen wußte, bat er um die Gnade, ihn erkennen zu dürfen. Der Kronprinz winkte ihm aus der Kutsche zu und sagte: »So ist es, ich bin es«, und befahl, dem Gastwirt zum Andenken die Hände mit Dukaten zu füllen. Wie vom Donner gerührt, warf sich der Mann vor ihm in den Staub und bat ihn, seine Respektlosigkeit zu verzeihen, der Kronprinz indessen ließ die Peitsche knallen und fuhr rasch davon.

11. Juni, Dienstag

J. Hagenaw Der Kronprinz kehrte um zwei Uhr nachts aus Breslau zurück.

12. Juni, Mittwoch

S. Pac Es fand eine Hochzeit statt, die der Erzherzog seinem Kämmerer, einem gewissen Herrn Rohrwolff, mit Fräulein Radaptein, der Schwester seines Stallmeisters, ausrichtete. Die Dame erfreute sich nicht lange der Ehe, denn wir trafen sie als Witwe an, als wir von der großen Reise zurückkehrten.

J. Hagenaw Man feierte die Hochzeit des hochedlen Herrn Rohrwolff und des edlen Fräuleins Radaptein. Den jungen Herrn führten Allerdurchlauchtigster Erzherzog und der Allergnädigste Kronprinz zum Altar, die junge Braut Fürst Radziwiłł und Herr Bruskowski. Das Hochzeitsmahl fand im Schloß statt, getanzt wurde im neuen Palais.

13. Juni, Donnerstag

J. Hagenaw Es wurde eine Prozession mit dem allerheiligsten Sakrament in der Stadt durchgeführt. Gleicher Glaube aller Teilnehmer ließ keinerlei Verdacht, daß Ketzerei im Spiel sei, zu. Da gab es keine Frau, die nicht den Rosenkranz zwischen den Fingern bewegte oder beim Singen der Litanei nicht in das geöffnete Kirchenbüchlein hineinschaute. Am gleichen Tag fand ein Hochzeitsschmaus bei Herrn Radaptein, dem Bruder der Braut, statt. Den längsten Teil der Nacht gab man sich Tänzen hin.

14. Juni, Freitag

S. Pac Aus Neiße brachen wir mit dem Erzherzog, an dessen Person sich eine infausto omine [ungute Prophezeiung] erfüllte, nach Wien[17] auf. Er kehrte nicht mehr nach Hause zurück, sondern starb bald darauf in Spanien.[18]

Wir übernachteten vier Meilen hinter Neiße in Herbenstadt und staunten über die vielen Forellen, die der Erzherzog selbst in einem kleinen elenden Teich gefangenhielt.

J. Hagenaw Die Hoheiten setzten den Weg von Neiße nach Wien gemeinsam fort. Die Nacht verbrachten wir in Herbenstadt. Hier gab es einen kleinen Teich, der mehr Schlamm als Wasser enthielt. Wir beobachteten voller Staunen, daß dieser Teich, der weder einen Zufluß aus einem Bach oder Fluß noch eine Quelle mit Frischwasser besaß, eine unerschöpfliche Menge vorzüglicher Forellen aufwies. An diesem Tag fing man in Anwesenheit der Hoheiten mit einem Zug 175 Forellen. Und der Durchlauchtige Erzherzog suchte mit entblößten Armen selbst die besten Stücke für die Küche aus.

15. Juni, Sonnabend

S. Pac Wir standen früh auf und ritten durch das Gebirge bis nach Freudenthal, drei lange Meilen. Dieses Landgut, das, nachdem es einige Zeit von den Aufständischen[19] von Freudenthal besetzt gehalten wurde, an die kaiserliche Disposition gefallen war, hatte der Erzherzog für fünfmal hunderttausend Złoty gekauft und es dem Ordini Theutonico [Deutschen Orden][20] vermacht, in dem er die Würde eines Meisters innehatte. Unterwegs begegneten wir dem kaiserlichen Kurier Lancini, der uns mitteilte, daß S. Kaiserliche Majestät[21] den Allerdurchlauchtigsten Kronprinzen mit Freuden erwarte. Er bat jedoch, Vorsicht walten zu lassen, da er Nachricht hätte, daß die polnischen Lisowtschiki[22] beabsichtigten, dem Kronprinzen und dem Erzherzog unterwegs aufzulauern und sie gefangenzunehmen. Den Erzherzog wollten sie dem Kaiser gegen ein Lösegeld übergeben und mit dem Kronprinzen impunitatem [Straffreiheit] bei S. Majestät dem König in der Adelsrepublik erwirken, hatte doch der letzte Sejm gegen sie eine scharfe Anklage erhoben. Es war, wie es sich erwies, vanus metus [eine überflüssige Sorge] und Anlaß zu manchem Scherzgespräch mit dem Kronprinzen. Doch der Erzherzog gedachte nicht, die Warnung zu mißachten, und rührte sich nicht aus Freudenthal, bis er ein unweit befindliches kaiserliches Regiment als Geleitschutz anforderte, weshalb wir diesen und auch noch den nächsten Tag abwarteten.

J. Hagenaw Gegen neun Uhr morgens gelangten wir nach Freudenthal, wo wir gleich nach der Andacht zu Mittag aßen. Danach begaben sich die Hoheiten zur Jagd, wobei S. Hoheit der Kronprinz mit der Büchse einen Hirsch erlegte.

16. Juni, Sonntag

J. Hagenaw Es verbreitete sich, ich weiß nicht wie, die Nachricht, daß die Lisowtschiki die Hoheiten entführen wollten. Man überlegte lange, ob man die Reise weiterführen oder abbrechen sollte. Schließlich siegte der unseres Kronprinzen würdige Entschluß zur Weiterreise.

17. Juni, Montag

S. Pac Wir brachen frühzeitig auf. Eine Meile hinter unserem Nachtquartier stießen wir auf den Kommandeur der kaiserlichen Regimenter, die in dieser Gegend weilten. Er hieß Signore Torquato di Conti und war Sohn des Fürsten di Poli, ein Römer von Geburt. Der Kommandant wurde von mehreren Reiterfähnlein begleitet, und so postierten sie sich vor dem Erzherzog.

An diesem Tag aßen wir in Sternberg zu Mittag, einem Städtchen von Fürst Henryk Wacław, vier Meilen hinter dem Nachtquartier, wo wir Emissäre der Lisowtschiki antrafen: die Rittmeister Jaroszewski und Zborowski. S. Hoheit der Kronprinz und der Erzherzog bestimmten, daß ich mich zu ihnen begeben und erkunden sollte, was ihr Begehr sei. Ich hatte aber den Eindruck, sie waren nur erschienen, um S. Hoheit dem Kronprinzen ihre Bereitschaft zu bekunden, ihn mit ihrer gesamten Heerschar nach Wien zu begleiten. Insgesamt waren es 16000 Mann, darunter 8000 ausgesuchte Soldaten. Wenn nötig, wollten sie auch mit weniger, aber nur den besten Kriegern antreten, ganz nach Befehl des Kronprinzen, aber um die Gegenleistung, daß S. Hoheit der Kronprinz von seinem Vater, dem Allerdurchlauchtigsten König, und der Adelsrepublik erwirkte, daß die vom Sejm beschlossenen Sanktionen gegen sie aufgehoben würden. S. Hoheit der Kronprinz ließ sich damals jedoch auf kein Gespräch mit ihnen ein, worauf sie beim Erzherzog vorsprachen. Bona verba ultro citroque me interprete [ich vermittelte hier und da mit guten Worten].

Nach dem Mittagessen fuhren wir nach Ol-

Grundriß der Stadt Olmütz

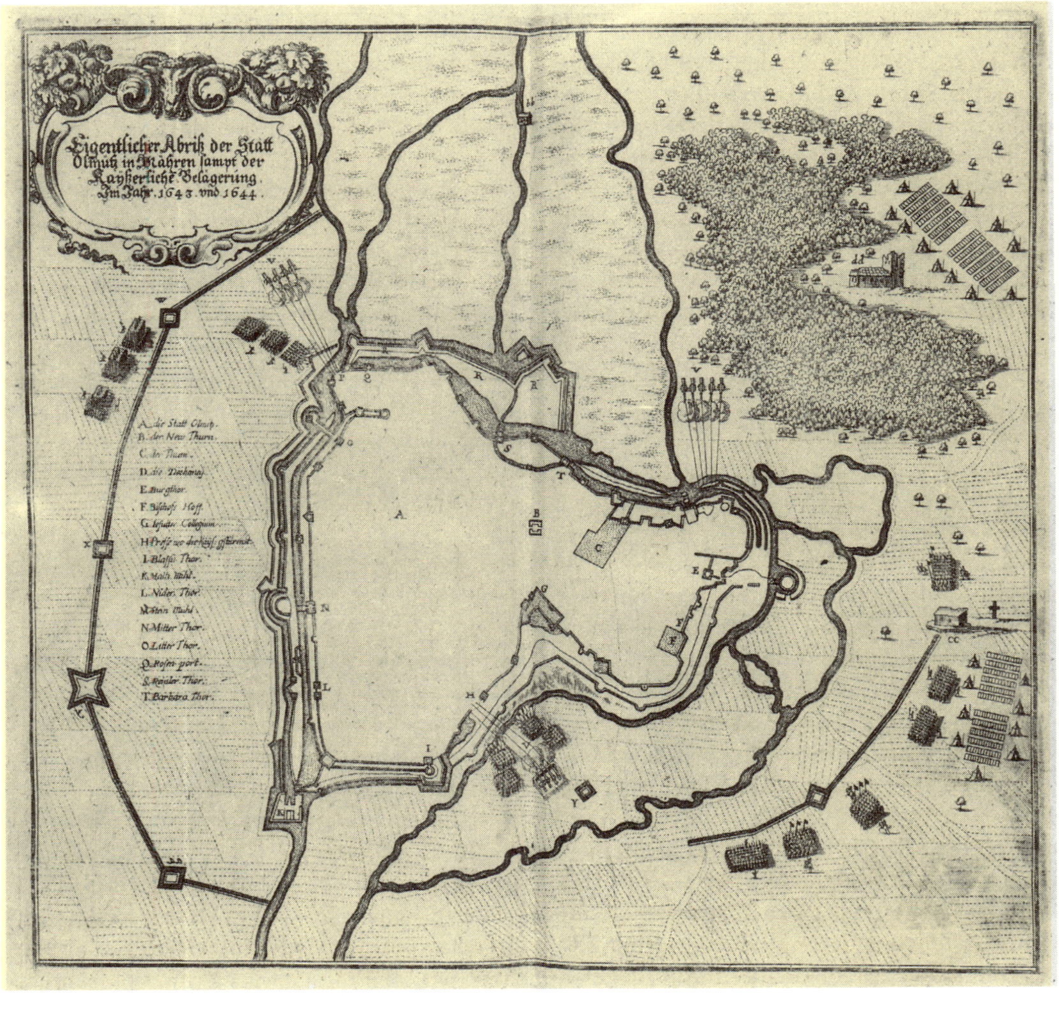

mütz und mieden die Hauptstraßen, an denen die Kompanien der Lisowtschiki gewöhnlich lagerten. Der Erzherzog wollte sich mit ihnen nicht einlassen, obgleich wir von etwa 1500 Kriegern und noch mehr begleitet wurden. In Olmütz angekommen, begegneten wir Signor Piccolomini, Sohn des berühmten Silvius Piccolomini,[23] mit zweihundert Kürassieren, da er damals Reiterhauptmann im kaiserlichen Dienst war. Übernachtet wurde in der Stadt Olmütz, die uns gar reichlich bewirtete.

J. Hagenaw Kaum drei Meilen von Freudenthal entfernt, stießen die Hoheiten auf vier Kürassierregimenter, die Herr Torquato di Conti, Stellvertreter des obersten Feldherrn Wallenstein, anführte und die zur Sicherheit der Hoheiten und des Reisezuges beordert waren. Jener Stellvertreter wünschte sich sehr, den Durchlauchtigsten Kronprinzen kennenzulernen, aber es führte kein Weg dahin, sein Begehren zu erfüllen. Jemanden darum zu bitten, hätte eine unverzeihliche Mißachtung der Diskretion bedeutet, wußte Herr di Conti doch, daß der Kronprinz unerkannt bleiben wollte. Es gab auch keine Möglichkeit, die Person des Kronprinzen mit fremder Hilfe auszumachen, weil dieser seinen Namen verschwieg und sich schlicht Herr Snopkowski nannte. Seine königliche Herkunft verbargen ein unauffälliges Auftreten und die bescheidene Kleidung, eine einfache rote Leibbinde statt eines goldblitzenden Degengehenks und ein Mantel aus gewöhnlichem grauem Stoff. Er reiste auch, ohne sich von den anderen abzuheben, inmitten der ihn begleitenden Gesellschaft. Doch der Durchlauchtige Erzherzog, der – ich weiß nicht – entweder vom heißen Wunsch des Stellvertreters erfahren hatte oder ihm eine Freude bereiten wollte, verständigte sich kurz mit dem Allerdurchlauchtigsten Kronprinzen und wies dann mit einem Kopfnicken auf seine Person hin. Auf diese Weise erhielt der Stellvertreter die Möglichkeit, dem Kronprinzen mit gebührender Hochachtung entgegenzutreten.

Octavio Piccolomini

Gegen zwölf Uhr erreichten die Hoheiten und ihr Gefolge Sternberg, wo sie im Augustinerkloster von den Domherren mit einem auserlesenen Mittagsmahl empfangen wurden. Die Kommissäre der Lisowtschiki baten um eine Aussprache mit dem Kronprinzen, wurden aber nicht vorgelassen. An seiner Stelle empfing sie Fürst Radziwiłł. Als die Hoheiten Sternberg verließen, schlossen sich den vier Regimentern weitere sechs an, die sich nach Vorführung von besonderen Reitkunststükken – was in Italienisch Caracolla heißt – in geschlossener Ordnung vor die Hoheiten stellten. Um sich besser zu verbergen, mischte sich S. Hoheit der Kronprinz mit Herrn Denhoff zwischen das zweite und dritte Fähnlein, und so erreichte man am Abend Olmütz, wo der Magistrat der Stadt die Hoheiten mitsamt ihrem Gefolge mit einem reichlichen Abendessen empfing.

18. Juni, Dienstag

S. Pac Nach einem frühen Mittagessen fuhren wir von Olmütz zur Übernachtung nach Wischau, vier Meilen, die gut und gern acht polnischen entsprachen. Hier bewirtete uns als Herr des Landgutes Signore Torquato di Conti mit fast großherrschaftlichem Überfluß, den sich in dem damals verödeten und hungrigen Land kaum jemand leisten konnte. Ihn aber kostete es nichts oder nur wenig, denn er gehörte zu jenen Soldaten, die für Lebensmittel nichts zahlten. Ein alias [übrigens] artiger und wohlgefälliger Mann, der doch den Fehler hatte, daß er auch Altäre plünderte, wenn er woanders nichts bekam. Der Durchlauchtige Fürst und ich verbrachten eine unruhige Nacht, und zwar wegen der Soldaten, die es in gleicher Schenke mit der Wirtin trieben.

J. Hagenaw Die Hoheiten nahmen an der Messe in der Bernhardinerkirche teil, aßen eilig zu Mittag und erreichten dann in Begleitung der Regimenter vom Vortag zwischen sechs und sieben Uhr Wischau, wo sie durch Salutschüsse und von einer Prozession der Kirchenherren begrüßt wurden. Herr Torquato di Conti aber empfing sie mit einem auserlesenen und reichlichen Essen. S. Hoheit der Kronprinz, der sich hinter dem Namen Snopkowski verbarg, speiste in einem anderen Gemach.

19. Juni, Mittwoch

S. Pac Hier empfing S. Hoheit der Kronprinz jene Kommissäre der Lisowtschiki und behandelte sie nach dem, was sie wert waren.

Nach Einnahme des Frühstücks verließen wir Wischau und waren nach drei großen Meilen zur Nacht in Brünn. Es empfing und bewirtete uns Oberst Merodi, ein Interländer, ein Mann mit viel Humor. Hier befand sich auch sein Standquartier.

J. Hagenaw Nach dem Frühstück ging es nach Brünn. Als der Zug die Stadttore erreichte, begrüßten die genannten Wallenstein-Regimenter die Hoheiten mit Salutschüssen aus ihren Musketen und mit Figurenreiten. Das Abendessen richtete Graf Morodi aus, der Generalvertreter des Fürsten von Liechtenstein. S. Hoheit der Kronprinz speiste privatim.

20. Juni, Donnerstag

S. Pac Nachdem wir der Messe bei den Jesuitenpatern beigewohnt und die Kirche sowie das prachtvolle Collegium besichtigt hatten, fuhren wir nach Salevica, zwei Meilen von Brünn, wo wir bei Herrn Wolkenstein zum Frühstück weilten. Er hatte diesen Besitz, wie er selbst mitteilte, von Karel Žerotin[24] für viermal hunderttausend Taler[25] erworben. Es befand sich hier ein prachtvoller, aus Steinen errichteter, fast königlicher Palast.

Von dort fuhren wir zur Übernachtung zwei Meilen nach Nikolsburg zu Kardinal Dietrichstein,[26] der S. Hoheit dem Kronprinzen und dem Erzherzog eine gute halbe Meile entgegeneilte. Doch der Kronprinz gab sich nicht zu erkennen, begrüßte ihn auch nicht und hielt sich vielmehr zurück. An seiner Stelle saßen der Durchlauchtigste Fürst, der Erzherzog und ich in der Equipage. Hier nahm auch der Kardinal Platz und sorgte sich, da er den Allerdurchlauchtigsten Kronprinzen nicht begrüßen konnte. Der Erzherzog aber scherzte den ganzen Tag mit ihm und sagte, daß S. Hoheit der Kronprinz überhaupt nicht anwesend sei. Im Schloß angelangt, führte der Kardinal den Erzherzog in seine Zimmer. In dieser Zeit traf auch S. Hoheit der Kronprinz ein und betrat mit der Reisegesellschaft und den anderen das Zimmer des Erzherzogs. Und als wir – die Untergebenen des Kronprinzen und unter uns unerkannt S. Hoheit – in einer Reihe standen, riet der Erzherzog dem Kardinal, den Kronprinzen unter uns selbst zu erkennen und zu begrüßen. Darauf betrachtete uns jener fleißig, traute sich aber nicht, auf eine bestimmte Per-

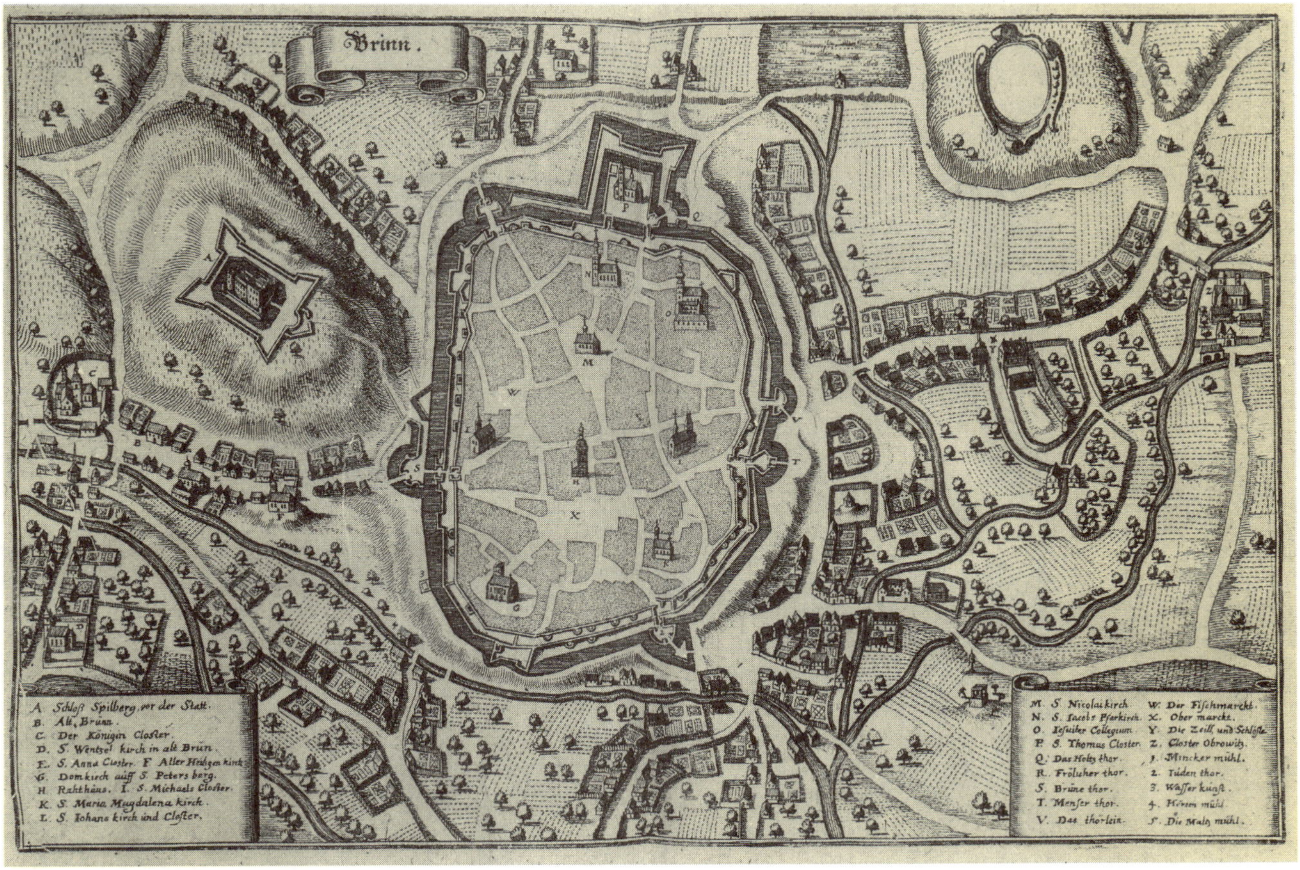

Stadtplan von Brünn

son hinzuweisen. Schließlich wandte er sich an den Erzherzog und sagte: »Puo far il mundo [wozu diese Umstände], wollt Ihr Euch noch lange lustig machen, oder wißt Ihr nicht, daß Ihr Euch in meinem Haus befindet?« Da erst umarmte ihn der Kronprinz und gab sich ihm zu erkennen. Danach führte ihn der Kardinal in seine Gemächer und von dort gleich (obwohl es sich nicht schickte) in den Keller, in dem sich eine Vielzahl von Flaschen und dickbäuchigen Fässern mit edlen Weinen befand. Es folgte ein exquisites Abendessen, nach italienischer Zeremonie und Bedienung, daß es uns schien, als wären wir bei einem römischen Kardinal zu Gast. Zum Abendessen spielten und sangen ganz ausgezeichnet fünf italienische Franziskanermönche, ohne dabei den Heiligen Geist zu erwähnen. Beim Essen saßen mit den Hoheiten zwölf Personen zu Tisch aus dem Gefolge des Kronprinzen, des Kardinals und noch ein paar hohe Obristen. Es herrschte eine ausgelassene Stimmung, man setzte uns mit Trinksprüchen arg zu; der Erzherzog tat sich dabei als Anführer hervor und dachte sich immer wieder neue Sprüche aus. Von hier schickte der Erzherzog Herrn Torquato di Conti mit all seinen Leuten, die uns begleitet hatten, wieder zurück.

J. Hagenaw Um acht Uhr morgens langten die Hoheiten, von Liechtensteins Reiterei und einem Heiduckenfähnlein geleitet, in Salevica an, einer Stadt und einer Burg, die

Wallenstein

Baron Wallenstein gehörten. Hier empfing erwähnter Baron beide Höfe mit einem feierlichen Mittagsmahl. Während dieses vorbereitet wurde, ergingen sich die Hoheiten im Garten und im Tiergehege. Die Burg von Salevica, prächtig und vorteilhaft angelegt, war mit starken Türmen und einem Schutzwall bewehrt. Deshalb blieb sie auch von den Angriffen der Tataren und Ungarn unberührt, vor denen sich die Stadt unterhalb der Burg nicht schützen konnte. Von hier ging es nach Nikolsburg weiter. Der gnädige Herr Kardinal von Dietrichstein kam uns mit vielen prächtigen Kutschen entgegen. Da der Kronprinz aber wegen eines einsetzenden Regens gezwungen war, vom Pferd – denn er pflegte zur Abwechslung zu reiten – in eine Kutsche umzusteigen, und zwar in eine, die gerade in der Nähe war und nicht in die des Erzherzogs, begrüßte der entgegenkommende Kardinal den Durchlauchtigen Erzherzog, ohne zu wissen, wie es sich mit der Person des Kronprinzen verhielt. Und als man dann in der Burg von Nikolsburg anlangte und S. Hoheit der Kronprinz mit allen anderen dem gnädigen Erzherzog auf dem Fuße folgte, wandte sich der Kardinal nicht dem Kronprinzen zu, sondern lenkte seine Augen und seine Aufmerksamkeit auf Herrn Żółkiewski, den er wohl für den Hohen Herrn hielt. Und er blieb so lange in diesem Irrtum befangen, bis ihn der Erzherzog auf S. Hoheit den Kronprinzen aufmerksam machte. Glücklich und erfreut über die Bekanntschaft, ehrte der Kardinal daraufhin den Allerdurchlauchtigsten Kronprinzen mit einem ihm würdigen Empfang und Quartier.

21. Juni, Freitag

S. Pac Der Erzherzog und der Allergnädigste Kronprinz standen frühzeitig auf und eilten mit Stafettenpferden des Kardinals, mit nur einer Person Begleitung, voraus nach Wien, um Seine Kaiserliche Majestät zu überraschen. Es gelang ihnen aber nicht, weil der Allerdurchlauchtigste Kaiser von seinen beauftragten Kundschaftern gewarnt worden war und sich mit der Kaiserin, den Söhnen, Töchtern,[27] Frauenzimmern und dem ganzen Hof von Wien in ein unweit liegendes Lustschloß begeben hatte. Dort eingetroffen, eilte der Erzherzog dem Kaiser entgegen, um ihn zu begrüßen, und hinter ihm der Kronprinz. Doch der Kaiser stieß den Bruder zur Seite, stürzte sich auf den Kronprinzen und umarmte ihn herzlich wie seinen eigenen Sohn. Danach begrüßte der Kronprinz die Kaiserin sowie die Kaiserlichen Söhne und Töchter. Desgleichen begrüßte ihn der Kaiserliche Hof, und hier legte der Kronprinz die Maskerade des Inkognitos ab, derer er sich von Neiße bis Wien bedient hatte. An diesem Tag weilten wir mit dem Durchlauchtigen Fürsten, dem Kanzler und dem Hof des Erzherzogs zum Mittagessen in Wienersdorf, im Palais des Fürsten von Liechtenstein, drei Meilen von Nikolsburg. Übernachtet wurde in

Wolkersdorf, drei Meilen entfernt. Die Erzherzöge sorgten für unsere Verpflegung und Übernachtung.

A. S. Radziwiłł Bevor wir in die Stadt (Wien) gelangten, eilten der Kronprinz und der Erzherzog, mit nur zwei Weggenossen, zu Kaiser Ferdinand II. voraus, der von ihrer Ankunft nichts wußte und sie auch nicht erwartete. In einem Vorwerk hinter der Stadt erfolgte die Begrüßung. Wir aber blieben bei Kardinal Dietrichstein zurück, wo wir gut bewirtet wurden. Am nächsten Tag erreichten wir gegen Mittag Wien.

J. Hagenaw Die Hoheiten brachen am frühen Morgen nach Wien auf, mit nur einer Kutsche und frischen, an bestimmten Orten bereitgestellten Pferden. Beide nahmen nur zwei Diener mit, sicherlich, um auf Wunsch des Durchlauchtigen Kronprinzen nicht durch reiche Ausstattung des Reisezuges oder Zahl der Begrüßenden aufzufallen, und kamen am Abend des gleichen Tages in Wien an. Da sie hier S. Kaiserliche Majestät nicht antrafen, eilten sie dem Kaiser und der Kaiserin in den Lustgarten nach, wohin sich beide begeben hatten, um auszuruhen. Als man die mit viel Gepolter ankommende Kutsche hörte, rief das bei allen, sogar bei dem Kaiserlichen Paar, große Verwunderung hervor. Als die Majestäten den Durchlauchtigen Erzherzog erblickten, vermuteten sie auch S. Hoheit den Kronprinzen in der Kutsche. Nachdem er

Die Stadt Wien aus der Vogelperspektive

sich ihnen vorgestellt hatte, brachte man die beiderseitige große Freude und deutlich zu spürende Herzlichkeit zum Ausdruck. Am gleichen Tag verließ Fürst Radziwiłł mit beiden Reisegruppen um sechs Uhr früh Nikolsburg und erreichte gegen Mittag Wienersdorf. Mittag wurde im Schloß von Herrn Godat von Liechtenstein gegessen. Zur Übernachtung begab man sich nach Wolkersdorf.

22. Juni, Sonnabend

S. Pac Wir kamen nach drei Meilen gegen Mittag in Wien an. Hier empfing man uns sehr familiariter, ohne besondere Zeremo-

Ansicht des Stephansdoms zu Wien

nien. Untergebracht wurden wir in einer camera locanda [Wirtshaus], weit weg vom Schloß, bei guter Diät, an die unsere Mägen aber nicht gewöhnt waren. Wir berieten uns und zogen am gleichen Tag in die Nähe des Schlosses um, in das Haus von Holbein, mit dem wir die erste Bekanntschaft über eine briefliche Anmeldung und einiges Mietgeld gemacht hatten. Herr Opacki war es gewesen, der Kammerherr der Königin, der kurz vor uns vom Königlichen Paar zur Kaiserlichen Majestät geschickt worden war. Hier in diesem Haus war er abgestiegen, et in omnem casum [und für alle Fälle] empfahl er mir Hauswirt und Quartier, wenn es nötig wäre (woran wir damals überhaupt nicht gedacht hatten), nahe am Schloß. Das kam uns sehr gelegen, und nicht weniger dem Durchlauchtigen Fürsten, der sich uns anschloß. Wir verlebten einen fröhlichen Abend, und nach unserem Appetit, der nach den Mühen des Tages in superlativo gradu angewachsen war, brauchte man gar nicht zu fragen.

An diesem Tag langte auch Erzherzog Leopold an. Er war eigens, um S. Hoheit den Kronprinzen zu begrüßen, von seinem Bistum Passau über die Donau nach Wien gekommen. Es befanden sich damals viele Menschen in der Stadt, einmal wegen der eingetroffenen Hoheiten, aber auch, weil sich der Kaiser mit niemandem im Kriegszustand befand und viele Soldaten, Obristen und Hauptleute in Wien weilten. Deshalb auch die große Teuerung, wie sie sonst nur bei Belagerungen üblich ist. Grund dafür war die Verwüstung der umliegenden reichen Provinzen durch den Krieg; aber auch die Willkür der Herrschenden hatte Anteil daran, worüber noch eingehender berichtet wird.

A. S. Radziwiłł Wir wurden anfangs recht unfreundlich empfangen, man bestimmte unser Quartier in einem öffentlichen Gasthaus und kümmerte sich auch nicht um unsere Verpflegung. So mieteten wir, unserer polnischen Großzügigkeit entsprechend, eine anständige Herberge in der Nähe des Schlosses und bereiteten ein üppiges Bankett vor, was uns großen Respekt eintrug. Der benachrichtigte Kaiser ließ uns darauf wissen, daß er ein Mittagessen schicken werde, doch wir saßen bereits zu Tisch. Es kam also Graf di Portia, uns als Kommissär bestimmt, der uns im Namen S. Majestät begrüßte. Zwei Stühle wurden mit Seide ausgeschlagen, und den Tisch bedeckte man mit einem roten Seidenteppich. Und seitdem lebten wir großzügig und genossen die Huld des Kaisers.

J. Hagenaw Am Morgen eilten S. Kaiserliche Hoheit, unser Allerdurchlauchtigster Kronprinz und der Allergnädigste Erzherzog mit der Hofkarosse Erzherzog Leopold an die Donau entgegen. Gegen Mittag erreichte Fürst Radziwiłł mit dem Rest der Reisegesellschaft Wien. Man brachte ihn in der Herberge ›Zu den drei Klauen‹ unter, in der die notwendigsten Dinge fehlten. Hier ruhten alle erst einmal aus, bis Herr Pac ein besseres

Kaiser Ferdinand II.

Quartier im Hause von Herrn Holbein fand, wohin auch Fürst Radziwiłł Herrn Pac um so lieber folgte, als sich dieses Haus in der Nachbarschaft des Kaiserlichen Schlosses befand. Auch Herr Żółkiewski und Herr Denhoff zogen in ein nahe gelegenes Haus ein.

23. Juni, Sonntag

S. Pac Es erschien am Morgen der Conte Carlo di Portia bei uns und eröffnete dem Gnädigsten Fürsten, daß der Kaiser ihn zum Dienst beim Fürsten und den weiteren Begleitern des Kronprinzen bestimmt hätte. Am gleichen Morgen begab sich der Fürst vor der Messe zu einer Audienz beim Kaiser, wobei er Gelegenheit hatte, den Kaiser zu begrüßen. Nach der Messe wurden wir der Kaiserin vorgestellt. Am Nachmittag hatte man uns, das heißt den Herrn Fürsten und Kanzler, mich und den Herrn Starost von Kaluga, zum Allergnädigsten Kronprinzen geholt. Danach suchten wir gemeinsam die Gemächer des Kaisers auf, wo man uns die Sammlung von Porträts vieler Kaiser und anderer Hoheiten des Österreichischen Hauses zeigte. Und Seine Kaiserliche Majestät wies uns selbst auf die kostbarsten Sachen hin. Es waren noch die Kaiserin, die Erzherzöge Leopold und Karl und zwei Kaiserliche Söhne anwesend. Die Sachen, die wir bestaunten, waren wirklich sehenswert, und ich zweifle, ob man ähnliches noch mal zu sehen bekommt, zumal angehäuft an einer Stelle. Jedenfalls fiel es uns schwer, alles in so kurzer Zeit zu besichtigen und auch noch im Gedächtnis zu bewahren, obgleich durch die unruhigen Kriegszeiten und Rebellionen vieles abhanden gekommen war, vornehmlich Schmuck und Edelsteine in großer Notzeit in Gelder umgetauscht worden waren. Die Konterfeis jedoch waren an ihren alten Plätzen erhalten geblieben.

J. Hagenaw Um sieben in der Frühe führte der Kommissär, Graf di Portia, den Fürsten zur Kaiserlichen Majestät zur Audienz. Danach wurden die übrigen Begleiter des Allerdurchlauchtigsten Kronprinzen zum Kuß der Kaiserlichen Hand zugelassen. Fürst Radziwiłł begab sich (entsprechend der Instruktion von Zygmunt III.) nach der Messe abermals zur Allergnädigsten Majestät, und nach dem Mittagessen wurden Fürst Radziwiłł, Herr Pac und Herr Żółkiewski vom Kaiser, der Kaiserin, den Kaiserlichen Söhnen und Töchtern privatim empfangen. Gemeinsam mit S. Hoheit dem Kronprinzen und den beiden Erzherzögen wurden sie in die geheime Schatzkammer des Österreichischen Hauses geführt, wo sie die von vielen Kaisern und Erzherzögen angehäuften Schätze und Perlen, darunter verschiedene erstaunliche Raritäten und unvergleichliche Wunder der Natur und Kunst, besichtigten – vom Kaiser selbst gezeigt und erklärt.

24. Juni, Montag

S. Pac Am Tage des heiligen Johannes begaben sich S. Kaiserliche Majestät, der Kronprinz, die Erzherzöge und die Kaiserin zur Messe zu den barmherzigen Brüdern, die man Bonifratelli nannte. Sie wurden vom gesamten Hof hoch zu Roß begleitet. Aus diesem Anlaß ist es angebracht, die vornehmsten Persönlichkeiten zu erwähnen, die wir zu dieser Zeit am Kaiserlichen Hof antrafen. Der erste unter ihnen war Fürst Eggenberg,[28] der beim Kaiser in hoher Achtung und Gunst stand und durch seine Tugenden und Verdienste von niedriger Kondition zu diesen hohen Ehren gelangte, wenn er auch bei unserer Ankunft am Hof nicht anwesend war. Dann Jakob Khisel von Kaltenbrunn,[29] Kaiserlicher Oberkammerherr, Marschall von Lorenstein, Graf Mansfeld,[30] Stallmeister, Fürst Popel von Lobkovic,[31] böhmischer Kanzler, Graf Meggau,[32] Geheimrat, beide equites Aurei Velleris [Ritter des Goldenen Vließes].[33] An weiteren hochgestellten Geheimen Räten waren anwesend: Carolus von Harrach,[34] Maximilianus Trautmansdorfius,[35] Marchese Caraffa de Montenegro,[36] Hauptmann,

Kaiser Rudolf II.

Viardus von Mersberg, Befehlshaber der Kaiserlichen Garde, Herberstein,[37] Jagdmeister. Und bei der Kaiserin: Oberster Hofmeister Maximilianus Dietrichstein[38] und weitere edle Herren und insbesondere Soldaten, Hauptleute, alles namhafte, prächtig gekleidete Personen. Wir wurden ihrer Gesellschaft in keiner Weise überdrüssig, denn sie merkten (soweit sie uns Polen verstanden), daß unter unseren Leuten ebensoviel Stolz vorhanden war wie bei ihnen. Und wenn wir uns auch in allem akkommodierten, so kam es doch zu keiner Vertrautheit, außer mit Don Mattiu,[39] dem natürlichen Sohn des verblichenen Kaisers Rudolf, der sich unter den anderen am Hof in reliquo splendare excellit [überhaupt in seiner Herrlichkeit unterschied] und sich durch menschliche Wärme hervortat.

J. Hagenaw S. Kaiserliche Majestät, S. Hoheit der Kronprinz und die Allergnädigsten Erzherzöge begaben sich am heiligen Johannestag zu den barmherzigen Bonifaziusmönchen, um an der heiligen Messe teilzunehmen.

25. und 26. Juni, Dienstag und Mittwoch

S. Pac Diese beiden Tage befanden sich der Kaiser und seine Gäste auf der Jagd.

J. Hagenaw Kaiserliche Majestät begaben sich mit dem Allergnädigsten Kronprinzen und den Durchlauchtigen Erzherzögen zur Jagd. Fürst Radziwiłł hatte eine Audienz bei den Durchlauchtigen Söhnen des Kaisers. Der Apostolische Nuntius, der ehrenwerte Herr Caraffa, sowie der Gesandte des spanischen Königs, Graf de Onate, und der Gesandte des Großherzogs von Toskana, Signore Altoviti, besuchten S. Kaiserliche Majestät.

J. Hagenaw Der Tag verging auf der Jagd.

27. Juni, Donnerstag

S. Pac Am gleichen Tag veranstaltete die Kaiserin eine Tanzvorführung und nahm selbst mit zwei Kaiserlichen Töchtern und fünfzehn anderen Frauenzimmern – alle in Masken – daran teil. Es dauerte einundeinehalbe Stunde und noch länger. Die Kaiserin war die Ballettmeisterin und zeigte, was sie von diesen Dingen verstand, wofür sie mit dem großen Beifall aller Spektatoren bedacht wurde. Dann nahm sie als erste die Maske vom Gesicht und hieß die Frauenzimmer das nämliche zu tun. Darauf begann man, gewöhnliche deutsche Tänze zu tanzen. Hier wählten die Damen die Kavaliere et non è contra [und nicht umgekehrt]; und sie holten den Allergnädigsten Kronprinzen als Gast so oft, daß er fast nie aus ihren Händen kam.

J. Hagenaw Der Kaiser lud zu einem Wettschießen ein, bei dem unser Gnädigster Kronprinz unter anderen Siegern auch eine Belohnung für Geschicklichkeit erhielt.

28. Juni, Freitag

S. Pac Jagdtag.

J. Hagenaw Fürst Radziwiłł besuchte im Namen S. Hoheit des Kronprinzen den Apostolischen Nuntius. Nachts veranstaltete die Kaiserin Figurentänze mit fünfzehn Hofdamen, zum Teil verheirateten, zum Teil noch freien. Damit zu diesem Vergnügen die Herren nicht in Scharen und wahllos drängten, ging der Zutritt durch die Zimmer des Kaisers vor sich. Dabei stand der Kaiser selbst an der Tür und ließ von seinen Leuten nur herein, wer ihm genehm war, so unseren Allergnädigsten Kronprinzen (der ähnlich wie der Kaiser an der Tür versteckt stand). Den größten Erfolg über alle erreichte beim Tanz, den man Ballett nannte, nach jedermanns Meinung die Allergnädigste Kaiserin mit ihrer Kunst, ihrem Geschick und Reiz. Nach diesem Tanz und nachdem zwei Kastraten Lieder zu Ehren S. Kaiserlichen Majestät sowie unseres Durchlauchtigen Kronprinzen und der beiden Allergnädigsten Erzherzöge gesungen hatten, widmete man den Rest der Nacht den üblichen Tänzen. Die

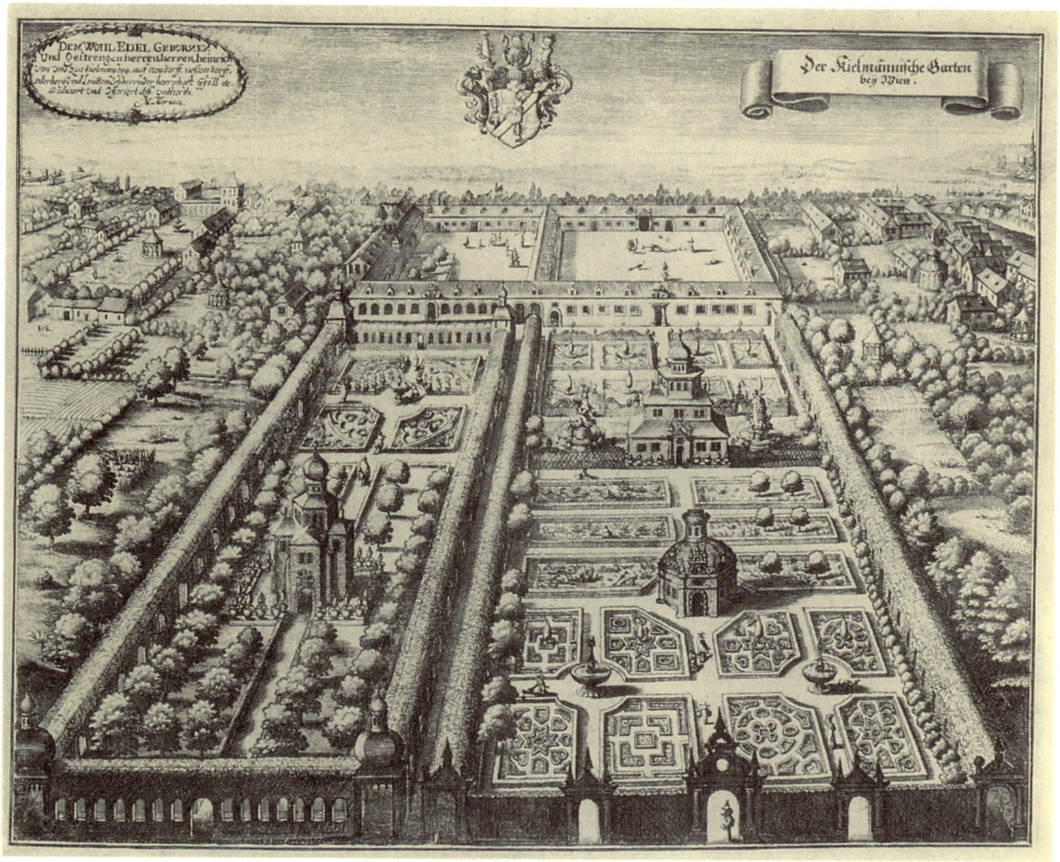

Prospekt des Kielmännischen Gartens bei Wien

Kaiserin tanzte mit vielen Herren aus dem Gefolge unseres Kronprinzen und vor allem mit Fürst Radziwiłł, den sie selbst aufforderte.

Fürst Radziwiłł besuchte im Namen S. Hoheit des Kronprinzen den apostolischen Legaten und als nächstes in gleicher Eigenschaft den Gesandten des Erzherzogs von Toskana.

29. Juni, Sonnabend

S. Pac Am Abend fand ein Feuerwerk statt, doch recht vulgariter [uninteressant].

30. Juni, Sonntag

S. Pac Kaiserliche Musikanten führten zur Freude des hohen Auditoriums eine Komödie mit Gesang auf. So vortrefflicher Musiker erfreut sich kein anderer Monarch, was nicht verwundert, weil S. Kaiserliche Majestät ungewöhnlich viel zahlt.

Nach der Komödie verabschiedeten wir uns vom Kaiser, der Kaiserin, den Erzherzögen und Erzherzoginnen, da wir beabsichtigten, am nächsten Tag in aller Frühe mit Erzherzog Leopold gemeinsam bis nach Passau und dann allein weiter zu reisen, doch wir wußten nicht, was uns am nächsten Tag erwartete.

J. Hagenaw Nach der Abendandacht begab sich das Kaiserliche Paar mit dem Gnädigsten Kronprinzen und den Durchlauchtigen Erzherzögen in den Garten, wo sie zu

Abend aßen. Nach Rückkehr der Hoheiten in das Schloß der Kaiserlichen Söhne wurde eine italienische Komödie aufgeführt.

JULI

1. Juli, Montag

S. Pac Wir bereiteten uns am Morgen auf die Abfahrt vor und suchten dann das Zimmer S. Hoheit des Kronprinzen auf. Hier sagte man uns, daß der Allergnädigste Prinz mit hohem Fieber darniederläge. Es hatte ihn gegen Mitternacht befallen und wich auch den ganzen Tag nicht. Schuld daran war Erzherzog Carolus, der den Kronprinzen zum Einnehmen von unbekannten Schlafelexieren überredet hatte, was er dann selbst in Spanien mit dem Leben bezahlte.[40] Aus diesem Grunde mußten wir noch zwei Wochen in Wien verweilen, mit großem Unwillen, sowohl wegen der Krankheit des Kronprinzen als auch wegen anderer Umstände, da uns das Wiener Klima nicht zu Gemüt stand und wir es gern sobald wie möglich gewechselt hätten. Erzherzog Leopold[41] besuchte den Kronprinzen und fuhr dann seines Weges. Wir aber suchten die berühmten Heilquellen, vier Meilen hinter Wien, auf, wo Fräulein und Damen der höchsten Stände gemeinsam mit Herren badeten, nur mit leichter Leinen- und Taftkleidung angetan, was bei unseren Bigotten sicher großen Anstoß erregt hätte. Doch hier störte es niemanden.

A. S. Radziwiłł Es traf auch Erzherzog Leopold ein, der zweite Bruder der Königin, und bat den Kronprinzen zu sich. So bereitete sich der Kronprinz für den 1. Juli auf den Weg vor, bekam aber in der Nacht hohes Fieber und mußte deshalb seine Abreise auf den 15. des gleichen Monats verschieben.

J. Hagenaw Dieser Tag war für den Aufbruch S. Hoheit des Kronprinzen bestimmt, der mit dem Durchlauchtigen Erzherzog Leopold gemeinsam Wien verlassen wollte. Doch als sich die Unsrigen aus dem Gefolge des Kronprinzen am frühen Morgen auf den Weg vorbereiteten, teilte man Fürst Radziwiłł mit, daß S. Hoheit der Kronprinz erkrankt war. Aus diesem Grund verlegte man die Zeit der Abreise um drei Tage, so daß der Gnädige Erzherzog Leopold allein aufbrach. Fürst Radziwiłł aber suchte mit einigen anderen Herren drei Meilen von Wien entfernt die Heilquellen auf. Am Abend kehrte er mit einigen Gefährten zurück, während die anderen über Nacht dort blieben.

2. Juli, Dienstag

S. Pac S. Hoheit der Kronprinz nahm eine Arznei zu sich, ein Pulver vom kaiserlichen Medikus, von dem sich sein Zustand am nächsten Tag verschlechterte, so daß auch sein Humor sank, dazu kamen keine geringen Magenbeschwerden und auch eine höhere Temperatur.

J. Hagenaw Am zweiten Tag nahm der Allergnädigste Prinz eine andere Arznei ein.

3. Juli, Mittwoch

J. Hagenaw Er fühlte sich noch schlechter, weil zu dem Fieber noch Herzschmerzen hinzukamen.

4. Juli, Donnerstag

S. Pac S. Hoheit der Kronprinz wurde zur Ader gelassen. Am gleichen Tag besuchten ihn der Kaiser, die Kaiserin und Erzherzog Karl und verfuhren nach deutschem Brauch, nach dem man Freunden am Tag, an dem sie zur Ader gelassen werden, kleine Geschenke bringt. Der Kaiser brachte einen Becher aus einem weißen, uns unbekannten Stein, der leicht mit Gold verziert war. Die Kaiserin schenkte eine Binde oder – wie es die Franzosen nennen – eine Schärpe, eine recht artige Arbeit, und eine Hutnadel mit einem Diamantknopf und zwei diamantenen Kettchen; dazu mehrere Paar Handschuhe und Beutelchen, aus italienischem Leder genäht. Erzherzog Carolus brachte Messer, Löffel und Gabel aus Jaspis, in Gold eingefaßt. Es waren Geschenke, die mehr den guten Willen zeigten, als daß sie große Kostbarkeiten darstellten.

J. Hagenaw Man ließ den Kronprinzen zur Ader. Kaiser und Kaiserin vertrieben dem Allerdurchlauchtigsten Kronprinzen die Zeit, indem sie mit ihm Karten spielten und nach deutschem Brauch Geschenke brachten und ihm dabei gute Erfolge des Aderlasses wünschten.

5. Juli, Freitag

S. Pac An diesem Tag fühlte sich S. Hoheit der Kronprinz frei von Schmerzen.

J. Hagenaw Nach Abklingen des Fiebers beruhigte sich der Allergnädigste Kronprinz langsam wieder.

6. Juli, Sonnabend

J. Hagenaw Kaiserliche Majestät begaben sich auf die Jagd.

7. Juli, Sonntag

J. Hagenaw S. Hoheit der Kronprinz fühlt sich gestärkt und hofft auf Gesundung.

8. Juli, Montag

J. Hagenaw Der spanische Gesandte, Graf de Oñate, suchte Fürst Radziwiłł auf.

9. Juli, Dienstag

J. Hagenaw Der böhmische Kanzler speiste mit Fürst Radziwiłł zu Abend, wobei die Angelegenheit von Choiński[42] zur Sprache kam.

Ansicht von Schloß Hernals

10. Juli, Mittwoch

S. Pac S. Hoheit der Kronprinz speiste nach seiner Krankheit das erste Mal wieder in der Öffentlichkeit mit dem Kaiser.

J. Hagenaw Der Kronprinz aß nach seiner Genesung das erste Mal außerhalb seiner Gemächer mit dem Kaiser zu Mittag.

11. Juli, Donnerstag

J. Hagenaw Der Kronprinz begab sich mit dem Kaiser auf die Jagd und verlegte die angesetzte Audienz mit dem Fürsten von Holstein auf den morgigen Tag.

12. Juli, Freitag

J. Hagenaw Von zehn bis elf Uhr wartete der Kronprinz auf den Fürsten von Holstein, der jedoch nicht erschien. Das Mißverständnis legte man dem Diener des Fürsten zur Last, der die ausgemachte Zeit angeblich für den nächsten Tag angesetzt hatte. Nach dem Mittagessen begab sich S. Kaiserliche Majestät auf die Jagd. Der Kaiser überredete S. Hoheit den Kronprinzen, auf den Aufbruch am Sonnabend zu verzichten und die Abreise auf den nächsten Montag zu verlegen.

Erzherzog Leopold Wilhelm

13. Juli, Sonnabend

J. Hagenaw Es weilte der neue katholische Nuntius, Graf von Ossona, bei S. Hoheit dem Kronprinzen zur Audienz. Eine halbe Stunde später ließ man den Fürsten von Holstein zur Audienz vor, der aber wiederum nicht erschien, und zwar wegen der Schloß- und Stadtuhren, die eine falsche Zeit anzeigten. Um zwei Uhr wollte man den Statthalter des Erzherzogs von Sachsen[43] empfangen, wozu es ebenfalls nicht kam, weil S. Kaiserliche Majestät den Kronprinzen zur Jagd abholte.

14. Juli, Sonntag

S. Pac Die Hochzeit des Grafen von Schwarzenberg,[44] Majordomus und Kammerdiener des Erzherzogs Karl, ist in gleichem Maße erwähnenswert, weil jener ein alias höflicher, recht wohlhabender und stattlicher Mann war, der eine Kammerjungfrau der Kaiserin heiratete, eine Dame von über 50 Jahren, unansehnlich und unbemittelt – die Gräfin von Sulz.

J. Hagenaw Um zwei Uhr nachmittags weilte der Fürst von Holstein beim Kronprinzen zur Audienz. Eine halbe Stunde später erteilte man sie dem Residenten des Erzherzogs von Sachsen. Am gleichen Tag wurde der Doktor der Medizin, Herr Jeremiasz Golner, in das Gefolge des Kronprinzen aufgenommen.

15. Juli, Montag

S. Pac Wir verließen nach dem Mittagessen leichten Herzens Wien.[45] S. Kaiserliche Majestät und die Erzherzöge begleiteten den Kronprinzen eine gute halbe Meile. Wir übernachteten an diesem Tag drei Meilen hinter Wien im Städtchen Tulbinga. Dort reihte sich

Ansicht der Stadt St. Pölten

S. Hoheit der Kronprinz als gewöhnliches Mitglied in unsere Reisegesellschaft ein, und der Fürst übernahm die Stelle des Herrn.

A. S. Radziwiłł Als der für die Abreise festgelegte Tag anbrach, begleiteten der Kaiser und sein Sohn den Kronprinzen eine gute halbe Meile bis hinter Wien. Als der Kronprinz und wir alle aufsaßen und losritten, konnte der Kaiser den Blick nicht von uns wenden und schaute uns lange nach. Schließlich schickte er jemanden mit der Bitte, uns nochmal zu sehen. Darauf kehrte der Kronprinz um, ritt im Galopp zum Kaiser zurück, verabschiedete sich abermals und holte dann die Gesellschaft wieder ein.

J. Hagenaw S. Kaiserliche Majestät, die Durchlauchtigen Prinzen und der Durchlauchtige Erzherzog begleiteten den aus Wien scheidenden Kronprinzen bis eine halbe Meile hinter die Stadt. Als unser Kronprinz dem scheidenden Kaiser die gleiche Gunst erweisen wollte, rührte sich der Kaiser nicht von der Stelle, bis der Gnädige Kronprinz sich von ihm verabschiedete, Umarmungen wechselte und sich endlich auf den Weg begab. Diesen Abend erreichten wir das Dorf Tulbinga.

16. Juli, Dienstag

S. Pac Gegessen und geschlafen wurde in Sankt Pölten. Eine ehrbare Stadt und ein gutes Wirtshaus, wie wir es solide gebaut und so gastfreundlich den ganzen Weg über nicht gesehen hatten. In Lateinisch hieß man die Stadt St. Hyppolitum.

17. Juli, Mittwoch

S. Pac Am nächsten Morgen kamen wir an der Stadt Milen vorbei, wo wir auf einem hohen Felsen, direkt an der Donau, das prächtige Benediktinerkloster Sancti Colmani[46] erblickten. Gegen Mittag langten wir in Erlaff an, vier Meilen vor dem Nachtquartier. Übernachtet wurde in Amstetten.

18. Juli, Donnerstag

S. Pac Wir brachen nach dem Frühstück auf und erreichten am Abend Emms. Eine sehr angenehme Stadt, in der wir auch übernachteten.

J. Hagenaw Nachdem wir noch in Milen das Morgenmahl eingenommen hatten, begaben wir uns auf den Weg und langten zwischen drei und vier Uhr nachmittags in Emms an. Fürst Radziwiłł fuhr in der Kutsche, wogegen Herr Snopkowski nach einiger Zeit mit noch einigen Kavalieren auf Pferde umstieg. Nach dem Abendessen unterhielten wir uns

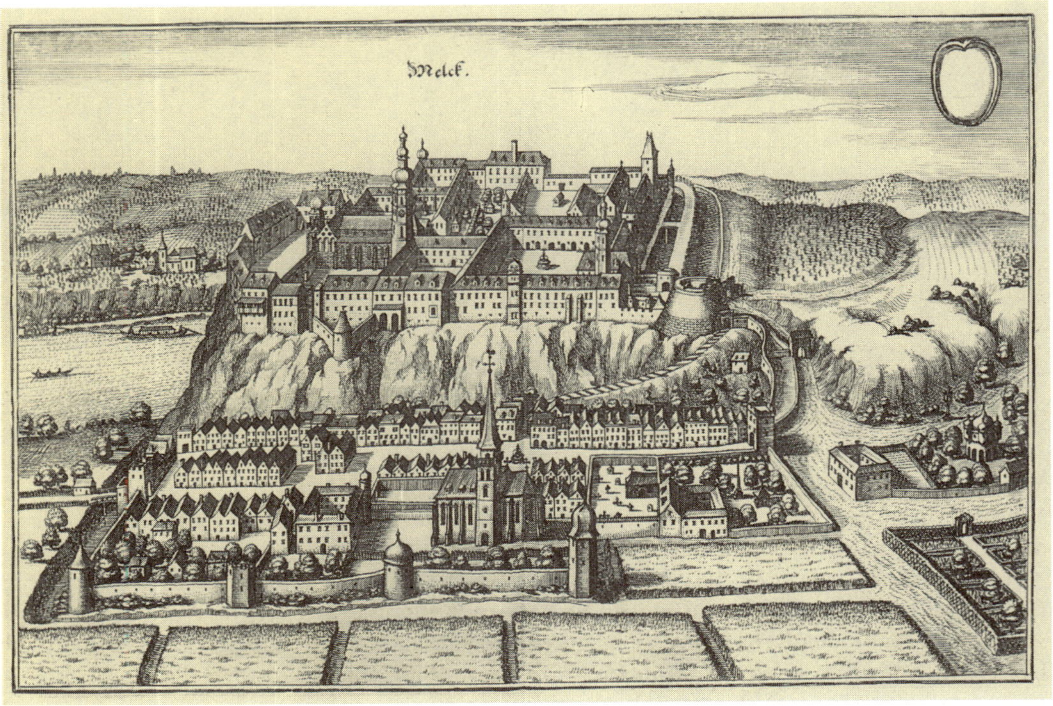

Die Stadt Melck aus der Vogelperspektive

sehr angenehm mit ein paar edlen Damen, Nachbarinnen des Hauses, in dem wir abgestiegen waren. Sie hatten unserem Fürsten eine Einladung geschickt und auf dessen Zusage ein Zusammentreffen arrangiert. Auf dem Markt fiel uns eine Säule mit folgender Inschrift auf:

›Wenn Gott uns die goldene Zeit des heiligen Friedens beschert, sollten wir Türme bauen, Kirchen und Schulen.‹

19. Juli, Freitag

S. Pac Gegen Mittag erreichten wir nach drei Meilen Linz. Wir quartierten uns im Wirtshaus ›Zum Goldenen Greif‹, einer sehr guten Herberge, ein. Die reichliche Bewirtung bezahlten wir in gleichem Maße, wohl deshalb, weil der Wirt alt und die Wirtin jung und entgegenkommend war. Doch während unsere frommen Herren wegschauten, blieb sie doch nicht unbedient, denn wir trafen hier eine Vielzahl von Soldaten und stattlichen Offizieren an, die sicher nur ihr zuliebe im Haus weilten. Eine schöne und recht ansehnliche Stadt an der Donau, eine kaiserliche Residenz mit einem sehenswerten Schloß.

A. S. Radziwiłł Wir fuhren durch Emms, eine anmutige, aber leere Stadt, dann durch Linz, eine altertümliche Stadt am Ufer der Donau. Der Kronprinz war überwältigt von der Schönheit des Landes, er rief mich zu sich und sagte: »Wie gern sähe ich S. Königliche Majestät, meinen Vater, bei mir, auf daß er sich erfreute an der lieblichen und abwechslungsreichen Gegend.« Wir pflückten verschiedene Früchte, die Feigen glichen, und viele andere und tranken vortrefflichen Wein.

J. Hagenaw In Emms angekommen, wo wir der Messe beiwohnten, bemerkten wir folgenden Zweizeiler unter dem Bildnis der Heiligen Jungfrau Maria:

›Dein Sohn vermag alles, und auch du, Mutter, vermagst vieles,
er durch seine Macht, du, Jungfrau, durch dein Flehen.‹

Wir kamen durch die Stadt Ipersberg und langten am Vormittag zwischen zehn und elf Uhr in Linz an, wo wir im Gasthof ›Zum Goldenen Heimchen‹ unterkamen. Es herrschte hier die Sitte, daß jeder Gast, der die Küche betritt, der Köchin einen Taler zahlt. Die Tür bleibt dann für schöne Worte und Schmeicheleien so lange geschlossen, wie es der Köchin gefällt. Einige Herren unserer Gesellschaft, die den Brauch nicht kannten, betraten, von der Neugier geplagt, zu sehen, wie weit es mit den Fischen stand, die Küche und mußten sich mit einem Taler freikaufen. Danach schickten jene die übrigen ahnungslosen Herren in die Küche, was dazu führte, daß fast alle einen Taler in der Küche ließen.

20. Juli, Sonnabend

S. Pac Hierselbst erreichten uns Briefe aus Polen, vom kaiserlichen Kurier überreicht, darunter auch drei Schreiben von meiner Frau, die ersten nach unserer Trennung. Der Tag verging beim Briefeschreiben und der Abfertigung des nämlichen Kuriers.

J. Hagenaw Die Kapuziner und Jesuiten begrüßten S. Hoheit den Kronprinzen, den sie leicht erkannten, da aus Wien ein gemaltes Konterfei und eine genaue Beschreibung eingetroffen waren. Verantwortlich zeichneten die Diener Seiner Durchlaucht des Erzherzogs Leopold, die den Gasthof vor uns verlassen hatten. Am gleichen Tag kam der kaiserliche Kurier mit Briefen aus Warschau an, die beantwortet werden wollten. Weshalb wir die Weiterreise, die für den heutigen Tag festgelegt war, auf morgen verschoben.

21. Juli, Sonntag

S. Pac Wir wohnten der Messe in der Jesuitenkirche bei. Nachmittags begaben wir uns nach dem vier Meilen entfernten Wels, an einem lieblichen Tal entlang, wobei der Herr Starost von Kaluga und ich vorauseilten. Hier stießen wir auf einen angenehmen Menschen, einen gewissen Baron von Polheim, den wir zum Essen einluden und mit dem wir einen vortrefflichen Diskurs über die hiesigen Dinge führten. Er aber blieb uns nichts schuldig und bat uns nach dem Abendessen zu sich ins Haus, wo wir von seiner Frau in einem kleinen Kreis von ehrbaren Frauenzimmern empfangen wurden.

Die Stadt machte einen guten Eindruck, es wohnten hier viele hochgestellte Familien, sie war quondam [einst] Residenz der österreichischen Kaiser gewesen.

22. Juli, Montag

S. Pac Gegessen wurde im Städtchen Swatz, drei Meilen weit, geschlafen in Frankenmarkt, ebenfalls drei Meilen weit. Diese sechs Meilen entsprechen gut und gern zehn polnischen Meilen, denn wir fuhren dreizehn Stunden bergauf und bergab über holprige Straßen. Hier stieß mir eine unangenehme Sache zu. Wir stiegen nach der weiten und anstrengenden Fahrt in einem Gasthof ab, wo wir zu Abend aßen. Als der Gastwirt uns über Gebühr warten ließ und auch noch unhöflich behandelte, begann ich, ihn und sein Haus zu beschimpfen und in polnischer Sprache mit Worten zu belegen, wie man sie bei uns zu solchen Anlässen zu gebrauchen pflegt. Darauf ermahnte mich der Fürst, der mit uns am Tisch saß (S. Hoheit der Kronprinz hatte sich bereits zur Ruhe begeben), meine Worte gegen den Wirt und das ganze Land zu zügeln: »Befände sich wohl jemand in der Schenke, der Polnisch verstünde, was wollten Sie dann dazu sagen?« Ich antwortete: »Und woher sollte ein solcher Mensch kommen?« Es schien mir unmöglich, an einem so weit entfernten und versteckten Ort jemanden zu treffen, der polnisch sprach. Und so wandte ich mich halb im Scherz an den Hausknecht, der uns bei Tisch bediente, ob er vielleicht polnisch spräche. Und dieser antwortete mir in gleicher Sprache: »Ja, etwas, ehrwürdiger Herr.« Ich war starr vor Staunen, doch noch mehr lachten der Fürst und die anderen Herren. Wir fragten dann den Menschen, woher er denn käme. Er erzählte, daß er in Polen bei Krakau geboren und als junger Mann in diese Gegend gekommen sei, wo er schon 30 Jahre lebe. Das war eine Warnung, uns künftig in polnischer Sprache nicht überall so sorglos auszulassen. In diesem Ort wurden kunstvolle Büchsen hergestellt, mit goldbeschlagenen Läufen und Schlössern.

J. Hagenaw Am Morgen gab der Kronprinz aus Dankbarkeit für die gestrige Gefälligkeit oben erwähntem Polheim zu erkennen, wer er in Wirklichkeit war. Als jener davon erfuhr, war er fassungslos, vor Glück, aber auch, daß er sich in Unwissenheit an den polnischen Kronprinzen gewandt und mit diesem so vertraulich geplaudert hatte, und er bat ihn, sein Fehlverhalten und seine Ignoranz zu verzeihen. Gemahlzeitet wurde in Swatz. Von hier aus eilte der Kronprinz mit noch einigen Kavalieren den Kutschen zu Pferd voraus. Und als er vom Weg abkam und es dazu tüchtig zu regnen begann, beschloß er, einmal, um nach dem Weg zu fragen, und zum anderen, um sich vor dem Regen zu schützen, das Haus eines Bauern aufzusuchen. Man klopfte an die Tür und rief laut, daß jemand herauskomme, doch weder wurde die Tür geöffnet, noch zeigte sich ein Menschenkind. Als wir dann stärker klopften, schaute endlich ein altes Weib zum Fenster heraus. Es bebte am ganzen Leibe und antwortete den Männern, die nach dem Weg fragten, vor Angst fast ohnmächtig und mit zitternder Stimme, daß es, bei Gott, der richtige Weg sei und wir diesen weiterreiten sollten. Empört über diesen bäuerlichen Starrsinn und die Dummheit, ergriffen einige unserer Herren einen Balken und stießen mit diesem die Tür auf. Darauf rannten die Frauen wie vor einem bösen Feind laut schreiend durcheinander und versteckten sich in den Ecken. Nur zwei junge Männer näherten sich uns, erstaunt über den ungewöhnlichen Vorfall und in Furcht vor einem bösen Ende. Sie wurden arg gescholten, dann nahmen wir den einen mit, auf daß er uns den Weg wiese. Ein Neapolitaner, der unerwartet erschien, wurde beauftragt, auf ihn zu achten, damit er nicht die Flucht ergriffe. Der Neapolitaner, der seiner Kraft vertraute, sagte, nicht einmal der Teufel könnte ihm den Jungen entreißen. Indes, der junge Mann erkannte nach ein paar Schritten die Möglichkeit einer Flucht, machte einen großen Satz über einen Zaun (der den anderen die Verfolgung versperrte) und rannte in größter Eile davon. Als der Neapolitaner sah, daß er durch Witz und Geschicklichkeit getäuscht worden war, rief er ganz erstaunt aus: »Wehe, wehe mir!«

Der Ärger über diesen casus machte alsbald einem herzlichen Gelächter Platz. Abendessen und Schlafstätte bot das Städtchen Frankenmarkt. Der Kronprinz und Fürst Radziwiłł gingen den anderen voraus und begaben sich bald zur Ruhe. Beim Abendessen nutzte Herr Pac die Gelegenheit und begann, in polnischer Sprache frei von der Leber über die deutschen Sitten zu schimpfen, in der Überzeugung, daß ihn hier niemand verstand. Darauf machte ihm Herr Żółkiewski Vorwürfe, auf daß er mit diesem Gerede aufhöre. Es könnte ihn jemand hören und verstehen. Das schien Herrn Pac unmöglich, denn er konnte sich nicht vorstellen, daß ihn hier jemand verstand. Sollte vielleicht gar – so sagte er – der Hausknecht, der am Tisch bediente, der Sprache mächtig sein? Und er zeigte mit dem Finger auf ihn und fragte auf polnisch, ob er ihn verstünde. Darauf nickte der Hausknecht und antwortete in gleicher Sprache. Der niedrige Stand dieser Person machte die Antwort um so überraschender. Herr Pac sah den Mann baß erstaunt an und fragte nach kurzem Nachdenken, wer er wohl sei. Und der Hausknecht berichtete: Er

Ansicht der Stadt Linz

stamme aus Krakau, sei von Beruf Schütze und befinde sich schon viele Jahre in diesem Ort. Daß man noch lange über dieses Abenteuer lachte, es immer wieder vortrug, kann sich jeder leicht vorstellen.

23. Juli, Dienstag

S. Pac Wir verpflegten uns in Neumarkt. Als wir nach dem Essen dem Schankwirt zahlen wollten, lehnte dieser das Geld ab und sagte, er hätte dementsprechende Order von seinem Herrn, dem Erzbischof von Salzburg, erhalten. Dieser hatte überall seine Kundschafter ausgeschickt, kaum daß wir von Wien aufgebrochen waren, und in den Rasthäusern seines Reiches angeordnet, uns reichlich zu bewirten, dafür aber keine Bezahlung zu fordern. Da er den Wunsch unseres Durchlauchtigen Kronprinzen, incognito zu reisen, kannte, wollte er ihm mit Ehrerweisungen und seinem Stand entsprechenden Begrüßungen nicht zur Last fallen. Vielmehr überließ er es dem Belieben Seiner Hoheit, sich selbst erkennen geben zu wollen, war er doch ein sehr höflicher Mann, der wußte, wie man Gäste taktvoll empfing, da er sich selbst in minorennibus [jungen Jahren] in derlei Situation befunden hatte. Als wir am gleichen Tag in Salzburg zur Übernachtung ankamen, schickte er einen seiner Kavaliere in das Wirtshaus, einen braven Mann, der an den Durchlauchtigen Fürsten herantrat und diesem mitteilte, von seinem Herrn geschickt worden zu sein, um dem Fürsten und seinen Begleitern zu dienen. Sein Angebot wurde dankend angenommen. Er aß mit uns zu

Abend, ein vorzügliches und reiches Mahl, auf Weisung des Erzbischofs bereitet. Seine Hoheit der Kronprinz wollte sich beim Erzbischof erkenntlich zeigen und beauftragte mich sogleich, am nächsten Tag den Erzbischof aufzusuchen, diesen in seinem Namen zu begrüßen und ihm mitzuteilen, daß er seine Bekanntschaft zu machen wünsche.

J. Hagenaw Zu Mittag wurde in Neumarkt gegessen. Hier wartete der Sendbote des Salzburger Erzbischofs, der weder den Grund seiner Ankunft verriet noch nach den Würden der Gäste fragte, vielmehr beim Wirt unaufdringlich nach dem Rechten sah. Als der Schankwirt nach dem Essen zum Bezahlen gerufen wurde, erwiderte er, daß ihm nichts zustünde, daß er es aber gern sähe, wenn ihm die Herren statt einer Bezahlung ein Geschenk machten. Es hatte ihm nämlich der Erzbischof aufgetragen, keine Bezahlung anzunehmen, doch überlassen, ein Trinkgeld zu empfangen.

Abends erreichten wir Salzburg und stiegen in der Gastwirtschaft ›Zur Goldenen Krone‹ ab. Der Erzbischof aus dem Geschlecht der Grafen Laudron de Paris, der eine Nachricht über die Ankunft des Kronprinzen erhalten hatte – sie war ihm von Fürst Radziwiłł übermittelt worden –, schickte einen Kavalier des Hofes zum Fürsten, damit dieser ihn in seinem Namen begrüße und zu seiner glücklichen Ankunft beglückwünsche. Zugleich sollte er die Funktion eines Kommissärs ausüben. Es folgte ein prunkvolles Abendessen mit auserlesenen Weinen und anderen Köstlichkeiten, die aus dem erzbischöflichen Schloß im Überfluß herbeigebracht wurden.

24. Juli, Mittwoch

S. Pac In der Morgenstunde fuhr ich mit jenem Kavalier, unserem Kommissär, dem ich am Vorabend kundgetan hatte, daß ich dem Erzbischof meine Aufwartung machen wolle, in einer Kutsche zum Schloß. Beim Erzbischof angekommen, berichtete ich über die Ankunft S. Hoheit des Kronprinzen, wozu ich beauftragt war. Als der Erzbischof den Namen des Kronprinzen hörte und erfuhr, daß jener sich in der Stadt aufhielt, staunte er über alle Maßen, als hätte er nichts davon gewußt. Und er fürchtete, ihm nicht die gebührenden Ehren erwiesen zu haben, wollte seinen Fehler gleich gutmachen, die Herberge aufsuchen, um ihn in sein Schloß zu führen. Ich sagte ihm, daß das alles nicht nötig sei und daß sich S. Hoheit der Kronprinz niemandem als allein ihm zu erkennen geben wollte, da er sich seine Bekanntschaft und Freundschaft sehnlichst wünschte, wozu aber ein anderer Weg führen sollte, ohne öffentliche Zeremonien, was der Erzbischof wohl verstand, da er selbst des öfteren fremde Länder bereist hatte. Bei dieser Gelegenheit erinnerte ich ihn an unsere frühere gemeinsame Reise durch Italien, als er noch nicht Erzbischof, sondern einfacher Kanonikus gewesen war. Daraufhin begann er, mit mir freier zu disputieren, wie es denn zu einem Treffen mit S. Hoheit dem Kronprinzen kommen sollte. Und wir beschlossen, daß S. Durchlaucht der Kanzler mit der gesamten Gesellschaft das Schloß des Erzbischofs aufsuchen und hier Räume, Gärten und alles, was notabile [bemerkenswert] war, besichtigen sollte. Hier, in einem Raum ohne jegliche Assistenz, würde sich S. Hoheit der Kronprinz ihm zu erkennen geben. Es fiel Hochwürden schwer, lieber wäre er zum Kronprinzen in die Gastwirtschaft geeilt, doch letztendlich gab er sich einverstanden und unterwarf sich dem Willen S. Hoheit.

Und so sandte er, wie abgemacht, ohne selbst zu erscheinen, seinen Stallmeister mit mehreren Karossen, den Herrn Kanzler, unseren Fürsten, abzuholen. Als wir am Schloß anlangten, stieg der Erzbischof die Freitreppe herab, bis auf die letzte Stufe, und empfing dort den Herrn Kanzler in publico. Obwohl auch er den Kronprinzen sofort dem Gesicht nach erkannte, das ihn überall verriet, obgleich er in der fremden Kleidung dem Kaiser und dem Erzherzog sehr ähnlich sah, erwies er ihm trotzdem keine extraordinäre Ehrbezeigung und begrüßte die Gesellschaft, einen nach dem anderen. Als er mich erblickte, umarmte er mich, als wollte er sagen: Ich verfahre nach Eurem Willen, doch Ihr tut mir Gewalt an. Wir begaben uns dann ins Schloß, der Erzbischof neben dem Fürsten, und wir mit dem Kronprinzen inmitten des erzbischöflichen Gefolges, einer Gesellschaft, derer er sich unter allen deutschen Fürsten wohl rühmen durfte. Bei den Prunkzimmern angelangt, blieb alles im Vorraum zurück, nur von den Unsrigen folgten dem Fürsten und dem Erzbischof einige. Nachdem die Portieren herabgelassen worden waren, umarmte Seine Hoheit der Kronprinz den Erzbischof und dankte ihm für die Freundlichkeit, die jener ihm in seinem Lande erwiesen hatte. Der Erzbischof exkursierte sich seinerseits, daß er nicht, wie er eigentlich wollte und müßte, verfahren sei, doch richte er sich allein nach dem Willen S. Hoheit, da er wußte, daß er ihm die größte Hochachtung entgegenbrachte, wenn er seinen Wunsch akkommodierte. Es gab nicht wenige Courtoisien, die man belle parole [schöne Worte] nennt, doch wer könnte sie alle behalten. Es führte dann der Erzbischof den Kronprinzen durch seine herrschaftlichen Räume, begleitet nur von seinem Oberkammerdiener und einigen wenigen von den Unsrigen. Es kostete eine Menge Zeit und Papier, wollte man das prächtige Schloß beschreiben, das wir mit großer Bewunderung besichtigten, die großen, reich ausgestatteten Zimmer und Säle, Galerien und Gänge, die Bilder und verschiedenen Kostbarkeiten; Gärten gleich im Schloß, Springbrunnen, fürwahr, wie ein Paradies erschien uns das Schloß und nicht eine menschliche Wohnstätte. Es bat dann der Erzbischof S. Hoheit den Kronprinzen, aus der Herberge in sein Schloß überzusiedeln, was aber S. Hoheit der Kronprinz unter keinen Umständen tun wollte, um sich nicht zu verraten. Er sagte aber zu, zum Mittagessen zu bleiben, das der Erzbischof in angenehmer Kühle, unter einem imposanten Gewölbe, das auf vielen kostbaren Marmorsäulen ruhte, anrichten ließ. Zu beiden Seiten erstreckten sich Gärten, ringsum Springbrunnen. Und hier, in diesem irdischen Paradies, nahmen wir bei Musik, Gesang und vorzüglichem italienischem Wein das Mittagsmahl ein.

Nach dem Essen fuhren wir eine halbe Meile hinter die Stadt, in Gärten und Paläste, die der Vorgänger des Erzbischofs, der Conte d'Altemps,[47] nicht nur mit hohen Kosten, sondern auch mit viel Geschmack hatte errichten lassen. Die vielen verschiedenen Fontänen kann nur würdigen, wer sie selbst sah; sie zu beschreiben ist schier unmöglich. Bestaunenswert unter vielem anderem: die Eremitorien oder Unterkünfte für Einsiedler, sieben oder acht Häuschen mit Kapellen, in denen die Gestalten alter Eremiten zu sehen waren, so naturaliter angefertigt, daß die Heiligen Paulus und Antonius[48] wie lebendig wirkten. Die Umgebung selbst war dergestalt, daß man wähnte, sich in einer Einöde zu befinden. Wer Deliciae, will sagen tiefe Frömmigkeit zu erfahren suchte, fand diese nirgendwo besser als dort. Und es hatte auch wirklich ein Eremit hier gelebt. Doch er hatte hier der Wollust frönen wollen, insbesondere weil man ihm guten Wein und Leckerbissen im Überfluß brachte. Alsbald verlangte ihn nach noch verwerflicheren Gaben, er achtete der Heiligkeit des Ortes nicht und machte sich auf und davon. Nicht weit von dieser Stelle befand sich ein hoher Felsen, inwendig ausgehöhlt, so daß er wie ein natürliches Theater anmutete. Der Vorgänger des Erzbischofs, der Conte d'Altemps, ein guter Gesellschafter, der mir von Italien her gut bekannt war, wählte diese Stelle zur Aufführung von Komödien.

Als nächstes besuchten wir die Gärten.

Dort erreichte uns der Erzbischof, der alle Wasserspiele in Bewegung setzen ließ, die mit großem Aufwand vom nämlichen Vorgänger in ea excellentia [in solcher Vollkommenheit] gebaut worden waren, daß man selbst in Italien nichts Schöneres zu sehen bekam.

Zum Schluß begaben wir uns in das von selbigem d'Altemps erbauten Palais, wo man uns prunkvolle Zimmer und verschiedene Bilder zeigte. Als letztes setzte man uns ein Mahl vor, das mit Konfekt, Früchten und hervorragenden Weinen ganz vorzüglich angerichtet war. Danach zogen sich S. Hoheit der Kronprinz und der Erzbischof in ein anderes Zimmer zurück, wo sie sich amicissime [überaus freundschaftlich] verabschiedeten. Und während wir die Stadt mit seinem Oberkammerdiener verließen, blieb er im Garten zurück.

A. S. Radziwiłł Als wir in Salzburg ankamen, lud uns der Erzbischof – aus der Familie der Laudron de Paris – höflich in sein Schloß ein. Doch wir nahmen sein Angebot nicht an und wählten eine Herberge, wohin man uns auf Kosten des Erzbischofs alles brachte.

Am nächsten Tag, dem Tag des heiligen Jacobus, besuchten wir den Erzbischof. Ich gab mich für den Gesandten des polnischen Königs aus und wurde von allen mit großen Ehren empfangen. Bei dieser Komödie blieb der Kronprinz unter uns unerkannt. Der Erzbischof empfing mich vor dem Schloß und reichte mir die rechte Hand. Als wir uns nach oben begaben, fragte er mich nach dem Kronprinzen. Als ich ihm sagte, daß er unter uns weilte, bat er mich, ihn zu zeigen. Ich antwortete, daß dies im Schloß ohne Zeugen günstiger sei. Nachdem die Tür geschlossen war, trat ich zurück, und der Kronprinz schritt auf den Erzbischof zu und begrüßte ihn. Nach einer kurzen Unterhaltung führte uns der Erzbischof durch das sehr bemerkenswert gebaute Schloß. Neben ihm ging der Kronprinz; doch als wir durch die Gänge schritten und von vielen Personen begleitet wurden, trat er zurück, und ich nahm seine Stelle ein. Es folgte ein Bankett im Garten unter einem Altan, der von vier Säulen aus rotem Marmor getragen wurde. Von zwei Seiten ertönte Musik, das Tafelgeschirr war überaus kostbar. Als wir uns an den runden Tisch setzten, nahm als erster ich Platz, dann der Kronprinz und neben ihm der Generalschreiber.[49] Der Erzbischof behauptete, alle Plätze seien gleich, und nahm neben dem Kronprinzen Platz. Bei den Trinksprüchen trank er mir auf die Gesundheit des Königs zu, dem Hofschreiber auf die Gesundheit der Königin, doch dem Kronprinzen auf die Gesundheit von Kronprinz Władysław. Bei diesem Bankett passierte mir, daß ich – da ich zu dieser Zeit an Zahnschmerzen litt – im Brot auf ein kleines Steinchen biß und dabei einen gesunden Zahn abbrach. Um die Gastgeber nicht zu beunruhigen, verbarg ich meinen Schmerz. Nach dem Essen behandelte ich die Stelle und zog mir selbst anderthalb Zähne aus, so daß ich an einem Tag drei Zähne verlor. Nach dem Essen begaben wir uns in das eine halbe Meile entfernte Landpalais des Erzbischofs, sehr angenehm eingerichtet, wo wir viele Sträucher und kunstvoll errichtete Eremitenhütten sahen.

J. Hagenaw Frühmorgens um sieben Uhr schickte man Herrn Pac zum Erzbischof, daß er die Ankunft des Kronprinzen ankündige. Gegen neun Uhr, als man fünf Karossen (die erste für Fürst Radziwiłł gedacht) zu unseren Diensten beordert hatte, fuhr der Kronprinz mit dem ganzen Gefolge in das Schloß des Erzbischofs. Dieser erwartete die Gäste auf der untersten Stufe der Freitreppe; er empfing Fürst Radziwiłł mit großer Höflichkeit und führte alle (nachdem er den Kronprinzen und die ganze Gesellschaft mit einem Händedruck begrüßt hatte) in sein Zimmer. Als Fürst Radziwiłł seiner Begrüßungspflicht nachgekommen war und seiner Freude über die Ankunft Ausdruck gegeben hatte, wies er den Erzbischof auf die Person des Kronprinzen hin. Außer den Genannten und einigen der Unsrigen befand sich niemand im Zimmer, damit sich die Kunde über den Kronprinzen nicht verbreitete. Als sich der Erzbischof anschickte, ihn zu begrüßen, trat Fürst Radziwiłł, der sah, daß seine Rolle beendet war, in den Kreis der übrigen Gesellschaft zurück. Darauf bekundete der Erzbischof dem Kronprinzen lange und herzlich seine Freude und bedauerte zugleich, daß man ihm keine Möglichkeit gegeben hatte, dem Kronprinzen, ob seines Wunsches, unerkannt zu bleiben, die ihm zustehenden Ehren zu erweisen. Nach der Besichtigung der Zimmer, Säle und Räume des Schlosses, das eine bewunderungswürdige Struktur auszeichnete, erreichte der Erzbischof mit großer Mühe, daß der Kronprinz mit seinen Leuten zum Mittagessen im Schloß blieb. Es wurde ein runder Tisch unter einem prachtvollen Gewölbe im Schloßgarten aufgestellt, was sich sehr angenehm auswirkte, weil hier der Schatten die Hitze des Sommertages milderte. Am Tisch nahm Fürst Radziwiłł wieder den Ehrenplatz ein. Zu seiner Rechten stellte sich der Erzbischof und bat die übrigen, Platz zu nehmen. Als er bemerkte, daß Herr Pac einen Stuhl zwischen dem Fürsten und S. Hoheit dem Kronprinzen frei gelassen hatte, schritt er um den ganzen Tisch herum und setzte sich an die linke Seite S. Hoheit, wobei er zum Ausdruck brachte, daß es an einem runden Tisch keinen Ehrenplatz gäbe. Anschließend jedoch, damit das Incognito des Kronprinzen nicht gefährdet würde, ehrte er Fürst Radziwiłł, indem er ihm als erstem die Speisen zureichte und auf seine Person den ersten Toast ausbrachte. Nach dem Essen besuchten wir die Einsiedelei hinter der Stadt, die auf einem bepflanzten Hügel errichtet war, Eremitenhütten und Figuren heiliger Männer standen dort. Ihr Anblick und die Sentenzen der Heiligen Schrift, die hier und da angebracht waren, versetzten die hier wandelnden Personen in gottesfürchtige Stimmung. Vor einigen Jahren lebte an dieser Stelle ein Einsiedler, der anfangs, gleich nach seiner Ankunft, durch sein strenges, entbehrungsvolles Leben eine zunehmende Heiligkeit seiner Person versprach. Doch dann begann er an den Speisen, die man ihm aus dem bischöflichen Schloß tagtäglich im Überfluß brachte, herumzumäkeln, so daß man ihm schließlich den Laufpaß gab, zumal man bei ihm Waffen fand und noch andere Dinge, die seines Gelübdes unwürdig waren. Von der Einsiedelei aus begaben wir uns in den Garten, wo der Erzbischof, der am späten Abend die Stadt aufgesucht hatte, auf die Rückkehr des Kronprinzen wartete. Hier verbrachten wir einige Zeit, wobei wir mit großem Gefallen die verschiedenen Springbrunnen, Quellen, Fischteiche und Höhlenbassins bestaunten. Vom Garten begaben wir uns in ein nahes Palais, wo wir eine Stärkung zu uns nahmen, köstliche Speisen und auserlesenen Wein, der hier allgemein Gefangenenwein genannt wurde und den man uns im Überfluß einschenkte. Nach der Besichtigung der Pferde und Ställe kehrten unsere Leute zum Abendessen in die Herberge zurück, nur der Erzbischof hielt sich noch einige Zeit im Garten auf.

25. Juli, Donnerstag

S. Pac Am Tage des heiligen Jacobus fuhren wir am frühen Morgen zur Messe in eine Kapelle, die in prunkvollem Stil von einem Salzburger Erzbischof, genannt Sittich, erbaut worden war. Daneben befand sich ein großer Platz zur Bestattung von Menschen, ringsum Gänge mit Grabstätten aus unterschiedlichem Marmor, kunstvoll beschlagenen Steinen, doch am meisten mit illuminierten Bildern.

Von da aus fuhren wir wieder in die Stadt, um ein weiteres erzbischöfliches Palais zu besichtigen, wohin sich der Erzbischof im heißen Sommer zurückzuziehen pflegte, ein sehr angenehmes Schloß, mit vielen Kostbarkeiten ausgestattet.

Nach der Einnahme des Mittagsmahles fuhren wir, und mit uns eine Geleitsperson, in einer erzbischöflichen Kalesche zur Übernachtung in ein Dorf, das letzte Dorf des salzburgischen Erzbistums. Dort trafen wir Kommissäre des bayrischen Kurfürsten[50] an, zwei Barone, sehr artige Kavaliere, die Herren Presing und Curtius. Das war aber nicht nach dem Geschmack der Ordonnanz des salzburgischen Bischofs, daß jene Kommissäre den Kronprinzen in territorio [auf dem Gebiet] seines Herren begrüßten, denn das war hier alias nicht Brauch. Vielmehr hätten sie an der bayrischen Grenze halten müssen. Doch wir bereinigten diese Kontroverse beim Abendessen mit einem guten, aus dem erzbischöflichen Keller mitgeführten Wein.

A. S. Radziwiłł Am Tag des heiligen Jacobus begaben wir uns ins Schloß zu einem vortrefflichen Bankett, wo man uns mit edlem Wein traktierte, zu deutsch: Gefangen-Wejn, das heißt Gefängniswein, und sie nennen ihn in der Tat so, denn wir wurden, wie aus einem Gefängnis, nicht eher entlassen, bis wir nicht alles restlos ausgetrunken hatten. Zur Nacht kehrten wir in die Stadt zurück, ich mit dem Kronprinzen wegen seines Unwohlseins und mit meinem Diener Hagenau und dem Chirurgen[51] vorwegeilend. Kaum in der Herberge angekommen, legte sich der Kronprinz zu Bett, während ich mich zum Abendessen anschickte. Da kamen aber auch schon die Herren Pac, Żółkiewski und andere, so daß wir gemeinsam aßen. Hierbei passierte eine ergötzliche Geschichte. Als der Generalschreiber über die geschmacklose und unordentliche Anrichtung der deutschen Speisen schimpfte, rügte ihn Herr Żółkiewski, er solle nicht die Deutschen verunglimpfen. Darauf antwortete der erste: »Hier versteht sowieso kein Mensch Polnisch«, und wandte sich spöttisch an den Hausdiener, der uns die Speisen zureichte: »Verstehst du etwa Polnisch?« Darauf der Mann auf polnisch ruhig antwortete: »Ja, etwas verstehe ich diese Sprache.« Der Generalschreiber war tief betroffen und hätte sicher Reißaus genommen, wäre er allein gewesen. Als der Kronprinz davon erfuhr, lachte er herzlich.

J. Hagenaw Wir wohnten der Messe in einer Kapelle bei, die von einem der Vorgänger des Erzbischofs mit Namen von Ratenau erbaut worden war. Hier befanden sich auch ein Gottesacker und Grabmäler, in schöner Ordnung und verziert entlang der Mauer angebracht, der Bewunderung würdig. Nachdem wir die Kapelle verlassen hatten, besuchten wir ein weiteres Palais des Erzbischofs außerhalb der Stadt, schön gelegen und prachtvoll erbaut. Am Abend verließen wir Salzburg in Gesellschaft eines erzbischöflichen Kommissärs und erreichten Petting. In diesem Dorf warteten auf die Ankunft des Kronprinzen die Kommissäre des Durchlauchtigen Kurfürsten von Bayern, die Herren von Praisingen und Maximilian Curtius von Seristenau. Von Dawid, dem Diener des Kronprinzen, der zur Vorbereitung der Quartiere vorausgeschickt worden war, erfuhren sie von der Ankunft des Kronprinzen. Sie aber hatten geglaubt, daß nur Fürst Radziwiłł mit seinem Gefolge erscheinen würde. Als sie erfuhren, unter welchem Namen sich der Kronprinz verbarg, baten sie nur um Auskunft darüber, wie die Reisegefährten des Fürsten hießen. Da sie nun hörten, daß jener, den sie erwarteten – mit Namen Snopkowski –, unter den Genannten weilte, erklärten sie, allein seine Anwesenheit genüge ihnen. Und als der Kronprinz ankam, baten sie um eine Unterredung mit Fürst Radziwiłł und legten ihm den Plan des Durchlauchtigen Kurfürsten und seine wärmsten Empfehlungen dar. Fürst Radziwiłł dankte ihnen, bat, als er über die Wünsche des Durchlauchtigen Kurfürsten in Kenntnis gesetzt war, die Kommissäre zu sich und führte sie heimlich zum Kronprinzen. Bei dieser Audienz besprach man die Art und Weise, wie man in München eintreffen wollte. Anschließend wurden die Herren Kommissäre zum Abendessen gebeten, der Kommissär des Kurfürsten und der Kommissär des

Erzbischofs, um nicht in Prioritätsstreit zu geraten. Da nämlich der eine Kommissär der des Kurfürsten und der andere Kommissär der des Erzbischofs war, hätten Zweifel auftreten können, auf wessen Kosten und in wessen Land man den Kronprinzen empfing. Herr Pac trank dem Kommissär des Kurfürsten zu und Fürst Radziwiłł auf die Gesundheit des Erzbischofs, beide zur gleichen Zeit.

26. Juli, Freitag

S. Pac Nach der Messe in der Dorfkirche mit einem Dorfpfarrer, der selbst ministrierte, die Messe bald laut las, bald laut sang, womit er uns mehr belustigte als zur Andacht anregte, fuhren wir mit den Kommissären des bayrischen Kurfürsten als Fremdenführer weiter. An der bayrischen Grenze stiegen sie vom Wagen und begrüßten den Kronprinzen im Namen ihres Herren, des Kurfürsten, offiziell. Sie sagten, daß der Kurfürst selbst mit seinem ganzen Hof dem Kronprinzen am liebsten entgegengeeilt wäre, wenn er nicht gewußt hätte, daß er ihn damit beleidigt hätte, weil er vor der Intention des Kronprinzen, daß jenem solcherlei Zeremonien mißfielen, gewarnt worden wäre.

Sie baten aber, daß er sich im Reich seines Verwandten wie zu Hause fühle. Man nahm Worte und Anerbieten höflich und dankbar an. Wir kamen an diesem Tag gegen Mittag in Altenmarkt an, wo die Fürsorge des Kurfürsten begann. Übernachtet wurde in Aserburg,[52] einer schönen Stadt am Inn. Von hier eilte einer der Kommissäre, Herr Curtius, mit der Post zum alten Fürsten Wilhelm (denn Kurfürst Maximilian, sein Sohn, der alles regierte, war nach Nürnberg gefahren, um mit dem Kurfürsten von Sachsen zu verhandeln und Differenzen, die aus dem neugegründeten bayrischen Kurfürstentum entstanden waren, beizulegen, was ihm auch gelang) und zur Fürstin,[53] der Gemahlin des Kurfürsten, um ihnen die Ankunft des Kronprinzen mitzuteilen und sie zu informieren, daß jener weder Begrüßungen noch extraordinäre Ehren betreffs seiner Person wünsche, doch nicht dagegen wäre, daß man unserem Fürsten, wie es Brauch war, mit einer Abordnung entgegenkäme, um ihn zu begrüßen.

Danach fuhren wir los. Der alte Kurfürst hielt sich mit seiner Frau Gemahlin und der Schwiegertochter im Schloß auf, wo er den Kronprinzen ohne jegliche Assistenz begrüßen wollte. So teilte uns Herr Curtius mit, daß alles nach dem Willen des Kronprinzen geschehen solle, doch man hielt nicht Wort.

A. S. Radziwiłł Am nächsten Tag wohnten wir der Messe beim Dorfgeistlichen bei, da wir keinen eigenen Pfarrer bei uns hatten. Der Dorfpfarrer las die ganze Messe aus dem Missale laut, nur das Evangelium des heiligen Johannes sang er mit laut tönender Stimme und verwandelte so die Andacht in ein Gelächter.

Nach einer Meile stießen wir an der Grenze auf die uns erwartenden Herren Curtius und Presing, die von Maximilian, dem bayrischen Kurfürsten, beordert waren, uns bis nach München, der Residenz des Kurfürsten, auf dessen Kosten zu begleiten. Der Kurfürst selbst war nicht anwesend, da er zu gleicher Zeit am Treffen der Reichsfürsten in Ingolstadt[54] teilnahm. Dafür empfing uns Marschall Diving in ganz vortrefflicher Manier und bat uns ins Schloß. Es befand sich damals der Vater des Kurfürsten, Wilhelm, in München, der seinem Sohn das Fürstentum abgetreten hatte und ein einsames und heiliges Leben teils bei den Jesuiten in München, teils bei den Kartäusern in Regensburg führte. Zu jener Zeit aber wohnte er im Schloß. Es war auch die Gemahlin des Kurfürsten aus dem Haus der Lothringer anwesend, die uns freundlich empfing. Ich hatte vom König Botschaften an das Österreichische, Bayrische und Florentiner Haus zu übermitteln, was ich auch tat.

J. Hagenaw Der Ortspfarrer begleitete die Messe mit überaus grotesken Bewegungen, las den biblischen Text, als zanke er sich mit jemandem, und sang das letzte Evangelium mit so lauter Stimme, daß er alle, sogar den Kronprinzen, der zum Gebet nicht fähig war, zu einem nur mit Mühe unterdrückten Lachen brachte.

An der Grenze des salzburgischen Erzbistums und des bayrischen Kurfürstentums wurde der Kommissär des Erzbischofs verabschiedet. Die Kommissäre des bayrischen Kurfürsten luden zum Mittagessen in Altenmarkt ein. Übernachtet wurde in Wasserburg.

27. Juli, Samstag

S. Pac Aus Wasserburg fuhren wir nach dem Essen zur Nacht nach Eckersberg, einem Sitz der Jesuitenpater. Bei den Jesuiten hielten wir uns auch auf, erlebten einen angenehmen Abend und hatten am nächsten Tag ein gutes Mittagsmahl. In diesem Kloster sahen wir eine Vielzahl von kostbaren Reliquien. Es hatte früher anderen Mönchen gehört, doch da sich diese ungebührlich aufgeführt hatten, entzog es Herzog Wilhelm ihnen und überließ es den Jesuiten.

28. Juli, Sonntag

S. Pac Nach dem Essen brachen wir nach München auf. Der Marschall des Kurfürsten[55] kam uns mit Karossen und Reitern eineinhalb Meilen entgegen und bat den Fürsten, als den polnischen Gesandten, in die für ihn gedachte Kutsche umzusteigen. Es setzten sich also in diese der Fürst, ihm gegenüber der Marschall, auf die andere Seite der Kronprinz und ich. Damit waren die Plätze besetzt. Und da wir zu viert in der Kutsche saßen, waren ihr nach dem Brauch des Landes nur vier Pferde vorgespannt, doch großgewachsen und reinrassig. Die übrigen Herren unserer Gesellschaft bat man in die anderen Kutschen, und so fuhren wir am Nachmittag in dieser Ordnung in München ein. Doch vorher, noch auf dem Weg, bat der Marschall S. Hoheit den Kronprinzen, ihm die Ehre zu erweisen, seine Hand küssen zu dürfen, und der Kronprinz gab seinem Wunsch nach. Eine gute halbe Meile vor der Stadt hatte man große Hirschrudel zusammengetrieben, es mochten 2000 Tiere sein, auf daß S. Hoheit der Kronprinz auf sie schoß. Dieser ließ sich nicht lange bitten und erlegte vom Wagen aus einige Hirsche. Die Bestien waren in so großer Furcht, daß sie sich, als er schoß, nicht von der Stelle rührten. Und so fuhren wir in der Kutsche weiter, und S. Hoheit der Kronprinz erlegte jeden Hirsch, den er nur wollte. In München angekommen, führten wir erst S. Durchlaucht den Fürsten als den Gesandten – da sich die Komödie in seinem Namen abspielte – in die für ihn bestimmten Räume. Von dort aus brachte der Marschall, doch privatim ohne Assistenz, S. Hoheit den Kronprinzen, wie gesagt, zum alten Herzog Wilhelm und zur Fürstin. Und wir waren sicher, daß nur diese Herrschaften, der Herzog und die Fürstin, wie abgesprochen, anwesend sein würden. Doch diese warteten im Saal, der wohl der größte war, auf S. Hoheit den Kronprinzen, und um sie herum stand eine Menge von hochgestellten Herren, Damen und Edelfräulein. Als ich das sah, sagte ich zum Kronprinzen: »Jetzt ist es aus mit unserem Inkognito.« Doch da er mir befahl, unseren Fürsten vor sich begrüßen zu lassen, da er selber im Gefolge verbleiben wolle, erklärte ich: »Es ist Zeit, mit der Maskerade Schluß zu machen und sich als Herr zu erkennen zu geben, da man ohnedies nichts mehr verbergen kann.« – »Mitnichten«, antwortete der Kronprinz, »diesen Akt wollen wir noch so beenden.« Darauf trat ich zur Begrüßung auf den Herzog zu, der sich uns ebenfalls bis zur Tür genähert hatte. Und es begrüßte mich der Herzog zwar mit guter Miene, doch er erkannte den Kronprinzen, der hinter mir stand, sofort. Und als der Kronprinz ihm die Hand entgegenstreckte, ergriff er ihn mit beiden Händen beim Kopf und begann ihn zu küssen, als sei er sein leiblicher Sohn. Er bat ihn auch gleich, daß er sich wie im eigenen Haus bei nahen Verwandten fühlen möge. Danach begrüßte der Kronprinz die Fürstin und unterhielt sich mit ihr. Interim begrüßten unsere Leute den alten Herzog, der anschließend den Kronprinzen an die Hand nahm und ihn in seine Gemächer führte, die wahrlich königlich ausgestattet waren, obgleich der Kronprinz sich nach Kräften wehrte und den Herzog ob seines hohen Alters, da er sich kaum fortbewegen konnte, schonen wollte. Doch es konnte gar nicht anders sein, dieser führte den Kronprinzen noch in ein Zimmer, das vom Saal nur um eine Tür entfernt war. Gleich darauf zog sich der Herzog zurück. Bevor das Mahl gereicht wurde, suchte der Kronprinz die Fürstin in ihren Gemächern auf. Dann trug man den alten Herzog in die Zimmer des Kronprinzen, wo man gemeinsam zu Abend aß. Auch wir wurden von den Kommissären in Räume geführt, wo für den Fürsten und die anderen aufgetragen worden war. Hier wurden wir, wie immer, überreichlich beköstigt, von einer vortrefflichen Bedienung und unter großer Hochachtung versorgt wie nie zuvor.

J. Hagenaw Nach der Messe vor dem Altar mit den Reliquien tranken der Kronprinz und die Herren seiner Reisegesellschaft aus dem Schädel des heiligen Sebastian. Gegessen wurde in Eckersberg. Bevor der Kronprinz in München einfuhr, kam uns der Hofmarschall, Baron Tering, mit einem Teil des Bayrischen Hofes und vielen Kutschen entgegengefahren und führte die Gesellschaft zu einer exzellent vorbereiteten Treibjagd auf Hirsche. Hier erlegte der Kronprinz vom Wagen aus mehrere Tiere und fuhr dann gegen sechs Uhr in München ein. Im Schloß des Durchlauchtigen Kurfürsten wurde er mit großer Freude und

Ansicht des Marktes und der Frauenkirche zu München

Kurfürst Maximilian I.

sehr entgegenkommend vom Durchlauchtigen Herzog Wilhelm, den man aus dem Regensburger Kartäuserkloster geholt hatte, und von der Allergnädigsten Kurfürstin begrüßt. Der Kurfürst selbst weilte in Nürnberg, um mit dem Mainzer Kurfürsten wichtige Angelegenheiten zu klären. Dann führte man den Kronprinzen in sein Appartement, wunderbar und kostbar ausgestattet; und die erwähnten Kommissäre, die dem Kronprinzen entgegengeschickt worden waren, erfüllten auch weiterhin ihre Pflichten. Auch Fürst Radziwiłł erhielt im gleichen Schloß hervorragende Räume, und zwar die nämlichen, in denen vorher der Durchlauchtige Erzherzog Karl gewohnt hatte. Zum Kommissär bestimmte man Baron Tering, den Bruder des Marschalls.

29. Juli, Montag

S. Pac Unser Durchlauchtiger Fürst weilte zur Audienz beim alten Herzog Wilhelm und dessen Schwiegertochter, der Kurfürstin, übergab ihnen Briefe von Ihren Hoheiten, dem Königspaar,[56] und übermittelte, wozu er beauftragt war.

Am gleichen Tag besuchten S. Hoheit der Kronprinz und wir mit ihm das vom jetzigen Kurfürsten errichtete wunderbare Schloß, über das man nur sagen kann, daß wir unterwegs seinesgleichen nicht gesehen hatten. Überhaupt könnte man sagen: die Gärten und Fontänen in Salzburg und das Schloß mit Garten in München kamen, wenn sie die italienischen in eo genere [dieser Art] vielleicht auch nicht im Kunststil übertrafen, diesen doch gleich. Es waren darüber auch Bücher gedruckt, in denen alle Dinge particulariter [in Einzelheiten] beschrieben waren und aus denen jeder, der curiosus [neugierig] war, alles erfahren konnte. Erstaunenswert dabei war – wie der bayrische Kurfürst mitteilte –, daß bei dieser kunstvollen Struktur, die das Schloß und den Garten auszeichnen, kein einziger ausländischer Ingenieur und Maler

Hand angelegt hatte. Es war der Kurfürst selbst, der jedes einzelne Detail meisterhaft entworfen hatte, und deutsche Handwerker führten aus, was ihnen aufgetragen war. Doch wer die Dinge näher betrachtete, der sah im Schloß wenig Deutsches, vielmehr alles im italienischen Stile. Exzellent est in eo genere [hervorragend ist in dieser Art] die Architektur wie auch alles andere. Kurfürst Maximilian, der gegenwärtige Herrscher – Gott erhalte ihn lange bei guter Gesundheit bene christianitatis [zum Wohle der Christenheit] –, ist ein in allen Dingen überragender Mann, non pro modulo regionis et gentis [nicht nur im Rahmen seines Landes und Geschlechtes].

30. Juli, Dienstag

S. Pac S. Hoheit der Kronprinz besuchte die Kirche und das Collegium der Jesuiten. In gleicher Nacht kehrte Maximilian, der Kurfürst, aus Nürnberg zurück, wobei er des öfteren unterwegs die Pferde wechselte, um zu dem Gast zu eilen, der in seinem Hause wartete.

A.S.Radziwiłł Nach drei Tagen kehrte der Kurfürst nach München zurück. Er entschuldigte sich für seine Abwesenheit und bewirtete uns auf das großzügigste. Es steht in München ein großes Schloß, das die Wohnräume von vier Monarchen umfaßt. Im Festsaal gab es fünf Türen, durch welche wir aus den einzelnen Palais eintraten: der Kronprinz durch die erste, der Kurfürst durch die zweite, die Kurfürstin durch die dritte und Herzog Wilhelm, der Vater des Kurfürsten, durch die vierte. Durch die fünfte Tür traten wir übrigen ein. Ringsum sah man auf Bildern die Schlacht, die zwischen Ludwig von Bayern und Friedrich dem Schönen von Österreich stattgefunden hatte, wobei Friedrich gefangengenommen wurde. Als Ferdinand II. einst in München weilte und sich fröhlich unterhielt, erblickte er die Bilder und verfiel auf der Stelle in Melancholie. Wir sahen dort ein prächtiges Zimmer, mit Gold und wunderschönen Gemälden geschmückt. Im Vorraum fielen uns vier hohe Säulen aus rotem Marmor auf. Es gab überhaupt vieles zu sehen, unter anderem ein Bild, auf dem Esther[57] vor Ahasver niederkniet, mit der Inschrift:

Exanimata cadit charis pro civibus Hester
Quae casura magis, ni cecidisset, erat
[Esther, die sich eher töten ließ, als nachzugeben,
opferte ihr Leben für ihre teuren Mitbürger]

Auch Jagdszenen waren dargestellt, und unter einem rasenden Eber standen folgende Zeilen:

Disiecta vallatus aper venabula pandit
Atque venato proelia dente ciet.
[Der gestellte Eber zerbricht die geschleuderten
Speere und fordert zähnefletschend den Jäger zum Kampf auf]

Ich übergehe weitere interessante Dinge, die sich dort befanden. Ein reich ausgestattetes Arsenal mit vielen Geschützen, die der Kurfürst vom letzten Krieg aus der Pfalz mitgebracht hatte. Eine kostbare Bibliothek aus Heidelberg vermachte er dem Papst zum Geschenk,[58] die im Vatikan aufbewahrt wurde. Die Geschütze behielt er selbst. Später, im Verlauf des Schwedenkrieges,[59] erwarb sie Gustav.[60] Die Rheinpfälzer waren, durch Rachegelüste aufgebracht, drauf und dran, das Schloß in Schutt und Asche zu legen, doch Gustav hielt sie vor diesem barbarischen Schritt zurück.

Herzog Albrecht V. von Bayern

J. Hagenaw Der Allergnädigste Fürst Wilhelm besuchte Fürst Radziwiłł und führte ein langes Gespräch mit ihm. Danach besichtigte Fürst Radziwiłł die Räume des Schlosses, alle Kostbarkeiten, Gärten und Säle; über den Reichtum und die prunkvolle Ausstattung der Zimmer, Säle und Salons sollte man lieber schweigen als zu wenig darüber schreiben, ansonsten müßte man ganze Bände füllen. Unter den vielen Versen, die man in dem großen Festsaal sehen konnte, fielen vor allem die Verse über die Geschichte der Esther auf.

Gegen elf Uhr nachts kehrte der Allerdurchlauchtigste Kurfürst[61] aus Nürnberg zurück.

31. Juli, Mittwoch

J. Hagenaw Am Morgen suchte der Durchlauchtige Kurfürst S. Hoheit den Kronprinzen auf und begrüßte ihn. Den übrigen Herren reichte er die Hand zum Kuß. Das Mittagsmahl wurde im Antiquarium eingenommen. Wer Augen hatte, zweifelte nicht daran, je etwas Schöneres und Interessanteres gesehen zu haben.

König Gustav Adolf II. von Schweden

AUGUST

1. August, Donnerstag

J. Hagenaw Fürst Radziwiłł weilte zu einer Audienz beim Allergnädigsten Kurfürsten. Zu Mittag aß S. Hoheit der Kronprinz gemeinsam mit dem Allergnädigsten Kurfürsten, mit Herzog Wilhelm und der Kurfürstin; dazu wurde Fürst Radziwiłł geladen. Nach dem Essen fuhr man zu einer Hirschjagd, auf der unser Kronprinz, kaum daß man losgefahren war, einen Hirsch mit der Kugel durchbohrte, so daß sich dieser nicht mehr von der Stelle rührte und tot zusammenbrach. Als man am Abend nach München zurückkehrte, hatte man über zwanzig Hirsche erlegt.

2. August, Freitag

S. Pac Das Mittagessen wurde für den Kronprinzen und den Herzog in einem Sommerpavillon aufgetragen, den man Antiquarium nannte, und zwar deshalb, weil es hier eine Menge von alten Griechen- und Römerstatuen gab, die der Kurfürst unter großen Kosten aus verschiedenen Ländern hatte herbringen lassen. Etwas Besseres als dieses Palais und andere, mit Zimmern, die halb unter der Erde lagen, kann man sich für den Sommer nicht denken.

J. Hagenaw Gegessen wurde im Garten hinter dem Schloß. Danach besichtigte man eine Maschine, mit deren Hilfe das Wasser in die Kanäle des Gartens geleitet wurde. Vom Schloßgarten aus, in dem man zu Mittag aß, konnte man ganze Rudel von Hirschen beobachten, die ohne jede Scheu vor den anwesenden Menschen hier und da auf den Wiesen weideten. In den Waffenkammern befanden sich neben vielen kurfürstlichen Geschützen auch solche, die der siegreiche Kurfürst von der Schlacht bei Prag* und von anderen Stellen mitgebracht hatte.

* am Weißen Berg: 8.11.1620.

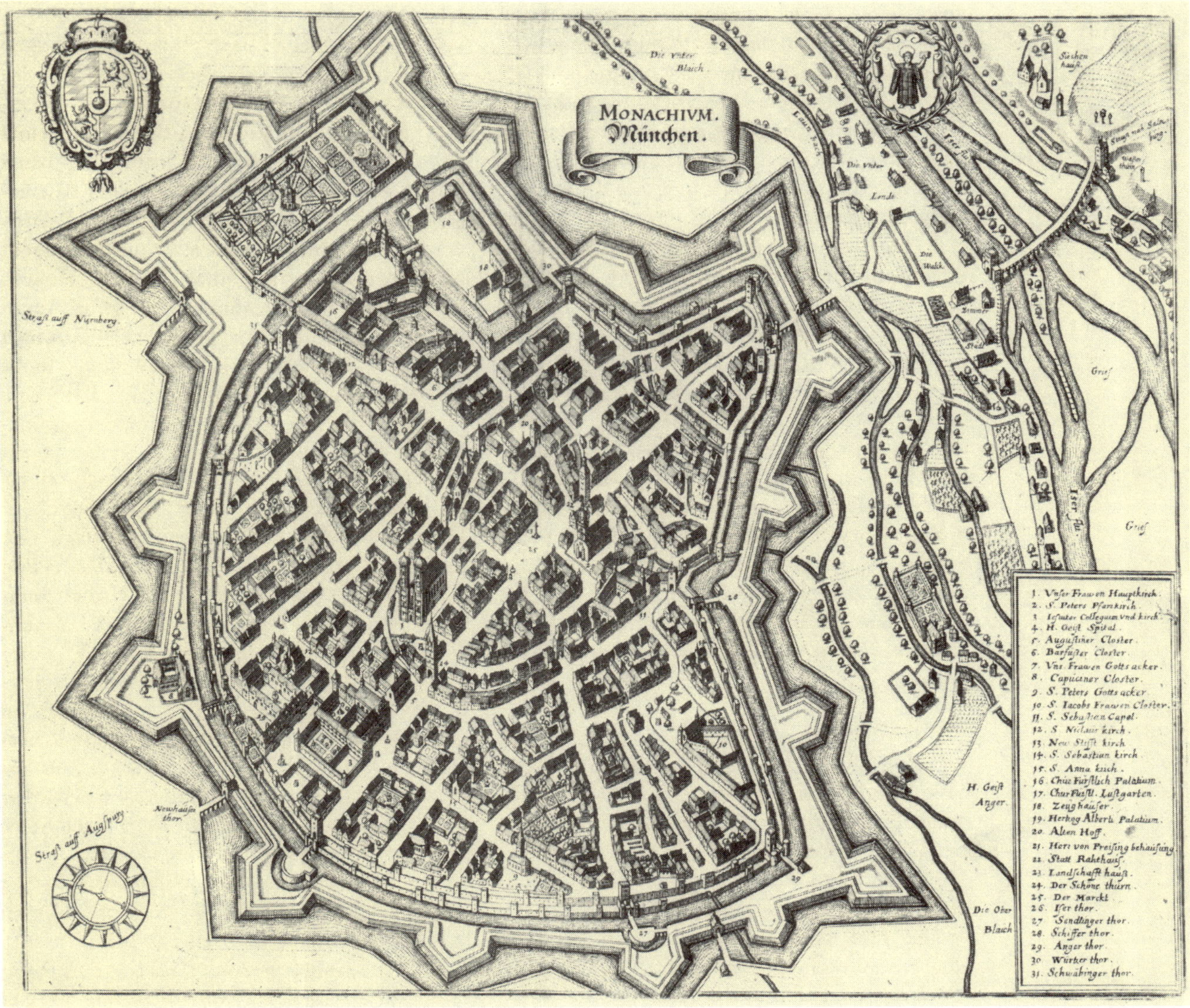

Stadtplan von München

3. August, Sonnabend

S. Pac Wir fuhren zum zwei bis drei Meilen hinter München gelegenen kurfürstlichen Dorf Schleissing, wo wir wieder ein palazzo da villa [Landpalais] von reizendem Stil bewunderten, vom gleichen Fürsten errichtet. Es handelte sich um ein fürstliches Vorwerk, denn wir sahen hier große Rinderherden der Schweizer Rasse, alles prächtige Tiere, die dem Fürsten gehörten. Hier wurde auch Parmesan- und Marcolinkäse hergestellt, so exquisite, daß sie dem italienischen Käse in nichts nachstanden.

Nachmittags besichtigten wir ein eremitorium summa arte [eine Einsiedelei von höchster Kunst], eine besonders hergerichtete Stelle, doch so naturam imitatur [der Natur nachgebildet], daß es schien, als wäre alles so gewachsen. Unter anderem notierten wir Wasserspiele in hohen Tannen und Eichen. Sobald das Wasser eingelassen wurde, fielen wie ein Sprühregen Tropfen von den Ästen. Die Stelle selbst machte den Eindruck einer Wüstenei. Von hier aus fuhren wir wieder zur Hirschjagd, auf der S. Hoheit der Kronprinz sechs Hirsche erlegte.

J. Hagenaw Nach der Messe fuhren wir nach Schleißheim, einem Vorwerk des Kurfürsten, sehr angenehm und sehr schön. Dort besichtigten wir nach dem Essen die in der Gegend erbauten Einsiedeleien, ein kleines Tiergehege, in dem sich weiße und andersfarbene Hirsche befanden, sowie eine Voliere mit seltenen Vögeln. Anschließend wurde eine Jagd auf Hirsche, Wildschweine, Rehböcke und Hasen veranstaltet. Wer sich in diesem Vorwerk auf den Viehweiden umsah, auf denen sich Tiere nur einer Rasse befanden, und die hohen Milcherträge und verschiedenen Käsesorten bewunderte, der glaubte, sich in der Gegend von Parma zu befinden.

4. August, Sonntag

S. Pac Nach der Messe in der Fürstenkapelle bestaunten wir hier verschiedene Reliquien, reich mit Gold und Edelsteinen verziert. Die Kapelle selbst war mit kostbaren Marmorplatten ausgelegt, sowohl der Boden als auch die Wände, und wie man sich auch drehte, man sah sich überall wie im Spiegel. Eine erstaunliche Sache.

J. Hagenaw Fürst Radziwiłł weilte während der Messe beim Gnädigsten Fürsten Wilhelm zu einem Gespräch, und beide gesellten sich uns gegen Ende der Messe zu. Anschließend besuchte man die Kapelle des Allergnädigsten Kurfürsten, die in kostbarem Marmor wunderbar funkelte und über und über mit eingefaßten Edelsteinen geschmückt war. Die Orgelpfeifen waren ganz aus Silber, das Türchen des großen Reliquienschreines aus Bergkristall und in ihm verschiedene Geschichten in unnachahmlicher Kunstfertigkeit eingeschnitten. Die Statue des heiligen Georg in voller Rüstung, besetzt mit Diamanten und Rubinen, ähnlich die übrigen Waffen, das Pferd aus reinem Jaspis, der Drachen aus Smaragd, goldene Leuchter, alles in unglaublicher, glitzernder Pracht. Nach dem Mittagessen suchten wir ein Haus auf, in dem Wunderdinge der Natur und Kunst untergebracht waren, wo sich auch Körner befanden, die, wie es hieß, wie Regen vom Himmel gefallen waren, und auch Brotreste, aus diesen Körnern gebacken. Das Abendessen nahmen wir im Garten ein.

5. August, Montag

J. Hagenaw Den Morgen verbrachten wir mit Schreiben von Briefen nach Warschau. Der Nachmittag verging beim Anblick von Fechtkunststücken und Seiltänzen. Der Allergnädigste Kurfürst schenkte S. Hoheit dem Kronprinzen ein Pferd mit Sattel und Zaumzeug.

6. August, Dienstag

S. Pac Nach dem Essen fuhren wir von München zur Nacht nach Starnberg[62], zu einem kurfürstlichen Schloß, das an einem großen, schönen See auf einem Berg stand. Der Kurfürst begleitete S. Hoheit den Kronprinzen in eigener Person zur Schlafstätte.

7. August, Mittwoch

S. Pac Man präsentierte uns eine ergötzliche Jagd auf dem See, wo wir in Kähnen saßen, während von den Bergen die Hirsche ins Wasser getrieben wurden. Und als sie durch den See schwammen, der gut eine halbe Meile breit ist, schossen wir auf das Wild von den Booten aus, die in hochherrschaftlicher Weise gebaut und verziert waren. Hier auf dem Wasser aßen wir auch zu Mittag. Der Kurfürst selbst weilte nicht unter uns, weil er sich vergangene Nacht und bis zum Mittag heutigen Tages nicht wohl gefühlt hatte. S. Hoheit der Kronprinz besuchte ihn am Nachmittag, um sich im Schloß zu verabschieden, doch er traf ihn bereits wieder in voller Kleidung an und konnte ihm auch nicht ausreden, uns zu begleiten, obwohl er sich doch immer noch nicht wohl fühlte. Aber der Kurfürst führte ihn bis zum See und stieg mit ihm in einen Kahn. Dann wurden Hirsche und Wildschweine geschossen, wobei S. Hoheit der Kronprinz einen Eber, der mehrere Hunde aufgeschlitzt hatte, mit seinem Degen durchbohrte.

Bei Einbruch der Dunkelheit trennten wir uns vom Kurfürsten, der uns allen die Hand reichte und bat, daß wir seinen Dank annehmen und ihm verzeihen mögen, wenn uns etwas nicht gepaßt hätte. Er widmete sich jedem einzelnen von uns, und so verabschiedeten wir uns von diesem edlen, klugen, ja fast heiligen Fürsten, der von so großer Menschlichkeit und Tugend ist, daß es in ganz Deutschland keinen Mann seinesgleichen gibt. Es ist zum Gotterbarmen, daß er keine Nachkommen hat.[63]

Diesen Abend, schon spät in der Nacht, gelangten wir nach Heiligenberg, das seinen Namen zu recht trägt, da in der Kirche, die zusammen mit dem Kloster auf dem Berg errichtet ist, viele wundersame Reliquien bestaunt werden können. Da es über sie viele Bücher gibt, will ich mich weiterer Äußerungen enthalten.

A. S. Radziwiłł In den ersten Augusttagen fuhren wir durch Gettingen, doch vorher suchten wir, um zu jagen, das Schloß Starnberg auf. Dort gab es ein besonderes Vergnügen, als wir auf Hirsche schossen, die im See schwammen, und eine große Zahl erlegten. Abends tauchte ein Eber auf, der mit seinen Hauern sechzehn Hunde zu Tode brachte. Er wurde am Ufer vom Kronprinzen mit dem Degen durchbohrt. Man berichtete uns, daß sich im Schloß das Geweih eines Hirsches befand, den der Großvater des Kurfürsten erlegt hatte, und daß es die Wahrheit sei, daß er damals mit einem einzigen Schuß einem Pferd, einem Hund, einem Jäger und dem Hirsch ein Auge durchschossen habe, ohne das andere zu beschädigen. Was uns unwahrscheinlich schien, wurde dort als wahr behauptet, und man schrieb sogar Verse darüber. Da wir schon einmal über die Jagd sprechen, ist es nicht abwegig, einen Zufall oder auch geschickten Schuß des Kronprinzen zu erwähnen, als er einen Hirsch in Anwesenheit des bayrischen Kurfürsten mit zwei Kugeln mitten in die Brust traf. Der Hirsch stieß dabei mit dem Geweih so stark an einen Baum, daß die Zweige abbrachen, sank in die Knie, bohrte das Geweih in die Erde und verschied. Worauf der Kurfürst versprach, die bewunderungswürdige Szene in einem Bild festhalten zu lassen.

J. Hagenaw Am Morgen des nächsten Tages (nachdem wir unsere Sachen und die Diener nach Augsburg geschickt hatten) brachte man S. Hoheit den Kronprinzen an den erwähnten See, wo er sich einige Zeit zum Fischfang und zur Jagd aufhielt. Der Durchlauchtige Kurfürst war wegen eines Unwohlseins, das ihn in der Nacht befallen hatte, in Starnberg geblieben. Zu Mittag aß der Kronprinz auf dem Boot im Seehafen. Der Kurfürst hatte seine Krankheit überwunden und kam eilig herbei, um dem Kronprinzen beim Fischfang und bei der Jagd Gesellschaft zu leisten. Sie stiegen in die Boote, fuhren hinaus auf den See und warteten auf das Wild. Man hatte die Hirsche schon vorher in der Nähe zusammengetrieben und scheuchte sie jetzt mit Hunden in den See, den Booten entgegen. Und als sie glaubten, den Zähnen der Hunde entgangen zu sein, erreichten sie die Bleikugeln. Man fing sie mit Stricken und zog sie in die Boote. Das Hundegebell hatte neben den Hirschen auch einen Eber in den See getrieben. Als er merkte, daß er nicht mehr herauskam, da sich der Kreis der Jäger verengte, verletzte er acht und tötete sieben der angreifenden Hunde. Dann umringten ihn im Wasser von allen Seiten Speere und Degen, und schließlich versetzte ihm der Kronprinz mit dem Degen den Todesstoß.

Nach der Jagd verabschiedete man sich bei einsetzender Dunkelheit vom Allergnädigsten Kurfürsten und erreichte um halb zwei in der Nacht das Heilige Kloster, allgemein Heiligenberg genannt. Das ehrwürdige Kloster und die Kirche auf dem Berg sind wegen ihrer Wunder und kostbaren Reliquien weit bekannt. Der Kronprinz hielt sich im Kloster auf, das den Benediktinermönchen gehörte. Im Korridor des Starnberger Schlosses konnte man unter einem Hirschgeweih auf einer Steintafel, die mit Glas bedeckt war, sinngemäß folgende Worte lesen: Im Jahr Christi 1420 durchbohrte Fürst Albert[64] mit einem Speer den Hirsch, der dieses Geweih trug. Er brachte ihm mit einem Stoß sieben Wunden bei. Zugleich mit dem Hirsch erblindeten der Jäger, ein Hund und ein Pferd auf dem rechten Auge, während ihr linkes Auge unbeschädigt blieb. Es bezeugen die Männer, Frauen und Kinder des Starnberger Schlosses, daß hier ein wahres Wunder geschah.

8. August, Donnerstag

S. Pac Wir kamen in der Vesperstunde in Augsburg an und stiegen bei dem uns bereits von früher bekannten Gastwirt der Schenke ›Zur Weintraube‹ ab, der uns wohl gut bediente, aber auch nicht schlecht ausnahm.

J. Hagenaw Der Kronprinz wohnte früh der Messe bei und erreichte abends mit den bayrischen Kommissären Augsburg. Dienerschaft und Gepäck hatte man vorher abgeschickt. Der Kronprinz hielt sich in der Schenke ›Zur Weintraube‹ auf, während die bayrischen Kommissäre in der Gastwirtschaft ›Zur Krone‹ wohnten.

9. August, Freitag

S. Pac S. Hoheit der Kronprinz begab sich in die Stadt, um die Wasserspiele, die St. Ulrichskirche nebst Reliquien, das Rathaus sowie das Zeughaus zu besichtigen. Als wir in die Herberge zurückkehrten, trafen Sendboten des Fürsten ein, um unseren Durchlauchtigen Fürsten, der wieder als Hauptperson auftrat, zu begrüßen. Nach dem hiesigen Brauch wurden Forellen und Wein gereicht.

J. Hagenaw Man besuchte die Wasserspiele, die St. Ulrichskirche und ihre Reliquien, das städtische Zeughaus; sehr empfehlenswert, weil sehr ordentlich und mit jederlei Art Waffen reichlich eingerichtet. Auch das Rathaus wurde nicht ausgelassen. Kurz vor Mittag begrüßte der Stadtsekretarius im Namen des Senats Fürst Radziwiłł und hielt ihn irrtümlicherweise für den Gesandten des spanischen Königs. Vorher hatte man den Fürsten, um ihn zu ehren, mit Wein bewirtet.

10. August, Sonnabend

S. Pac Nachdem wir bei den Kapuzinern der Messe beigewohnt hatten, gingen wir, die Häuser der Herren Fugger[65] zu besichtigen.

J. Hagenaw Fürst Radziwiłł begab sich nach der Andacht in der St. Ulrichskirche und nachdem er aus dem Kelch dieses Heiligen[66] getrunken hatte, um gegen Zahnschmerz gefeit zu sein, zu S. Hoheit dem Kronprinzen, der mit uns zur Messe in der Kapuzinerkirche weilte. Auf dem Rückweg wurden Haus, Ställe und Pferde der Fugger besichtigt, von denen es hieß, sie seien besonders sehenswert.

11. August, Sonntag

S. Pac S. Hoheit der Kronprinz traf im Kapuzinerkloster mit dem Herzog von Eggenberg zusammen, von dem schon erwähnt wurde, daß er beim Kaiser alles erreichen konnte. Der Herzog, der schwer an Podagra und Chiragra[67] litt, war auf dem Weg in ein Heilbad und kam während unserer Anwesenheit gerade durch Augsburg. Am gleichen Tag weilte S. Hoheit der Kronprinz zum Abendessen bei Herrn Johannes Fugger, dem Oberhaupt des Hauses, aber unerkannt, in-

Vorderansicht des Augsburger Rathauses

mitten unserer Gesellschaft. Nach dem Abendessen fanden in Anwesenheit einiger Augsburger Damen Tänze statt.

J. Hagenaw Auf die Bitte des Herzogs von Eggenberg gewährt unser Kronprinz diesem eine Audienz bei den Kapuzinern. Der erwähnte Fürst von Eggenberg näherte sich dem eintreffenden Kronprinzen, und dann verbrachten beide nach der üblichen Begrüßungszeremonie einige Zeit im Gespräch. Nachdem von Eggenberg wieder gegangen war, begab sich der Kronprinz zur Messe. Nach dem Essen begrüßte Johannes Fugger den Kronprinzen in Anwesenheit des Fürsten Radziwiłł und lud ihn mit seinen Begleitern zu Abendessen und nächtlichem Tanz ein. Als wir ankamen, besichtigten wir, um die Zeit vor dem Mahl auszufüllen, die Schloßsäle und Gemälde. Beim Essen blieben wir allein, der Kronprinz mit seinen Begleitern, dem Herrn Fugger, seiner Ehefrau und den Schwestern. Danach führte man uns in einen großen Saal, wo wir eine Musikantengruppe und mehrere Patrizierdamen antrafen, die den Kronprinzen zu sehen und mit einem so hochgestellten Herrn zu tanzen wünschten. Nach der damaligen Sitte waren sie alle in Weiß gekleidet, um mit diesen Gewändern die Keuschheit ihrer jungen Jahre zum Ausdruck zu bringen. Der Kronprinz tanzte sechs- bis achtmal und kehrte dann mit seinen Gefährten in den Gasthof zurück.

12. August, Montag

S. Pac Zur Nacht langten wir in Donauwörth an, wo uns die Kommissäre des bayrischen Kurfürsten auf das beste bewirteten, gehörte doch dieses Städtchen dem Kurfürsten, der es erst vor kurzer Zeit iure belli [nach Kriegsrecht] erworben hatte, zuvor war es eine civitas imperialis [freie Reichsstadt] gewesen.

J. Hagenaw Der Kronprinz schickte Gepäck und Dienerschaft voraus, aß zu Mittag und erreichte am Abend Donauwörth, wo er mit seinem Gefolge von bayrischen Kommissären empfangen wurde. Sie waren einen Tag vorher eingetroffen und bewirteten ihn im Gasthaus ›Zum Goldenen Löwen‹ mit großer Hochachtung und einem auserlesenen Abendessen.

13. August, Dienstag

S. Pac Wir verabschiedeten uns von den bayrischen Kommissären und reisten mit eigenen Pferden weiter, alldieweil S. Hoheit der Kronprinz während der Fahrt durch das Land des bayrischen Kurfürsten dessen Kutschen und Pferde benutzt hatte.

J. Hagenaw Die Kommissäre verabschiedeten sich vom Kronprinzen. Sie hatten das Frühstück umsonst vorbereitet, weil S. Hoheit gleich nach der Messe abfuhr. Mittag gegessen wurde drei Meilen hinter Donauwörth.

14. August, Mittwoch

J. Hagenaw Das Mittagsmahl nahmen wir in Neisas ein. Abends erreichten wir Nürnberg, wo wir im Gasthof ›Zur Goldenen Gans‹ unterkamen. Der Kronprinz verzichtete auf das Abendessen und ging mit drei Herren, die Stadt zu besichtigen. Inzwischen schickte Fürst Radziwiłł jemanden zum Komtur des Deutschen Ordens, der hier residierte, um für den morgigen Tag eine Messe zu bestellen. Der Komtur hatte aber schon aus eigenem frommem Wunsch einen Priester beordert und ließ wissen, daß er uns mit Freuden empfangen würde.

15. August, Donnerstag

S. Pac Am Tage Mariä Himmelfahrt wohnten wir in dieser ketzerischen Stadt im Haus des militum Teutonici Ordinis [Deutschen Ritterordens] der Messe bei, mit Erlaubnis des Komturs, der hier lebte. Zu Mittag brachte man, wie es Brauch war, Wein vom Magistrat. Von hier kam auch ein Beamter, um uns an Stellen zu führen, die sehenswert waren. So fuhren wir mit städtischen Kaleschen zum Zeughaus, zum Bergschloß, in das neugebaute Stadtpalais, wo wir viele berühmte Bilder von Dürer[68] und anderen Meistern sahen. Doch über alles gefiel uns das Wohnhaus eines Privatkaufmanns, nach italienischer Manier aus behauenen Steinen gebaut, voller verschiedener Konterfeis. Nürnberg hatte kaum Gefälligeres zu bieten.

A. S. Radziwiłł Am 14. des Monats kamen wir in Nürnberg an. Am 15., am Tag Mariä Himmelfahrt, fuhr ich in einer der Kutschen, die uns die Bürger geschickt hatten, zu der einzigen katholischen Kirche der Stadt. Sie gehörte dem Malteserorden. Der Kronprinz befand sich unerkannt in der vierten Kalesche, weil das Volk die erste begleitete, in der Annahme, der Kronprinz befände sich in ihr.

J. Hagenaw Der Herr Komtur kam gegen neun Uhr mit vier Kutschen in das Gasthaus und brachte den Kronprinzen in das Haus des Deutschen Ritterordens. Um nicht erkannt zu werden, nahm er in der zweiten Kalesche Platz, während Fürst Radziwiłł in die erste stieg. Ich kann nicht sagen, wie groß die Zahl der Menschen war, die Gasthäuser und Straßen füllte, um den Kronprinzen zu sehen. Sobald die Kutschen erschienen, versammelte sich das Volk blitzschnell, während Läden und Werkstätten leer und still lagen. So fuhr man den Kronprinzen ins Deutsche Ordenshaus, wo er in der Hauskapelle (weil die beiden Ordenskirchen, die an das Haus grenzten, von lutherischen Ketzern entweiht waren) der Messe beiwohnte. An der Messe nahmen auch katholische Bürger der Stadt teil. Nach dem Mittagessen führte ein vom Magistrat beorderter Beamter den Kronprinzen zur Besichtigung des Rathauses und auch des wegen seines Alters und der reichen Ausstattung berühmten Zeughauses sowie der Burg und des Gartens. Gegen Abend schickte der Magistrat Fürst Radziwiłł Wein und Fische.

16. August, Freitag

J. Hagenaw Der Bote Andrzej wurde nach Polen expediert. Der Kronprinz stärkte sich mit einem Mittagsmahl in Nürnberg, aß zu Abend und übernachtete in Neustadt.

17. August, Samstag

S. Pac Der Durchlauchtige Fürst und auch ich fühlten uns nicht wohl, konsultierten den Doktor und eilten nach Würzburg voraus, um uns mit Arznei zu kurieren. S. Hoheit der Kronprinz aß zu Mittag und übernachtete in Kitzingen.

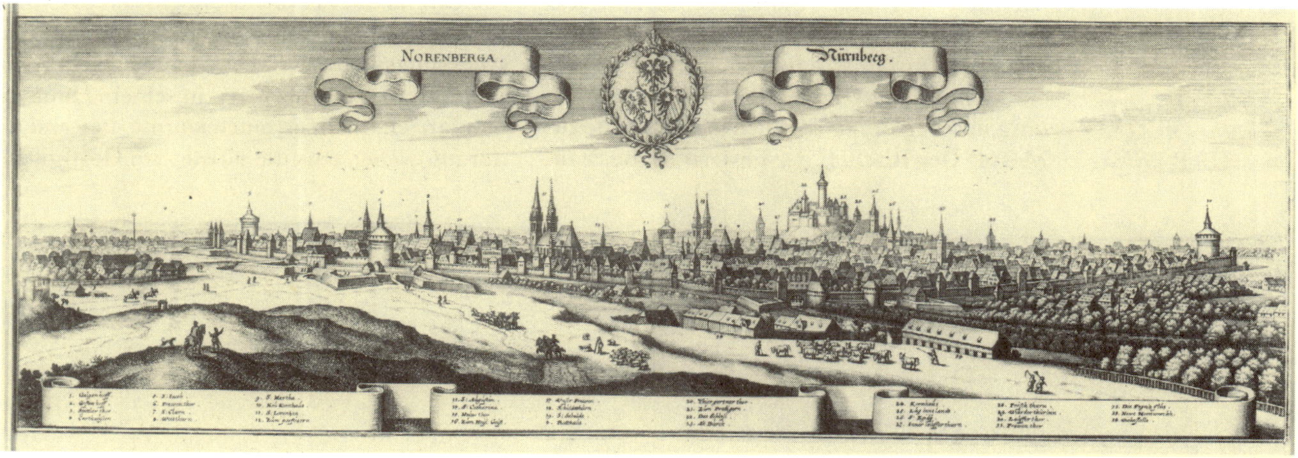

Ansicht der Stadt Nürnberg

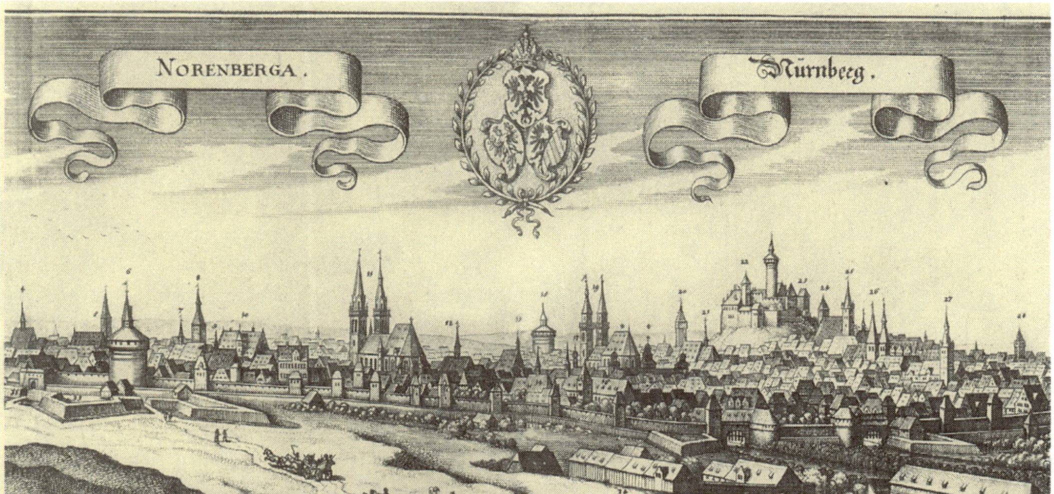

Die Stadt Nürnberg in der ersten Hälfte des 17. Jahrhunderts

18. August, Sonntag

A. S. Radziwiłł Wir besichtigten Nürnberg und fuhren dann nach Würzburg, wo ich vor fünfzehn Jahren studiert und bei den Jesuitenpatres ein Semester Philosophie absolviert hatte. Den Tag verbrachten wir im Gasthof, um uns von den Strapazen zu erholen. Am Abend ließ uns Bischof Hatzfeld für den nächsten Tag zum Bankett einladen, was nicht ausgeschlagen wurde.

J. Hagenaw Zwischen neun und zehn Uhr am Vormittag erreichte der Kronprinz Würzburg und begab sich sogleich in die Kirche zur Messe. Der Bischof, der gestern in die Stadt zurückgekehrt war, schickte in den Gasthof, um zu erfahren, wer hier eingekehrt war. Als er erfuhr, daß es sich um Fürst Radziwiłł handelte, sandte er seinen Berater, Herrn Truchseß von Henneberg, um den Fürsten mit seinen Begleitern ins Schloß einzuladen. Da die Indisposition des Fürsten die Annahme der Einladung bedauerlicherweise verhinderte, schickte man am Abend die gleichen Herren mit Beteuerung des Mitgefühls und besten Genesungswünschen. Da sich der Bischof des Glückes, den Kronprinzen in seinem Haus zu empfangen, nicht erfreuen konnte, bestand er darauf, wenigstens die Kosten im Gasthof zu

Teilansicht der bischöflichen Residenzstadt Würzburg

übernehmen und zugleich seine Köche und Speisen für das Abendessen zu schicken. Das Geschenk wurde mit Dank angenommen. Man beorderte Herrn Nagot (Dawid war vom Pferd gefallen und hatte sich den Arm verstaucht) und den Doktor[69] voraus nach Wertheim, um Flußboote zu bestellen. Nachts, als alles schon ans Schlafengehen dachte, schickte der Bischof den ehrwürdigen Herrn Neineck, Würzburger Kanonikus und zugleich Landrichter, zum Fürsten. Der Kanonikus war gut angetrunken, der Fürst ruhte schon, und so wurde der Sendbote nicht angehört.

19. August, Montag

S. Pac Als S. Hoheit der Kronprinz in der Universitätskirche der Morgenmesse beiwohnte, erschien ein Würzburger Kanonikus mit Namen Neineck beim Durchlauchtigen Fürsten und bat, daß jener bei S. Hoheit dem Kronprinzen ein Wort einlegte, auf daß der Bischof den Kronprinzen begrüßen dürfte. Wir hatten den Bischof aber schon in der Stadt getroffen, als sich jener auf dem Weg zum Kronprinzen befand, waren aber aneinander vorbeigefahren, ohne uns auf der Straße zu begrüßen. S. Hoheit der Kronprinz begab sich auf geradem Wege zum Schloß, der Bischof eilte hinter ihm her, und dort begrüßten sie sich privatim im Zimmer.

Wir weilten diesen Tag zum Mittagessen in Wertheim, von wo aus S. Hoheit der Kronprinz Herrn Denhoff zum Kurfürsten von Mainz[70] schickte, der sich ein paar Meilen von hier auf der Jagd befand. Er ließ ihn grüßen und sein Bedauern darüber aussprechen, daß er ihn nicht kennenlernen konnte, alldieweil er in großer Eile war. Der Weg des Kurfürsten führte ebenfalls in eine andere Richtung, er ließ dem Allergnädigsten Kronprinzen jedoch seine besten Wünsche übermitteln. Übernachtet wurde in Miltenberg, schlecht wie nie zuvor; Essen, Schlafen, Trinken, alles sehr schlecht. Statt zu essen, begnügte sich S. Hoheit der Kronprinz mit Weintrauben, von denen mein Bursche einen reichlichen Vorrat mitgenommen hatte. Der nächste Tag entschädigte uns, indem wir Gelegenheit hatten, eine fürchterliche Bestie zu bestaunen, einen Walfisch, zwar nur das Skelett, aber doch sehenswert. Er wurde von einem Handelsmann vorgeführt, der davon seinen Unterhalt fristete, daß er das Untier den Menschen zeigte und sich dafür bezahlen ließ. Der Mann befand sich gerade auf dem Weg nach Frankfurt zum Jahrmarkt. Getötet worden war die Bestie von Franzosen bei der Insel Sardinien, mit Kanonen, unter großer Gefahr.

A. S. Radziwiłł Am nächsten Tag trafen wir bei der Fahrt zum Schloß den Bischof, der sich herausredete, er habe wegen Staatsgeschäften nicht auf uns warten können. Doch er versprach, in Bälde zurückzukehren. Inzwischen führte man uns im Schloß herum und zeigte uns einen Keller voller riesiger Weinfässer. Hier kosteten wir einen Wein, der vierzig Jahre alt war. Noch ausgiebiger hat ihn Gustav während des Krieges gekostet, da er den ganzen Keller leerte.[71] Dann kam der Bischof zurück und begrüßte uns feierlich. Nach dem Essen fuhren wir weiter mit 30 Soldaten, die man uns zu unserer Sicherheit beigegeben hatte.

J. Hagenaw Nach der Morgenmesse in der Universitätskirche trug erwähnter ehrwürdiger Herr Neineck, der selber zugegen war, Fürst Radziwiłł seinen gestrigen Auftrag vor, und zwar, daß der Allergnädigste Bischof eine Unterredung mit S. Hoheit dem Kronprinzen heiß ersehnte. Man einigte sich, daß man sich mit dem Bischof unterwegs treffen wollte. So bewegte sich der Zug zum Schloß, und als der Bischof über die Brücke fuhr, erkannte er die Entgegenkommenden nicht, grüßte alle nur, indem er sein Haupt entblößte, und eilte in die Kanzlei. Inzwischen kam Herr Neineck heran und teilte dem Bischof den Wunsch des Kronprinzen mit. Alles

Ansicht des bischöflichen Residenzschlosses mit der alten Mainbrücke zu Würzburg

Johannes Schweikart von Kronberg

zögerte, ob man sich auf der Brücke begrüßen oder ob man ohne Begrüßung weiterfahren sollte. Schließlich kam man überein, daß der Kronprinz zum Schloß fahren und der Bischof ihm nach Erledigung der Geschäfte folgen sollte. In der Zwischenzeit zeigte man dem Kronprinzen das Arsenal, die Säle und Pferde. Man besichtigte auch in den Kellern die großen Weinfässer, um deren Volumen die Bischöfe untereinander wetteten. Als der Kronprinz schon auf den Kellerstufen stand und hochsteigen wollte, eilte ihm der Bischof entgegen. Und so fand die Begrüßung, die auf der Brücke über dem Wasser nicht gelang, beim Wein statt. Bevor der Kronprinz weiterfuhr, bat man ihn, seinen Aufenthalt zu verlängern. Um ihm den Weg zu weisen und auch zur größeren Sicherheit teilte ihm der Bischof einige Mann seiner Leibwache zu, die der Kronprinz nach einer Weile wieder entließ.

Zu Mittag wurde in Wertheim im Gasthof

Ansicht der Stadt Aschaffenburg und der Stadt Steinheim

›Zur Goldenen Rose‹ gegessen. Graf von Leveinstein, der Herr dieses Ortes, bat, den Kronprinzen sprechen zu dürfen, was ihm aber abgeschlagen wurde. Herr Denhoff mußte den Kurfürsten von Mainz aufsuchen, der sich in der Nähe auf der Jagd befand. Wegen zu hoher Kosten für das Übersetzen und der Unzweckmäßigkeit der Boote änderte man den Entschluß, über den Main zu setzen. Und so erreichten wir abends mit Kutschen und Pferden Miltenberg, wo wir im Gasthof ›Zum Kranich‹ denkbar schlecht unterkamen.

20. August, Dienstag

S. Pac Zu Mittag und zu Abend weilten wir in Aschaffenburg, betreut vom Mainzer Kurfürsten, der auf Herrn Denhoffs Nachricht S. Hoheit dem Kronprinzen einen Beauftragten schickte, auf daß er S. Hoheit unterwegs in sein Schloß führte. Und er drohte mit strenger Strafe, wenn es in der Stadt jemand wagen sollte, S. Hoheit in einem Gasthof aufzunehmen. Das paßte S. Hoheit dem Kronprinzen ganz und gar nicht, doch wußte er nicht, was anfangen, und so mußte er die

Einladung annehmen und im Schloß wohnen, obgleich er sich über seine Spione ärgerte, daß sie ihn nicht vorzeitig gewarnt hatten. Es war ein prächtiges Schloß am Main, aus rotem Stein gebaut, doch inwendig non correspondet [entsprach es nicht] der äußeren Fassade, wie alle deutschen Bauten. Hier traf S. Hoheit der Kronprinz auch den päpstlichen Nuntius, Franciscus Montori, episcopus Nicastrensis, der aus Köln kam.

J. Hagenaw Bevor der Kronprinz heute morgen das Pferd bestieg, besichtigte er die Knochen eines Walfisches, jeder schön an seiner Stelle angebracht. Der Kronprinz, Fürst Radziwiłł und noch ein paar Herren aßen in Klanwalser (einem Dorf drei Meilen von Wittemburg) ein schnell und sehr schmackhaft zubereitetes Frühstück. Gegen Mittag erreichte man Aschaffenburg, das Schloß des Mainzer Kurfürsten, wo zu Mittag und zu Abend gegessen und übernachtet wurde.

Der Kurfürst, der sich selbst auf der Jagd befand, beauftragte einen Verwandten, den Kronprinzen zu empfangen. Um ihn direkt in sein Schloß zu dirigieren, verbot der Kurfürst den Gastwirten, den Leuten des Kronprinzen Essen und Trinken vorzusetzen. Nachmittags traf der Apostolische Nuntius, Monsignore Franciscus Montori, auf der Reise von Köln nach Italien in Aschaffenburg ein. Der Kronprinz suchte mit Fürst Radziwiłł den Nuntius auf, um ihn zu begrüßen,

Die Stadt Hanau im Jahre 1632

ren“ (2. Timotheus 2:12). Aus der Bibel geht hervor, daß die Zahl der Menschen, die auferweckt werden, um mit Christus im Himmel zu regieren, auf „hundertvierundvierzigtausend, die von der Erde erkauft worden sind“, beschränkt ist (Offenbarung 14:1, 3).

Selbstverständlich gehören zu einer Regierung auch Untertanen, und Jehovas Zeugen glauben, daß außer diesen himmlischen Regenten Milliarden Menschen ewiges Leben erlangen werden. Schließlich wird die in ein herrliches Paradies umgewandelte Erde mit diesen würdigen Untertanen des Königreiches Gottes gefüllt sein, die alle der Regierung Christi und seiner Mitregenten gehorchen. Infolgedessen sind Jehovas Zeugen fest davon überzeugt, daß die Erde nie vernichtet werden wird und daß sich die biblische Prophezeiung erfüllen wird: „Die Gerechten selbst werden die Erde besitzen, und sie werden immerdar darauf wohnen“ (Psalm 37:29; 104:5).

Doch wie wird Gottes Königreich kommen? Dadurch, daß sich alle Menschen freiwillig der Regierung Gottes unterordnen? Nein, sondern die Bibel zeigt, daß das Kommen des Königreiches ein unmittelbares Eingreifen Gottes in die Angelegenheiten der Erde erforderlich macht: „Der Gott des Himmels [wird] ein Königreich aufrichten, das nie zugrunde gerichtet werden wird. Und das Königreich selbst ... *wird alle diese Königreiche zermalmen und ihnen ein Ende bereiten,* und selbst wird es für unabsehbare Zeiten bestehen“ (Daniel 2:44).

Wir haben den Namen Jehovas Zeugen angenommen, weil wir Jesus nachahmen

Wann wird Gottes Königreich kommen? Aufgrund biblischer Prophezeiungen, die sich jetzt erfüllen, glauben Jehovas Zeugen, daß es sehr bald kommen wird. Wir laden Sie ein, einige Prophezeiungen, die gewisse Einzelheiten über die „letzten Tage“ dieses bösen Systems der Dinge voraussagen, näher zu prüfen. Sie sind in Matthäus 24:3-14, Lukas 21:7-13, 25-31 und 2. Timotheus 3:1-5 aufgezeichnet.

Weil wir ‘Jehova, unseren Gott, lieben mit unserem ganzen Herzen, unserer ganzen Seele, unserem ganzen Sinn und unserer ganzen Kraft und unseren Nächsten wie uns selbst’, sind Nationalität, Rassenzugehörigkeit oder gesellschaftliche Stellung für uns keine trennenden Faktoren (Markus 12:30, 31). Als internationale christliche Bruderschaft sind wir für unsere Liebe überall bekannt (Johannes 13:35; 1. Johannes 3:10-12). Wir verhalten uns daher gegenüber den politischen Angelegenheiten der Nationen neutral. Wir versuchen, die ersten Jünger Jesu nachzuahmen, von denen er sagte: „Sie sind kein Teil der Welt, so wie ich kein Teil der Welt bin“ (Johannes 17:16). Wir glauben, sich von der Welt getrennt zu halten bedeutet, all die unsittlichen Handlungen zu meiden, die heute allgemein üblich sind und zu denen Lügen, Stehlen, Hurerei, Ehebruch, Homosexualität, der Mißbrauch von Blut, Götzendienst und andere in der Bibel verbotene Dinge gehören (1. Korinther 6:9-11; Epheser 5:3-5; Apostelgeschichte 15:28, 29).

Zukunftsaussichten

Jehovas Zeugen glauben, daß mit dem jetzigen Leben nicht alles vorbei ist. Wir glauben, daß Jehova Christus auf die Erde sandte, damit er sein Lebensblut als ein Lösegeld vergoß, wodurch es möglich wurde, daß Menschen in einen gerechten Stand vor Gott gebracht werden und ewiges Leben in einem neuen System der Dinge erlangen können. Ein Apostel Jesu sagte: „Wir [sind] jetzt durch sein Blut gerechtgesprochen worden“ (Römer 5:9; Matthäus 20:28). Jehovas Zeugen sind Gott und seinem Sohn für diese Loskaufsvorkehrung, durch die ein künftiges Leben möglich ist, von Herzen dankbar.

Jehovas Zeugen sind fest davon überzeugt, daß es ein künftiges Leben gibt, das durch eine Auferstehung der Toten unter Gottes Königreich möglich wird. Wir glauben auf-

Die Reichsstadt Frankfurt am Main im Jahre 1646

gab sich dann auf das heiße Flehen des Nuntius zu erkennen. Jener begleitete ihn darauf mit großer Freude bis zu den Zimmern des Fürsten.

21. August, Mittwoch

J. Hagenaw Nach der Messe verließen wir Aschaffenburg und aßen zu Mittag in der Stadt Hanau im Gasthof ›Zum Riesen‹. Danach schickte die Gräfinwitwe, die Herrin dieser Stadt, einen Boten zum Fürsten Radziwiłł mit der Bitte, er möge doch hier übernachten. Darauf sandte man Herrn Denhoff zu ihr, um mit Dank abzusagen. Am Abend empfing uns Frankfurt, doch mit einem Gasthof von schlechtem Ruf. Es verbreitete sich die Nachricht von einer Epidemie in Mainz, worauf Fürst Radziwiłł zum Bürgermeister um Informationen schickte. Man antwortete, daß keinerlei Gefahr drohe. Trotzdem sollte man in der nächsten Umgebung Vorsicht walten lassen, da einige Dörfer am Rhein und Main zum Teil von der Epidemie betroffen wären.

22. August, Donnerstag

S. Pac Der Bürgermeister des Ortes begrüßte den Allergnädigsten Fürsten im Namen des Magistrats, der auch die Rechnung im Gasthof beglich, und wir baten ihn zum Mittagessen, das er selbst bezahlte.

Nach dem Essen fuhren wir den Fluß Main abwärts bis nach Mainz, wo wir erst spät, um

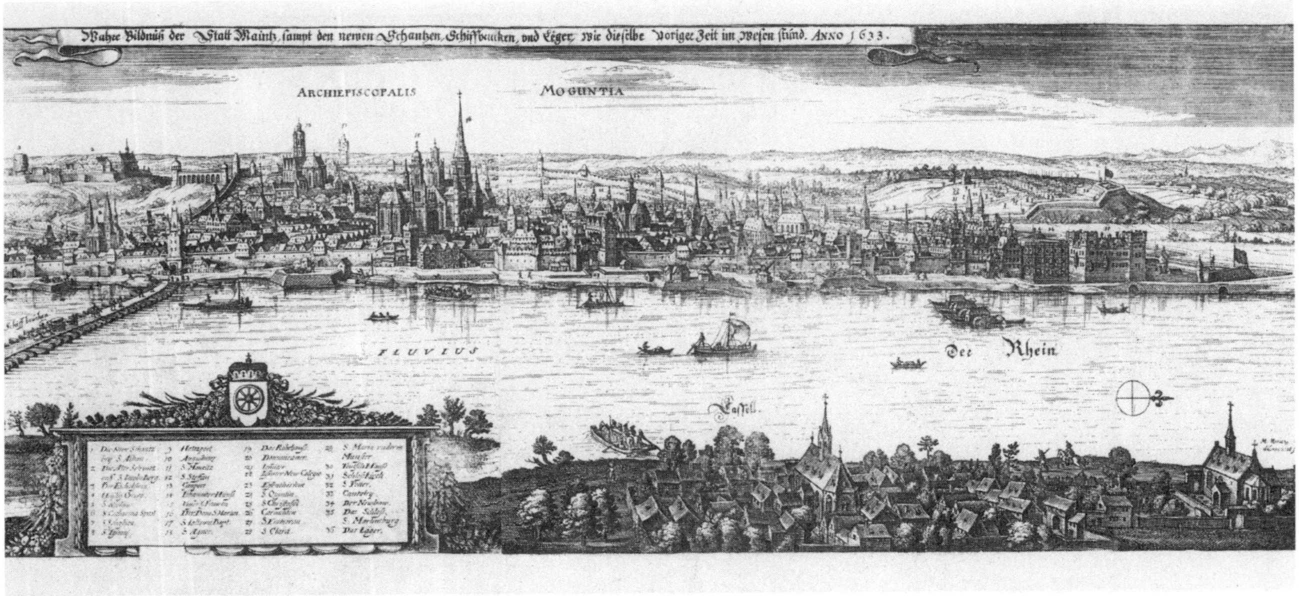

Die Stadt Mainz im Jahre 1633

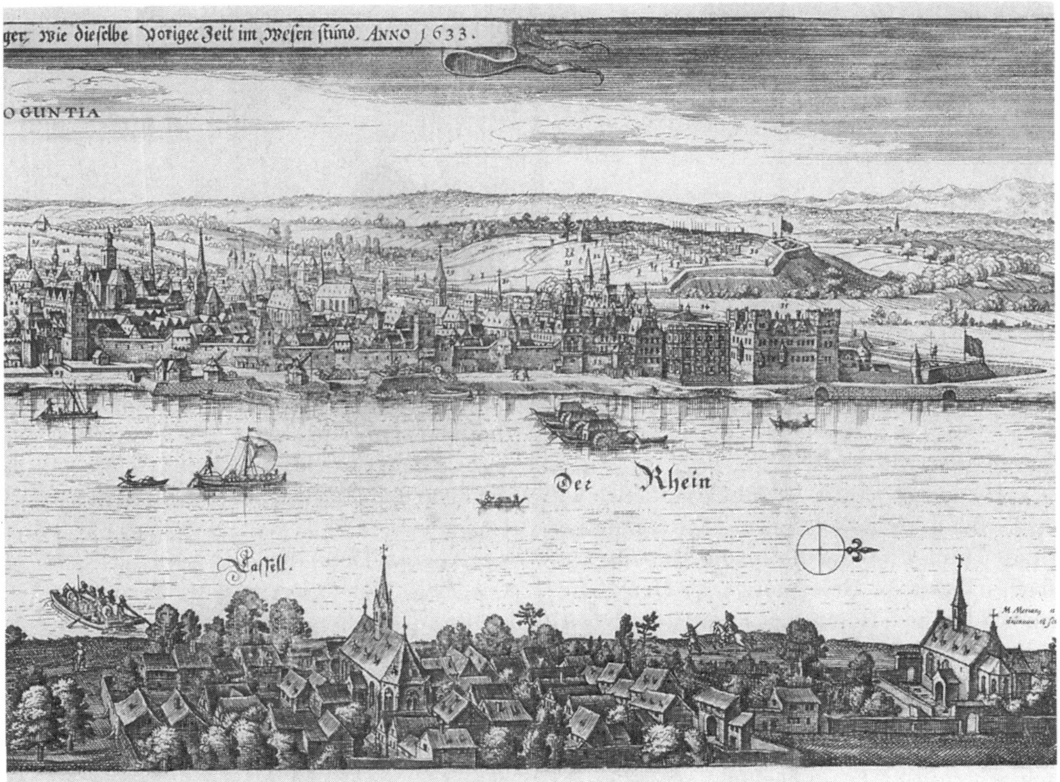

Teilansicht der Stadt Mainz

Das erzbischöfliche Residenzschloß Johannisburg zu Aschaffenburg aus der Vogelperspektive

zwei Uhr in der Nacht, ankamen. Doch die Wachen waren gnädig und ließen uns in die Stadt hinein.

A. S. Radziwiłł In Frankfurt am Main hielten wir uns einen Tag lang auf und fuhren dann den Fluß hinunter nach Mainz. Der Erzbischof von Mainz, zu dem der Kronprinz Herrn Denhoff beordert hatte, ließ uns in der Festung Aschaffenburg recht bescheiden unterbringen. Es gibt dort ein Palais von quadratischer Form und unter diesem so viele Kellerräume wie oben Zimmer. Wir sahen sie ausgefüllt mit vollen Weinfässern. Gustav und seine Soldaten hatten die Sparsamkeit der Pfaffen gelobt und danach die Fässer bis zur Neige geleert. In Mainz kamen wir sehr spät an und warteten lange, bis man uns die Tore öffnete. Den nächsten Tag verbrachten wir im Gasthof ›Zum Spiegel‹, ohne daß uns der Erzbischof irgendeine Höflichkeit erwies.

J. Hagenaw Der Kronprinz opferte den Vormittag, um die Stadt zu besichtigen. Nach der Messe, als alle beim Mittagessen saßen, schickte man vom Magistrat den Ersten Ratsherren und den Herrn Syndikus, die ihre Freude über das glückliche Eintreffen der Gäste bekundeten, ihnen Erfolg wünschten und erklärten, daß die Stadt Frankfurt für alle Kosten aufkäme, die mit dem Besuch der Gäste verbunden waren. Man sprach ihnen Dank aus und bat sie an den Tisch von Fürst Radziwiłł. Gegen ein Uhr bestiegen wir das Schiff, kamen aber erst nach Schließung der Tore in Mainz an, doch nach längerem Klopfen wurden alle, die sich beim Kronprinzen befanden, eingelassen. Die übrigen zwei Schiffe mit der Dienerschaft, den Pferden und dem Gepäck erreichten die Stadt noch später. Man mußte sich darauf mit einer einfachen Herberge begnügen.

23. August, Freitag

S. Pac Es wurde zeitig Mittag gegessen. Danach bestieg S. Hoheit der Kronprinz sein Schiff und fuhr den Rhein entlang nach Köln, doch er kam nicht weit, denn Wind und Wellen erhoben sich in einem Maße, daß wir bereits nach einer Meile am Ufer anlegten und in einem Dorf mit Namen Walluf übernachteten. Ich werde den Tag nie vergessen, da ich selber mit dem Starost von Kaluga[72] in große Gefahr geriet. Um schneller voranzukommen, hatten wir ein kleineres Boot gemietet. Als die Wellen anschwollen, bestürmten sie das Boot dermaßen, daß wir und auch der Kronprinz, der vom Ufer aus zusah, uns verloren glaubten. Doch mit Gottes Hilfe erreichten wir glücklich das Ufer.

J. Hagenaw Pater Maximilian Sandeus begrüßte den Kronprinzen und Fürst Radziwiłł und lud sie ein, das Jesuitenkollegium zu besuchen. Am gleichen Tag begab sich Herr Denhoff mit Bankpapieren nach Amsterdam, um Geld abzuheben. Nach dem Mittagessen hielt ein aufkommender starker Gegenwind den Kronprinzen im Dorf Walluf auf, eine Meile hinter Mainz, und zwang ihn, auf das Transportboot zu warten. Die Herren Pac und Żółkiewski gerieten mitten auf dem Fluß in einem kleinen Boot in große Gefahr, wobei wir das Ärgste befürchteten. Und so übernachteten wir alle im Dorf.

24. August, Sonnabend

A. S. Radziwiłł Wir nahmen an einem Bankett in Bacharach teil, wohin uns Don Verdugo, Obrist und Gouverneur, eingeladen und mit hervorragendem Wein, der dort wächst, bewirtet hatte. Zu unser Ehren wurde aus Mörsern geschossen. So verfuhr man auch auf der Burg Pfalz, die mitten im Rhein steht, und in allen anderen Burgen, die man hier in großer Zahl sehen konnte, mit Ausnahme der Burg des hessischen Landgrafen, dessen Unhöflichkeit Verdugo so beleidigte, daß er versprach, sich zu rächen.

J. Hagenaw Gegen zwei Uhr morgens stieß das Transportboot ab. Bei Sonnenaufgang machten sich der Kronprinz mit Fürst Radziwiłł auf einem und Herr Pac mit Herrn Żółkiewski auf einem zweiten Flußboot auf den Weg. Sie kamen gegen Mittag in Bacharach an. Hier wurden sie offiziell mit Salutschüssen begrüßt und von Herrn Verdugo, Obrist und Gouverneur von Gelderland und der Rheinpfalz, mit einem auserlesenen Mittagessen bewirtet. Irrtümlicherweise nahmen die Offiziere von Bacharach an dem Tisch Platz, der für die Leute des Kronprinzen vorbereitet worden war, so daß die Dienerschaft des Kronprinzen Bacharach hungrig verließ. Nach dem Essen kam der Kronprinz auf dem Rhein an der Burg Pfalz vorbei, wo mitten im Rhein auf einem Felsen eine alte Burg mit Turm stand, die der ganzen Rheinpfalz den Namen gab. Hier schenkten uns die Bewohner der nahen Stadt Wein und Trauben, und ähnlich verhielten sich fast alle Anlieger am Rhein. In der Nähe der Stadt Boppard, drei Meilen von Koblenz, kamen die Kommissäre des Erzbischofs von Trier mit einem Kahn dem Boot des Fürsten Radziwiłł entgegen und baten im Namen ihres Herrn, der Fürst möge doch mit seinem Gefolge das erzbischöfliche Schloß in Koblenz aufsuchen. Und als der Fürst aus vorgeblicher Sorge vor Umständen zögerte, befestigten sie ihr Boot an unserem und brachten, den Wünschen ihres Herrn folgend, den Kronprinzen zum Koblenzer Schloß. Man begrüßte die Ankunft des Kronprinzen und des Fürsten mit Salutschüssen aus den Mörsern des Schlosses und

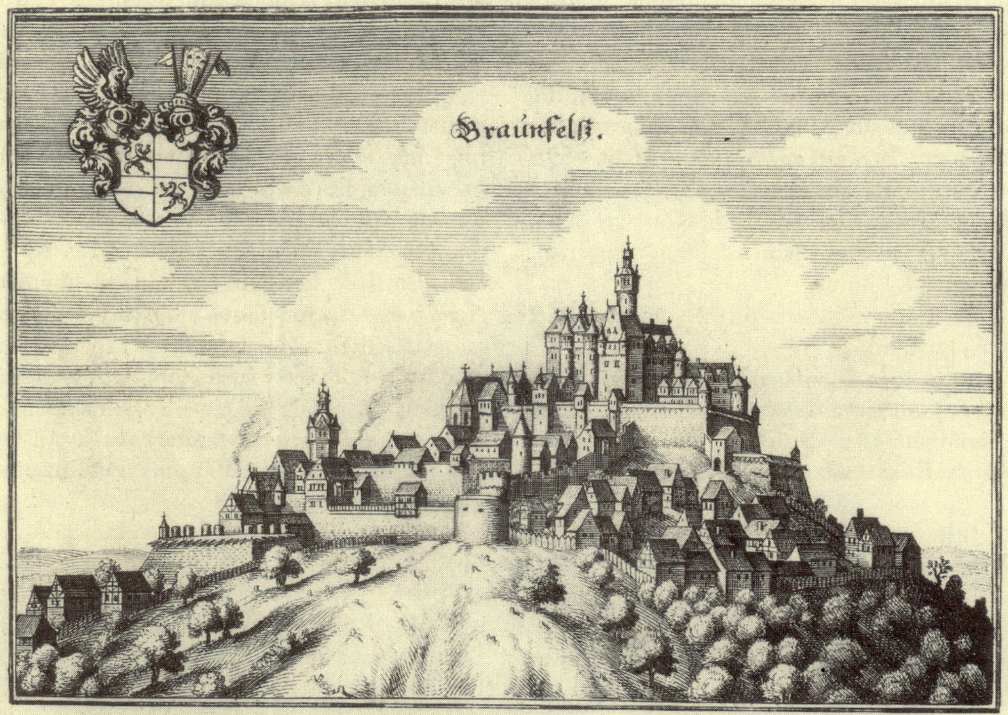

Ansicht von Schloß Braunfels und Schloß Greiffenstein

mit Hochrufen der Stadtbewohner, die am Rande der Straßen standen. Der Erzbischof erwartete die Gäste am Stadttor, in der Nähe des Schlosses. Danach geleitete man den Kronprinzen ins Schloß. Im Zimmer begrüßte der Erzbischof den sich nicht mehr verleugnenden Kronprinzen ausnehmend herzlich. Man speiste gemeinsam zu Abend, wobei eine vorzügliche Musik den Appetit anregte.

25. August, Sonntag

A. S. Radziwiłł Als nächstes fuhren wir nach Koblenz, wo sich zu dieser Zeit der Erzbischof von Trier, Christophorus von Götern, aufhielt. Er erwartete uns am Ufer der Mosel und reichte mir als Gesandtem die rechte Hand. Dann unterhielt er sich überaus höflich mit dem Kronprinzen, wollte uns noch länger aufhalten und versprach, nach Trier zu schikken, auf daß man uns das Kleid des Erlösers zeige, das dort aufbewahrt wurde. Er berichtete uns, daß es die Besichtigenden durch das Verströmen eines ungewöhnlichen Duftes begeistere. Und berühre jemand dieses Kleid, bleibe an ihm der Duft ein ganzes Jahr. Der gleiche Erzbischof hatte während des deutschen Krieges auf seiten der Franzosen gestanden und ihnen die Festung Koblenz ausgeliefert. Von den Spaniern gefangengenommen, mußte er seine Residenz für lange Zeit mit einem Wiener Gefängnis vertauschen.

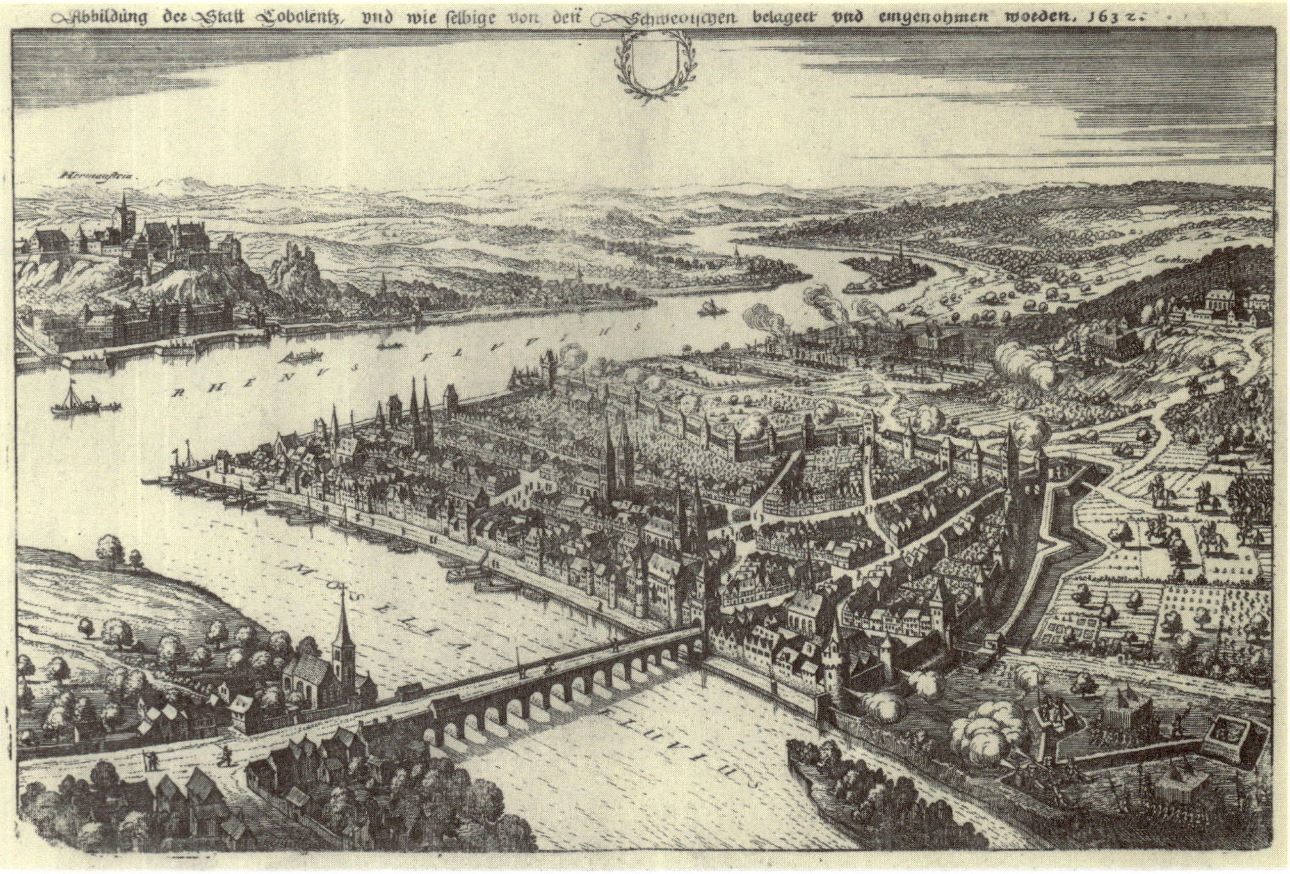

Die Stadt Koblenz während der Belagerung und Einnahme durch die schwedischen Truppen im Jahre 1632

Die Burg von Koblenz, Canis Sacerdotum [Pfaffenhund] genannt, steht auf einem hohen Berg, und es heißt, daß sich unter dem Rhein ein Gang befindet, der von der Stadt zum Schloß führt.

Der Kronprinz verabschiedete sich und begab sich auf die weitere Reise den Rhein hinunter, das bequeme Boot des Erzbischofs nutzend. Wir bedauerten später, nicht länger geblieben zu sein und das Kleid unseres Herrn, des Erlösers, nicht gesehen zu haben. Kurz vor Bonn, eine halbe Meile vor der Residenz des Kurfürsten, wartete derselbe auf uns und begrüßte den Fürsten. Dann bekam jeder von uns ein Pferd, und wir vergnügten uns bei der Jagd auf Hasen, die sich hier in Scharen tummelten. Im Schloß wurden wir vom Kurfürsten ganz exzellent aufgenommen. Alle Gefäße waren aus purem Silber, sogar jene, mit denen man die Dienerschaft bewirtete. Alles herum voller Pracht. Ein königliches Bankett.

J. Hagenaw Nach der Morgenmesse reichte der Erzbischof unserem Kronprinzen und anderen den Schädel des heiligen Sebastian zum Kuß. Dazu muß gesagt werden, daß zwischen den Bewohnern von Koblenz und den Patres von Eckersberg ein heftiger Streit darüber bestand, wer denn den echten Schädel des heiligen Sebastian besaß. Als nächstes stellte der Erzbischof dem Kronprinzen sein Reiseboot zur Verfügung, versorgte uns reichlich mit Essen und Trinken und verabschiedete uns. So konnten wir auf den Booten gut frühstücken und zu Mittag essen, und von den nahe gelegenen Städten kamen die Einwohner und brachten Wein.

Als unsere Boote vor der Stadt Königswinter anhielten, erschienen die Kommissäre des Allergnädigsten Kurfürsten und Erzbischofs von Köln,[73] Herr Crivelli und drei weitere Kavaliere, begrüßten uns und luden uns im Namen des Kurfürsten und Erzbischofs ein. Der Kurfürst selbst und sein Bruder, Herzog Albert,[74] waren mit Pferden und Kutschen vorausgeeilt und erwarteten uns eine Meile vor Bonn am Ufer des Rheins. Hier stieg man nach der Begrüßung in die Kutschen und ergötzte sich unterwegs zu Pferde an einer Hasenjagd. Dann nahmen wir wieder in den Kutschen Platz und fuhren in Bonn ein, wo man S. Hoheit den Kronprinzen mit Salutschüssen aus Musketen und Mörsern begrüßte. S. Hoheit der Kronprinz und Fürst Radziwiłł wohnten im erzbischöflichen Palais, wir übrigen waren in Bürgerhäusern untergebracht. Beim Abendessen wie auch bei den anderen Mahlzeiten saß, außer Fürst Radziwiłł, niemand von den Unsrigen am Tisch der Hoheiten.

26. August, Montag

J. Hagenaw Fürst Radziwiłł weilte beim Allergnädigsten Kurfürsten, bei Herzog Albert und der Herzogin[75] zur Audienz. Nachmittags begaben sich S. Hoheit der Kronprinz, der Durchlauchtige Kurfürst und Herzog Albert auf die Jagd. Der Kommissär des Herzogs von Neuburg,[76] Herr von Metternich,[77] überreichte ein Schreiben seines Herrn an den Kronprinzen irrtümlich dem Leibarzt[78] des Kronprinzen, in der Meinung, dieser sei der Sekretarius.

27. August, Dienstag

J. Hagenaw Der Kronprinz, der Kurfürst und Herzog Albert besichtigten nach dem Essen die Burg ›Pfaffenmütze‹. Fürst Radziwiłł schrieb Briefe. Der Allergnädigste Kurfürst schenkte S. Hoheit dem Kronprinzen ein Pferd.

28. August, Mittwoch

S. Pac Der Kurfürst und sein Bruder, die uns humanissime [überaus freundlich] empfangen und bewirtet hatten, verabschiedeten uns mit guten Worten und Wünschen und standen in ihrer Herzlichkeit dem bayrischen Kurfürsten in nichts nach. Dagegen bedauerten sie sehr, daß sich S. Hoheit der Kronprinz nicht länger bei ihnen aufhalten wollte. Beim

Abschied bat der Kurfürst S. Hoheit den Kronprinzen, von der Stadt Köln keinerlei Ehren entgegenzunehmen und, wenn diese ihn etwa auf ihre Kosten aufnehmen wollte, abzulehnen und zu sagen, daß die Erzbischöfe von Köln, so auch er, seit langem mit der Stadt in Fehde ständen, und zwar deshalb, weil sich diese zur libera civitas [Freistadt] erklärt habe und die superioritatem [Oberhoheit] der Erzbischöfe über sich nicht anerkennen wollte.[79] Die Erzbischöfe wiederum behaupteten, die Stadt hätte ihnen bei der Wahl den Treueid geschworen, weshalb sie das Vorrecht besäßen. Es lag also dem Kurfürsten daran, daß S. Hoheit der Kronprinz sie nicht als liberam civitatem [Freistadt] traktierte, was wohl einträfe, wenn er sich von ihr bewirten ließ. Dagegen stellte uns der Kurfürst seinen Hofmarschall und zwei Kommissäre zur Seite, auf daß sie uns in Köln, also in seiner eigenen Stadt, betreuten. Was S. Hoheit der Kronprinz schließlich zu befolgen versprach.

Danach betrat er mit einigen Kavalieren das Reiseboot des Kurfürsten, das fast wie ein Schiff gebaut war. Doch als wir mit vollen Segeln auf den Fluß hinausfuhren und das Boot ungemütlich von einer Seite auf die andere zu schaukeln begann, stieg der Kronprinz in ein gemietetes Boot um und ließ den Hofmarschall und die Kommissäre auf dem Segelschiff zurück. Und die gemieteten Männer bewegten die Ruder auf unserem Boot so vorzüglich, daß wir das Segelboot in kurzer Zeit weit hinter uns ließen, daß man es kaum sehen konnte.

Als wir beim Dunkelwerden in Köln ankamen, sahen wir auf Mauern, Türmen und Häusern eine große Menschenmenge, am Ufer aber warteten die Ratsherren in Kutschen, standen bewaffnete Wachen etc. Darauf begannen wir zu beraten, was zu tun sei. Die uns erwartenden Ehren durften wir aus Respekt vor dem Kurfürsten nicht entgegennehmen, doch eine Absage, eine Mißachtung des guten Willens dieser Menschen schien uns in dieser populosa civitate [menschenreichen Stadt] nicht nur abwegig, sondern auch nicht ungefährlich. Es beschloß also S. Hoheit der Kronprinz, sich für diese Zeit zu verbergen, mit der Absicht, später alles auszugleichen und zu erklären.

Sowie wir am Ufer anlegten, stieg ich als erster aus, trat auf die Ratsherren zu und fragte sie, auf wen sie wohl mit soviel Umständen warteten. Sie antworteten: auf den polnischen Kronprinzen. Ich erklärte ihnen, der polnische Kronprinz befände sich in Polen und wäre nicht hier. So sie aber nach einem polnischen Fürsten fragten, dann könnten sie ihn auf dem Segelkahn erwarten, und ich wies ihnen den Kahn, der noch weit entfernt war. Interim [während] ich mit den Ratsherren verhandelte, eilten S. Hoheit der Kronprinz und Fürst Radziwiłł, die sich in Mäntel gehüllt hatten, ohne weitere Begleitung in den Gasthof. Ich folgte ihnen und ließ die Ratsherren in der Hoffnung zurück, auf dem ankommenden Segelkahn doch noch den Kronprinzen begrüßen zu können. An seiner Statt trafen sie aber unliebsame Gäste an: den Hofmarschall und die Kommissäre des Kurfürsten von Köln, deren Anblick sie ganz und gar nicht erfreute, um so mehr, als der Hofmarschall ihnen sagte, daß er im Auftrag seines Herrn hergekommen sei, um dem Kronprinzen zu dienen, und sie nicht länger zu warten brauchten, weil sich der Kronprinz längst im Gasthof befände. Die Herren waren darüber sehr indigniert und schickten gleich in den Gasthof mit der Bitte, den Fürsten begrüßen zu dürfen. Man redete sich heraus, daß es zu spät sei und man die Sache auf morgen vertagen wolle. Und so verfuhren wir an diesem Abend mit den Ratsherren.

A. S. Radziwiłł Nach zwei Tagen Aufenthalt in Bonn fuhren wir nach Köln. Als die Kölner von unserem Besuch erfuhren, bereiteten sie sich mit einem großen Aufwand auf unseren Empfang vor. Das gefiel dem Kronprinzen gar nicht, und er stieg mit dem Hof-

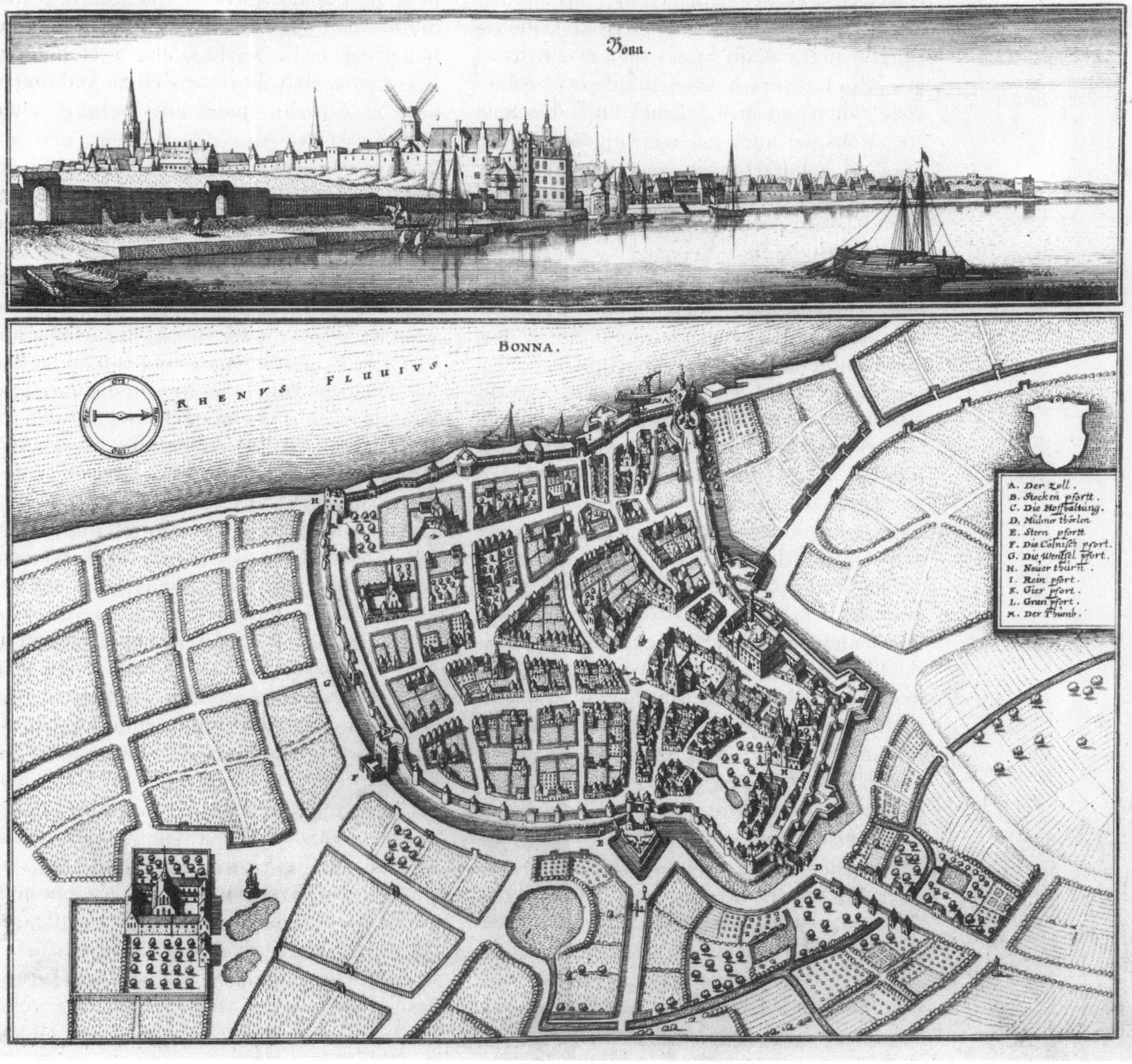

Ansicht und Plan der Stadt Bonn

schreiber und Herrn Kazanowski aus dem Schiff des Kurfürsten in unser Boot über. Und so kamen wir unerkannt an der Menge der wartenden Menschen vorbei. Der Kurfürst hatte uns zwei seiner Hofherren mitgegeben. Als der Magistrat sie erblickte, entfernte er sich, ohne uns zu begrüßen, weil zwischen der Stadt und dem Kurfürsten Feindschaft bestand. Erstere gab vor, eine Freistadt zu sein, er dagegen hielt sie für seinen Besitz. Und sooft der Erzbischof in die Stadt kam, wohnte er nur drei Tage hier, den vierten mußte er sie verlassen. Die Stadt hatte gegen drei Kurfürsten, die Ketzer geworden waren, Kriege geführt, auch gegen den Truchseß,[80] der nach seiner Hochzeit das Land ganz und gar in ein weltliches Fürstentum verwandeln wollte. Die Bürger lehnten sich gegen ihn auf, wählten den Bayern und führten mehrere Jahre Krieg gegen ihn. Der Truchseß verlor all seine Habe und war zum Schluß bettelarm. Als er einst, von Hunger geschwächt, auf der Straße lag und eine Handelsfrau um ein Stück Brot bat, fragte diese ihn, als sie ihm das Brot reichte, wer er wohl sei. Und da er sich als Truchseß zu erkennen gab, zog sie die Hand zurück und rief: »Oh, du erbärmlichster aller Menschen, du sollst Hungers sterben!« Was auch geschah. Wir erblickten auf den Bergen die Ruinen von sieben Burgen, die im Kampf gegen den Truchseß zerstört worden waren.

Die Niederländer hatten unweit der Stadt eine kleine Schanze errichtet, die sie spöttisch ›Pfaffenhut‹ nannten. Doch dann gaben sie die Schanze auf, und die Bürger machten sie dem Erdboden gleich. Sie ließen auch niemanden in die Stadt hinein, der nicht katholischen Glaubens war, und verstießen die Stadtsekretäre, die dem falschen Glauben anhingen. Die Jesuitenpater besaßen eine berühmte Bibliothek, die man in der Kirche wie den eigenen Augapfel hütete. Die Dissidenten aber trachteten danach, sie zu vernichten, und stifteten einen der ihrigen an, sich als Katholik auszugeben und ein halbes Jahr im Collegium zu leben. Schließlich gelang es ihm, um Mitternacht Feuer zu legen, zu großem Schaden von Kirche und Bibliothek.

J. Hagenaw Der Kurfürst und Herzog Albert besuchten Fürst Radziwiłł. Nach dem Essen brach man in Gesellschaft der Kommissäre des Allergnädigsten Kurfürsten nach Köln auf. Fürst Radziwiłł, der sich bisher tapfer gehalten hatte, überkamen unterwegs starke Zahnschmerzen. In Köln angekommen, hatten sich die Herren Stadträte vorbereitet, die Ankommenden, wenn jene das Schiff verließen, zu begrüßen und in Kutschen weiterzubringen, die zu diesem Zweck am Ufer warteten. Doch man vermied diesen Dienst mit der Ausrede, daß der Fürst mit dem nächsten Schiff einträfe. Als aber die Stadträte auf dem einlaufenden Schiff statt des Fürsten die ihnen sehr unliebsamen Kommissäre erblickten, kehrten sie schwer enttäuscht in den Kutschen nach Hause zurück. Und obgleich S. Hoheit der Kronprinz auf der Absicht beharrt hatte, unerkannt zu bleiben, war eine so große Menge von Menschen an das Ufer des Flusses geeilt, um ihn zu sehen, daß man sich in gar keiner Weise durchdrängen konnte, außer durch einen schmalen Gang, den Offiziere und Soldaten mit Hilfe von Schlagstöcken unter großer Mühe freihielten. Der Kronprinz aber gelangte unter dem Namen Fürst Radziwiłł glücklich in den Gasthof, wo er vortrefflich aufgenommen wurde. Als die Zeit des Abendessens nahte, erschienen die Ratsherren und baten, Fürst Radziwiłł begrüßen zu dürfen. Herr Żółkiewski entschuldigte Fürst Radziwiłł, der sich seiner starken Zahnschmerzen wegen hatte zur Ruhe begeben müssen.

29. August, Donnerstag

S. Pac Am nächsten Tag, als die Anwesenheit des Kronprinzen in Köln bekannt geworden war, herrschte in aller Frühe ein so großes Gedränge vor dem Gasthof, daß wir glaubten, belagert zu sein. Es brauchte nur einer der Unsrigen seinen Fuß vor das Haus zu setzen, und schon war er von einer Schar von Neugierigen umgeben. Es wollte S. Hoheit der Kronprinz nur mit einem oder zwei Kavalieren durch die Stadt spazieren, aber wir rieten ihm abzuwarten, bis wir erkundet hätten, wie uns ein solcher Spaziergang bekäme. So traten wir, ich und der Starost von Kaluga (der die Stadt gut kannte, weil er hier ein paar Jahre studiert hatte), aus dem Haus und lockten so fast die Hälfte der Menschen hinter uns her, da sie resümierten, daß einer von uns der Kronprinz sei, der die Stadt besichtigen wollte. Der größere Teil blieb jedoch vor dem Gasthaus stehen. Uns aber folgten, wohin wir uns auch wandten, Menschen über Menschen. Aus Krämerläden, Häusern und Straßen kamen sie gerannt, um uns zu bestaunen. Sogar die Scholaren unterbrachen ihren Unterricht und verließen das Jesuitencollegium. Und so erreichten wir mit dieser Prozession die Ursulakirche. Dort trat der Kirchendiener auf mich zu, kniete vor mir nieder und sagte auf italienisch: »Vestra Maesta vuol veder reliquie?« (Wollen Eure Königliche Hoheit die Reliquien sehen?), in der Annahme, ich sei der Kronprinz. Ich antwortete ihm, daß ich nicht della Maesta, sondern nur della Nobilita (Edelmann) wäre und auch nicht die Reliquien sehen wollte, weil ich sie schon kannte. Aus der Kirche schritten wir über den Markt dem Gasthof zu. Überall liefen Krämer,

Stadtplan von Köln

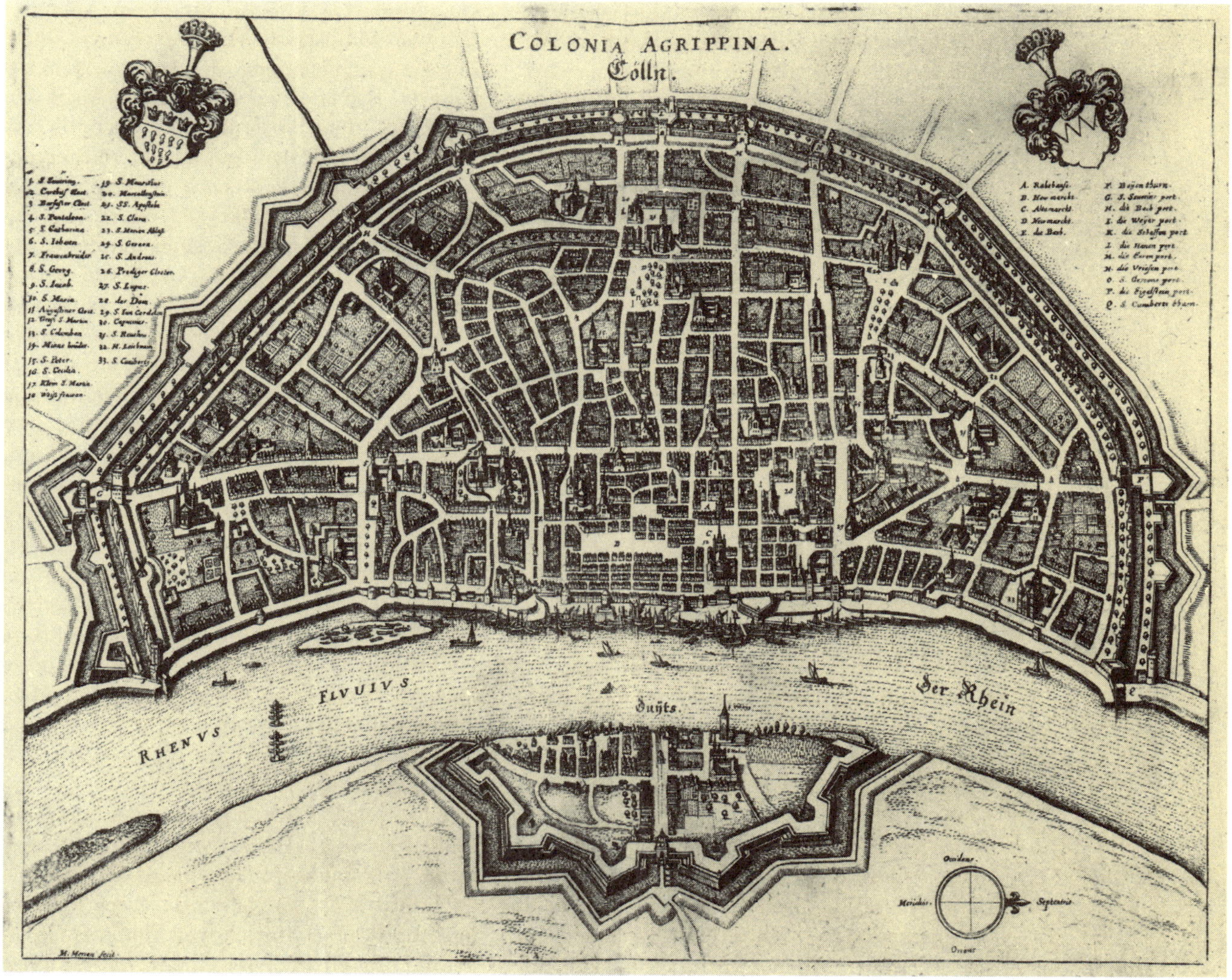

Handwerker und Bürger vor, neben und hinter uns her, daß wir uns nur mit Not hindurchschlagen konnten. So erreichten wir schließlich – Gott sei es gedankt – mit heiler Haut den Gasthof. Als S. Hoheit der Kronprinz erfuhr, wie es uns ergangen war, wagte er selbst keinen Spaziergang. Dafür stieg er nach dem Mittagessen in eine Kutsche und fuhr einen wenig begangenen Weg an der Stadtmauer entlang, um dem Gedränge zu entgehen, das aber trotzdem so groß wurde, daß die Stadtdiener Ordnung schaffen mußten. Vorher besichtigte er die Drei-Königs-Kirche mit ihren berühmten Reliquien. Anschließend besuchte er ein altes Patrizierhaus, wo man ihn zu einem Abendessen bat und wo er sich ein wenig erfrischte, bevor er diesen Ort verließ. Über den Gnädigen Fürsten ließ er den Stadtältesten ausrichten, daß er sie im Gasthof sehen wollte, wohin sie auch kamen. S. Hoheit der Kronprinz bekundete ihnen sein Wohlwollen, bedankte sich für ihre guten Wünsche und erklärte ihnen, daß er am ersten Tag seiner Ankunft aus bestimmten Gründen so hätte vorgehen müssen, da rationes (Rücksichten) der Reise dies erforderten und solche Zeremonien, wie man sie ihm erweisen wollte, nicht publik gemacht werden durften, weil man vielmehr privatim und incognito diese Reise absolviere. Womit sich die guten Leute zufriedengaben.

J. Hagenaw Am Morgen schickten die gleichen Stadtväter, um zu erfahren, wann sie eine Audienz erwirken könnten. Doch man entschuldigte sich wie zuvor mit besagter Krankheit. Darauf fand sich ein Okulist ein, der dem Fürsten eine Arznei gegen sein Leiden verabreichte, die die Schmerzen linderte und schließlich ganz heilte. Und als die Ratsherren nach der Messe abermals um eine Audienz baten, wurden sie vorgelassen. Sie boten mit ausgesuchter Höflichkeit sowohl Fürst Radziwiłł als der ganzen Reisegesellschaft in wohlgesetzten Worten ihre Dienste an. Zum Mittagessen wurden vierzig Zinnkrüge mit Wein gespendet, was bei den übrigen Mahlzeiten wiederum geschah. Man fertigte ein Schreiben an den Gouverneur von Jülich ab und bat darin um Hilfe und Unterstützung bei der Durchreise.

Nach dem Essen wurden mehrere Kirchen besichtigt, auch der Dom St. Petri mit den Reliquien der Drei Könige. Von hier aus begab sich die Gesellschaft in Kutschen des Magistrats (wie vorher auch) in Gesellschaft eines Stadtrates und eines Sekretärs zum Stadtpalast [Rathaus], um diesen zu besichtigen. Dort bewirtete man sie mit einem Abendessen, vom Magistrat vorbereitet. Und es setzte sich ein gut gekleideter, doch niemandem bekannter Kavalier an den Tisch. Als Fürst Radziwiłł den Bürgermeister nach diesem Mann fragte, antwortete dieser, daß er der Meinung war, der Mensch gehörte zu uns. Dann erfuhren wir, daß es sich um einen Edelmann aus der Kölner Gegend handelte, der wegen eines Vergehens aus der Stadt vertrieben worden war. Der Mann aber hatte vor, den Kronprinzen zu bitten, für ihn bei den Stadtvätern ein Wort einzulegen, auf daß sie ihn begnadigten. Entweder war er sehr mutig oder sehr leichtsinnig, denn es wäre ihm schlecht ergangen, hätte man ihn erkannt. Nach dem Abendessen gab sich der Kronprinz dem Bürgermeister zu erkennen. Jener Edelmann aber, von Freunden gewarnt, verließ die Stadt, bat vorher den Kronprinzen aber nochmals untertänig um Fürsprache. Obwohl der Kronprinz zuerst seiner Bitte nachkommen wollte, unterließ er es später doch im Hinblick auf die schweren Vergehen dieses Adligen.

30. August, Freitag

S. Pac Nach dem Essen verließ ich Köln und fuhr, von S. Hoheit dem Kronprinzen gesandt, zur Infantin Isabella Klara Eugenia nach Brüssel.[81] Und da der Reiseweg (wie immer) nicht ungefährlich war, fuhr ein Kavalier mit mir, ein in diesem Land gut bekannter

Mann, Baron Ernst von Rekem, der dem Kurfürsten von Köln diente und den dieser S. Hoheit dem Kronprinzen als Fremdenführer nach Brüssel mitgegeben hatte. Doch S. Hoheit der Kronprinz trug ihm auf, mit mir als Vorhut nach Brüssel zu fahren, während er selbst alla secreta [insgeheim] mit dem Konvoi nach eigenem Willen reisen wollte. Und unter seinem Schutz, weil er hier überall bekannt und dazu Neutralist* war, ging ich beruhigt auf die Reise. Alias (ansonsten) hätte ich mich um einen Konvoi, einen großen sogar, kümmern müssen.

Es war allgemein notorium [bekannt], daß das Reisen auf dieser Straße sehr gefährlich war, und zwar weil es in dieser Gegend viele Städte und Burgen sowohl des spanischen Königs als auch der Niederländer gab, mit starken praesidia [Besatzungen] versehen. Und diese Soldaten, Dutzende, Hunderte und noch mehr, sowohl Reiterei als Fußvolk, überfielen das Volk auf Straßen und Wegen, die keinen Schutz besaßen, und lauerten sich gegenseitig auf, die Niederländer den Spaniern und die Spanier den Niederländern, und schlugen sich manchmal so erbittert, daß auf beiden Seiten viele starben oder in Gefangenschaft gerieten. Danach kauften sich utrinque [von beiden Seiten] die Soldaten durch einen Monatssold frei. Hauptleute, Obristen und andere Offiziere besaßen gewöhnlich kein sicheres Quartier, und wenn sie der Gegenseite in die Hände fielen, mußten sie sich nach ihrem Rang freikaufen, und man nahm, soviel man nur aus ihnen herausschlagen konnte. Aber auch wenn sich mutwillige, rauflustige Söldnergruppen von ihren Truppen entfernten und auf den Straßen Kaufleute oder Ausländer überfielen, und das geschah nicht selten, verschwand gar bald dieser oder jener. Wer unbehelligt über seine Besitztümer verfügte, war ordinarie [gewöhnlich] Neutralist, der weder die eine noch die andere Seite unterstützte und Patente von den Spaniern und den Niederländern besaß, so daß seine Person und seine Güter keinen Schaden erfuhren.

Dazu gehörte auch mein Cicerone Baron von Rekem sowie sein Herr, der Kurfürst von Köln, dessen Erzbistum Lüttich sich in dieser Gegend befand. Aus diesem Grunde reiste ich sorglos, wenngleich wir unterwegs auf Gruppen stießen, die Jagd auf fremdes Gut machten. Sobald sie aber erkannten, daß es ihr Conte war, der da reiste, retirierten sie auf der Stelle, obwohl sie mich gern gegriffen hätten.

Wir übernachteten an diesem Abend in Jülich. Es suchte mich im Gasthof ein spanischer Hauptmann, Don Salseda, auf und lud mich in sein Schloß ein. Ich bedankte mich, nahm aber nicht an. Man bereitete sich hier schon auf den Kronprinzen vor, von der Infantin aus Brüssel instruiert, daß man ihn überall auf gefährlichen Straßen mit starkem Schutz begleiten sollte. S. Hoheit der Kronprinz verbrachte diesen Tag und auch die nächsten in Köln. Als er sich verabschiedete, kam es zwischen den Kommissären des Erzbischofs und der Stadt zu einer Kontroverse, wer von beiden wohl die Rechnung im Gasthof begleichen sollte. S. Hoheit der Kronprinz, der weder die einen noch die anderen durch ein praeferendo [Bevorzugung] begünstigen wollte, dankte und befahl seinem Zahlmeister, alles das zu zahlen, was nötig war. Wir fühlten uns in Jülich in diesem Gasthaus excellenter [ausgezeichnet], wohl deshalb, weil der Wirt ein Hugenotte[82] war.

A. S. Radziwiłł Wir blieben drei Tage in Köln, und immerzu brachten uns die Bürger Wein und andere Dinge. Es wurden die Stadt und der Dom besichtigt, in der sich so viele Kapellen befanden, wie es Tage im Jahr gibt. Man zeigte uns die Reliquien der Drei Könige und andere. Der Magistrat lud uns ein, das Rathaus zu besuchen, das wie ein Schloß gebaut war. Hier fanden wir einen schon gedeckten Tisch vor. Man traktierte uns mit

* hier: verhielt sich im Krieg zwischen Niederländern und Spaniern neutral.

verschiedenen Früchten und auserlesenem Wein. Hier erlebten wir eine bemerkenswerte Sache. Als wir uns setzten, befand sich auch ein in ein französisches Kostüm gekleideter Kavalier am Tisch. Der Kronprinz fragte mich nach diesem Mann, was ich an den Bürgermeister weitergab. Darauf antwortete jener, er habe geglaubt, es sei ein Mann aus unserem Gefolge. Als ich das in Abrede stellte, begann er, sich nach ihm zu erkundigen. Inzwischen erhob sich der Unbekannte vom Tisch und verließ den Raum, worauf dem Bürgermeister mitgeteilt wurde, daß es sich um einen Geächteten handelte, der viele Menschen umgebracht hatte und dann geflohen war. Der Mann hatte laut geprahlt, er würde unerkannt in die Stadt gelangen. Man suchte sofort nach ihm, doch er hatte die Stadt bereits wieder verlassen, andernfalls hätte er seinen Mutwillen schwer büßen müssen.

31. August, Samstag

S. Pac Wir standen bei Morgengrauen auf und legten ohne Aufenthalt sieben oder acht Meilen zurück. Zum Essen und zur Nacht erreichten wir das Schlößchen meines Reiseführers, Rekem, nach dem er sich selbst nannte, und ließen links hinter uns die Städte Aachen, Traiectum ad Mosam, vulgariter [gewöhnlich] Maastricht genannt. Wenn es auch dunstig war, so sah man die Stadt doch, weil sie nur eine halbe Meile von Rekem entfernt war. Es war ein gutes Schloß, vom Vater meines Cicerone und Gastgebers nach dem Brauch der hiesigen Gegend gebaut; ein feudum est Imperii [Lehnbesitz des Kaiserreiches].

Der Abend verlief angenehm, ganz nach meinem Gusto. Als ich zum Abendessen erschien, trat die älteste Tochter des Hausherrn (er war Witwer und besaß einen Sohn und mehrere Töchter) mir in der Mitte des Zimmers entgegen. Ich hatte die Bräuche dieser Länder, die ich vor zwölf Jahren besucht hatte, vergessen und näherte mich ihr, um ihr die Hand zu reichen. Doch sie entzog mir ihre Hand, lächelte mich an und blieb wie angewurzelt stehen. Ich wunderte mich nicht wenig, bis mir der Vater auf italienisch zu verstehen gab, daß ich sie küssen sollte. Ich kam dieser Zeremonie gern nach, und wir verlebten alle einen fröhlichen Abend.

J. Hagenaw Der Kronprinz setzte sich erst beim Richter und dann bei zwei Geschworenen für einen armen Wicht ein, der aus bitterer Not einen unbedeutenden Diebstahl begangen hatte, aufgeknüpft werden sollte und bereits auf dem Wege zur Hinrichtungsstätte war.

SEPTEMBER

1. September, Sonntag

A. S. Radziwiłł Am nächsten Morgen bestiegen wir die Pferde und ritten nach Jülich, zu unserer Sicherheit von fünfzig Reitern des Fürsten von Neuburg begleitet. In der Stadt zeigte man uns Reliquien, die ansonsten nur einmal in sieben Jahren hervorgeholt wurden. Mit besonderer Erlaubnis wurden sie gebracht und uns präsentiert: das Hemd der Heiligen Muttergottes, in dem sie den Heiland gebar, ein Leinentuch, mit dem man den Erlöser auf dem Kreuz bedeckt hatte, ein bis auf den heutigen Tag von Blut beflecktes Tischtuch des Herodes, in dem man beim Festmahl den Kopf des heiligen Johannes brachte, eine Lederbörse von Karl dem Großen und ein Jagdhorn von enormer Größe.

J. Hagenaw Am frühen Morgen, gleich nach der Messe, fuhren wir von Köln nach Jülich. Vorher hatte man den Kommissär, Herrn Adolf Wolf, genannt Metternich, in Gesellschaft der Eskorte des Durchlauchten Kurfürsten von Köln vorausgeschickt. Zu Mittag gegessen wurde in Schloß Bergenhausen,* gevespert wurde im Schloß Namboten,

* sicher Bergheim.

in einer Gegend, in der sich das Jagdrevier des Durchlauchtigen Herzogs von Neuburg befand. In den Dörfern dieses Herzogtums pflegten Mädchen das Pferd des Kronprinzen, den sie nach Information von vorher vorbeiziehenden Soldaten an den weißen und schwarzen Hutfedern erkannten, anzuhalten, indem sie über die Straße eine Schnur spannten, bis er sich mit einem Geschenk freikaufte. Meist waren es junge Fräuleins mit aufgelöstem Haar. Als man die Grenze von Jülich erreichte, wurden die Bauern des Kölner Fürstentums zurückgeschickt, die man der Wache zur erhöhten Sicherheit beigestellt hatte. Dagegen wurden aus der Jülicher Garnison Soldaten und Stadtschützen bestimmt, die zur Garde des Durchlauchten Kurfürsten gehörten, daß sie in diesem Gebiet mit uns marschierten. Herr Metternich sprang vom Pferd und begrüßte im Namen des Gnädigsten Herzogs von Neuburg, der kurz vorher nach Spanien aufgebrochen war, mit großer Courtoisie Fürst Radziwiłł. Als die Stadt und das Schloß von Jülich in Sichtweite waren, kam uns der auf Fürst Radziwiłł wartende Statthalter des erwähnten Herzogs mit dem Schloßkommandanten, mit Offizieren und vielen Edelleuten entgegen. Der Statthalter versicherte uns der Freude seines Herrn, des Allergnädigsten Fürsten, über die glückliche und ersehnte Ankunft der Gäste. Die Reise nach Spanien mache es ihm leider unmöglich, diese Freude persönlich zum Ausdruck zu bringen. Danach führte er den Kronprinzen in die Stadt und aufs Schloß, unter lauten Salutschüssen aus Kanonen. Es fand ein reicher Empfang statt, und in der Nacht übergab der Gouverneur dem Kronprinzen die Schlüssel zum Schloß.

2. September, Montag

S. Pac Zu Mittag kamen wir in Löwen an. Von hier fuhren wir weiter und kamen gegen Abend nach Brüssel. Baron von Rekem begab sich sogleich ins Schloß, um mich anzukündigen und bei der Infantin eine Audienz zu erbitten, die man mir gern für den nächsten Tag in der zehnten Stunde der Halbuhr[83] gewährte.

S. Hoheit der Kronprinz verließ am Nachmittag Jülich und langte in der Nacht in Aachen an.

J. Hagenaw Wir besichtigten eine Fortifikation, die von den Niederländern mit erstaunlicher Kunst zwischen den Wällen errichtet worden war. Desgleichen sahen wir die Waffenkammer und Magazine. Der Kronprinz aß offiziell mit Fürst Radziwiłł und Herrn Żółkiewski in Gesellschaft des Statthalters und des Gouverneurs zu Mittag. Nach dem Mittagessen verließen wir Jülich, anfangs in Begleitung der Garde des Erlauchten Kurfürsten von Köln und einer Abteilung Fußvolks der Jülicher Besatzung. Ihnen schlossen sich auf dem Gebiet von Aachen Bauern dieser Gegend an. Auf diese Weise erreichten wir gegen Abend Aachen. Wir quartierten uns im Gasthof ›Zum Ferkel‹ ein, einem engen Haus, aber mit einem katholischen Wirt, der uns vorzüglich bediente. Die Ratsherren begrüßten Fürst Radziwiłł und sandten ihm zum Zeichen der Hochachtung Wein. Sie wiesen auch ein Schreiben der Patres des Durchlauchten Erzbischofs und Kurfürsten von Köln vor, mit der Aufforderung, S. Hoheit dem Kronprinzen Reliquien zu zeigen. Diese waren zum letzten Mal den durchreisenden Österreichern gezeigt worden, ansonsten holte man sie nur alle sieben Jahre hervor. Die Herren kamen in den Gasthof, begrüßten den Fürsten und boten ihm ihre Dienste an. Zur gleichen Zeit brachte ein Bote einen Brief des Conte de Fales, des Gesandten der Allergnädigsten Infantin.

3. September, Dienstag

S. Pac Am Morgen kam der Maggiordomo [Hofmarschall] der Infantin in die Herberge und ließ mich über Herrn Rekem fragen, auf welche Art und Weise ich wohl die Botschaft S. Hoheit des Kronprinzen vortragen wollte, ob ich mich für einen außerordentlichen Botschafter hielte, dem entsprechende Ehren erwiesen werden sollten. Ich antwortete, daß mein Herr, der Kronprinz, die Reise privatim und seinen hohen Stand nicht verratend durchführte. Ich käme außerdem nicht als offizieller Botschafter, hätte nur eine private Mitteilung an die Allergnädigste Infantin zu machen und die Ankunft S. Hoheit des Kronprinzen anzukündigen. Deshalb bäte ich auch fleißig, meine Mission privatim erledigen zu dürfen. Und man versicherte mir, daß es so geschehen solle. Doch das Versprechen wurde nicht gehalten, denn als die zehnte Stunde schlug, kamen ein paar Edelleute vorgefahren, um mich abzuholen. Und sie fuhren mich mit der Kutsche zum Schloß, wo der ganze Hof in sollenni forma [feierlich] versammelt war, wie zum Empfang eines außerordentlichen Gesandten.

Man führte mich durch viele Zimmer, die voller Menschen waren, immer nach der Kondition eines jeden Standes und besonderer Verdienste eingeteilt, was dort, nach spanischem Vorbild, sehr observatur [beachtet wird]. Am Eingang empfing mich ein Hofmeister, der zugleich zum Kommissär bestimmt war, um S. Hoheit dem Kronprinzen zu dienen. Er hieß Conte de Noyelles, war ein verdienstvoller Höfling der Infantin und ein sehr gefälliger Kavalier. Der Conte führte mich bis zu dem Zimmer, in dem die Infantin wartete. Ich trat ein, erwies ihr eine dreifache Reverenz, eine in der Tür, eine in der Mitte des Zimmers und die dritte direkt vor ihrer Person. Dann übermittelte ich der Infantin die Grüße S. Hoheit des Kronprinzen und überreichte ihr die Botschaft. Dabei berichtete ich, daß sich S. Hoheit der Kronprinz seit langem wünschte, die Allergnädigste Infantin, deren Sympathie er aus vielen Beweisen zu ersehen glaube, persönlich kennenzulernen und ihr zu dienen. Er hätte nicht eher erscheinen können, durch die Angriffe der Feinde der Adelsrepublik und des Christentums in Anspruch genommen. Erst jetzt, da im Königreich Frieden herrschte, hätte er von Seiner Königlichen Majestät die Erlaubnis zur Reise erhalten. Als er sich auf die Reise machte, um an den heiligen Stätten in Loreto und in Rom sein Gelübde einzulösen, hätte er den Weg absichtlich so gewählt, um der Allergnädigsten Infantin seine Reverenz erweisen zu können. Er befinde sich bereits in der Nähe von Brüssel und hätte mich vorausgeschickt, um der Allergnädigsten Infantin zu berichten, daß er sie bei guter Gesundheit anzutreffen hoffe.

Ich hatte diese paar Worte zur Infantin auf italienisch gesagt, worauf sie mir auf spanisch antwortete, daß sie seit langem davon wüßte, daß S. Hoheit der Kronprinz ihr die Ehre seines Besuches erweisen wollte, und sie sich sehr wünschte, einen solch geachteten und berühmten Kronprinzen kennenzulernen. Als nächstes fragte sie mich danach, wo ich ihn wohl verlassen hätte. Ich sagte, in Köln und daß er in ein bis zwei Tagen in Brüssel erscheinen könnte. Hier flocht ich wieder im Namen des Kronprinzen die Bitte ein, daß sie doch auf honores et sollennes exceptiones [Ehren und feierliche Empfänge] verzichten wollte, die sie ihm aus Menschlichkeit und Liebe beim Empfang anzutun wünsche. S. Hoheit der Kronprinz reise aber incognito und wolle ohne jeden Pomp behandelt werden. Und er bitte die Infantin, daß sie ihn dabei unterstütze.

Worauf sie antwortete: »Wie mag das wohl angehen, daß der Sohn eines so großen Königs und ein mir so naher Verwandter in meinem Haus unerkannt bleiben kann? Ich hoffe sehr, daß er mir das nicht antut, wo er ja auch in Wien beim Kaiser und in München bei den bayrischen Fürsten offen auftrat. Deshalb meine ich, daß er sich hier, wo er wie in seinem eigenen Haus ist, Ehren und entsprechende Dienste gefallen lassen sollte.«

Ich antwortete, daß es S. Hoheit der Kronprinz als größte Hochachtung empfinden würde, wenn seine Bitte, durch mich vorge-

Ansicht der Stadt Aachen

tragen, in Erfüllung ginge, daß es aber nicht meine Sache sei, darüber mit der Allergnädigsten Infantin zu kontrovertieren, daß ich dagegen gern darüber reden wolle, wie der Einzug S. Hoheit des Kronprinzen in Brüssel vonstattengehen und mit wem darüber beraten werden solle, wen die Allergnädigste Infantin dafür bestimme.

Sie ging darauf ein und nannte Conte de Noyelles, der daneben stand, und ordnete an, daß er sich mit mir in diesen Dingen beriet. Als ich mich verabschiedete, trug sie mir auf, ihre Bitte an S. Hoheit den Kronprinzen zu vermitteln und mich selbst dafür einzusetzen, daß er sich sowohl in ihrem Staat als auch in ihrem Haus wie in seinem eignen bewege und der sei, zu dem ihn der Herrgott bestimmt habe.

Ich antwortete, ich wolle den Befehl der Allergnädigsten Infantin gern ausführen. Nachdem ich das Zimmer verlassen hatte, begrüßte die Infantin meinen Neffen, Herrn Gosiewski, den ich aus Löwen mitgenommen hatte. Es folgte Herr Rekem, der ihr bereits bekannt war, da er wiederholt als Gesandter seines Herrn vor sie getreten war. Sie bat auch ihn, S. Hoheit den Kronprinzen nach bestem Wissen zu überzeugen, wie bereits mir aufgetragen.

Es geleitete mich aus der Audienz jener, der mich auch hergeführt hatte, Conte de Noyelles, mit dem ich anschließend über den Einzug S. Hoheit des Kronprinzen in Brüssel beriet. Man wünschte sehr, daß er publice einreiste und daß man ihn würdig empfing. Ich aber antwortete, da mir die Intention des Kronprinzen gut bekannt war, daß es unmöglich sei, ihn umzustimmen, wo er doch die Reise als Pilgersmann und nicht als Königssohn durchzuführen beabsichtigte. Darüber hinaus sei er ein freier Mann, liebe den Umgang mit einfachen Menschen, sei ein Soldat, der überflüssige Zeremonien hasse. Das antizipierten wir auch insofern, als wir uns unter Spaniern befanden, wo man bei jedem unvorsichtigen Schritt in Gefahr geriet, die Reputation zu verlieren. Deswegen gab ich ihnen per indirectum [indirekt] zu verstehen, daß wir nicht punctualitatibus (in allen Kleinigkeiten) abhängig sein wollten und daß sie sich an unsere Bräuche – als die der Gäste – und nicht wir an ihre akkomodieren sollten. Es blieb aber unser Berater hart, daß öffentliche Ehrungen des Kronprinzen und unserer Gefolgschaft nicht ausbleiben könnten.

Ich verließ dann das Schloß und machte mich comitantibus iisdem [mit gleicher Gesellschaft], die mich herbegleitet hatte, auf den Weg. Nach dem Mittagessen suchte ich privatim mit Herrn Rekem das Schloß auf, um die Zimmer für den Kronprinzen zu inspizieren, die für einen hohen Herrn mit aller Pracht vorbereitet waren. Was die Wandbehänge betrifft, so hatten wir unterwegs bisher nichts magnificentius [Herrlicheres] gesehen. Fünf Zimmer waren mit einem Stoff ausgeschlagen, den die Italiener broccato d'oro [Goldbrokat] nennen, etwas sopraricco [übertrieben], dann ein paar kleinere Zimmer und einige Säle, mit kostbaren Gemälden geschmückt, von hervorragenden niederländischen Meistern gefertigt, und zwar von dem berühmten Rubens,[84] von Bruegel[85] und anderen. Das Appartement stand S. Hoheit dem Kronprinzen für die gesamte Zeit seines Aufenthaltes zur Verfügung. Im Erdgeschoß zeigte man uns prächtig eingerichtete Zimmer für Fürst Radziwiłł, für mich und den Herrn Starost von Kaluga.

Am Abend des gleichen Tages kam der Stallmeister der Infantin, Conte Ottavio Visconti, mit gleichem Anliegen zu mir, daß die Allergnädigste Infantin nochmals darum bitte, der Kronprinz möge publice in die Stadt einziehen, auf einem Pferd, um den Bürgern, die den Herrn so gern kennenlernen wollten, Freude zu bereiten. Ich sagte, daß ich es dem Kronprinzen ausrichten wolle, aber im voraus wüßte, daß es umsonst sei. Ich selbst könne ihm nicht dazu raten, ohne eine entsprechende Assistenz, die seines Standes würdig wäre, einen so feierlichen Einzug zu halten. Er besäße nicht einmal ein edles Reitpferd zum Zwecke der Repräsentanz, sondern nur ein Arbeitspferd für die Reise.

»Es werden Pferde, Dienerschaft und alles, was nötig ist, zur Verfügung stehen«, versetzte er. Darauf antwortete ich, daß dies keine eines Kupferstiches würdige Sache sei, einem polnischen Kronprinzen zu einem so wichtigen Akt Pferd und Dienerschaft zu borgen. Für einen solchen Auftritt brauchte er zumindest tausend polnische Kavaliere, die ihn begleiteten, alias [sonst] könnte aus der Sache nichts werden. Ich versprach aber bona fide [in gutem Glauben], alles zu berichten.

In gleicher Nacht brach ich auf, S. Hoheit dem Kronprinzen entgegen, der an diesem Tag in Aachen sehr wertvolle und an keiner anderen Stelle gezeigte Reliquien besichtigte. Sie wurden sonst niemandem, es sei denn königlichen oder aus fürstlichem Stand stammenden Personen, präsentiert.

Nach dem Essen machte sich der Kronprinz auf den Weg. An der Grenze des Herzogtums von Limburg[86] begrüßte Conte de Fales im Namen der Infantin S. Hoheit den Kronprinzen, doch in Person des Fürsten Radziwiłł. Die Nacht verbrachte der Kronprinz in dem Städtchen Visé, westlich von Aachen.

J. Hagenaw Wir besichtigten die Reliquien einer großen Kirche, insbesondere das Hemd der Gebenedeiten Jungfrau Maria, die Windeln des neugeborenen Heilands, das Leinen, mit dem Christus am Kreuz bedeckt war, das Tuch, in dem der Kopf des heiligen Johannes des Täufers eingewickelt gewesen war. Das alles bewahrte man im Hauptaltar auf, in der Sakristei dagegen Kopf und Arm des heiligen Karl des Großen sowie dessen Kleinodien und in einem kostbaren Rahmen Milch und Haare der Gebenedeiten Jungfrau Maria. Da war auch ein Bild der Heiligen Jungfrau, vom heiligen Lukas in Stein gemeißelt, ein Jagdhorn aus Elfenbein von Karl dem Großen und viele andere Reliquien, darunter ein Ledergürtel von Christus, unserem Herrn, und ein Leinengürtel der Allerheiligsten Jungfrau Maria.

Am Nachmittag verließen wir Aachen in Gesellschaft der Ratsherren, die an der Grenze von Limburg wieder umkehrten, wo Graf de Fales, ein Abgesandter der Durchlauchten Infantin, und eine große Zahl edler Kavaliere auf die Ankunft des Kronprinzen warteten. Inzwischen übergab der Graf dem Fürsten Radziwiłł seine Botschaft. Und als Fürst Radziwiłł über Herrn Metternich erfahren wollte, ob man nicht die durch den weiten Weg ermüdeten Soldaten zurückschikken könnte, antwortete jener in französischer Sprache: »Nein, ich bin beordert worden, Seine Hoheit zu ehren und nicht zu kämpfen.« Diese Antwort belustigte den Kronprinzen und sein Gefolge. Und so begleiteten uns die Soldaten unter Führung jenes Abgesandten durch wegeloses und selten begangenes Waldgebiet. Als wir spät in der Nacht in Visé anlangten, war das Tor geschlossen, denn die Stadträte hielten, durch unsere Vorhut informiert, ein anderes Tor geöffnet, das von einer großen Menschenmenge belagert war. Hier aber war niemand, der uns hören konnte. Wir mußten lange warten, bis geöffnet wurde. Danach fanden der Kronprinz im Gasthaus ›Zum Roten Tor‹ und Fürst Radziwiłł in der Herberge ›Zur Gans‹ Unterkunft. Es wurde der Trompeter des Allergnädigsten Kurfürsten von Köln zum Gouverneur von Maastricht geschickt mit der Bitte, dem Kronprinzen eine Eskorte zu stellen.

4. September, Mittwoch

S. Pac Herr Rekem und ich machten uns mit den Pferden und Kutschen der Infantin um Mitternacht aus Brüssel auf den Weg. Gegen Mittag befanden wir uns in Namur, wo ich Conte de Noyelles mit vielen Personen des Hofes vorfand, die hier auf den Kronprinzen warteten, weil sie meinten, er käme an diesem Tag vorbei.

Doch er erschien weder an diesem noch am nächsten Tag. Er hatte einen anderen Weg genommen, da ihn der Gouverneur von Maastricht informiert hatte, daß die Niederländer vorhatten, ihm unterwegs insidias struere [eine Falle zu stellen]. Deshalb wählte S. Hoheit der Kronprinz nach dem Mittagessen einen anderen Weg, und zwar nach Diest. Es begleitete ihn der Gouverneur von Maastricht mit hundert Reitern und hundert Mann Fußvolk. Sie waren die ganze Nacht unterwegs und kamen am nächsten Tag um die siebente Stunde der Halbuhr in Diest an. Dabei waren sie, wie S. Hoheit der Kronprinz selbst aussagte, in den siebzehn Stunden nicht ein einziges Mal vom Pferd gestiegen.

Ich aber verbrachte diesen Tag in Gesellschaft meines Begleiters und weiterer edler Kavaliere, die zur Begrüßung des Kronprinzen mit uns aufgebrochen waren. Wir waren diesen Abend bei einer wohlangesehenen Witwe eingeladen, bei Madame di Sora. In der Nacht erfuhren wir, daß S. Hoheit der Kronprinz einen anderen Weg gewählt hatte, und so fuhren wir am nächsten Morgen von Namur nach Löwen, um den Kronprinzen zu treffen.

A. S. Radziwiłł In Jülich sandten wir unseren Hofschreiber Pac mit der Botschaft vom Eintreffen des Kronprinzen zu Isabella.

Abends erreichte uns der Gouverneur von Maastricht, der uns mahnte, Vorsicht walten zu lassen, da Ausfälle der Niederländer den Weg gefährdeten. Wir beschlossen also, so zu tun, als führen wir nach Liége,[87] um dann stromaufwärts nach Utrecht[88] abzubiegen. Wir ritten die ganze Nacht, die sehr dunkel war, so daß wir schließlich absteigen mußten. Der Kronprinz ging neben mir. Um sieben Uhr morgens hörten wir Kanonenschüsse der Spanier, die unter Spinolas[89] Kommando Breda[90] belagerten. Wir waren der Gefahr entgangen. Ich bat den Kronprinzen, vorauseilen zu dürfen, was er auch erlaubte. Hunger und Müdigkeit quälten mich gleichermaßen, doch der Hunger obsiegte. Ich stärkte mich also mit Butterbrot und Eiern, was auch der Kronprinz tat, als er nachkam. Durch den siebzehnstündigen Marsch erschöpft, verbanden wir das Mittags- mit dem Abendmahl und begaben uns zur Ruhe.

J. Hagenaw Um sieben Uhr morgens kehrte der erwähnte Trompeter mit einem Vertrauten des Gouverneurs zurück und meldete das Eintreffen einer Eskorte, da man gehört hatte, daß angeblich 500 niederländische Reiter einen Hinterhalt auf den Kronprinzen planten. Es wurde ein reiches und prächtiges Mittagsmahl auf Kosten des hiesigen Landadels ausgerichtet. Gegen drei Uhr nachmittags erschien der Gouverneur von Maastricht mit hundert Reitern und ebensoviel Fußvolk. In der Stadt Visé trennte man sich von den Soldaten aus Jülich und ebenso von den Reitern des Durchlauchten Kurfürsten von Köln. Auch der Abgesandte der Allergnädigsten Infantin, Graf de Fales, kehrte von hier nach Hause zurück. Bevor der Kronprinz Visé verließ, ließ man verlauten, daß er nach Liége oder nach Utrecht führe. Dagegen teilte man den Bürgermeistern heimlich mit, daß man die ganze Nacht hindurch nach Diest reiten wolle. Es hieß nämlich, daß feindliche Abteilungen den Weg unsicher machten. So also opferte man die ganze Nacht der Reise. Unterwegs konnte man beobachten, wie einzelne Soldaten in Bauernhäuser eindrangen und im Schutz der Dunkelheit Hühner, Gänse und andere Sachen raubten und wie andere nach Essen und Trinken suchten. Die Offiziere schlugen sie mit Stöcken und trieben sie zur Marschkolonne zurück. Durch den Marsch und die Mühen erschöpft, bewegten sich verschiedene mit wankenden Schritten, wie trunken, andere übermannte der Schlaf, daß sie auf die Erde fielen und die nächsten, die ihnen auf den Fersen folgten, über sie stürzten und das Durcheinander vergrößerten. Desgleichen schliefen die Reiter auf den Pferden ein, ließen die Zügel aus den Händen gleiten, lenkten die Pferde nicht mehr, so daß sie auf den Vordermann, auch auf den Kronprinzen, aufstießen. So verging die Nacht.

5. September, Donnerstag

S. Pac Als ich ihn (den Kronprinzen) nicht antraf und durch ein Schreiben von Fürst Radziwiłł erfuhr, daß der Kronprinz an diesem Tag Diest erreicht hatte und am nächsten Tag wieder abreisen wollte, fuhr ich um Mitternacht mit der Post los und kam in Gesellschaft von Herrn Rekem in der Morgenstunde an, gerade als S. Hoheit der Kronprinz sich ankleidete.

J. Hagenaw Um acht Uhr morgens erreichten wir Diest. Der Kronprinz und Fürst Radziwiłł quartierten sich in der Herberge ›Zum Hahn‹, die übrigen im Gasthaus ›Zum Satyr‹ ein. Als Fürst Radziwiłł nach so langem Fasten gerade dabei war, etwas Brot und Butter zu essen, kam der Kronprinz in besonders guter Laune lachend herein und schloß sich diesem ›Festmahl‹ an. Danach pflegten wir bis drei Uhr nachmittags der Ruhe. Das Mittagessen nahmen wir gleich mit dem Abendessen gegen vier Uhr ein.

6. September, Freitag

S. Pac Daselbst (in Diest) wurde ihm (dem Kronprinzen) alles übermittelt, was die

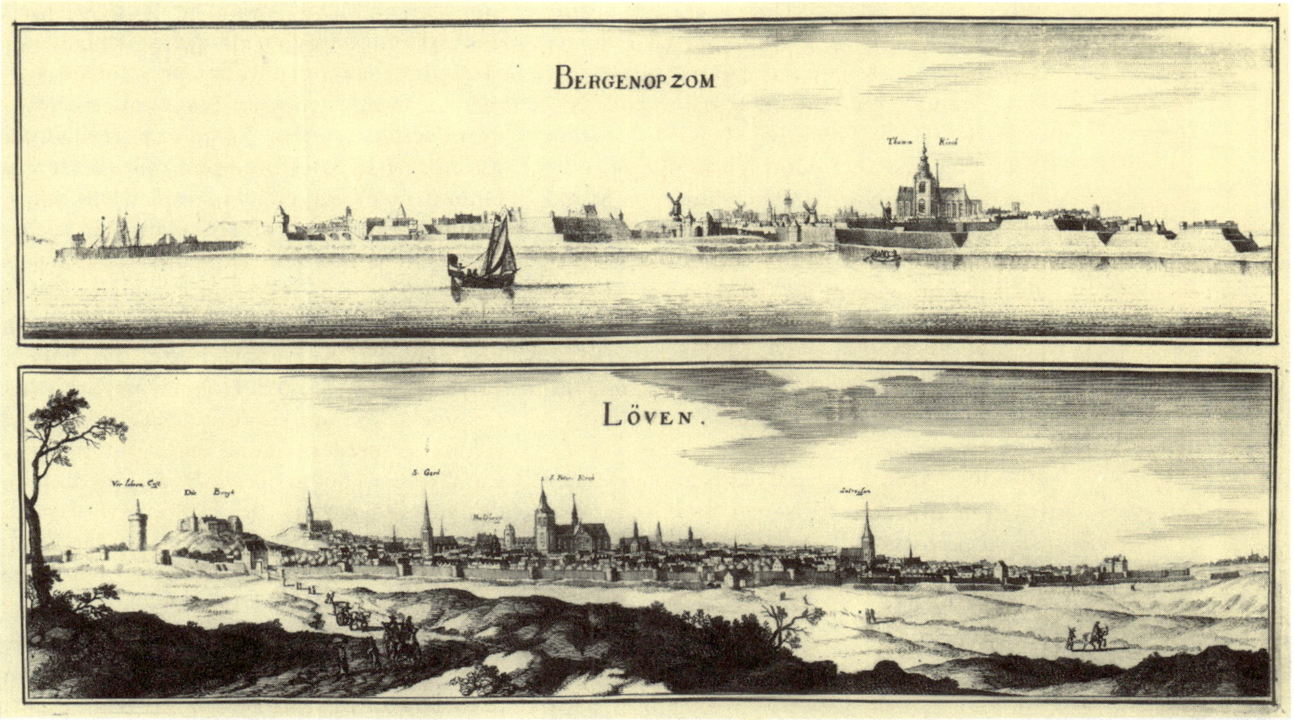

Ansicht der Stadt Bergen op Zoom und der Stadt Löwen

Infantin aufgetragen hatte. Ihre Wünsche und ihre Bitte, der Kronprinz möge in Brüssel festlichen Einzug halten. Doch ich hatte richtig prophezeit, daß er darauf nicht eingehen würde. Wir wichen vom Weg, zur Kirche der Heiligen Jungfrau, ab, Aspricollensis[91] genannt, eine nicht nur in jenen Ländern, sondern in aller Welt bekannte heilige und berühmte Stätte, an der unser Herrgott durch Vermittlung der Heiligsten Jungfrau viele Wunder vollbringt.

Als der Kronprinz in Löwen einfuhr, kam ihm Conte de Noyelles mit einer Schar edler Herren entgegen, doch er begrüßte nicht ihn, sondern den Fürsten, vorher unterrichtet, daß das der Wunsch des Kronprinzen sei. Aus der Stadt war uns alles, was eine Waffe tragen konnte, eine gute halbe Meile entgegengeeilt, begleitete uns auf der einen und anderen Seite, feierte uns mit Salutschüssen und marschierte so bis zur Stadt mit, wo uns zu Ehren aus Kanonen geschossen wurde. Wir stiegen in einem Haus ab, das Collegium Dalense hieß, und in dem die Erzherzöge zu wohnen pflegen, wenn sie nach Löwen kommen. Dort wurde dem Kronprinzen ein Empfang bereitet und von den Bedienten der Infantin ein Mittagessen angerichtet. Vor dem Essen begrüßten Conte de Noyelles und einige hochgestellte Herren aus seiner Gesellschaft den Kronprinzen. Und auch hier trat Conte de Noyelles mit dem nachdrücklichen Wunsch an S. Hoheit den Kronprinzen heran, er möge seinen Einzug nach Brüssel in publice durchführen und erlauben, daß ihm die alli grandi di Hispania [spanischen Herren] entgegenführen, die schon darauf warteten, und weitere Ehren, die bei solchen Einzügen üblich wären, entgegenzunehmen. Und er wiederholte die bereits abgeschlagene Bitte deshalb, weil er meinte, daß S. Hoheit der Kronprinz aus Modestation so verfuhr, im Grunde genommen jedoch in contrarium [Gegenteil] einverstanden sei. Ich aber gab ihm mein Kavalierswort, daß hierbei keinerlei fucum [Falschheit] vorlag. Und ich mußte ihm die Hand darauf geben, daß er es aus dem Mund des Kronprinzen selbst hören sollte. Und erst durch meine Versicherung überzeugt, ließ er die Infantin wissen, daß es die feste Absicht S. Hoheit des Kronprinzen war. Und wir fuhren mit der Hoffnung aus Löwen nach Brüssel, daß dem Willen S. Hoheit des Kronprinzen widerfahren werden sollte.

Wir befanden uns in der Mitte des Weges, als mitgeteilt wurde, daß der Stallmeister der Infantin uns mit Kutschen und Reitern in Begleitung von Adligen, die man hier Grandi nannte, entgegenkomme. Das war nicht nach dem Geschmack des Kronprinzen, doch er überwand sich, rief Conte de Noyelles zu sich und sagte ihm, daß er sich vor der Begrüßung der Allergnädigsten Infantin keinem dieser Herren zu erkennen gäbe. Er solle sie vielmehr warnen, lieber umzukehren, um nicht degustiert zu werden. Es hatte S. Hoheit der Kronprinz seine Gründe, mit diesen Herren Grandi nicht zu zeremonieren. Diese betrugen sich al pari [gleichermaßen] wie souveräne Fürsten und Prinzen, dabei war es nichts als Wind, mit dem sie der spanische König aufblies, um sie als treue Untertanen mit hohen Titeln in obsequio [Gehorsam] zu halten. Es verabsäumte also S. Hoheit, ein wirklicher Grande di Polonia, sich mit den Grandi di Hispania zu verbrüdern und tanto minus [um so weniger] zu konkurrieren. Er sandte deshalb de Noyelles voraus, die Herren zu warnen, sich nicht zu diskommodieren. An den Stallmeister, der mit Kutschen und Reitpferden eo fine (zu dem Zweck) wartete, daß der Kronprinz sich für Pferd oder Kutsche entschied,

Ansicht der Stadt Antwerpen und der Stadt Brüssel

trat er selbst heran, auf daß jener nicht in die Verlegenheit geriet, den Kronprinzen zu begrüßen, daß vielmehr diese Zeremonie auf die Person des Fürsten Radziwiłł fiel. Und so geschah es.

Darauf stieg Fürst Radziwiłł in die Kutsche und nahm auf dem Fürstensitz Platz; ihm gegenüber setzte sich der Stallmeister der Infantin; in einem Seitenflügel der Kutsche nahm S. Hoheit der Kronprinz Platz und befahl mir, mich zu ihm zu setzen. Im anderen Flügel saßen Baron von Rekem und der Herr Starost von Kaluga. Die übrige Gesellschaft verteilte sich auf die anderen Kutschen. Und so näherten wir uns lento passu [langsamen Schrittes] Brüssel, von einer großen Frequenz von Reitern und Fußgängern zu beiden Seiten begleitet, obgleich es noch gute anderthalb Meilen bis zur Stadt waren.

Da wurde bekannt, daß sich Duc d'Aumale[92] dem Kronprinzen näherte, einer der berühmtesten französischen Herzöge aus dem Haus der Lothringer und Geuser Fürsten. Er gehörte zu den Anführern der Katholischen Liga, die Paris vor Heinrich IV. verteidigt hatten und auch später – als sich die anderen versöhnten – nie wieder mit dem König rekonzilidierten. D'Aumale begab sich zum König von Spanien, wurde sein Vasall und empfing von ihm eine ansehnliche Jahresrente. In Brüssel lebte er seit dreißig Jahren. Der Herzog war fast siebzig Jahre alt und erinnerte in seinem Äußeren und mit seinem Humor an unseren Herrn Starost von Zmudż. Als er sich der Kutsche näherte, in der noch ein Platz frei war, sagte ihm unser Reisebegleiter auf französisch: »Gnädigster Herr, steigen Sie bitte ein, sagen Sie aber kein Wort.« Und so setzte sich jener ganz unzeremoniell neben Fürst Radziwiłł, den er erst in der Kutsche begrüßte. Dann bat er ihn, ihm S. Hoheit den Kronprinzen zu zeigen. Dazu bedurfte es aber keiner Gesten, denn S. Hoheit der Kronprinz umarmte ihn sogleich, wobei von Vorteil war, daß jener an der Seite des Kronprinzen saß.

Albrecht VII., Erzherzog von Österreich

Es war bereits zwei Uhr nachts, als wir in Brüssel einfuhren, bei ununterbrochenen Salutschüssen sowohl aus Handfeuerwaffen als auch aus Kanonen, umgeben vom Feuerschein, den Fackeln, Lampen und Kerzen auf beiden Seiten der Straßen. Und das Gedränge der Menschen war so groß, daß wir uns hinter denen, die vor uns fuhren und verzweifelt Raum schafften, nur mit Mühe zum Schloß durchschlugen. Hierbei erlitt S. Hoheit der Kronprinz einen bösen Unfall, und das auf folgende Weise:

Es war Brauch am dortigen Hof, daß die Staatskarosse, in der sich entweder der sel. Erzherzog[93] mit der Infantin oder einer der beiden befanden, zu Pferd von gewissen Personen, zwei oder drei, von adligem Stand, an den Seitenflügeln begleitet wurde, die zu gewünschten Diensten bereit waren. Und so begleiteten auch diesmal die Karosse, in der sich S. Hoheit der Kronprinz befand – angeblich incognito, doch kannte man ihn bereits – ein

Kaiser Maximilian II.

paar Edelleute. Als es durch das Schloßtor ging, lenkte der Kutscher die Karosse so unglücklich, daß er mit der Seite, an der der Kronprinz saß, den Begleiter hart an die Mauer drückte. Dabei rutschte jenem der Degen aus Gehänge und Scheide, durchbohrte durch den Druck gegen die Mauer den Seitenflügel der Karosse und fuhr dem Kronprinzen in den Fuß, zwischen den kleinen und den Zeh daneben, worauf sogleich das Blut aus dem Stiefel quoll. S. Hoheit der Kronprinz ließ sich aber nichts anmerken und sagte mir, der ich neben ihm saß, nur leise, daß er verwundet sei. Inzwischen waren wir an der Freitreppe angelangt, an der die Fürsten warteten, um den Kronprinzen zur Infantin zu führen, die dem Kronprinzen aus ihren Räumen entgegentrat. Als wir ausstiegen, sahen wir den Stiefel voll von Blut. Und es sagte mir der Kronprinz: »Ich weiß nicht, was tun? So, in diesem Zustand, zur Infantin gehen oder umkehren und mich behandeln lassen?« Ich sah, daß die Verwundung nicht gefährlich sein konnte, und sagte: »Es wäre besser, Ew. Hoheit, die Zeremonie angemessen zu überstehen und die Schmerzen zu verbergen, caedet in laudem et commendationem [es geruht dies zu Ehren und des Beweises] des Mutes Ew. Hoheit unter den fremden Menschen.« Darauf übernahm der Kronprinz von Fürst Radziwiłł ein Stöckchen aus indischem Holz, das jener ständig bei sich zu tragen pflegte, stützte sich ein wenig darauf und schritt der Infantin entgegen.

Sie trafen sich in einem Saal, der als dritter vor den Räumen der Infantin lag. S. Hoheit der Kronprinz verbeugte sich, wie es einem Kavalier ziemte, tief vor ihr und sagte ein paar Worte del complemento [der Höflichkeit]. Die Infantin erwiderte in gleicher Weise, sehr entgegenkommend, wie es einem bedeutenden Gast zukam. Es reichte ihr dann der Kronprinz die rechte Hand und führte sie nach dem Brauch der dortigen Länder, daß sie, auf ihn gestützt, mit ihm ging. Sie zierte sich erst, doch als der Kronprinz bat, sie möge ihm die Ehre erweisen, hielt sie sich leicht an der Hand des Kronprinzen und ging so mit ihm bis zu ihrem Zimmer, wo sie beide unter einem Baldachin Platz nahmen und über den Unfall des Prinzen sprachen, den die Infantin sehr bedauerte. Sie blieben auch nicht lange beisammen und gingen bald auseinander, damit der Kronprinz Zeit fand, die Wunde zu kurieren. Und obgleich der Kronprinz es vermeiden wollte, führte sie ihn durch zwei Zimmer. Dann begleiteten die Fürsten und der ganze Hof den Kronprinzen, daß er sich gleich behandeln ließ. Als der Stiefel am Bein aufgeschnitten war, zeigte sich die Wunde zum Glück nicht so groß, wie befürchtet. Sie heilte aber mehrere Wochen nicht, und der Kronprinz lieferte dafür selbst den Grund, indem er zu Pferde ritt, tanzte etc.

Es gestaltete der Kronprinz seine Ankunft und die Begrüßung bei der Infantin sehr zur Zufriedenheit, indem er seiner Person und auch jener, die er besuchte, servato decore [die Würde bewahrte], zum großen Lob des gesamten Brüsseler Hofes. Nur einige delli signori grandi [große Herren] murrten, S. Hoheit der Kronprinz erkenne sie nicht und erwiese ihnen nicht die übliche Ehre, weil er sie nicht aufforderte, die Hüte aufzusetzen, was bei ihnen als größte Prärogative galt. Sogar der spanische König, wenn er sie zu Granden machte, sprach zu ihnen: ›Covred vos‹, das heißt: ›Bedeckt den Kopf‹, wonach sie Granden waren. Doch selbst jene, die später bei S. Hoheit dem Kronprinzen zur Audienz erschienen, lobten seine Menschlichkeit. Zu jenen, die den Titel Grande trugen, gehörten: Duc d'Aumale, Duc d'Arescot, Duc de Croy, Marchese d'Hauto, Conte d'Egmont. S. Hoheit der Kronprinz hatte sich an diesem Abend bereits zurückgezogen, als Conte de Noyelles mich aufsuchte, mir zwei goldene Schlüssel überreichte und sagte, es seien die Schlüssel für zwei scharlachrote Samttruhen, die in den Räumen S. Hoheit des Kronprinzen standen, voller Galanterien, das heißt Spitzen, Rüschen, Kragen, Hemden, Tücher, Umhänge und Taschentücher, für den Kronprinzen vorbereitet. So, erklärte er, sei es hier Brauch, wenn ein Verwandter die Infantin besuchte, daß man ihm diese Galanterien und ein Nachtgewand vorlegte, wie es auch dem Kronprinzen aus leichter venezianischer Goldseide präsentiert wurde. Ich gab die Schlüssel an Herrn Kazanowski, den Kammerdiener S. Hoheit, weiter.

Kaiser Maximilian II.

A. S. Radziwiłł Es kehrte unser Botschafter, der Generalschreiber des Großfürstentums Litauen, zurück und teilte mit, daß Isabella die Ankunft des Kronprinzen Władysław ungeduldig erwartete. Löwen erreichten wir am nächsten Tag um die Mittagszeit. Graf de Noyelles, ein edler Herr, wartete schon und begrüßte den Kronprinzen vor der Stadt. Das Mittagsmahl war schon vorbereitet, nach spanischem Brauch für den Kronprinzen an einem separaten Tisch. Als der Kronprinz das sah, befahl er allen, mit ihm an einem Tisch zu speisen. Der Graf war wie vom Donner gerührt, um so mehr, als man auch ihn veranlaßte, sich an den Tisch des Kronprinzen zu setzen. Er seufzte tief und lobte unsere Freiheit und die Gnade des Kronprinzen. Als wir ihm sagten, daß es uns sogar erlaubt sei, auch mit Seiner Königlichen Majestät in gleicher Weise zu verfahren, schien er den Verstand zu verlieren. Die Spanier indes knieten nieder, wenn sie den Kronprinzen bedienten, dieweil Isabella befohlen hatte, ihm die gleichen Ehren zu erweisen wie dem spanischen König. Die Nacht brach an, als wir in Brüssel anlangten. Es hatten sich viele Schaulustige versammelt, man zahlte einen Dukaten für einen Fensterplatz an den Straßen, an denen wir vorbeikamen. Graf von Horaz war uns entgegengeeilt. Da der Kronprinz unerkannt bleiben wollte, setzte sich Graf Horaz neben mich, an der Seite saßen der Kronprinz und der Generalschreiber, auf der anderen Seite die Herren Kazanowski und Żółkiewski.

Da es immer dunkler wurde, konnten nur die am nächsten stehenden Bürger den Kronprinzen sehen.

Bei der Fahrt durch das Schloßtor erfuhr der Kronprinz einen traurigen Unfall. Zwei Reiter hatten die Pflicht, sich – wie bei der Einfahrt in eine Stadt üblich – an der Seite der Karosse zu halten. Der eine Trabant holte den Degen aus der Scheide und ritt mit dem blanken Eisen an der Stelle der Kutsche, an der der Kronprinz saß. Als wir in das Schloß einfuhren, lenkte der Kutscher die Karosse am Tor zu sehr an die Mauer. Dabei wurde auch der Reiter bedrängt, sein Degen gegen die Mauer gedrückt. Die Klinge fuhr durch die Steigbügel bis in den Fuß des Kronprinzen und verletzte ihn arg. Der Kronprinz stieß den Mann zurück, doch man hatte das Tor bereits passiert. Die Infantin erwartete uns in großer Assistenz von Damen und Herren. Der Kronprinz wandte sich mir zu und sagte, daß er verwundet sei. Ich war auf das höchste bestürzt, sprang sofort aus der Karosse und sah, daß der Stiefel des Kronprinzen voll von Blut war. Ich reichte ihm darauf das Stöckchen, das ich vom König bekommen hatte und immer bei mir trug. Der Kronprinz stützte sich auf den Stock und humpelte in den Saal. Isabella war über diesen Vorfall sehr betrübt, und jener Kerl mußte dafür mit seinem Kopf bezahlen. Und als der Kronprinz die nächste Stunde mit Isabella verbrachte, tropfte das Blut aus dem Stiefel, bis er schließlich in die für ihn bestimmten Zimmer begleitet wurde, wo ihn sein Chirurgikus behandelte. Später kümmerten sich auch spanische Chirurgen um ihn, wonach er wieder ganz gesund wurde.

Während wir in Brüssel weilten, besuchte uns Graf de Reken, versicherte uns seiner Freundschaft und lud uns in die Niederlande ein. Doch der König hatte es untersagt, dieses Land aufzusuchen. Wir fragten de Reken, wie es uns wohl ergangen wäre, wenn uns die Niederländer jene Nacht gefangen hätten. Er meinte, wir wären zwar höflich behandelt worden, doch der Kronprinz hätte für seine Freiheit 100000, ich 20000 und die übrigen, welchen Standes sie immer waren, 10000 gezahlt. Außerdem wäre uns noch die Aufnahme angerechnet worden, da wir ohne Pässe reisten, die wir ohne weiteres auf Antrag bekommen hätten. Wir dankten für dieses Entgegenkommen und ließen wissen, daß der Kronprinz auf einen Besuch der Niederlande verzichtete. Auch vom lothringischen Herzog erschien ein Botschafter beim Kronprinzen und bat, Nantes, die Residenz des Herzogtums, zu besuchen. Als der Kronprinz ablehnte, setzte er hinzu, daß es unmöglich sei, ohne das Wissen des Herzogs durch dessen Lande zu reisen. Ohne daß der Herzog davon sofort erfuhr, könnte das nicht einmal eine Fliege. Er bedauerte aber sogleich seine Worte und schämte sich, wovon noch die Rede sein soll.

J. Hagenaw Am 6. September trafen zwischen fünf und sechs Uhr in der Früh Herr Pac und Graf de Reken ein, die am Vortage mit dem Hof der Allergnädigsten Infantin nach Namur aufgebrochen waren, in der Meinung, dort den Kronprinzen auf der Durchreise zu treffen. Gegen sechs Uhr verließ man Diest. Der Morgenandacht wohnten wir in der Kirche der Heiligen Jungfrau von Aspricollensis bei. Eine halbe Meile vor Löwen wartete der Hofmarschall der Allergnädigsten Infantin, Graf de Noyelles, um den Kronprinzen in ihrem Namen zu begrüßen. Man ließ ihn über Herrn Pac wissen, daß der Kronprinz noch unerkannt bleiben wollte, weshalb bei der Begegnung die Begrüßungsansprache an den Fürsten Radziwiłł gerichtet wurde. Etwas später stießen wir auf Gruppen der Bürgerwehr, die uns mit vier Fähnlein in militärischer Ordnung entgegenkamen und den vorbeifahrenden Kronprinzen mit Salutschüssen aus ihren Musketen begrüßten. Ähnlich wurden wir beim Einzug in die Stadt mit Salutschüssen aus Kanonen, Mörsern und dann mit Musik begrüßt. Der Kronprinz speiste in

Löwen im Collegium Dalense mit Fürst Radziwiłł, weiteren Personen der Reisegesellschaft und einigen Höflingen. Letztere wollten die Beauftragten der Allergnädigsten Infantin nicht zulassen, weil sie wünschten, daß man den Kronprinzen in gleicher Art und Weise und mit gleichen Ehren bediente wie einst Erzherzog Albert. Die übrige Gesellschaft traf im Gasthof ›Zum Satyr‹ zusammen. Außer dem Kronprinzen, dem im Speisesaal ein Spanier auf Knien Wasser reichte, wusch sich hier nur noch Fürst Radziwiłł die Hände, die übrigen begaben sich in ein Vorzimmer, um die Hände zu waschen. Man bat auch den Legaten der Allergnädigsten Infantin, Graf de Noyelles, am Tisch des Kronprinzen Platz zu nehmen. Er antwortete, lieber sterben zu wollen, als das zu tun. Von den Unsrigen und auch von Fremden wurde niemand hinzugelassen, um Dienste zu verrichten oder nur mal hereinzuschauen. Nach dem Essen brachen wir nach Brüssel auf, nachdem die Kutschen überprüft und frische Pferde bereitgestellt worden waren. Auf dem Weg zwischen Löwen und Brüssel eilten aus den verschiedensten Richtungen so viele Menschen herbei, um den Kronprinzen zu sehen, daß man sich auf einen Jahrmarkt versetzt glaubte. Etwa eine Meile vor Brüssel warteten Stallmeister mit Pferden und Kutschen auf den Kronprinzen. Der Hofstallmeister, Graf Octavius, präsentierte dem hohen Gast eine Karosse, die speziell für ihn hergerichtet war. Der Kronprinz stieg mit Herrn Pac ein, überließ aber Fürst Radziwiłł als dem Legaten Seiner Majestät, des polnischen Königs, den Ehrenplatz. Die spanischen Granden hatten schon vorher darum gebeten, S. Hoheit dem Kronprinzen entgegenkommen zu dürfen, um sich sein Wohlwollen zu sichern. Der Kronprinz, der sich nicht zu erkennen geben wollte, ließ sich aber darauf nicht ein und erklärte, jeden wegschicken zu wollen, der ihn aufsuchte. Herzog Aumalius, der sich selbst Grande nannte, wollte den anderen mit seiner Ehrerbietung vorauseilen und schloß sich den Herzögen, Grafen und Höflingen der Allergnädigsten Infantin an, die dem Kronprinzen entgegenfuhren. Als die Nachricht darüber den Kronprinzen und seine Begleiter erreichte, gab sich Graf de Noyelles sehr erzürnt. Doch der Kronprinz versicherte, daß er den Mut des Herzogs bewundere und ihm verzeihe. Als man also die Herren traf, unter denen sich Herzog Aumalius befand, unterließ es der Kronprinz, den Herzog mit Worten oder durch Kopfnicken zu grüßen. Das sah Graf Octavio (angeblich war er der Urheber dieses Komplotts) und fürchtete schon um ein gutes Ende. Und da der Kronprinz schwieg, forderte er den Herzog selbst auf, in der Karosse des Kronprinzen Platz zu nehmen. Obgleich durch diese Aufforderung verwirrt, gehorchte jener und setzte sich zur linken Seite von Fürst Radziwiłł, also zum königlichen Legaten. Auf diese Weise bestrafte man den Übereifer der Höflichkeit. Da erschienen

Infantin Isabella Klara Eugenia

auch viele Brüsseler Bürger in Reih und Glied. Salutschüsse und Vivatrufe zeugten von der Freude über die Ankunft einer so hochgestellten Person. Der Einzug in die Stadt Brüssel erfolgte bereits spät in der Nacht, ringsum brannten Fackeln, Kienspäne und Holzstöße, überall sah man freudig erregte Menschen. Dem Kronprinzen wurden gleiche Ehren erwiesen wie einst dem verstorbenen Erzherzog Albert, und nach dem damaligen Brauch wurde die Staatskarosse an den Seiten von zwei Berittenen flankiert. Obgleich man sie vor dem Eintreffen des Kronprinzen ermahnt hatte, die Scheide des Degens mit einer Schnalle am Riemen zu befestigen, hatte einer der Reiter diesen Rat mißachtet und später auch noch die Schnalle verloren. Und als er bei der Einfahrt der Karosse in das Schloß seinen Dienst tat, befand er sich plötzlich zwischen Mauer und Karosse, weil die zu nahe an das Schloßtor herangefahren war. Als eine Reitergruppe nahte, wollte er retirieren, wurde aber an die Mauer gedrängt und blieb mit dem Degen hängen, der mit voller Gewalt in den Fuß des Kronprinzen eindrang. Der Kronprinz äußerte keinerlei Schmerz, stieß den Mann, der ihn verwundet hatte, zurück und betrat die Freitreppe zum großen Saal. Auf der Treppe teilte er Fürst Radziwiłł seine Verwundung mit und zeigte ihm den blutbefleckten Stiefel. Der Fürst erschrak, während der Kronprinz immer blasser wurde. Er sagte aber nichts, um den Schuldigen zu retten und keinen Grund zu einer noch größeren Verwirrung zu geben.

Inzwischen war die Allergnädigste Infantin die halbe Freitreppe herabgestiegen. Sie trug das Gewand einer Karmeliternonne, eilte dem Kronprinzen entgegen, umarmte ihn herzlich, faßte ihn an der Hand und führte ihn in einen großen Saal. Hier verweilten sie eine Weile und schritten dann durch die Frauengemächer bis zum Zimmer des verstorbenen Erzherzogs. Von hier aus begleiteten ihn die spanischen Granden und weitere Höflinge in sein Quartier. Für Fürst Radziwiłł waren zwei Zimmer vorbereitet, mit Teppichen ausgelegt, sehr bequem, denn sie grenzten an das Appartement des Kronprinzen. Für die Herren Pac und Żółkiewski hatte man ein Zimmer neben dem Fürsten bestimmt, an der Seite, an der sich der Eingang in den Garten und das Tiergehege befand. Der Kronprinz fand in seinem Zimmer vier Truhen vor, mit rotem Samt beschlagen, voll von Hemden, Spitzen und anderen Galanterien, von der Infantin zu seinem Gebrauch bestimmt.

7. September, Samstag

S.Pac S. Hoheit der Kronprinz besuchte die Infantin in ihrem Zimmer, wo ihn die Hofdamen begrüßten, die, als er mit der Infantin im Zimmer saß, einzeln an ihn herantraten und vor ihm wie vor einem Gott niederknieten. Das war die Reverenz, wie sie die Spanier ihren Gebietern erwiesen. Doch der Kronprinz wollte das nicht dulden und vielmehr, um sie nicht zu inkommodieren, selbst auf sie zugehen und sie begrüßen, so wie sie standen. Doch davon wollte die Infantin nichts wissen.

J.Hagenaw Am Morgen besuchte S. Hoheit der Kronprinz die Allergnädigste Infantin. Er schlug ihr seine Vermittlung in bezug auf die Bitten einiger Personen vor, die ihn darum ersucht hatten, und erlangte ihre Zustimmung. Es begrüßte ihn der Gesandte des spanischen Königs, Kardinal Alfonso de la Cueva, und der Apostolische Nuntius. Am Abend gewährte die Allergnädigste Infantin Fürst Radziwiłł eine Audienz.

8. September, Sonntag

S.Pac S. Hoheit der Kronprinz speiste publice [öffentlich] in seinem Vorzimmer. Danach fuhr er mit der Infantin aus der Stadt zu einer geweihten Stätte der Heiligen Jungfrau, die man B[eata] V[irgo] Lachensis nannte. Auf diese Weise fand die Infantin Gelegenheit, dem Kronprinzen die ganze Stadt zu zeigen, was sich das einfache Volk sehr wünschte. Deshalb machten sie auch Umwege, fuhren in die Kreuz und in die Quere und kehrten auf anderen Wegen zurück.

An diesem Abend befanden wir uns bei Fürst de Croy zum Abendessen und besuchten dann ein Ballett. Die Infantin hatte auf ihre Kosten zwölf Kavaliere und zwölf Fräuleins, die edelsten des Hofes, herbeigebeten. Es gesellte sich auch S. Hoheit der Kronprinz hinzu, incognito, doch es kannten ihn bereits alle und erwiesen ihm als dem Herrn gebührende Ehren. Und alle Gesänge und Intermedien waren S. Hoheit dem Kronprinzen gewidmet.

So verbrachten wir bei Banketts, Konversationen mit edlen Damen und Herren, bei Abenden mit Gesängen und Ballett zwei Wochen in Brüssel.

9. September, Montag

J. Hagenaw Herzog de Croy lud S. Hoheit den Kronprinzen zum Abendessen und Ballett ein, dazu auch Fürst Radziwiłł und den Rest der Reisegruppe. Am Nachmittag stattete Fürst Radziwiłł im Namen des Kronprinzen Kardinal Cueva, dem Legaten des spanischen Königs, einen Besuch ab. Das gleiche beabsichtigte Fürst Radziwiłł in bezug auf die Person des Apostolischen Nuntius zu tun, traf ihn aber nicht zu Hause an. Das Abendessen bei Herzog de Croy verlief ohne den Legaten des Kardinals und den Apostolischen Nuntius. Anwesend dagegen waren Fürst Radziwiłł und viele Herren unserer Gruppe. Es wurden viele köstliche Speisen gereicht, die mit kleinen Fähnchen geschmückt waren. Auf diesen sah man, wie S. Hoheit der Durchlauchte Kronprinz gegen die Türken kämpfte und einen mit dem Schwert durchbohrte. Als sich die Teilnehmer zum Schluß des Banketts in ausgelassener Stimmung befanden, erschien auch S. Hoheit der Kronprinz. Seinem Willen entsprechend, erhob sich zur Begrüßung niemand von seinem Sitz, als sei er ein Unbekannter. Doch man führte ihn sogleich in ein Zimmer, in dem Damen und Fräuleins speisten. Als man sich nach dem Bankett in einen Raum begeben wollte, in dem das Ballett tanzte, traf man eine so große Zahl von Personen an, daß für die Gäste kein Platz geblieben wäre, hätte man jene nicht entfernt. Die Tänze und Gesänge währten die ganze Nacht. Fürst Radziwiłł, der an Zahnschmerzen litt, verließ die Gesellschaft um zwei Uhr nach Mitternacht, die anderen hielten es bis zum Morgengrauen aus.

10. September, Dienstag

J. Hagenaw Fürst Radziwiłł schickte einen Boten zum Apostolischen Nuntius, um eine Zusammenkunft zu vereinbaren, doch man traf ihn abermals nicht an. Aus diesem Grund wurde die Visite verschoben, dafür besuchte er nach dem Essen im Namen des Kronprinzen Graf von Emden, der wegen einer Krankheit ans Bett gefesselt war und dem Kronprinzen seine Hochachtung nicht persönlich präsentieren konnte. Am gleichen Tag wurden die Herren Bankiers zum Kronprinzen vorgelassen.

11. September, Mittwoch

J. Hagenaw Am Vormittag besuchte Fürst Radziwiłł den Apostolischen Nuntius. Zu einer Audienz bei S. Hoheit dem Kronprinzen erschienen die Herren Geheimräte und Stadträte und spendeten etliche Krüge Wein.

12. September, Donnerstag

J. Hagenaw Der Kronprinz wohnte der Messe in der Heiligen Gundulakirche bei und ließ sich drei heilige Hostien zeigen, die als wundertätig bekannt waren. Von der Neugierde geplagt, den Kronprinzen zu sehen, füllte eine unübersehbare Menschenmenge die Kirche, so daß man sich nur mit Not hindurchzwängen konnte. S. Hoheit der Kronprinz fühlte sich unwohl und nahm den ganzen Tag kaum etwas zu sich. Fürst Radziwiłł und weitere Herren unserer Gruppe waren bei Herzog Arschot[94] zum Mittagessen eingeladen. Am gleichen Tag kehrte Herr Denhoff aus Amsterdam zurück.

13. September, Freitag

J. Hagenaw Der Kronprinz fühlte sich nach seinem gestrigen Unwohlsein auch heute noch nicht gesund. Nach dem Mittagessen beehrte der Apostolische Nuntius Fürst Radziwiłł mit einem Besuch.

14. September, Sonnabend

J. Hagenaw Man traktierte S. Hoheit den Kronprinzen mit Arzneien. Nach dem Essen bereiteten die Jesuitenpatres eine Tragikomödie über die Glückseligkeiten dieser Welt vor, um sie am heutigen Tag vorzutragen, da sie hofften, S. Hoheit der Kronprinz würde sie mit seiner Anwesenheit beehren.

15. September, Sonntag

J. Hagenaw S. Hoheit der Kronprinz besuchte die Messe bei den Jesuitenpatres. Die Straßen, die er zur Kirche zurücklegte, waren reichlich mit Grün bestreut. Es begleiteten ihn mehrere Personen des Hofes der Allergnädigsten Infantin. Herr Żółkiewski fühlte sich unwohl und blieb zurück. Nach dem Abendessen fanden Tänze bei Fürst de Borreville statt. S. Hoheit der Kronprinz schickte Fürst Radziwiłł voraus und kam später mit dem Rest unserer Gesellschaft unerkannt nach. Am gleichen Tag wurde Herr Nagot nach Antwerpen beordert.

16. September, Montag

J. Hagenaw S. Hoheit der Kronprinz fuhr zwischen neun und halb zehn Uhr nach Trier[95] und kehrte am Abend wieder zurück. Die Stadt wird von den Erzherzögen ihrer günstigen Lage und der herrlichen Architektur wegen gern zu ihrer eigenen Annehmlichkeit und Erholung aufgesucht.

17. September, Dienstag

J. Hagenaw Graf Octavius, der vorgab, es sei der Wunsch der Allergnädigsten Infantin, überzeugte den Kronprinzen, dem spanischen Legaten am morgigen Tag einen Besuch abzustatten. Der Legat war über diese Nachricht sehr erfreut, bedankte sich und ließ alles für den Empfang eines so bedeutenden Gastes vorbereiten. Als Fürst Radziwiłł von dieser Neuigkeit erfuhr, verwunderte er sich sehr, da er befürchtete, man könne der königlichen Person des Kronprinzen einen nicht standesgemäßen Dienst erweisen. Weshalb er Sorge trug, unter einem erdachten Vorwand den Besuch hinauszuzögern.

Darauf empfahl der Kronprinz Fürst Radziwiłł und den Herren Pac und Żółkiewski, diese Angelegenheit zu beraten, da man der Meinung war, es könnte sich um eine Falle handeln. Es wurde einmütig beschlossen, über den Kammerherrn der Allergnädigsten Infantin, Herrn Monfordt, zu erfahren, ob es ihr Wille und Wunsch war, daß S. Hoheit der Kronprinz den spanischen Legaten besuchte. Herr Monfordt übernahm die Mission und brachte die Antwort, daß die Infantin nicht mal im Traum daran dachte, dem honoren Gast irgend etwas vorzuschreiben. Auf diese Weise wurde die Hinterlist des Grafen entlarvt. Man verschob die Fahrt nach Antwerpen auf den 21. September, worüber noch berichtet werden soll.

Nach dem Mittagessen suchte Fürst Radziwiłł mit einigen unserer Herren Graf von Emden und Herzog de Croy auf, um sich zu verabschieden, weil er sich am nächsten Tag in das Kriegslager von Breda begeben wollte. Am Abend jedoch, da bereits alles für die Fahrt ins Lager vorbereitet war, verschob man die Reise auf den Rat der Allergnädigsten Infantin hin auf später. Am gleichen Abend kehrte Herr Nagot aus Antwerpen zurück.

Ansicht der Stadt Mechelen

18. September, Mittwoch

J. Hagenaw Herzog de Croy, Fürst Radziwiłł und alle Herren unserer Gesellschaft speisten gemeinsam zu Mittag. Dabei wurde fleißig der Becher gefüllt und auf das Wohl verschiedener hochwohlgeborener Personen getrunken. Bei jedem Toast klopfte man mit Messern an die Becher, daß es schien, wir befänden uns in einer Schenke. Auch schlug man mit der Hand auf den Tisch, wenn der Becher erhoben wurde. All das bewies nach dem hiesigen Brauch eine ausgelassene Fröhlichkeit. Nach dem Essen empfing S. Hoheit der Kronprinz Herzog de Croy.

19. September, Donnerstag

J. Hagenaw Herzog Arschot aß mit Fürst Radziwiłł zu Mittag, wobei beim Trinken die gestrige Ausgelassenheit wiederholt wurde.

20. September, Freitag

J. Hagenaw Herzog de Croy erschien abermals zum Mittagessen.

21. September, Samstag

J. Hagenaw Der Kronprinz befand sich auf dem Weg in das Lager von Breda, als er erfuhr, daß sich auch der Herzog von Oranien Breda näherte. Daraufhin änderte er seine Absicht, obgleich er bereits in der Nähe des Lagers war, und schlug den Weg nach Antwerpen ein. Und da er dabei am Haus des spanischen Legaten vorbeikam, ließ er den Kardinal seine Ankunft wissen, um sein Versprechen einzulösen. Als die Reisekutsche des Kronprinzen vor dem Tor des Legaten anhielt, eilte dieser dem Kronprinzen entgegen und führte ihn in sein Haus. Hier fand eine kurze Unterhaltung statt, wonach er ihn wieder voller Herzlichkeit zur Kutsche führte.

Neben den üblichen Herrschaften des Hofes wurde der Kronprinz von Herzog de Croy, Graf Octavio und Graf de Noyelles, dem Kommissär, begleitet. In Mechelen kamen uns fünf Fähnlein bewaffneter Bürger entgegen, um den Kronprinzen zu begrüßen. Dieser belegte mit den meisten seiner Leute im Schloß des Grafen Hoogstraaten Quartier. Gleich nach der Ankunft meldeten sich die Ratsherren der Stadt beim Kronprinzen zur Audienz. Dieser setzte sich dafür ein, daß zwei Mörder aus dem Gefängnis entlassen wurden. Über der Einfahrt in das Schloß des Grafen erblickten wir das Gemälde eines riesigen Bullen mit einer französischen Inschrift: ›Im Jahr des Herrn 1526 schenkten die Friesen mich dem Grafen Hoogstraaten. Ich wog damals 2500 Pfund und war so stark und fett, wie auf diesem Bild dargestellt.‹ Auf der anderen Seite der Einfahrt war das Konterfei eines Hammels mit folgendem französischem Reim zu sehen: ›Im Jahr des Herrn 1558 schenkte mich Graf von Rennenberg seiner Frau Mutter zu deren Erbauung. Ich wog damals 204 Pfund mit Knochen, Haut und Fleisch und war zu Lebzeiten so groß, wie ich mich auf dem Bild präsentiere.‹

22. September, Sonntag

S. Pac Wir aßen zu Mittag in einem Dorf im Schloß eines Brabanter Sekretarius, der aber hier eine Position innehatte wie bei uns ein Kanzleirat. Eine halbe Meile hinter dem Dorf bestieg S. Hoheit der Kronprinz einen Flußkahn und langte am Abend in Antwerpen an, wo er von den Bürgern und Soldaten cum summo apparatu [mit größtem Aufwand] empfangen wurde. Man zündete Freudenfeuer an, schoß aus Mörsern und richtete weitere sollenitales [Ehren] an, wie bei solchen Aktionen üblich. S. Hoheit der Kronprinz nahm im Haus eines Portugiesen mit Namen Simenes Quartier, wir wurden an anderen Orten untergebracht. Bei dieser Okkasion errichtete man über die Schelde eine Brücke aus Flußkähnen, auf der unsere Pferde und Kutschen den Fluß überquerten.

J. Hagenaw Wir verließen Mechelen nach der Messe in der Kapelle der Jesuitenpatres und dem Besuch einer Kathedrale, die sich alsbald mit erstaunlich vielen Menschen füllte, die dem Kronprinzen gefolgt waren. Zu Mittag gegessen wurde in einem Schloß bei Wellebrock. Hier stieg der Kronprinz aus der Kutsche in einen Flußkahn um. Als er sich Antwerpen näherte, empfingen ihn Schloß und Bürger mit Salutschüssen von beiden Seiten des Flusses. Von der Neugier geplagt, stiegen drei Männer in ein Boot, das jedoch kenterte, worauf sie ertranken. Für Kutschen und Pferde hatte man eine Brücke über die Schelde errichtet. Der eintreffende Kronprinz wurde beim Verlassen des Kahnes von den Herren Stadträten begrüßt. Die bewaffneten Bürger hatten sich vor dem Stadttor und auf den Straßen in 32 Fähnlein aufgestellt. Sie begleiteten den Kronprinzen bis zum Quartier im Palais des Herrn Simenes an der Straße, die da hieß ›Super Marinam‹. Hier folgte ein Vorbeimarsch der Bürger, der mehrere Stunden dauerte, bei ununterbrochenem Trommelschlagen und Musketenschüssen.

23. September, Montag

S. Pac S. Hoheit der Kronprinz wohnte der Messe bei den Jesuitenpatres bei, wobei man nicht allein die herrlichen Gemälde auf den Altären, sondern auch den kunstvollen Stil der Kirche bewunderte. Wände und Fußboden waren aus genuesischem schwarzem und weißem Marmor. Es erzählten uns die Patres, daß sie der Transport aus dem fernen Land nichts gekostet hätte, da man den Marmor mit den niederländischen Lastkähnen, die mit Waren nach Genua gefahren wären, hergebracht hätte.

J. Hagenaw Der Kronprinz weilte in der neuen Jesuitenkirche zur Messe, wo er prachtvolle Marmorwände und seltene Bilder und Figuren bewunderte. Nach dem Mittagessen besichtigte er erst das Schloß, wo er einen zum Tode verurteilten Soldaten befreite, der auf der Wache einen Bauern erschlagen hatte. Danach zeigte man ihm die Stadtbefestigungen, Mauern und Wälle.

24. September, Dienstag

J. Hagenaw Der Kronprinz besichtigte eine Tapisserie-Manufaktur und begab sich anschließend in die Marienkirche,[96] wo ihn am Eingang der ganze Klerus begrüßte und in einer Prozession bis zum Chor begleitete, wo er der Messe beiwohnte. Danach bestaunte er verschiedene Altäre, die es ihrer kostbaren Bilder wegen wert waren, und auch einige Ornate, die man wie zu einem großen Feiertag bei brennenden Kerzen ausgestellt hatte. Nach dem Mittagessen traf ein Bote aus Brüssel ein und brachte Post, die aus Warschau eingegangen war. Fürst Radziwiłł verspürte erstmals Schmerzen in der rechten großen Zehe und wechselte, um Ruhe zu haben, die Herberge, wo er durch nächtliche Trinkgelage und dreiste Nachtwächter gestört worden war.

25. September, Mittwoch

S. Pac Wir sahen die Werkstätten verschiedener Maler, darunter das Haus von Rubens,[97] einem berühmten Maler, der in diesem Gewerbe alle anderen überragte. Gegen Abend kam Don Loys di Valasco, Conte di Salazar, General der spanischen Reiterei, mit zweitausend Reitern aus dem Lager von Breda an, um den Kronprinzen in eben dieses Lager zu begleiten. Er verbrachte diesen Abend bei S. Hoheit dem Kronprinzen, in voller Rüstung, wie er vom Pferd gestiegen war, ein Mann von siebzig Jahren, aber noch gut bei Leibe und ein guter Kumpan.

J. Hagenaw Die Schmerzen des Fürsten nahmen zu. Der Kronprinz besuchte nach dem Essen die Werkstätten der Maler. Gegen Abend kam Conte di Salazar, auch Don Loys di Valasco genannt, mit 2000 Mann Reiterei, um S. Hoheit den Kronprinzen in das Lager zu begleiten.

26. September, Donnerstag

S. Pac Frühmorgens um sechs machten wir uns mit diesem Konvoi auf den Weg ins Lager, weil wir sonst wegen der Niederländer

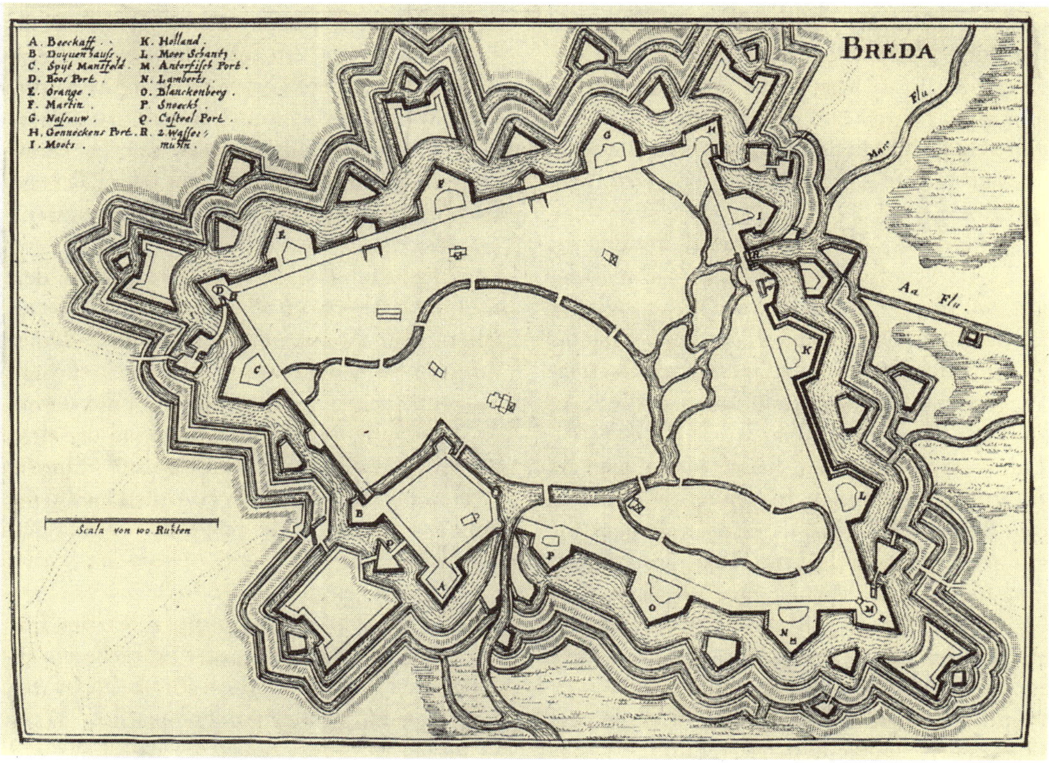

Grundriß der Festung Breda

nicht ungeschoren davongekommen wären. Diese infestierten in Exkursionen den Weg und waren so kühn, daß sie unsere Wagen am Ende des Zuges und Soldaten, die zurückgeblieben waren, entführten.

Abends, schon in der Dämmerung, als wir uns eine halbe Meile weit vom Lager befanden, kam Marchese di Spinola dem Kronprinzen entgegen und mit ihm hochgestellte Herren des Lagers. Es ließ unser Kronprinz nicht zu, daß er vom Pferd stieg, vielmehr begrüßte er ihn hoch zu Roß. Unweit des Lagers stieß zur Sicherheit Conte Henrich von Bergen mit 3000 Reitern hinzu, die zur Begrüßung aus den Musketen schossen. Als sich der Kronprinz in eine Unterkunft begab, die der Marchese extemporaneo [in Eile] hatte errichten lassen, und es war schon spät in der Nacht, schoß man aus Geschützen auf die Stadt und die Türme, was den Bürgern in der Stadt sicher nicht gefiel.[98] Ich erhielt eine Unterkunft beim Kronprinzen zugewiesen, die für Fürst Radziwiłł vorbereitet worden war. Doch der Fürst war nicht ins Lager mitgekommen, er war mit seinem kranken Fuß in Antwerpen geblieben. Ob es nun Podagra oder ein anderer Defekt war, non constat [ist nicht bekannt].

J. Hagenaw Der Kronprinz brach um sechs Uhr morgens in das Lager von Breda auf, während Fürst Radziwiłł in Antwerpen zurückblieb. Drei oder vier Stunden nach der Abfahrt des Kronprinzen machten sich einige Wagen mit Lebensmitteln auf den Weg. Als sie vom Feind überfallen wurden, lösten die Fuhrleute die Riemen, ließen die Wagen zurück und retteten sich, indem sie auf den Pferden flüchteten. Marquis di Spinola kam mit einigen hohen Feldherren dem Kronprinzen eine halbe Meile vorm Lager entgegen. Graf Montium, der die Reiterei befehligte, begrüßte den eintreffenden Kronprinzen in einer provisorischen, aber bequemen Unterkunft. Die Begleiter des Kronprinzen wurden bei verschiedenen Offizieren untergebracht. Der Kronprinz aß allein, es bedienten ihn bei Tisch Marquis di Spinola und weitere hohe Offiziere sowie die Diener des Kronprinzen. Später aß er zusammen mit allen anderen.

27. September, Freitag

S. Pac Nach einem zeitigen Mittagessen machte sich der Kronprinz in Begleitung von di Spinola und weiteren hohen Herren auf den Weg, um vor der Stadt die Fortifikation zu besichtigen, die von di Spinola selbst errichtet worden war. Im ersten Quartier, das di Spinola selbst befehligte, demonstrierte sich das Fußvolk und grüßte mit Salutschüssen. Gleich darauf wurde aus 30 Kanonen auf die Stadt geschossen, wobei man einen nicht geringen Schaden anrichtete. Aber auch in der Stadt schlief man nicht; sie antworteten uns vortrefflich, so daß uns die Kugeln um die Ohren flogen. Eine schlug ein paar Schritte vor dem Kronprinzen und di Spinola ein, und im Pferdestall wurde einem Pferdeknecht durch eine Kugel ein Bein abgerissen, und es erlitt mein Lieblingspferd, ein wertvolles Tier, am Hinterbein eine Wunde, so daß ich es hier zur Kur zurücklassen mußte. Es besichtigte der Kronprinz an diesem Tag nicht einmal die Hälfte der Trincieri [Schanzen].

J. Hagenaw Der Kronprinz wünschte, die Stellungen um die Stadt zu besichtigen, hatte aber nach sieben Stunden kaum die Hälfte gesehen. Bei Sonnenuntergang erschien der Bürgermeister von Antwerpen mit mehreren Magistratsherren (wie sie hier genannt wurden) und einem Pensionär, um den Fürsten zu begrüßen. Er bat um die Erlaubnis, mit den Herren ins Schlafgemach eintreten zu dürfen. Hier wandten sich alle voller Erwartung dem Pensionär zu, der eine Ansprache halten sollte. Dieser begann seine Rede mit hochtrabenden Worten zu Ruhm und Ehre des Fürsten. Als der Redner jedoch in höchsten Tönen reden wollte, kippte seine Stimme um, und er verstummte. Als er auf diese Weise kaum sechs oder sieben Worte herausge-

Ambrogio di Spinola

bracht hatte, schien er verwirrt und beschämt. Wortlos zog er sich zurück, und der Bürgermeister sprang für ihn ein und beendete stockend die Rede. Der Durchlauchte Fürst dankte ihm, sagte höfliche Worte und entließ die Leute. Im Lager wurde eins der Pferde, mit denen der Kronprinz ins Lager gekommen war, im Stall durch eine Kugel, die von der Stadt Breda abgeschossen worden war, getötet, und ein Pferd, das Herrn Pac gehörte, verwundet. Eine weitere Kugel flog mit lautem Zischen in der Nähe des Kronprinzen vorbei, so daß wir uns schnell entfernten.

28. September, Samstag

S. Pac Da S. Hoheit der Kronprinz jedes Ding in der Fortifikation exquisitius [genauer] betrachten wollte, machte er sich mit di Spinola und einigen höheren Herren auf den Weg, wogegen wir mit weiteren Kavalieren in eine andere Richtung aufbrachen.[99] Es führte uns Principe de Chivay überall dorthin, wo etwas zu sehen war, und er erwies uns während der ganzen Zeit unseres Aufenthaltes im Lager eine große Herzlichkeit, auf Weisung seiner Herrin, die wir in Brüssel oft besucht hatten. Wir verbrachten an diesem Vormittag mindestens fünf Stunden bei der Besichtigung der Schanzen, wobei wir ein schönes Stück Weg zurücklegten. Es war ein großes Gelände, gute vier Meilen, mit vier Quartieren, dem Lager und den Schanzen. Das erste Quartier befehligte in Vertretung von di Spinola Johann Graf zu Nassau, der Brudersohn von Moritz von Oranien, der aus persönlichen Gründen die Gesellschaft seines Bruders und der Niederländer quittiert und sich den Spaniern angeschlossen hatte. Das zweite Quartier stand unter dem Kommando von Monseigneur di Ballazon, das dritte von dem Mailänder Baglioni,[100] das vierte Quartier von Conte d'Issembuch mit seinen Deutschen. Überall sah man vor der Stadt und im Vorfeld mächtige Schanzen,[101] fiel eine untadelige Ordnung, Ruhe und Sauberkeit auf, so gar nicht nach polnischer Manier. Wir besichtigten dann die Vorratslager für Lebensmittel, wo jeden Tag 17000 Brote gebacken wurden, die man den Soldaten gegen Entgelt abgab. Hierselbst gab es acht große Brauereien, in denen tagtäglich Bier für die Soldaten gebraut wurde, und Eisenöfen, in denen man unterwegs Brot backen konnte. Erstaunlich, welche Ordnung hier überall herrschte. Verantwortlich für die Lebensmittel war ein braver Mann, den die Spanier General de los biuzes nannten, also Hauptmann für Lebensmittel. Dieser aber hatte Beamte unter sich, die sich um eine amusim [genaue] Ordnung bei Erwerb und Verteilung dieser Lebensmittel sorgten, alles besonnene Männer und stipendiati [auf Sold]. Das Heer steht in hoher Achtung, denn die Spanier pflegen den guten Brauch, daß sie, bevor sie einen Krieg beginnen, vorher alles gut überlegen und sich auf ihn gut vorbereiten. Und vor allem kümmern sie sich um Lebensmittel und übertragen diesen Auftrag ganz offiziell einem ehrlichen

Mann, von dem sie wissen, daß er sie nicht enttäuscht. Indem sie ihm vorzeitig, noch bevor sie in den Krieg ziehen, eine stattliche Summe geben, damit er Lebensmittel beschafft, lagert er diese in den nächstgelegenen Städten, um später, wenn die Quartiere aufgeschlagen sind, andere günstige Stellen für Backöfen und Brauereien auszumachen. Und sie transportieren, was sie brauchen, ins Lager. Ich mußte damals, nicht ohne Lachen, an unsere Proviantmeister denken, die vor ein paar Jahren für unser Heer bei Mitawa[102] Lebensmittel herbeiführten. Aber was es auch immer für Menschen gewesen waren, die sich darum gekümmert hatten, so kam noch hinzu, daß kein Soldat und auch kein ausländischer Söldner Essen gegen Bezahlung haben wollte. Vielmehr zogen jene es vor, sich von dem zu ernähren, was sie unseren Bauern unentgeltlich wegnahmen. Wodurch sowohl die Gelder der Schatzkammer als auch die Lebensmittel dahin waren.

Erwähnenswert ist: Als S. Hoheit der Kronprinz mit di Spinola, Valasco und Gonzalo de Córdoba (wie schon gesagt) die Schanzen besichtigte, eilte ein Spion herbei und meldete, daß Moritz nur noch eine halbe Meile vom Lager entfernt sei. Spinola ließ sich dadurch nicht aus der Ruhe bringen und sagte auf italienisch: Che veniga! [Soll er kommen!] Man läutete im Lager auch keinen Alarm und vermied jede Aufregung. Spinola war sich der Sache sehr secura [sicher], daß der Feind, gegen welches Quartier er sich auch wandte, alles in Bereitschaft und der notwendigen Resistenz vorfand. Allein dem Kronprinzen sagte er, er solle sich ein wenig beeilen, weil seine Anwesenheit im Lager vonnöten sei, um Kommandos zu erteilen, wenn Moritz eintreffen sollte, den Spinola immer mit honorificentissima mentio [größter Hochachtung] erwähnte.

Bei der Besichtigung der Fortifikationen räsonierten die Heerführer darüber, aus welcher Richtung ein Angriff gegen die Feste und an welcher Stelle er wohl am geeignetsten wäre. Sie ersuchten auch den Kronprinzen um Rat und approbierten, als jener sich dazu äußerte, seine Meinung. Gleich befahlen sie, an dieser Stelle Kräfte zu konzentrieren, und nannten die Schanze forte del principe di Polonia [Schanze des polnischen Kronprinzen].

J. Hagenaw Der Kronprinz besichtigte den Rest des Lagers, entließ aber in Sorge um ihre Sicherheit alle, die sich ihm aus Hochachtung angeschlossen hatten, Grafen und Bedienstete, um die Gesellschaft nicht dem feindlichen Beschuß auszusetzen. Fürst Radziwiłł begab sich um sechs Uhr morgens nach Brüssel. Er war kaum in der Stadt angelangt, als er von Herzog de Croy und Graf Emden besucht wurde. Auch die Allergnädigste Infantin schickte jemanden und ließ nach seiner Gesundheit fragen. Aus gleichem Grund eilte Herzog Philipp Karl d'Arescot herbei. Fürst Radziwiłł hatte sich jedoch schon zur Ruhe begeben, und so kehrte jener nach Haus zurück, ohne ihn zu begrüßen.

29. September, Sonntag

S. Pac Das letzte, was im Lager zu besichtigen lohnte, waren Schanzen, aus denen man mit Musketen gegen die feindlichen Befestigungen schoß. S. Hoheit der Kronprinz verzichtete auf eine Fahrt, weil er in den letzten Tagen die Beine überanstrengt hatte und diese jetzt anschwollen. Der Besichtigung schlossen sich nur einige unserer Herren an.

Im Lager erwies man allen Begleitern des Kronprinzen große Ehren. Wir saßen ständig mit Spinola und anderen hohen Herren an einem Tisch, wo wir eine Menge Diskurse führten. Dazu gaben uns die Herren selbst Gelegenheit, indem sie uns nach den polnischen Rittern und ihrer Art zu kämpfen fragten. Es ergab sich, daß sie uns auch nach unseren Husaren und Lanzenträgern fragten, wie es wäre, wenn sie zu Pferde kämpften. Wir berichteten es ihnen. Daselbst sagte Spinola zu Conte Henrik von Bergen, was er wohl gegen eine so mächtige Reiterei aufbieten wolle. Es antwortete ihm der Conte, daß er gegen die Lanzenträger Reiter mit langen Flinten aufzustellen gedenke. Trabten dann die Lanzenträger an, geruhte er zu befehlen, aus den Flinten auf jene zu schießen, und damit glaubte er, die Lanzenträger zu vernichten. Ich lachte zu dieser seiner Äußerung, und sie fragten mich, warum ich lachte. Ich sagte, wir wären mit S. Hoheit dem Kronprinzen erst vor kurzem beim bayrischen Kurfürsten[103] gewesen, der uns eine großartige Jagd präsentiert hätte. Man trieb uns mehrere hundert Stück Tiere zu, Rehe und Hirsche, und wir schossen aus eng beieinander aufgestellten Hütten auf sie. Doch trotz heftiger Schießerei einer so großen Jagdgesellschaft blieben nur einige wenige Tiere auf der Strecke. Die übrigen kamen, manche zwar angeschossen, davon. Doch trifft ein Lanzenträger auf einen Schützen, dann ist das wohl viel gefährlicher als bei einem Zusammentreffen mit einem Tier. Wenn bei einer Jagd von zweihundert Stück Wild so wenige Tiere Schaden erfuh-

Ausschnitt aus einem Schlachtenbild

ren, was sollten dann die Flinten einem Gepanzerten auf einem guten Pferd anhaben; sie könnten zwar einen aus der Reihe vom Pferd werfen oder ein Reittier töten, doch wenn sie das Fähnlein nicht trafen und den Schwung nicht aufhielten, fielen die Gepanzerten mit den Lanzen über sie her (wie es in Livland[104] erst vor kurzem geschah). Was ich aber nach der preußischen Expedition nicht so sicher gesagt hätte.[105]

30. September, Montag

S. Pac Als es hell wurde, verließen wir das Lager und kehrten nach Antwerpen zurück. Spinola begleitete S. Hoheit den Kronprinzen eine kurze Strecke aus dem Lager und kehrte dann wieder um. Don Valasco blieb bei uns mit dem gleichen Reiterregiment. In Antwerpen kamen wir am frühen Abend an. Unterwegs sahen wir wiederholt feindliche Fähnlein, doch sobald man eine Abteilung gegen sie schickte, zogen sie sich zurück. Trotzdem raubten sie uns unterwegs einen Mann, der den Zug verlassen hatte, um seine Notdurft zu verrichten. Ein Beweis, wie mutig die niederländischen Bauern waren.

OKTOBER

1. Oktober, Dienstag

J. Hagenaw Der Kronprinz besuchte in Antwerpen eine hohe Klosterfrau,[106] die einst Begleiterin der heiligen Mutter Therese gewesen war. Er wurde aber bald erkannt, denn eine andere Nonne, eine heilige Frau mit der Gabe der Wahrsagung, prophezeite ihm, Nachfolger seines Hohen Vaters, der Königlichen Majestät, zu werden. Fürst Radziwiłł wurde am linken Arm die zweite Ader geöffnet. Es besuchten ihn: Graf Emden und am Nachmittag der Apostolische Nuntius.

2. Oktober, Mittwoch

S. Pac Nach Brüssel kehrten wir den halben Weg auf Flußkähnen zu Wasser und den anderen halben mit Kutschen zurück. Die Infantin empfing Seine Hoheit den Kronprinzen voller Freuden und sorgte sich sehr um seine Wunde am Fuß, die wegen ständiger Belastung nicht verheilen wollte. Und sie bat ihn, sich so lange nicht aus dem Bett zu rühren, bis der Fuß wieder in Ordnung wäre, weil Arbeit und Umherspazieren die Heilung verzögerten. Als auch wir anderen S. Hoheit den Kronprinzen darum baten, blieb er zehn Tage im Bett, bis er wieder ganz gesund war. Zwischendurch empfing er häufig den Besuch der Allergnädigsten Infantin.[107]

3.–7. Oktober, Donnerstag – Montag.

J. Hagenaw S. Hoheit der Kronprinz kehrte aus Antwerpen nach Brüssel zurück. Der Kurier Andrzej traf aus Polen ein und brachte Briefe mit. Der Kronprinz blieb einige Tage im Bett, um seinen Fuß auszuheilen. Die Allergnädigste Infantin besuchte den kranken Kronprinzen. Fürst Radziwiłł aß mit weiteren Herren aus dem Gefolge des Kronprinzen zu Abend bei Graf de Noyelles.

8. Oktober, Dienstag

A. S. Radziwiłł Überall brachte man dem Kronprinzen Freundschaft entgegen, so auch hier. Er besuchte auch das Heer, was ich wegen Krankheit in den Beinen nicht konnte. S. Hoheit der Kronprinz war casu [durch Zufall] am Fuß verletzt worden, und da er diesen nicht schonte, konnte er bis dato nicht abreisen. Wir hoffen jedoch, in drei Tagen nach Italien aufzubrechen.

J. Hagenaw Es fand bei den Jesuitenpatres die Beatifikation des Gebenedeiten Vaters Borgia[108] statt. Die Allergnädigste Infantin sorgte selbst für die Ausstattung des Altars mit überaus kostbaren Dekorationen und nahm auch an den Feierlichkeiten und Zeremonien teil.

Fürst Radziwiłł aß bei Fürst de Croy zu Mittag. Um die Wunde zu heilen, die sich der Kronprinz bei der Ankunft zugezogen hatte, verblieb dieser nach der Rückkehr aus dem Lager die ganze Zeit im Bett und ließ sich Schröpfköpfe ansetzen.

9. Oktober, Mittwoch

J. Hagenaw Da der Kronprinz seine Beine wieder gesunden fühlte, spazierte er im Zimmer herum.

10. Oktober, Donnerstag

S. Pac S. Hoheit der Kronprinz consolidato vulnere lectum reliquit [verließ nach Heilung der Wunde das Bett] und weilte am gleichen Abend bei Herzog Arschot zu Tanzvorführungen.

J. Hagenaw Es fanden bei Herzog Arschot nächtliche Tänze in Anwesenheit des Kronprinzen und seines Hofes statt. Kardinal Cueva, Legat des Königs von Spanien, besuchte wiederholt S. Hoheit den Kronprinzen. Und als Fürst Radziwiłł eines Tages den Kardinal aus dem Zimmer geleitete, faßte letzterer den Arm des Fürsten, auf daß ihn jener nicht zu schnell verließ, suchte nach einer Unterhaltung, stellte Fragen und ließ ihn erst an der Treppe frei.

11. Oktober, Freitag

J. Hagenaw Herr Nagot verteilte im Namen S. Hoheit des Kronprinzen unter den Beamten der Allerdurchlauchtesten Infantin goldene Halskettchen mit dem Bildnis des Allergnädigsten Kronprinzen.

12. Oktober, Samstag

J. Hagenaw Die Allerdurchlauchteste Infantin überließ dem Gefolge S. Hoheit des Kronprinzen folgende Geschenke: für Fürst Radziwiłł eine Goldmedaille (wie man sie hier nannte), die durch wertvolle Steine und Größe auffiel; eine ähnliche, aber kleinere erhielten die Herren Żółkiewski, Denhoff und Kazanowski; den übrigen Reiseteilnehmern und auch der Dienerschaft des Kronprinzen wurden goldene Kettchen übergeben.

13. Oktober, Sonntag

S. Pac Am Vorabend unserer Abreise brachte man uns im Auftrag der Infantin verschiedene Andenken: dem Gnädigsten Fürsten, mir, dem Starosten von Kaluga, den Herren Denhoff und Kazanowski, jedem seiner Stellung entsprechende mehr oder weniger kostbare Schmuckstücke. Dem übrigen Gefolge verboten wir zuerst eine Annahme von Geschenken, gaben dann aber angesichts einer so hochgestellten Herrin nach. Am gleichen und auch noch am nächsten Tag überreichte man als Gegengabe Andenken an die Hofherren, den Stallmeister[109] und weitere Offizielle, um sie zu reverendo [ehren], ebenfalls Kostbarkeiten, teure Ringe, während das niedrigere Gefolge mit roten Złoty[110] abgefunden wurde. Insgesamt hatte alles in allem einen Wert von über 10000 Złoty.

S. Hoheit der Kronprinz erhielt am gleichen Tag von der Infantin auch verschiedene Galanterien zur Erinnerung, jedoch von nicht allzu großem Wert.

Der Durchlauchte Fürst, ich und der Herr Starost von Kaluga machten uns auf, uns von den edlen Damen, unter Beachtung des dortigen Brauches eines Abschiedskusses, zu verabschieden, von allen, wie sie kamen, Damen und Fräuleins, schönen und häßlichen, jungen und alten. Anders ging es nicht, fing man einmal zu küssen an, dann mußte man alle, die sich im Zimmer befanden, mit Küssen traktieren, ohne eine auszulassen, was nicht allen unseren Herren angenehm war. S. Hoheit der Kronprinz, der den Damen ebenfalls seine Courtoisie bezeugen wollte, besuchte am Abend bei Herzog de Croy das Ballett, was ihm die Sympathie der anwesenden Damen einbrachte. Zweimal weilten wir bei diesem Herzog zum Ballett, gleich nach unserer Ankunft und zum Abschied. Er war hier als ein sehr nobler Herr bekannt, und was ad commendationem primarie [vor allem zu empfehlen] war, er besaß eine anmutige und kluge Ehefrau, wie es in diesem Lande keine zweite gab. Der Edelmann war deshalb auch sehr zelosus [eifersüchtig], was ihn angeblich das Leben kostete. Denn wenige Wochen nach unserer Abreise schoß man in seinem eigenen Haus auf ihn, als er aus seinem Zimmer kommend durch den Flur zum Alkoven seiner Frau gehen wollte, und traf ihn tödlich. Obgleich sofort ein Inquisition durchgeführt wurde, konnte der Gattenmörder nicht entdeckt werden. Der Getroffene selbst gab, bevor er seinen Geist aushauchte, zwei Ursachen für seinen Tod an: Entweder mißgönne ihm jemand sein Amt (er war Großschatzmeister) oder seine Frau, die jedermann sehr gefiel. Daß sie die Anstifterin gewesen sein sollte, wollte niemand glauben, besaß die Edeldame doch eine integra fama [untadelige Reputation].

A. S. Radziwiłł Sobald der Kronprinz wieder genesen war, besichtigten wir Antwerpen. Und in allen Dörfern und Städten, in denen wir weilten, entließ man alle Gefangenen in Freiheit, obgleich der Kronprinz gar nicht darum gebeten hatte. In Antwerpen besuchten wir einige Maler. Inzwischen erlitt ich einen Anfall von Podagra, so daß ich mich in die Herberge tragen lassen mußte. Hier wartete ich, bis der Kronprinz aus dem belagerten Breda zurückkehrte, wo er im Lager von Spinola, dem Feldherrn der spanischen Truppen, königlich empfangen wurde. Breda wurde später erobert.[111] Moritz, Heerführer der Niederländer, war damals sehr niedergeschlagen, weil es ihm in der Nacht nicht gelungen war, Antwerpen zu überrumpeln. Die Niederländer hatten Boote und Leitern vorbereitet, wählten eine finstere Nacht und waren schon dabei, die Mauern hochzuklettern, als der Wind ein Boot bewegte und die spanischen Wachposten aufmerksam wurden. Als jene nach der Parole fragten und keine Antwort erhielten, gaben sie Feuer. Die dadurch alarmierte Besatzung eilte herbei, um sich zu verteidigen. Die Angreifer ließen die Leitern zurück und suchten ihr Heil in der Flucht. Seltsam, daß man in Brüssel von dem Anschlag der Niederländer wußte und auch unseren Leuten davon erzählte, unsere Herren dagegen nicht darauf aufmerksam machte, daß die Einwohner gegenüber den Spaniern feindlich eingestellt waren, vor allem gegen Kardinal Queveda,[112] der als Botschafter hier lebte. Als es in seinem Haus zu brennen anfing, leisteten sie nicht die geringste Hilfe, schleppten auch kein Wasser heran und verhinderten, daß gelöscht wurde.

Nach der Besichtigung des Schlosses, der Kirche und weiterer Sehenswürdigkeiten kehrte der Kronprinz aus Antwerpen nach Brüssel zurück. Ich selbst reiste mit einem Flußkahn. Isabella schickte uns vor der Abreise Geschenke, und auch der Kronprinz verteilte unter der Dienerschaft der Infantin viele Goldkettchen mit seinem Bildnis.

14. Oktober, Montag

S. Pac Nach dem Morgenmahl versammelten sich S. Hoheit der Kronprinz und mit ihm wir alle zur Verabschiedung bei der Infantin, die ihn nur schweren Herzens so bald entließ (obwohl wir uns fast sechs Wochen bei ihr aufgehalten hatten, die Zeit in Brüssel und den Aufenthalt im Lager mitgerechnet). Nach dieser Zeremonie verließen wir Brüssel, begleitet von Herzögen und dem gesamten Hof, dem man zugestehen mußte, daß es in Hinsicht auf die große Zahl von Edelleuten und Kavalieren, von Sitten, Konversation, menschlichem Entgegenkommen und reicher Bewirtung keinen seinesgleichen gab. Hatten wir von seiten des Hofes eine große Satisfaktion erfahren, so hatten wir uns aber auch bemüht, daß man mit uns zufrieden war.

Am Abend langten wir in Nivelles (Nijvel), einer Stadt in Brabant, an, wo die Bevölkerung S. Hoheit den Kronprinzen freudig begrüßte. Nach dem Abendessen mit Fürst Arschot und de Croy und unseren Herren begaben wir uns zu den Kanonissinnen, wo wir einen angenehmen Abend mit Tanz erlebten.

König Philipp II. von Spanien

Es gibt in den Niederlanden gewisse Orte, die für die Kanonissinnen eingerichtet sind. An diesen bringen wohlhabende Familien ihre Töchter, vor allem wenn sie mehrere haben, unter, die hier eine Ausbildung und Erziehung erfahren. Ad votum castitatis [zum Gelübde der Reinheit] werden sie nicht obligiert, im Gegenteil, ordinarie [gewöhnlich] heiraten sie bald, weil es den Freiern erlaubt ist, sie zu besuchen und um sie zu werben, Musikanten mit sich zu führen, die ganze Nacht zu tanzen und andere ergötzliche Spiele zu treiben. Sobald es aber Tag wird, müssen sie in die Kirche gehen und publice zur Morgen- und Nachmittagsmesse singen. Begleitet werden sie von älteren adligen Damen. Ihre Kleidung erinnert an ein Nonnengewand, aber nicht ganz. Vor dem Tanz ziehen sie sich um, manche tragen dann weltliche Kleider und kostbaren Schmuck, andere legen nur den Umhang ab und tanzen im kanonischen Gewand. Hier werden nur die Frauenzimmer aufgenommen, die die Erlaubnis der Infantin besitzen, denn es geht bei der Ausbildung und beim Spiel, ut credere fas est [was zu glauben ist], hochsittsam zu, und die Eltern kostet es nichts. Es fanden sich unter den Kanonissinnen viele Frauenzimmer aus hochgeachteten Häusern. Auch die Tochter unseres Begleiters Conte de Noyelles hielt sich hier auf. Jener war es auch, der uns zum Tanz hergeführt hatte und der mit seiner Tochter den Tanz eröffnete. Die Herzöge verabschiedeten S. Hoheit den Kronprinzen an dieser Stelle und kehrten nach Brüssel zurück. Wir aber setzten unseren Weg fort.[113]

15. Oktober, Dienstag

S. Pac Gegen Mittag kamen wir in Mariemont an, einem ergötzlichen Ort, den Herzögen von Brabant zur Belustigung gewidmet. Es befand sich hier ein alter Bau in Form eines Kastells, umgeben von Gräben, wie man sie in den Niederlanden auf dem Land zu bauen pflegte. Man veranstaltete eine Hirschjagd, doch am vergnüglichsten war die Jagd auf Kaninchen. S. Hoheit der Kronprinz verbrachte nach dem Mittagessen den Rest des Tages hier. Es empfing uns Herzog Charles d'Aumale, der hiesige Gouverneur, und bewirtete uns sollemniter [feierlich] mit auserlesenen Speisen, wie wir sie nirgends besser gegessen hatten. Und sicherlich excellunt [überragen] sie damit andere Nationen.

16. Oktober, Mittwoch

S. Pac Nach dem Frühstück reiste S. Hoheit der Kronprinz ab, nach Verabschiedung von jenem Herzog und dem Stallmeister der Infantin, der uns mit Pferden und Kutschen seiner Herrin nach Mariemont gebracht hatte. Nachdem der Stallmeister abgefahren war, machten wir uns mit gemieteten Kutschen auf den weiteren Weg. Es begleiteten uns bis an die Grenze unser Begleiter, Conte de Noyelles, und einige Proviantmeister mit ein paar Mauleseln, die mit allem Notwendi-

Kaiser Karl V.

gen beladen waren. Alias [ansonsten] hätten wir bei der Fahrt durch das ausgezehrte, durch Krieg verwüstete Land sehr gelitten.

An diesem Tag erreichten wir am Abend (weil wir den ganzen Tag ohne zu speisen gefahren waren) Philippeville, eine Festung, von Philipp II.,[114] dem spanischen König, errichtet und nach ihm benannt. Empfangen wurden wir vom dortigen Gouverneur, Monsieur de Corrieres.

J. Hagenaw Man kam nach einem eilig eingenommenen Mittagsmahl ohne sonstige Unterbrechung in Philippeville an. Es war dies eine Fortifikation, die vor französischen Überfällen schützen sollte, denn sie war hoch auf einem Berg errichtet und wachte über das ausgebreitete flache Land. Der Besitz gehörte zu Liége, und Besitzer war der spanische König. Man kam spät in der Nacht an, mit einer starken militärischen Eskorte. Die Wagen mit der Dienerschaft aber verspäteten sich wegen der Unkenntnis der Wege und der tiefen Dunkelheit und trafen erst lange nach dem Kronprinzen ein.

17. Oktober, Donnerstag

S. Pac Am Morgen begab sich Seine Hoheit der Kronprinz auf die Wälle, um die Festung zu besichtigen. Der Gouverneur ließ das Fußvolk exerzieren und Salut schießen, wobei ein einfacher Soldat zu Schaden kam, dem die Muskete beim Schießen einen Arm abriß, so daß dieser nur noch an einem Fetzen hängenblieb und vom Feldscher abgetrennt werden mußte. S. Hoheit der Kronprinz bedauerte das sehr und gab ihm das Geld zur Entlohnung des Feldschers.

Wir fuhren nach dem Frühstück los und kamen zur Nacht in Givet[115] an. Vorher waren wir kurz vom Weg abgewichen, um die stattliche Burg zu sehen, die Karl V.[116] anlegen und nach seinem Namen, wie auch den Ort selbst, Charlemont nennen ließ, weil sie auf dem hohen Fels selbst mit arte [Kunst] ganz sicher inexpugnabilis (uneinnehmbar) war.

J. Hagenaw Als der Kronprinz beim hiesigen Gouverneur frühstückte, kam eine Abteilung Musketiere in Kampfordnung anmarschiert. Sie gaben zu Ehren des Kronprinzen Salutschüsse ab, wobei einem schon sechzigjährigen Soldaten der Arm abgerissen wurde. Worauf der Kronprinz dem Opfer mit einer Gabe zur Hilfe kam. Gegen Abend erreichte man Givet. Die Stadt liegt an der Maas, und über ihr erhebt sich auf einem hohen, unzugänglichen Fels eine Burg, die man Carolimontum nennt, wegen ihrer starken Befestigungen und dem schwer zugänglichen Gelände. Der Kronprinz besuchte sie zu Pferde, vom Ortskommandanten begleitet. In der Herberge ›Zum Satyr‹ wurde Quartier bezogen.

18. Oktober, Freitag

J. Hagenaw Nach der Messe in Givet erreichte man gegen Mittag Mauvorsin. Das Dorf, an einer unfruchtbaren, waldreichen

Stelle gelegen, bereitete dem Kronprinzen ein nur mageres, wenig schmackhaftes Essen. Am Abend kam der Kronprinz in Palizeul im Gasthof ›Zur Krone‹ unter, während die übrigen an anderen Stellen übernachteten. Ein Bewohner dieser Stadt hatte kurz vor unserer Ankunft seine Magd so furchtbar geschlagen, daß alle sie für tot hielten. Doch als der Medikus des Kronprinzen[117] ihren Puls fühlte, stellte er fest, daß sie noch lebte. Er flößte ihr Arznei ein, worauf sie wieder zu Sinnen kam.

19. Oktober, Samstag

J. Hagenaw Nach der Messe in Palizeul, wo die Einwohner ihre Kirche wie eine Burg hüteten, wurde im Dorf Bertrix zu Mittag gegessen. Die Nacht verbrachten wir in Neufchâteau. Während das Abendessen vorbereitet wurde, ging der Kronprinz Vögel jagen.

20. Oktober, Sonntag

S. Pac Mittagessen in Abbé, Nachtlager in Longwy.[118] Hier verabschiedete sich unser Begleiter, Conte de Noyelles, der dem Kronprinzen und seiner ganzen Gesellschaft sehr zugetan gewesen war. Aber auch wir waren sehr zufrieden mit ihm gewesen. Der Graf war ein überaus umsichtiger, artiger Kavalier, der sich der Aufgabe, die ihm seine Herrin übertragen hatte, als überaus würdig erwiesen hatte. Von dieser Übernachtungsstelle ging es direkt nach Lothringen. S. Hoheit der Kronprinz, der einem Besuch beim lothringischen Herzog[119] ausweichen und die Schweizerischen Alpen vor Einbruch des schlechten Wetters schnell überwinden wollte, entschloß sich, mit nur wenigen Begleitern mit der Post nach dem Elsaß vorauszueilen, wo Erzherzog Leopold[120] wartete. Den Kronprinzen begleiteten der Durchlauchtige Fürst, Herr Denhoff und Herr Kazanowski. Ich, der Herr Starost von Kaluga und andere sowie die Dienerschaft folgten dem Kronprinzen in unseren Kutschen.

J. Hagenaw Das Mittagessen wurde im Dorf Abbé zubereitet. Hier leerte Graf de Noyelles beim Essen einen Becher Wein auf die Gesundheit des Herrn und der Dame von Abbé, worauf der Kronprinz dankte und Herrn de Olivarez[121] zutrank. Von der Neuigkeit und der unerwarteten Gnade tief gerührt, fiel dieser auf die Knie, vor Freude so ergriffen, als hätte er das Königreich Spanien zum Geschenk erhalten. Im Herrn und der Dame von Abbé wollte Graf de Noyelles den König und die Schwester des Königs von Spanien verstanden sehen, war doch das Dorf an der Grenze der letzte Besitz der spanisch-belgischen Länder. Von hier beabsichtigte Graf de Noyelles, mit Erlaubnis des Kronprinzen, samt seinen Leuten nach Brüssel zurückzukehren. Überredet, begleitete er den Kronprinzen jedoch noch bis nach Longwy, wo der Kronprinz mit seinem Gefolge im Gasthof ›Zum Hirschgeweih‹ unterkam.

21. Oktober, Montag

S. Pac S. Hoheit der Kronprinz wich kurz vom Weg ins Franzosenland ab, um die Stadt Metz[122] zu besichtigen, die nach der langen Belagerung durch Kaiser Karl V. berühmt geworden war. Er konnte sie aber nicht erobern und zog sich nach dem Verlust von 40000 Mann wieder zurück. Am Stadttor wollte man S. Hoheit den Kronprinzen und seine Begleitung nicht einlassen, wohl deshalb, weil jeder eine rote Schärpe trug, was ein Zeichen der spanischen Fraktion war, wo doch zu gleicher Zeit zwischen Spaniern und Franzosen ein neuer Streit um Valtellina[123] ausgebrochen war, der bis auf den heutigen Tag andauert. Als sie aber erfuhren, daß es venturieri [reisende] Polen waren, ließ man sie auf eine Lizenz des Stadtoberhauptes, auf die man aber eine Stunde am Tor warten mußte, in die Stadt hinein. Dort übernachteten sie in der Herberge ›Zum kleinen Mohren‹. Es ist der Gasthof erwähnenswert, weil in ihm S. Hoheit der Kronprinz als auch später wir, die wir den gleichen Weg nahmen, exquisite traktiert wurden, obgleich wir auch exquisite bezahlen mußten.

A. S. Radziwiłł Wir fuhren den Luxemburger Trakt über sumpfige Stellen bis nach Metz, einer französischen Stadt. Um den lothringischen Herzog zu meiden, eilte der Kronprinz mit der Post, wie es hier heißt, voraus. Vor den Toren von Metz wurden wir aufgehalten, sechs Personen: der Kronprinz, ich, Denhoff, Kazanowski, Hagenaw – mein Diener – und Melchior, der Chirurgikus. Wir wunderten uns sehr, als uns nicht gleich der Einlaß gewährt wurde, und bemerkten nicht, daß wir die Säbel in rotem Atlas trugen, der Farbe der Spanier. Als dann ein Musketier auf den Kronprinzen zutrat und sagte, daß er ihn erkenne, erschraken wir sehr, aber der Kronprinz fertigte ihn mit der Antwort ab, ein sächsischer Rittmeister zu sein, was wir auch

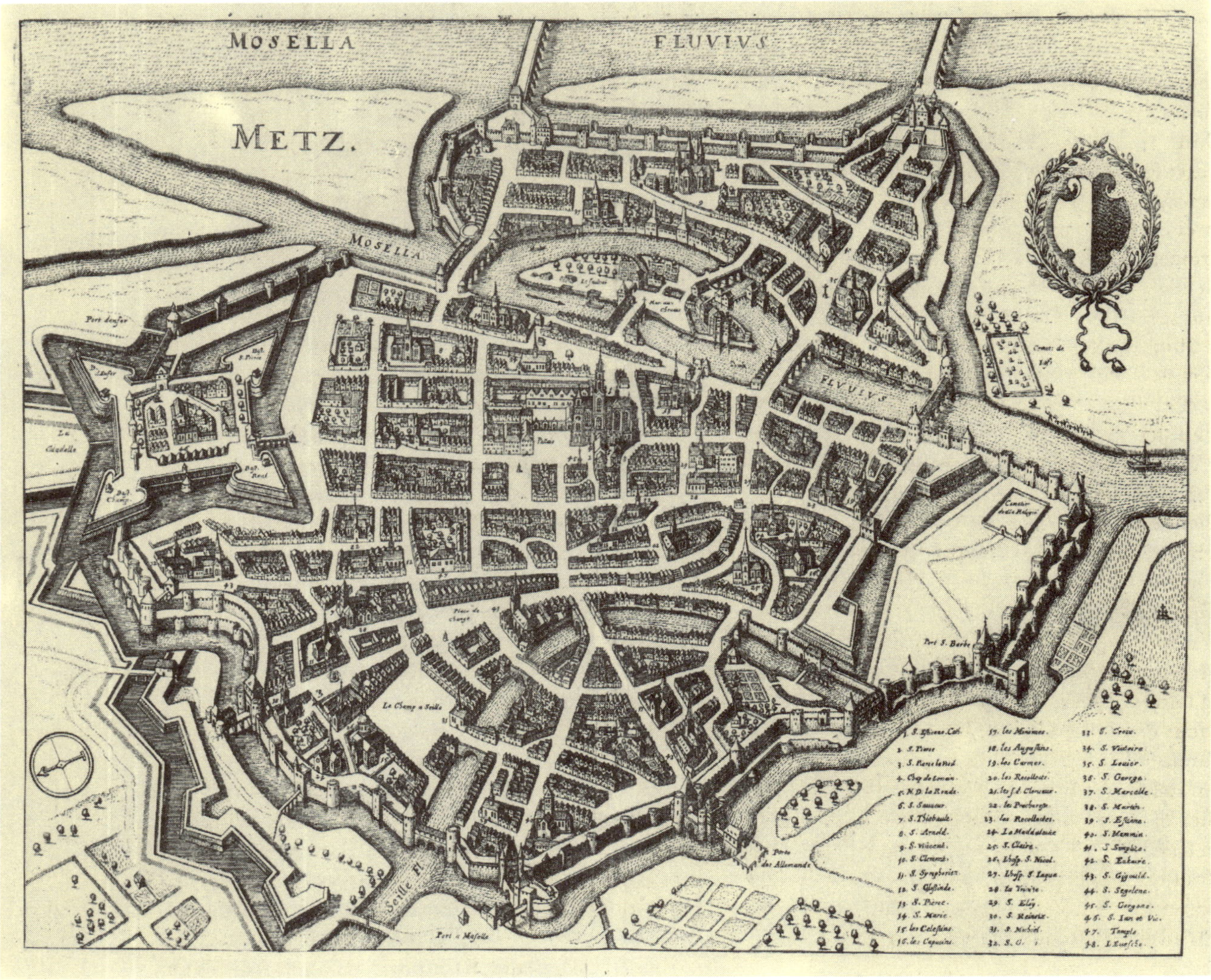

Stadtplan von Metz

bestätigten. Danach lachten wir lange über den einfältigen Mann, der uns aufs Wort geglaubt hatte. Wir übernachteten in Metz und fuhren am Morgen mit frischen Pferden schnell fort. Nach einer Meile trafen wir einen Soldaten, der in der Stadt einquartiert war. Wir hielten ihn an, und der Kronprinz trug ihm auf, den Gouverneur di Lavalle zu grüßen und ihm auszurichten, daß wir in Metz ohne sein Wissen und entgegen seiner Wachsamkeit übernachtet hatten. Der Mann war sehr erstaunt und versprach, alles getreulich auszurichten.

J. Hagenaw Der Kronprinz verabschiedete Graf de Noyelles, Baron Bullers und die übrigen, die nach Brüssel zurückkehrten. Dann nahm er die Post und begab sich mit Fürst Radziwiłł, den Herren Denhoff und Kazanowski (von der Dienerschaft fuhren nur zwei Personen mit, der Chirurgikus des Kronprinzen und ich) nach Metz. Der Rest seines Gefolges kam mit dem Gepäck in Kutschen langsam nach. Die Post fuhr erst nach Neurvallum, dann wechselte man die Pferde in Filiers, wo es auch ein mageres Frühstück gab, und erreichte dann Conflan.[124] Hier einigte man sich, weil man vom üblichen Weg, der direkt nach Nancy führte, zur Stadt Metz einen Umweg machen mußte, auf den fast dreifachen Betrag für die Post und für Nachtzuschläge für die Pferde, und so langte man zwischen vier und halb fünf Uhr in Metz an. Hier wurden wir nach der Nationalität befragt, und man ließ uns über die Brücke passieren. Als wir uns jedoch anschickten, durch das Tor zu fahren, hinderte uns die Wache daran, rief nach einem Offizier, den man Capporale nannte. Dieser fragte mit gerunzelter Stirn, um sich in saturnische Position zu setzen, welcher Herkunft wir wären, woher wir kämen, welche Interessen wir verfolgten, ob wir Briefe zu überreichen gedächten. Und dieses waren die Antworten, die er erfuhr: Wir wären zwei polnische Schlachtschitzen und zwei deutsche Adlige, und zwar Herr Filinus (das

Tilly

war der Kronprinz) und Herr Denhoff sowie Herr Koliński (das war Fürst Radziwiłł) und Herr Neuhaus und zwei Diener. Wir wären, von der Neugier geleitet, die Stadt Metz zu besichtigen, von dem eigentlichen Weg, der nach Nancy führte, abgewichen, wollten aber am nächsten Tag gleich wieder abreisen. Der Offizier empfahl den Herren Geduld und verstärkte unter dem Vorwand, das Einverständnis des Gouverneurs einzuholen, durch lautes Trommelzeichen die Wache zum Schutz des Stadttores. Während man auf die Antwort des Gouverneurs wartete, näherten sich zwei geschwätzige Soldaten. Und einer behauptete, S. Hoheit der Kronprinz wäre ein Deutscher, er erkenne ihn nicht allein an der Physiognomie, sondern hätte ihn auch schon in Tillys[125] Heer als Oberst gesehen. Starrsinnig blieb er bei dieser Behauptung und bemühte sich nach der Manier der französischen Gastlichkeit, den Herren, die ungeduldig auf den Einlaß in die Stadt warteten, die Zeit zu verkürzen. Der zweite Soldat, der erst vor kurzem aus dem spanischen Lager bei Breda desertiert war, versäumte es nicht, die spanischen Truppen herabzusetzen, das französische Heer zu loben, die Befestigungen und die Kräfte der Stadt Metz übertrieben stark darzustellen. Dabei erwähnte er auch [ich weiß nicht, wie er darauf kam] den Mut und die heroischen Taten des Allergnädigsten Polnischen Königs und unterließ nichts, um dessen geistiges Licht leuchten zu lassen. Der Kronprinz aber verbarg unter dem Schleier eines falschen Namens seine hohe Herkunft, hielt einen Heiterkeitsausbruch nur mühsam zurück und paßte sich dem vereinbarten Schauspiel an.

Kurz darauf erhielten alle die Erlaubnis, die Stadt zu betreten. Überall waren Abteilungen aufgestellt, die die Fremden wachsam verfolgten, als befürchteten sie Feindseligkeiten. Solange sie konnten, begleiteten sie die Herren und bestimmten dann einen, der sie zu der Herberge ›Zum Kleinen Äthiopier‹ führte.

Herr Kazanowski traf am Abend einen der beiden Soldaten und lud ihn zum Essen ein. Als Fürst Radziwiłł ihn dann nach der Ursache der großen Schwierigkeiten fragte, die ihnen beim Einlaß in die Stadt gemacht worden waren, antwortete jener, man hätte sie vor allem wegen der Farben ihrer Schärpen und Bänder verdächtigt, weil die rote Farbe als Zeichen der österreichischen Verbündeten galt. Aber auch das Äußere der Personen deutete auf den Soldatenstand und dazu auf höhergestellte Chargen. Erfreut durch diese Antwort, beendete der Kronprinz zufrieden das Abendessen in einem angenehmen Gespräch mit dem unbekannten Soldaten.

22. Oktober, Dienstag

A. S. Radziwiłł Wir kamen an Pont à Mousson vorbei und langten am Nachmittag in Nancy an. Der Herzog befand sich auf der Jagd und kam erst in der Nacht zurück. Da die Pferde todmüde waren, mußten wir uns hier einen Tag aufhalten. Der Kronprinz wollte auf keinen Fall, daß der Herzog erfuhr, wer wir waren. Und so eilten wir am frühen Morgen zu Leopold, dem österreichischen Erzherzog, nicht ohne zuvor in Nancy für ein Abendessen 40 ungarische Taler gezahlt zu haben. Der Herzog schickte am Morgen jemanden in die Herberge, um zu erfahren, um wen es sich in unserem Falle handelte. Doch da wir deutsch und französisch sprachen, kam er nicht darauf, daß wir Polen seien. Am dritten Tag erreichten uns in Nancy der Schreiber und der Rest der Gesellschaft. Der Herzog von Lothringen glaubte, der Kronprinz sei angekommen, und schickte jemanden, um ihn in sein Schloß einzuladen. Als er merkte, daß er sich hatte hinters Licht führen lassen, schämte er sich sehr.

J. Hagenaw Man besuchte am Morgen die Kirche, besichtigte die Stadt, stieg auf den Turm und fuhr dann mit den gleichen Postkutschen und den gestrigen Pferden los, weil keine frischen aufzutreiben waren.[126]

Unterwegs beauftragte Herr Denhoff einen zufällig angetroffenen Mann, dem Gouverneur von Metz auszurichten, daß S. Hoheit der polnische Kronprinz in der Stadt übernachtet hätte. Und wenn er auch unter großen Schwierigkeiten und nach langem Warten in die Stadt eingelassen worden wäre, habe er doch seinen Ärger überwunden und lasse ihn höflich grüßen. Der Mann war über diese Nachricht sehr verwundert, verbeugte sich tief vor dem Kronprinzen und versprach eifrig, sich seiner Mission zu entledigen, und so fuhren wir in entgegengesetzter Richtung weiter. Da in der Poststation keine Pferde zu bekommen waren, reiste man mit den alten Pferden nach Pont à Mousson, wo zu Mittag gegessen wurde. Unter größten Schwierigkeiten besorgte man frische Pferde und kam gegen Abend in Nancy an, wo man in der Herberge ›Zum Kleinen Sankt Niklas‹ abstieg. Hier stießen wir auf einen Edelmann, einen Untertan des Durchlauchten Erzherzogs Leopold,

Prospekt des Fürstlichen Lustgartens zu Nancy

der ebenfalls nach Brüssel gekommen war, um den Kronprinzen einzuladen. Erwähnter Edelmann machte sich schnell auf den Weg, um dem Allergnädigsten Erzherzog die Ankunft des Kronprinzen zu melden. Der Herzog von Lothringen[127] kehrte am Abend von einer Tagesjagd in die Stadt zurück.

23. Oktober, Mittwoch

J. Hagenaw Nach dem Frühstück mit vinum Hippocraticum[128] begab man sich in einer gemieteten Kutsche, da Postpferde nicht aufzutreiben waren, nach Saverne. Und als der Kronprinz aus der Herberge trat, um die Sehenswürdigkeiten der Stadt zu besichtigen, und während man die Pferde wieder vor die Kutsche spannte, kam ein Wachtmeister vom lothringischen Hof zum Gastwirt angelaufen, um Namen und Stand der Herren zu erfahren, die bei ihm wohnten. Als jener ihm etwas ins Ohr flüsterte, schien er mit besorgtem Gesichtsausdruck und nervösen Handbewegungen einen Verdacht zu äußern, wobei sich seine unangenehme Erregung auch auf den Gastwirt übertrug.

Die beiden waren kaum aus dem Tor getreten, als der Kronprinz und seine Begleiter in die Kutsche stiegen, die so eng war, daß sie gern mit der Räumlichkeit des Fasses von Diogenes getauscht hätten. Zu Mittag kam man in Nouilly an. Auf der Weiterfahrt hieß der Kutscher den Kronprinzen aufstehen und unter der Sitzbank ein Fäßchen Wein hervorholen, da er sich unterwegs einen Schluck gönnen wollte. Nachdem er sich satt getrunken hatte, reichte er das Fäßchen wieder dem Kronprinzen. Dieser richtete sich gern nach dem Wunsch des uneingeweihten Mannes und gab ihm das Fäßchen am Abend, als wir in Blomontum oder Blankenburg angekommen waren, eigenhändig wieder zurück.

24. Oktober, Donnerstag

J. Hagenaw Von Blomont aus erreichte der Kronprinz in Begleitung der Herren Denhoff und Kazanowski sowie seines Chirurgikus,[129] dazu noch mit dem bereits erwähnten Höfling des Durchlauchtigen Erzherzogs Leopold, gegen Mittag Sarrebourg, während Fürst Radziwiłł und ich in der Kutsche folgten. Von hier ging es auf Pferden, die der Durchlauchtige Erzherzog geschickt hatte, weiter. Dienerschaft und Gepäck folgten mit Wagen. Den sich Saverne nähernden Kronprinzen empfing bei Sonnenuntergang der Durchlauchtige Erzherzog Leopold in Anwesenheit des ganzen Hofes und bewaffneter Bürger unter Salutschüssen aus Kanonen, worauf er ihn in sein Schloß führte. Dort wurden dem Kronprinzen und Fürst Radziwiłł Zimmer zur Verfügung gestellt, während die übrigen in den Herbergen der Stadt Unterkunft fanden.

25. Oktober, Freitag

J. Hagenaw Es kam Baron de Chambley und brachte Briefe des lothringischen Herzogs, in denen jener sein Bedauern über die schnelle Durchreise des Kronprinzen zum Ausdruck brachte. Der Erzherzog hatte den Baron beauftragt, den Kronprinzen schnellstens aufzusuchen und ihn in seinem Land auf Kosten des Herzogs aufzunehmen. Doch der Kronprinz sagte höflich ab, dankte schriftlich für das ihm erwiesene Wohlwollen und begründete seine Eile durch den bald zu erwartenden Winter.

Nach dem Mittagessen, an dem der Hofstallmeister des Durchlauchtigen Erzherzogs teilnahm, fuhr man mit nur einer Kutsche nach Straßburg, wo man vor Sonnenuntergang ankam. Hier glaubte der Kronprinz von niemandem erkannt zu werden, weshalb er mit den übrigen Herren in angenehm empfundener Sorglosigkeit durch die Stadt spazierte.

26. Oktober, Samstag

J. Hagenaw Man besuchte in Gesellschaft eines von den Stadtbehörden beauftragten Beamten das Arsenal, den in der Welt berühmten Glockenturm einer großen Kirche, der in Hinsicht auf seine Größe und Konstruktion nicht seinesgleichen hat, bewunderte eine Orgel mit dem Ton von Engelsstimmen und eine kunstvoll angefertigte Uhr, dann einen größeren Altar, der von einem Mönch und einem weltlichen Pfarrer mit bewundernswertem Geschick geschnitzt worden war. Während der Kronprinz mit dem Mittagessen beschäftigt war, kletterte ein Mann, sicher von der Hoffnung eines Verdienstes geleitet, auf die höchste Stelle des Kugelturms und begann, auf ein Trompetensignal hin, Jacke und Mütze herabzuwerfen, unter Verrenkungen des Körpers eine Fahne zu schwenken, eine Schnur nach dem Vorbild von Schustern und Schneidern aufzufädeln, sich mit dem Bauch auf die Kugel zu legen und mit Händen und Füßen Schwimmbewegungen auszuführen, weitere halsbrecherische Kunststücke zu zeigen, was bei allen, die ihm zuschauten, große Bewunderung für seine Kühnheit hervorrief. Nachdem er wieder herabgestiegen war, befahl der Kronprinz, eine Belohnung in die Schenke zu bringen. Nach dem Mittagessen kehrte der Kronprinz, nachdem er in der Karosse um die Stadt und über die Rheinbrücke gefahren war, nach Saverne zurück, wo eine halbe Meile vor der Stadt eine Eskorte des Durchlauchtigen Erzherzogs wartete. Durch die Stadttore fuhr man beim Fackelschein, denn es war schon späte Nacht, und so geleitete man ihn zum Schloß.

27. Oktober, Sonntag

S. Pac Wir übrigen, die wir zurückgeblieben waren, kamen an diesem Tag in Saverne an, wobei wir meist an denselben Orten über-

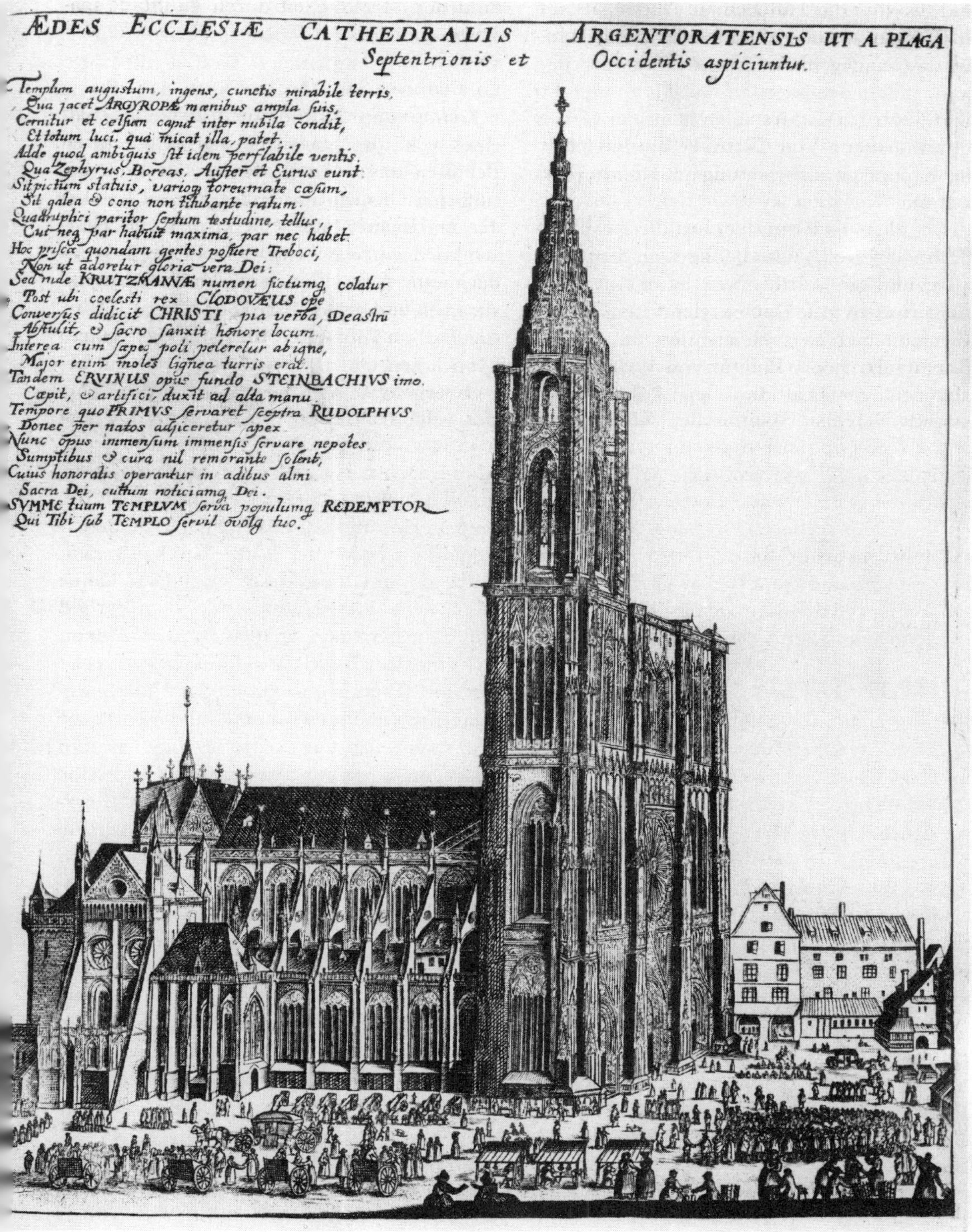

Ansicht des Straßburger Münsters

nachteten wie der Kronprinz. Und wir wären eher angekommen, wenn ich nicht zwei Meilen vor Nancy in der Mosel ein kühles Bad hätte nehmen müssen, als das Pferd unter mir schwankte, so daß ich mich in großer Gefahr befand. Aber es war Gottes Wille, daß ich lebendig und gesund zu meinen Leuten zurückkehrte.

Am gleichen Abend veranstaltete der Erzherzog ein großartiges Bankett, an dem nicht allein eine große Zahl ehrenwerter Kavaliere, sondern auch viele Damen teilnahmen. Zu den vornehmen Herren gehörten: der Paladin der Rheinpfalz, Louis Philipp von Wittelsbach, aus dem gleichen Haus wie Friedrich V., quondam [einst] böhmischer König, zwei Brüder und Markgrafen von Baden,[130] zwei Rheingrafen, zwei Grafen von Nassau,[131] zwei Grafen von Firstenberg, Graf d'Altemps[132] und weitere edle Herren. Nach dem Essen, schon spät am Abend, suchten wir das alte Schloß auf, um einem Dialog beizuwohnen, der in honorem [zu Ehren] des Kronprinzen aufgeführt wurde und an seine Siege über die Heiden erinnern sollte. Von da aus kehrten wir wieder in das Schloß des Erzherzogs zurück und verbrachten den Rest der Nacht, indem wir, zur großen Freude des Kronprinzen, den derben Tänzen der Kuchelberger Bauern zuschauten.

J. Hagenaw Wir wohnten der Messe in der Schloßkirche bei. Nachmittags begaben

Ansicht der Reichsstadt Straßburg

wir uns aufs Feld, wo wir einer Vogeljagd und einem Pferderennen beiwohnten, die zu Ehren des Kronprinzen veranstaltet wurden. Während wir uns dort vergnügten, kamen die Markgrafen von Baden angereist. Auch der Rest des Gefolges unseres Kronprinzen traf ein. Ein gemeinsames Abendessen wurde in der großen Aula des Schlosses eingenommen. Dabei stellte man den Tisch für die Ehrengäste auf ein Podest, um sie von den übrigen abzuheben. An dem Abendessen nahmen 52 Damen edler Herkunft teil, die der Durchlauchtige Erzherzog mit ihren Ehemännern und Eltern eingeladen hatte, dem Kronprinzen zur Gesellschaft. Am erhöhten Tisch mit den Ehrengästen saßen: unser Kronprinz, der Erzherzog, der Herzog von Litzelstein, die beiden Markgrafen von Baden, die Herzogin von Litzelstein und ihre Schwester, Fürst Radziwiłł und Graf Hanau der Ältere. Darunter an den übrigen Tischen saßen die Grafen und Barone gemeinsam mit den Herren unserer Reisegruppe. Nach dem Abendessen begab sich alles zum alten Schloß, wo bei einem Auftritt Victoria und Amor die Triumphe unseres Kronprinzen besangen. Danach zeigten sieben Jünglinge anmutig aufgeführte Figurentänze. Von hier kehrte man wieder ins Schloß zurück, wo man den größten Teil der Nacht unter fröhlichem Lachen den derben Tänzen der Kuchelberger Bauern und noch anderer zuschaute.

28. Oktober, Montag

S. Pac Ein sollenniter [feierliches] Mahl wurde für alle Gäste vorbereitet, für die Herren und auch für die Damen. Nach dem Essen verteilte man in einem deutschen Gesellschaftsspiel verschiedene Ämter, so daß die Herren zu Fuhrknechten und Dienern wurden und die Bediensteten zu Herren. Der Herr Starost von Kaluga und ich nahmen an dem Spiel nicht teil, weil wir nach Straßburg aufgebrochen waren, doch nach den Berichten wäre das Spiel nicht nach meinem Gusto

Pfalzgraf Friedrich V.

gewesen, wie auch die anderen deutschen Bräuche, außer der Jagd auf verschiedenes Getier, für die sie eine gute Art wissen, mit viel commoditas [Nutzen] für die hier in Mengen auftretenden Tiere.

J. Hagenaw Das Mittagsmahl wurde nach gestriger Ordnung eingenommen. Danach loste man aus einem Hut die Namen der edlen Herren, Damen und Fräuleins wie auch der Beamten. Und welches Amt das Los beschied, das mußte nach öffentlicher Bekanntgabe durch den Pantomimen des Erzherzogs beim Essen in einem Tanz erfüllt werden, den jeder in suggestiver Art auszuführen hatte. Das Los beschied unserem Kronprinzen die Rolle eines Fuhrknechtes, der Erzherzog wurde zum Oberstallmeister ernannt, Fürst Radziwiłł zu einem Hofbeamten. Die Leitung des Spieles sollte Baron Fleckenstein übernehmen, doch er trat sie an den jüngeren Grafen von Hanau ab, und das deshalb, weil dessen Frau die Rolle einer Herzogin zugefallen war. Dafür übernahm Baron Fleckenstein die Rolle eines Kuchelberger Bauern. Beim Abendessen erschienen dann die einzelnen Personen in Kleidern, die ihrem Stand und ihrer Funktion im Schloß entsprachen, und dann zog alles zum Zeremonienmeister, um ihn zum Abendessen abzuholen. Nach dem Essen tanzte jeder nach der Art und Weise seines angenommenen Standes. Die Herren Pac, Żółkiewski und Rozen waren von diesem Vergnügen befreit, weil sie, von der Neugier geleitet, nach Straßburg zur Besichtigung der Stadt gefahren waren.

29. Oktober, Dienstag

S. Pac Nach dem Frühstück begab sich S. Hoheit der Kronprinz mit dem Erzherzog und der gesamten Gesellschaft nach Molsheim,[133] wo man in einem Jesuitenkollegium übernachtete. Hier stießen wir auch aus Straßburg zu. Der Elsaß ist ein ausgesprochen frohes und fruchtbares Land, in dem sich die Wiege fast aller hochedlen deutschen Familien befindet. Nur dolendum [traurig], daß unter ihnen so wenige Katholiken waren.

30. Oktober, Mittwoch

S. Pac Zu Mittag aßen wir in Benfeld, wo wir auch übernachteten. Unterwegs vergnügten wir uns bei einer Jagd auf Wildschweine, doch ohne großen Erfolg, wie auch die nächsten Tage, obgleich der Erzherzog den Kronprinzen zu unterhalten suchte und ihn, jeden Tag den Ort wechselnd, zwei Wochen durch sein Bistum begleitete, bis nach Basel,[134] von wo aus wir nach Italien fuhren.

31. Oktober, Donnerstag

J. Hagenaw Nach der Messe und dem Abendessen wurden die Kutschen vorausgeschickt. Gegen vier Uhr erreichten wir Schlettstadt, eine kaiserliche, angenehm gelegene, von mächtigen Befestigungen umgebene, fast durchweg katholische Stadt. Dort wurden die Hoheiten mit Salutschüssen aus Kanonen und von Bürgern, die an beiden Seiten der Straße in Reih und Glied standen, begrüßt. Als erstes begab man sich zur Messe, danach zum Abendessen, aber nicht ohne vorher die Begrüßung durch die Stadtvertreter anzuhören. Es begann der Stadtschreiber, der erst die Augen auf Fürst Radziwiłł richtete und um die Erlaubnis einer Ansprache bat. Über die Person des Kronprinzen aufgeklärt, richtete er auch einige Sätze an ihn, wandte sich aber dann mit seinen Worten an den nicht anwesenden Durchlauchtigen Erzherzog. Das war so komisch, daß sich die Anwesenden kaum das Lachen verkneifen konnten. Nach Verabschiedung der Stadtväter brachen dann der Kronprinz und die übrigen in ein herzliches Gelächter aus. Während die Hoheiten und Fürst Radziwiłł im Johanniterkloster[135] Unterkunft fanden, begaben sich die übrigen in die Gasthäuser der Stadt.

NOVEMBER

1. November, Freitag

S. Pac Der gesamte Tag wurde Gebeten gewidmet.

2. November, Samstag

J. Hagenaw Nach der Totenmesse und dem Mittagsmahl schickten die Hoheiten die übrigen auf dem üblichen Postweg voraus und trafen selbst erst spät in der Nacht in Breisach ein, da sie sich die Strapazen der Reise durch eine Jagd erleichterten. Die Stadt steht hoch auf einem Bergrücken; an der einen Seite, die zum Elsaß abfällt, fließt der Rhein in zwei Armen an ihr vorbei und bildet eine Insel. Es gibt nur einen Zutritt über zwei Rheinbrücken, der am Eingang durch Wälle befestigt ist. Eine alte Burg erhebt sich auf einem steilen Fels, mit einem sehr hohen Turm, von dem aus man alle Annäherungsversuche eines dreisten Feindes leicht entdecken und mit Hilfe einer großen Zahl von Kanonen und

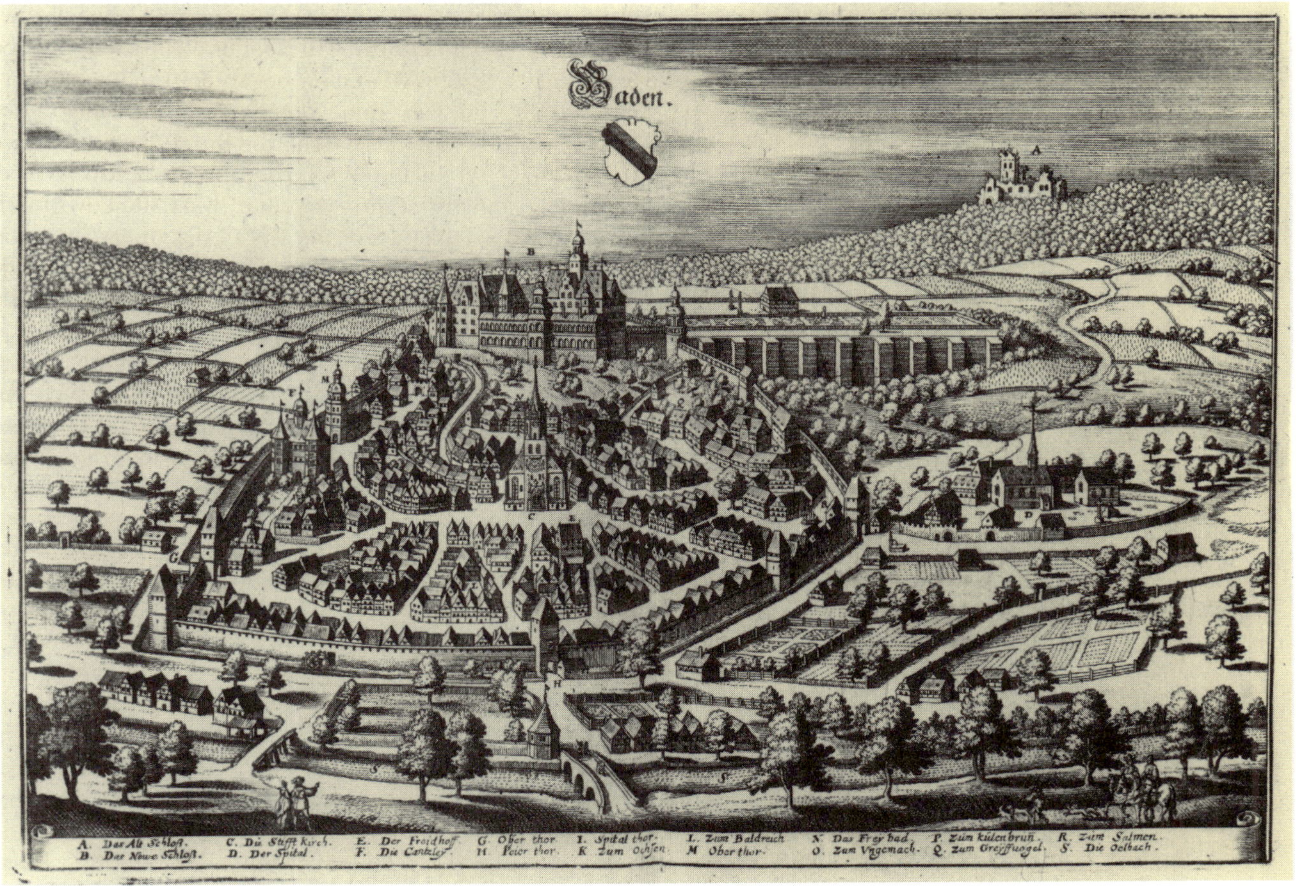

Die Stadt Baden aus der Vogelperspektive

der Befestigung am Tor gut abweisen kann. Ein neuer Wachturm, in südlicher Richtung auf einer Anhöhe errichtet, garantiert der Stadt auf Land und Wasser Sicherheit, da man so den Rhein und auch die sich hinter der Stadt erstreckende Ebene gut beherrscht. Die Stadt selbst, von einer doppelten Mauer umgeben, wird auch wegen ihrer günstigen natürlichen Lage und der erwähnten Befestigungen der Schlüssel zum Elsaß genannt. Am Ufer des Rheins erhebt sich ein Fels, von dem erzählt wird, Markgraf Georg Friedrich von Baden-Durlach[136] habe während der im Kaiserreich unlängst ausgebrochenen Rebellion versucht, ihn mit allen Mitteln einzunehmen, da man von hier aus den Rheinbrücken großen Schaden zufügen könne. Jetzt befanden sich Stadtwachen auf dem Felsen. In der Stadtkirche wurden die Reliquien der Heiligen Cervasius und Protasius aufbewahrt.[137]

3. November, Sonntag

J. Hagenaw S. Hoheit der Kronprinz gewährte den Ratsherren eine Audienz, die er für diese Stunde festgelegt hatte. Nach der Messe in der Pfarrkirche und nach dem Mittagessen fuhren wir nach Ensisheim, wo die Hoheiten im Schloß und die anderen in der Stadt Unterkunft fanden.

4. November, Montag

S. Pac Wir ließen die Dienerschaft und impedimenta [Gepäck] zurück und fuhren nach Ruffach[138] zum Mittagessen. Eine angenehme Stadt, die Residenz des Erzbischofs, die Erzherzog Leopold ad stuporem [bewunderungswürdig] ausschmückte, indem er ein prunkvolles Schloß errichtete und dieses in fürstlicher Manier in großem Überfluß mit verschiedenen Malereien und kostbaren Behängen ausstattete. Dort wurde uns auch das Mittagsmahl gereicht. Wir saßen mit dem Erzherzog familiariter [vertraulich] an einem Tisch, und man heizte uns mit vollen Bechern ein, so daß nur wenige nüchtern blieben, angefangen von den Alten bis zu den Jungen. Wenn wir ein solches Bankett während unseres Aufenthaltes beim Erzherzog auch nicht oft erlebten, so saßen wir doch in dieser Stunde mit den Herren Grafen, sehr höflichen und gebildeten Menschen, in froher Runde an einem Tisch.

A. S. Radziwiłł Der Kronprinz besuchte Breisach, Schlettstadt, Mulhouse, Ensisheim, Straßburg und Ruffach. In Ruffach sahen wir eine kuriose Sache. Es gibt dort einen Turm, aus Steinquadern errichtet, aus dem ein furchtbares Gebrüll zu hören war, das die Einwohner lange schreckte. Schließlich fiel ein Stein an der Stelle, aus der es so laut tönte – ich weiß nicht aus welchem Grund – heraus, und es erschien eine entsetzliche Kröte, groß wie ein Quader. Mir ist nicht bekannt, woher das Ungeheuer kam, das sie hier bis auf den heutigen Tag aufbewahren, und womit es sich nährte. Aus dem Schloß hatte man einen so weiten Blick, daß man fast das ganze Elsaß sehen konnte. Wir waren bei den Kapuzinerpatres zur Andacht und sahen dort am Eingang das Grabmal eines Unbekannten, aus dem ein Eckstein so hervorragte, daß jeder, der die Kirche betrat, an diesen anstieß, was auch mir passierte. Als wir den Erzherzog darauf hinwiesen, sagte er, dadurch sollten die Eintretenden daran erinnert werden, ein Gebet zu sprechen. Ich aber sagte, daß hieraus viel eher ein Fluch denn ein Segen erfolgen könne.

J. Hagenaw Die Herren fuhren mit einem Teil der Gesellschaft nach Ruffach und aßen dort zu Mittag. Das Schloß von Ruffach diente dem Erzherzog in dieser Provinz als Residenz. Es war hoch gelegen und bot dem Beschauer einen wunderbaren Rundblick, weit und angenehm. Die herrschaftlichen Räume waren voll von allerlei Möbeln und Teppichen, deren goldene und silberne Fäden glänzten. Die Räume präsentierten sich mit wertvollen Porträts von alten österreichischen Kaisern und wiesen auch andere Bilder und Schätze auf, mit großer Kunst und erstaunlichem Geschick gefertigt. Über die Dächer des Schlosses erhob sich ein Turm, durch Fenster erhellt; in einem kleinen Spiegel sammelten sich Sonnenstrahlen, die auf einen gegenüberliegenden Zeiger fielen und so die Stunden zeigten. Inmitten der Ruinen eines alten Turmes machte man uns auf einen Stein aufmerksam, in dem, wie sie sagten, viele Jahre ein Laut zu hören gewesen war, der wie Geheul klang. Als man, von der Neugier getrieben, den Stein zerschlug, fand man in ihm eine Kröte. Und man staunte sehr, wie dieses Tier in den Stein ohne Öffnung hineingeraten war und dort so lange leben konnte.

Am Abend empfing Baron von Ravenstein mit einer Zahl der hier ansässigen Edelleute die aus Ensisheim zurückkehrenden Herren im Schloß bei einem prachtvollen Bankett.

5. November, Dienstag

J. Hagenaw An diesem Tag wurde ausgeruht, erst am Abend besuchte man ein Haus, in dem Münzen geprägt wurden.

6. November, Mittwoch

S. Pac Wir schickten das Gepäck nach Basel voraus und fuhren selbst zum Dorf Habsheim. Hier verabschiedeten sich der Durchlauchtige Fürst Radziwiłł und ich vom

Erzherzog und fuhren nach Basel weiter, während Seine Hoheit der Kronprinz, der mit dem Erzherzog zur Jagd ging, den Nachmittag und auch noch die Nacht zurückblieb.

7. November, Donnerstag

J. Hagenaw Gegen zehn Uhr vormittags fuhr der Kronprinz in Basel ein, und eine große Menge von Menschen eilte herbei, um ihn zu sehen. Die Freundlichkeit der Baseler bewies sich auch darin, daß sie Sachen, Gepäck und Dienerschaft des Kronprinzen ohne zu fragen passieren ließen, als sie seinen polnischen Namen hörten, und auch darin, daß sie dem Kronprinzen durch Fürst Radziwiłł drei Fäßchen Wein und einen Wagen Hafer als Ausdruck ihrer besonderen Dienstbereitschaft zukommen ließen. Schließlich bestimmten sie noch städtische Beamte, die den Kronprinzen sicher bis zur nächsten Stadt bringen und den Behörden verbieten sollten, irgendwelchen Zoll zu erheben. Weshalb man nach dem Mittagessen von Basel nach Liestal zur Übernachtung fuhr, in eine Stadt, die Basel untergeordnet war.

8. November, Freitag

J. Hagenaw Nach einem frühen Mittagsmahl in Liestal hörten wir, als wir an der Stadt Olten[139] vorbeikamen (im Kanton Solothurn[140] und deshalb für die französischen Soldaten, die mit den Spaniern kämpften, verboten), über die Brücke fuhren und das gegenüberliegende Ufer des dort vorbeifließenden Flusses erreichten, das Gedröhn von Kanonen, die auf einer Anhöhe standen. Als man nach der Ursache der Schießerei forschte, tauchten ganz plötzlich 200 französische Rei-

Die Stadt Basel in der ersten Hälfte des 17. Jahrhunderts

ter auf, die der Bruder des französischen Königs den Graubündnern[141] und Rätern[142] zur Hilfe schickte. Beide Gruppen zogen wegen der Möglichkeit eines unerwarteten Zusammenpralls mit gespannter Aufmerksamkeit aneinander vorbei, jedoch in aller Ruhe und schweigsam. Kurz darauf stießen unsere Leute auf eine Abteilung Fußvolk, Schweizer und Franzosen, die – ich weiß nicht, was sie an unseren roten Schärpen Feindseliges entdeckten – zur Angriffsstellung umschwenkten und sich unter Trommelschlägen zum Kampf anschickten.[143] Als S. Hoheit der Kronprinz das sah, beorderte er Herrn Denhoff zu den Anführern der Soldaten, damit er ihnen unsere Absichten erklärte und auch die ihren erfuhr. Nachdem sich nun beide Seiten verständigt hatten, fuhren wir vorbei, und auch sie zogen ihres Wegs. Es baten sie aber vorher die Unsrigen, daß sie unseren Konvoi ohne Hindernisse passieren ließen. Die Wagen waren nämlich wegen des schlechten Weges hinter uns zurückgeblieben. Sie nickten zustimmend und schienen es zuzulassen. Doch die bei Leuten ihres Schlages bekannte Gier nach Raub und Beute ließ uns an ihrem guten Willen zweifeln und raten, unseren Cicerone nach Olten zurückzuschicken, um dort unsere Wagen aufzuhalten, bis die Soldaten sich entfernt hätten. (Den Soldaten war es nicht erlaubt, eine katholische Stadt zu betreten.) Der Mann gehorchte, doch als er sich den Soldaten näherte, vertrieben sie ihn, richteten ihre Musketen auf ihn und drohten, ihn zu erschießen. Er kehrte also zum Kronprinzen zurück und berichtete über den Verlauf der Dinge. Sogleich beorderte man in Furcht vor dem Verlust der Sachen die Herren Żółkiewski und Denhoff, sich zu den Soldaten zu begeben und sie von ihrem schlechten Vorhaben abzubringen. Doch die Herren schreckte die Gewißheit der Gefahr und die Nutzlosigkeit der Worte von der Ausführung des Planes ab. Da man also keinen anderen Ausweg sah, entschied man, den schon erwähnten Cicerone über den Fluß an das andere Ufer zu schicken, auf daß er so in die Stadt gelange und Sorge um die Sicherung der Sachen trüge. Als er sich am Ufer des Flusses befand und den Auftrag ausführen wollte, sah er, daß die Soldaten bereits über den Fluß gesetzt hatten. Er meldete es Herrn Denhoff, und man schickte den Mann in die Stadt, daß er dort die Wagen zurückhalte, bis er weitere Beweise erführe, daß sich die Soldaten nicht nur zeitweilig zurückgezogen hätten. Herr Denhoff überzeugte sich schließlich von ihrem Abzug, und als er die Wagen sah, unterrichtete er mich von allem Vorgefallenen und kehrte zum Kronprinzen zurück. Unsere schwankten zwischen Hoffnung und Furcht. Bevor jedoch Herr Denhoff, den man in die Stadt schickte, dort anlangte, kam Marquis Durlach der Jüngere angefahren, der sich auf dem Weg nach Valtellina befand. Herr Denhoff erkannte ihn, und darauf gab sich auch der Kronprinz zu erkennen, worüber der Marquis sehr erfreut war. Nach dem Verbleib unserer Sachen befragt, antwortete er, nicht ganz sicher zu sein, glaubten doch die Wegelagerer, im Kronprinzen einen gewöhnlichen Menschen zu sehen, was ihn der Gefahr aussetzte, sehr wohl belästigt zu werden. Außerdem ging das Gerücht um, S. Hoheit der Kronprinz begäbe sich nach Italien, um dort auf spanischer Seite Truppen gegen die Räter und Franzosen anzuführen. Und hätten diese Leute etwas von der Anwesenheit des Kronprinzen erfahren, so wäre er ohne Zweifel in große Gefahr geraten. Er versprach also seine Hilfe, sich – soweit es in seiner Macht stand – um die Sicherheit unserer Sachen zu kümmern. Darauf versicherte er uns seiner Hochachtung und fuhr weiter. Auf diese Weise kam unser Gepäck heil und unberührt an.

Doch kaum waren wir der einen Gefahr entronnen, als wir in eine andere gerieten. Der Kronprinz und Fürst Radziwiłł fuhren voraus und gelangten unbehelligt und sicher in der Stadt Aarburg bei Bern an. Als eine Gruppe

seiner Reisegesellschaft, die ihm folgte, ein Dorf ohne Abgabe der Zollgebühren durchfuhr, wurde sie durch eine laut schreiende Frau aufgehalten, die kreischend die Abgabe forderte. Die erzürnten Dorfbewohner schlossen sich ihr an, verlangten nach den Gebühren und drohten, das Gepäck zu durchsuchen. Unsere waren durch die ungewöhnliche Situation und die Kühnheit der Bauern sehr überrascht und versuchten, sie mit höflichen Worten zu besänftigen. Doch es war, als streichele man Igel, denn sie beruhigten sich nicht und warfen Herrn Nagot lauthals ungebührliches Benehmen vor. Als jener sich dann in scharfer Form ihren Wünschen widersetzte, schlossen sie das Tor und drohten mit ernsten Konsequenzen. Als dann schließlich das Gepäck anlangte, auf das wir so lange gewartet hatten, zahlten wir drei Dukaten. Doch einer dieser Barbaren übersah die Gabe und griff nach dem Zaumzeug des Pferdes von Herrn Nagot, der auf das Tor zuritt, hielt ihn an und ließ ihn erst weiter, bis er von seinen Leuten von der erfolgten Bezahlung erfuhr. So überwandten wir schließlich das Barbarentum dieser ungehobelten Leute und langten in der

Feldschlacht im Dreißigjährigen Krieg

Die Stadt Luzern aus der Vogelperspektive

Nacht in Zofingen an. Und auch hier verlangte man von uns Zollgebühren. Doch als sie erfuhren, daß es polnische Gesandte und Katholiken waren, beruhigten sie sich, denn die feindselig eingestellten Ketzer brachten den katholischen Herren große Hochachtung entgegen. Die vorher erwähnten Schüsse, die die Unsrigen beim Verlassen der Stadt Olten gehört hatten, wurden hier als Zeichen eines vorbeiziehenden feindlichen Heeres gewertet.

9. November, Samstag

S. Pac Wir verließen die Ketzer und betraten den katholischen Kanton mit der Burg Zug,[144] aus der man, als wir vorbeifuhren, ein paar Schüsse abfeuerte, und im nächsten Dorf fragte man uns gleich, wer wir wären und wohin wir führen. S. Durchlaucht der Fürst nannte seinen Titel und sagte, er sei ein Gesandter des polnischen Königs und auf dem Weg nach Italien. Sie fragten, ob wir alle Katholiken wären, denn Ketzer ließen sie nicht vorbei. Wir antworteten darauf, alle Katholiken zu sein, obgleich zwei in unserer Gesellschaft Ketzer waren.[145] Doch diese verbargen Glauben und Geist in sich, da sie wußten, mit was für Menschen wir es zu tun hatten.

Zu Mittag kamen wir in Sursee, zur Nacht in Luzern[146] an, eine schöne und nicht zu kleine Stadt, die Metropole der Schweizer Katholiken, in der der päpstliche Nuntius residierte.

J. Hagenaw Als am Randgebiet von Luzern die Burg Zug passiert wurde, die auf einem hohen Felsen errichtet und infolge ihrer Lage und der Ingenieurkunst ganz hervorragend befestigt war, schoß die Besatzung drei oder vier Mal aus Musketen.

Zu Mittag aß man in der Stadt Sursee, die am Sempachsee liegt. Als es durch die Stadt Sempach[147] ging, zeigte man uns in der Ferne eine Stelle, an der die Helvetier einst Ruhm erlangten, als sie das Heer des österreichischen Herzogs Leopold III. besiegten. Übernachtet wurde in Luzern im Gasthof ›Zum Fohlen‹. Hier stieß der Kronprinz mit seinen Leuten hinzu, während die Wagen mit dem Gepäck erst in später Nacht anlangten, als alle schon schliefen. Es ist fast unglaublich, daß damals mit den Wagen bei nur schwachem Laternenschein an den Steilhängen nichts passierte.

10. November, Sonntag

S.Pac Wir wohnten der Morgenmesse bei den Jesuiten bei. Als wir die Kirche verließen, trat der päpstliche Nuntius an uns heran, um S. Hoheit den Kronprinzen zu begrüßen. Doch er vollzog diese Zeremonie vielmehr mit unserem Durchlauchtigen Fürsten, da er uns importune [zur Unzeit] anging, und so traktierte ihn auch der Kronprinz und gab sich nicht zu erkennen. Doch er erblickte ihn doch und entbot ihm in transitu [im Vorbeigehen] eine größere Reverenz als den anderen der Gesellschaft. Der Nuntius schickte uns dann zum Flußboot aus seinem Keller angeblich italienische Weine, sed nihil valebant [die aber nichts taugten].

Wir stiegen dann ins Boot und fuhren viele Meilen über den See, zwölf, wenn ich mich richtig erinnere, zwischen Felsen entlang bis zu einem Ort, der Flüelen[148] genannt wurde. Unterwegs kamen wir an einem monumentum[149] der ersten Schweizer Rebellen gegen ihre Herren vorbei, über die sie Geschichten erzählen, die wie Märchen anmuten, über die ich aber nicht schreiben will. In Flüelen luden wir unsere Sachen auf Wagen und gingen selbst zu Fuß, weil es nicht weit war bis zum Nachtquartier, das wir in Altdorf hatten, einer Stadt, die sie lateinisch Urania nennen. Es ist eine in den Bergen gelegene schöne Stadt mit mehreren Kirchen, nach italienischem Muster gebaut.

A.S.Radziwiłł Nachdem wir den Erzherzog verabschiedet hatten, fuhren wir über Basel und die Schweiz nach Italien. Unterwegs besuchten wir Luzern, in dem der Apostolische Nuntius residierte. Hinter den Mauern der Stadt befand sich ein Berg, über den erzählt wird, daß jeder, der ihn besteigt und im See, der sich in einer Länge von sieben Meilen erstreckt, eine Gestalt auf einem Stuhl sitzen sieht, die wie ein Richter aussieht, noch im gleichen Jahr stirbt. Sieht er diese Gestalt nicht, bleibt er am Leben. Der See hat die Form eines Kreuzes, daher auch das Sprichwort, daß der Luzerner See das größte Kreuz der Schweiz sei. An den Ufern des Sees befinden sich die Ruinen einer Burg der Habsburger. Durch die Stadt fließt ein Fluß, der in den See mündet.

J.Hagenaw Als der Kronprinz in Luzern nach der Messe, der wir bei den Jesuitenpatres beiwohnten, aus der Kirche heraustrat, eilte der dort residierende Apostolische Nuntius herbei, begrüßte Fürst Radziwiłł und gab ihm neben anderen Beweisen der Zuneigung seinen (wie er sagte) besten Wein mit auf den Weg. Man hatte mich in den Keller geschickt, den Wein auszusuchen, ich fand hier aber nichts Besonderes außer einem alten Burgunder, der schon in Essig überging. Nachdem wir mit dem Nuntius Höflichkeiten ausgetauscht hatten, stiegen wir in das Boot und fuhren über den Luzerner See nach Flüelen. Der See ist anfangs von steilen Bergen umgeben, breitet sich dann in verschiedene Richtungen aus und umspült mit seinen Armen ein paar größere Dörfer sowie die Ruinen alter, zerstörter Burgen. Unter anderem wurde auf die Ruine der Habsburger Burg als auf eine Quelle, aus der das Meer des österreichischen

Ruhmes fließt, hingewiesen. Dann auf das Städtchen Schwyz als einen der ersten Kantone. Die Kapelle, die zum Andenken von Wilhelm aus Uri[150] (der an dieser Stelle vom Kahn sprang, den Fängen der Macht entrann und der Gefangenschaft oder gar dem Tod entging) errichtet wurde, wird in der Zeit der alljährlich stattfindenden Festlichkeiten von zahlreichen Menschen besucht, die sich hier versammeln und die Geburt der Schweizer Freiheit begehen. Hier kann man die aufgemalte Geschichte der Verschwörung und des Bundes der drei Bauern bewundern. Etwas weiter, auf der anderen Seite des Sees, zeigt man jene Aureole, in der Mühen und Gefahren der Rebellion, von erwähnten drei Bauern in geheimen Zusammenkünften organisiert, dargestellt sind. Das Wasser ist in diesem See so klar, daß man überall bis auf den Grund sehen kann. Die vielen hohen Berge halten die Winde ab, wodurch die Bootsfahrt auf der glatten Fläche des Sees angenehm und gefahrlos ist. Fragt man in der Schweiz, welches das größte Kreuz des Landes ist, dann erhält man die sprichwörtliche Antwort, es sei der Luzerner See, weil er sich ganz deutlich in Form eines Kreuzes ausdehnt.

Man fuhr also über den See und gelangte nach Flüelen, wo der Kronprinz mit seinem Gefolge ausstieg und zu Fuß nach Altdorf gelangte, eine Viertelmeile von Flüelen entfernt. Die Dienerschaft fuhr mit Gepäck und Pferden hinterher. Herr Pigłowski beschimpfte in deutscher Sprache ein paar Jungen, die am Wege spielten. Vielleicht waren diese an solcherart Worte nicht gewöhnt, denn sie wehrten ihn heftig ab, so daß er beschämt von ihnen abließ. In Altdorf, oder auch Urania genannt, brachte man den Kronprinzen mit seinem ganzen Gefolge im Gasthof ›Zum Goldenen Adler‹ unter. Hierselbst bewunderten wir eine sehr schöne Pfarrkirche und ein Kapuzinerkloster. Im Dorf stand oberhalb eines Brunnens das Denkmal von Wilhelm aus Uri mit Pfeil und Bogen und von seinem Sohn mit einem Apfel in der Hand. Es ist die Erinnerung sowohl an die Grausamkeit der Herrscher als an den Beginn der Freiheit. Zum Abendessen brachten Vertreter der hiesigen Behörden Fürst Radziwiłł offiziell verschiedene Weine in vergoldeten Pokalen. S. Durchlaucht der Fürst schickte mich zum Gesandten des spanischen Königs, der sich hier aufhielt, um sich über den Stand unserer Gesundheit zu informieren. Ich traf ihn im Bett an. Als er von der Ankunft S. Hoheit des Kronprinzen erfuhr, beklagte er sich über sein unglückseliges Geschick, gerade jetzt von Krankheit überrascht worden zu sein, denn er konnte sich in diesem Zustand nicht aufraffen, der Ehre eines Gespräches mit einem so hohen Herren teilhaftig zu werden. Und während unserer Unterhaltung bat er mich wiederholt, den angekommenen Herren aus Polen, wer sie auch seien, in seinem Namen gute Gesundheitswünsche zu übermitteln und zu wiederholen, daß er sich beim Kampf gegen die Räter nichts mehr wünschte als ein paar Kosakenfähnlein, um sie mit großem Nutzen in dem bergigen Gelände einzusetzen.

11. November, Montag

S. Pac Nach der Messe bei den Kapuzinerpatres und nach dem Morgenmahl fuhren wir in einem Zug bis zum Dorf Urseren, das wir nachts erreichten. Der Weg führte den ganzen Tag durch rauhe, gewaltige Berge, die St. Gotthard[151] heißen. Wir fuhren über eine Brücke, die auf Befehl dieses Heiligen, wie die Überlieferung sagt, der Teufel ex pacto [auf der Grundlage eines Vertrages] bauen mußte. Der Weg war wunderschön, in hohe, schwer zugängliche Felsen geschlagen, aus denen man viel Wasser ablaufen sah, aus denen sich dann die großen Flüsse wie Rhein, Adige[152] und andere bilden.

Als wir über die Berge wanderten, mehr zu Fuß denn zu Pferd, gesellte sich uns ein Schweizer Bauer zu, ein großer, starker Mann. Dieser fand den größten Gefallen am

Kronprinzen und führte ihn, unter den Arm gefaßt, über gefährliche Stellen mit Eis und Schnee, zum Teil schon Neuschnee. S. Hoheit der Kronprinz nahm seinen Dienst, den keiner der polnischen Senatoren, die ihre Könige am Arm zu führen pflegten, hätte besser ausführen können, dankbar an. Und er ließ sich mit ihm in ein Gespräch ein, das ihm viel Freude bereitete, erzählte der Bauer doch Geschichten über diese Berge, und zwar über Kristalle, die in den Bergen wuchsen, wobei man nicht wußte, ob es ein Märchen oder die Wahrheit war.

J. Hagenaw Nach der Messe bei den Kapuzinern und dem Frühstück fuhr man ohne anzuhalten bis nach Urseren, sieben Wegestunden von Urania entfernt. Das Dorf lag zu Füßen des Gotthard-Berges und bestand aus nur ein paar ärmlichen Häusern. Doch es rühmte sich, ein eigenes Gesetz zu besitzen und von niemandem abhängig zu sein. Bevor wir dort anlangten, begegneten wir vor dem Aufstieg auf einen steilen Berg dem Gesandten des Herzogs von Parma, der auf dem Weg nach Lothringen war. Wir überwanden an diesem Tag viele Brücken, viele furchtbare, tiefe Schluchten, gelangten unter anderem über eine Brücke, die aus den Überresten der Teufelsbrücke errichtet worden war. Es hieß, daß sie der Teufel gebaut hatte, und zwar nach einem Vertrag mit dem heiligen Columbanus,[153] demzufolge die Seele des ersten, der die Brücke betrat, ihm gehören sollte. Als die Brücke fertig war, warf der heilige Columbanus ein Stück Brot auf die andere Seite der Brücke, worauf ein dafür abgerichtetes und

Alpenlandschaft

ausgehungertes Hündchen schnell über die Brücke lief. Darauf war der überlistete und durch den Vertrag hinters Licht geführte Teufel so erbost, daß er das Hündchen packte und in Stücke riß. Hier zeigte man auch einen großen Stein, den der Teufel auf dem Kopf getragen und auf die Frage einer unterwegs getroffenen Frau, was er wohl mit dem Stein tun wolle, geantwortet haben soll, er wolle die neue Brücke zerstören. Darauf habe die Frau das Zeichen des Kreuzes geschlagen, was den Teufel gezwungen hatte, den Stein fallen zu lassen, und zwar an der Stelle, an der man ihn jetzt bestaunen konnte.

12. November, Dienstag

S. Pac Da wir noch einmal so weit über die Berge mußten wie am Vortag und die Reise mit Pferden sehr unbequem und gefährlich war, mieteten wir nach dem dortigen Brauch Stühle und Bauern, die uns auf diesen trugen. Der Schweizer, der sich beim Kronprinzen angebiedert hatte, erschien am frühen Morgen ebenfalls und brachte ein Kristallstück mit. Als der Kronprinz ihn fragte, was er ihm dafür geben sollte, antwortete jener, nichts haben zu wollen, da er das Stück dem Kronprinzen aus brüderlicher Zuneigung schenkte, und er ergriff sofort die Hand des Kronprinzen und drückte sie fest zum Zeichen der guten Freundschaft. Der Kronprinz freute sich sehr über die einfache Art des Mannes, und wir alle anderen freuten uns auch. Als es dann ans Tragen ging, schaffte der Schweizer für zwei, denn er war ein großer und starker Mann.

Zur Mittagszeit langten wir, schon hinter den Bergen, im Städtchen Erstfeld an. Dort sahen wir auch bei einem Stadtbewohner fünf große rohe Kristallstücke, für die ihm Mailänder Kaufleute 6000 Ducatone[154] geboten hatten, die er aber nicht unter 8000 abgeben wollte. Wir fragten, wo man diese Kristalle fand, und er antwortete, sie wuchsen dort zwischen den Bergen an ganz bestimmten Stellen als Stein oder Fels, und dort fand man sie auch.

Nachts kamen wir in ein Dorf, das Faido hieß, und da wir uns schon nahe an der italienischen Grenze befanden, beschlossen wir, den Weg weiter zu verfolgen, doch die Person des Kronprinzen geheimzuhalten, zumindest in der ersten Stadt, in Mailand, weil sich alle italienischen Herren danach richten würden, wie S. Hoheit der Kronprinz dort offiziell auftrat. Man mußte deshalb auch den Gouverneur umgehen und jeglichen überflüssigen Pomp vermeiden, auf den sich jener tunlichst vorbereitet hatte, um uns sollenniter [festlich] zu empfangen. Um das zu vermeiden, eilte S. Hoheit der Kronprinz direkt vom Nachtlager den anderen voraus und nahm nur den ältesten Vetturino als Fremdenführer mit, nachdem dieser unter Eid schwören mußte, die Person des Kronprinzen niemandem zu verraten, eventuell mit der Aussicht auf eine gute Belohnung. Herr Rozen blieb mit dem zweiten Teil der Dienerschaft zurück und gab sich für den Gnädigsten Fürsten aus, und zwar weil die Infantin dem Gouverneur von Mailand, Herzog de Feria,[155] aus Brüssel hatte mitteilen lassen, daß sich Fürst Radziwiłł auf dem Weg nach Italien befindet und daß man ihm an der Grenze (wo man wegen ansteckender Krankheiten niemanden aus den Niederlanden passieren ließ) mit seinem Gefolge freie Durchfahrt gewähren sollte. Deshalb gab sich Herr Rozen, bis wir nach Mailand kamen, für den Fürsten aus, und wir ließen uns von ihm bestätigen, daß wir zu seiner Gesellschaft gehörten, auf daß man uns an der Grenze ohne Aufenthalt hindurchlasse. Es fuhr mit S. Hoheit dem Kronprinzen der Durchlauchtige Fürst Radziwiłł, es fuhren noch ich selbst, der Herr Starost von Kaluga, die Herren Denhoff und Kazanowski, die außer dem Kronprinzen und dem Fürsten je einen Diener mitführten. Ich selbst war Fourier und Schatzmeister.

13. November, Mittwoch

J. Hagenaw Der Kronprinz eilte selbst schnell mit etwa zehn Begleitern nach Mailand voraus und erreichte gegen Mittag den Ort Bellinzona, in dem der Bürgermeister bei der Einfahrt große Schwierigkeiten machte, und zwar weil keine Gesundheitszeugnisse vorlagen. Es half nichts, als wir ihm mitteilten, daß wir zum Gefolge des Gesandten des polnischen Königs gehörten, der alsbald nachkommen würde. Man mußte nach Dukaten greifen und sie ihnen in die Hand drücken, um das Tor und ihren Willen zu erobern und uns freien Zugang zu verschaffen. Die Herren Rozen und Pigłowski stiegen mit dem Rest der Reisegruppe mittags in Bellagio[156] im Gasthof ›Zum Adler‹ ab. Hier tanzte der Wirt mit seiner Wirtin zu den Klängen unserer Lauten. Am Abend erschien bei den Herren in Bellinzona der hier vom Kronprinzen zurückgelassene Dawid und erinnerte daran, daß wir als Person des Gesandten Seiner Majestät, des polnischen Königs, statt Fürst Radziwiłł Herrn Rozen nennen müßten, auf daß sich die Berichte der Herren, die vorausfuhren, mit denen, die hinterherkamen, auch glichen. Und man gab sich viel Mühe, diese Weisung auszuführen. Der angebliche Gesandte nahm inzwischen im Gasthof ›Zum goldenen Hirsch‹ Quartier. In Bellinzona befanden sich drei Fortifikationen, die zu den ersten drei Schweizer Kantonen gehörten: Eine, die sich hoch über alle anderen erhob, zu den Unterwäldlern,[157] die mittlere zu den Bewohnern von Schwyz[158] und die niedrigste, die das ganze Tal abschloß, zu denen von Uri.[159] Hier floß auch der Fluß Ticino vorbei, den der Gotthard auf dieser Seite ausstößt, ähnlich wie auf der anderen Seite den Fluß Reuß.[160]

14. November, Donnerstag

S. Pac Wir setzten in Lugano über den See und kamen mittags in Mendrisio und spät am Abend in Como an. Es war eine gute Stadt, die zum Mailänder Herzogtum gehörte und an einem großen, schönen See lag, den man Lago di Como[161] nannte. Dort erreichte uns um Mitternacht ein Kurier des Gouverneurs von Mailand[162] mit Briefen an den Durchlauchtigen Fürsten, in denen stand, daß die Allergnädigste Infantin über die Reise des Fürsten und seines hohen Gefolges nach Mailand berichtet hätte. Und er hätte eigentlich eine bewußte Person des Gefolges, von der er Bescheid wußte, mit allen Edelleuten und Soldaten an der Grenze begrüßen müssen, doch dieser Person wäre das nicht recht gewesen, weshalb er bereit sei, dem Gnädigsten Fürsten alle Ehren zu erweisen. Somit sei der General der Kavallerie beauftragt worden, mit einigen Fähnlein Reiterei dem Fürsten entgegenzueilen, sobald er erfuhr, daß sich der Fürst Mailand näherte. Und er bat mich inständig, ihm darüber zu berichten. Opportune [zur rechten Zeit] fiel uns dieser Kurier in die Hände, und wir nahmen ihn mit. Unnötige Wege vermeidend, suchte S. Hoheit der Kronprinz die Post auf und fuhr nur mit mir und Herrn Denhoff nach Mailand voraus, und mit uns der Kurier, dem ich sagte, einen mündlichen Respond für seinen Herrn zu haben und daß der Durchlauchtige Fürst mit den anderen uns folgte.

J. Hagenaw Der Kronprinz langte zur Nacht in Como an, hielt sich aber von den städtischen Gasthöfen fern und quartierte sich in der Vorstadt in der Herberge ›Zum weißen Kreuz‹ zur Übernachtung ein, wo alles reichlich vorhanden und sauber war.

15. November, Freitag

A. S. Radziwiłł Von da fuhren wir über den Comer See nach Mailand. Ich blieb beim Troß zurück, während der Kronprinz mit ein paar Reisegefährten vorauseilte und den Leichnam des heiligen Borromeo[163] sowie viele andere interessante Dinge besichtigte. Der Gouverneur von Mailand, Herzog de Feria, ein sehr schwerleibiger Mann, kam erst am Abend, den Kronprinzen zu begrüßen,

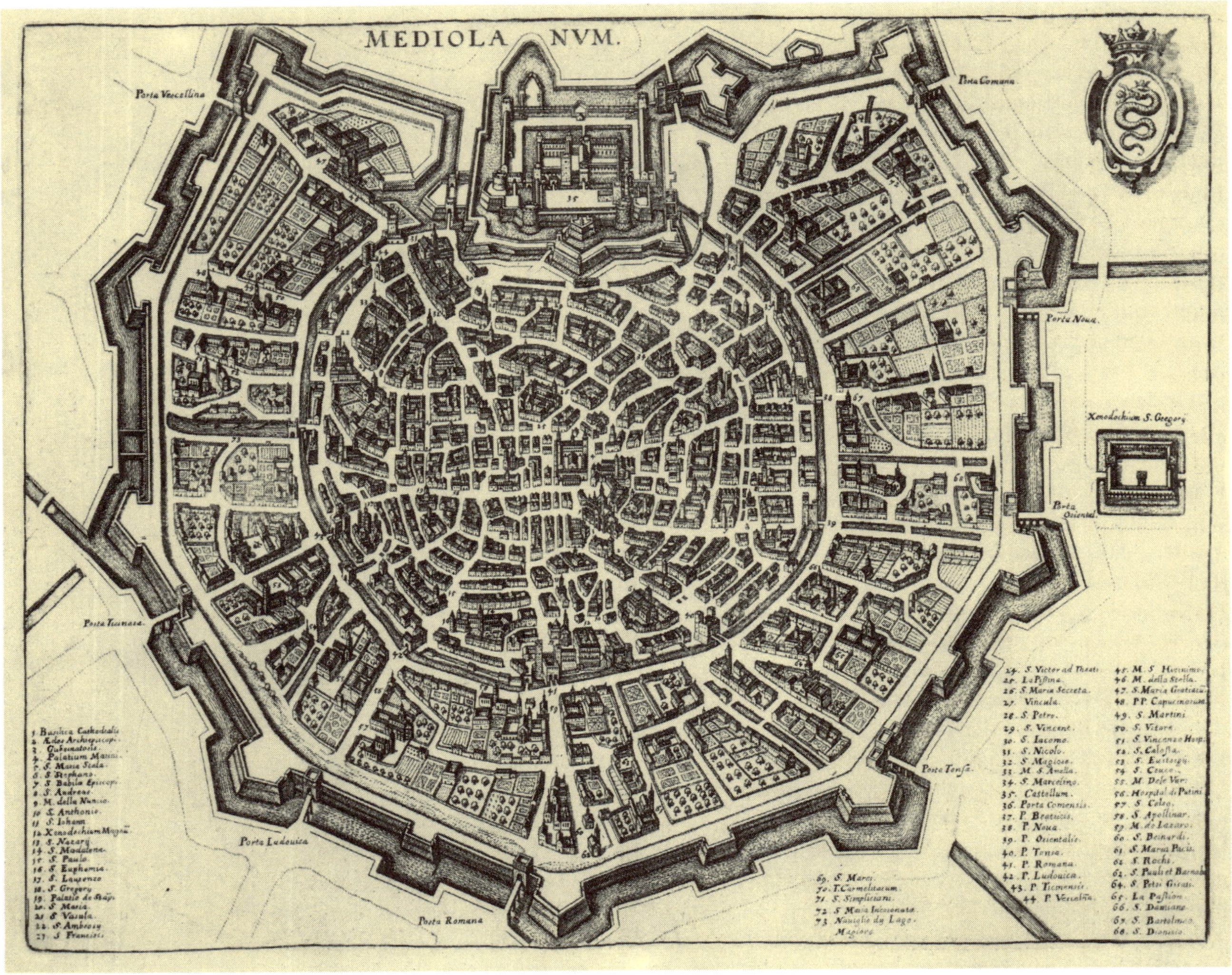

Stadtplan von Mailand

und indem er vor ihm hinkniete, küßte er seine Hand. Als er erfuhr, daß sich der Kronprinz bereits seit dem Morgen in der Stadt befand und viele Dinge besichtigt hatte, verwunderte er sich gar sehr und schalt sich der Nachlässigkeit. Er lud uns für den nächsten Tag in das Schloß Visconti hinter der Stadt ein und bewirtete uns mit einem fast königlichen Bankett.

J. Hagenaw Der Kronprinz umging den von Herzog Feria zu seiner Ankunft vorbereiteten festlichen Empfang, ließ in Como den größten Teil seiner Reisegruppe zurück und fuhr nur mit den Herren Pac und Denhoff mit dem Postwagen und einem hinkenden Pferd nach Mailand, wo er im Gasthof ›Zu den Drei Königen‹ abstieg. Als Herzog Feria, der Gouverneur von Mailand, von der Ankunft der Polen erfuhr, schickte er jemanden, um zu erfahren, wann man S. Hoheit den Kronprinzen erwarten durfte, da er ihn nach dessen Stand zu begrüßen gedachte. Als ihm Herr Pac sagte, der Kronprinz weile bereits seit zwei Stunden in Mailand, erstaunte er sehr über die Nachricht, und auch alle anderen, die ihn erwarteten, schienen verwirrt. Am Abend des gleichen Tages kam Fürst Radziwiłł mit den übrigen an. Der Kronprinz wollte sich bei der Begrüßung am Tage nicht zu erkennen geben, weshalb Herzog Feria erst in der Nacht kam, um ihn zu begrüßen. Ich selbst setzte in der Gruppe von Herrn Rozen mit dem Gepäck und den Sachen bei Morgengrauen über den Luganosee und wartete auf die übrigen in Capolago.[164] Als die Post ankam, fuhren wir mit überlasteten Wagen nach Mendrisio und aßen dort in der Herberge ›Zum heiligen Georg‹ zu Mittag. Übernachtet wurde bei der Heiligen Jungfrau von Saronno, wo in einer sehr schönen Kirche ein wundersames Bild der Heiligen zu sehen ist. Hier erfuhren wir, daß sämtliche Mailänder Edelleute mit vielen Karossen angekommen waren, um S. Hoheit den Kronprinzen zu begrüßen. Als sie ihren Irrtum bemerkten, kehrten sie vor unserer Ankunft wieder nach Mailand zurück.

16. November, Samstag

S. Pac Da außer dem Gouverneur niemand von dem Aufenthalt des Kronprinzen in Mailand wußte, konnte er unbehelligt durch die Stadt spazieren, weil ihn hier niemand kannte. So weilte er auch am Morgen in der großen Kirche St. Ambrogio und erwirkte bei den Kirchendienern, daß sie ihm die Reliquien zeigten, insbesondere den Leichnam des heiligen Borromeo. Danach spazierte er zwischen den Krämerläden verschiedener Handwerker umher, über die Mailand in einer viel größeren Zahl als alle anderen europäischen Städte verfügte.[165] Und er ließ sich verschiedenes Material und manche Arbeit vorweisen, handelte, kaufte einiges, sehr zufrieden über ea libertate [diese Freiheit], die er am ersten Tag vermißt hatte. Doch am nächsten Tag und den anderen danach non item [war es nicht gleich].

Nach dem Essen fuhren wir, das berühmte Mailänder Kastell[166] zu besichtigen, in dem sich S. Hoheit der Kronprinz mit dem Kastellan, der sich spanischer als spanisch gab, in ein Gespräch einließ. Als er nämlich dem Kronprinzen die Befestigungsmauern und Türme zeigte, erzählte er so viel über die Macht seines Herrn, über den Mut der Spanier, ihr großes Heer, das sich diesem Land ohne Verzug zum Kampf stellen konnte, daß der Kronprinz seines Geschwätzes müde wurde, sich an mich wandte und sagte: »Befreien Sie mich, um Himmelswillen, von diesem Mann, ich kann nicht mehr hören, wie er lügt.« Ich trat also auf ihn zu, ließ mich mit ihm in einen Diskurs ein über Valtellina und brachte meine Verwunderung darüber zum Ausdruck, daß der spanische König, ein so großer und mächtiger Monarch, den Franzosen über sich zu herrschen erlaubte, da sie ihm damals schon einige Teile von Valtellina und sodann das ganze Tal abgenommen hatten. Worauf der Kastellan erwiderte, das alles ›es nada‹ [sei nichts], sein Herr könne allein aus dem Mailänder Herzogtum 50000 kampferprobte Soldaten beziehen und aus dem Königreich Neapel eine gleiche Zahl. Er brauchte nur zu wollen und könne ganz Valtellina mitsamt allen Franzosen auf den Kopf stellen. Kaum zu glauben, was er noch alles erzählte, bevor er uns aus dem Kastell brachte, worauf ich herzlich froh war, ihn endlich loszuwerden.

J. Hagenaw Herr Rozen kam mit seiner Gruppe nach Mailand und quartierte sich mit allen in der Herberge ›Zum Falken‹ ein, um nicht durch eine allzugroße Assistenz die Person des Kronprinzen zu verraten. Nach dem Essen begaben sich der Kronprinz, Fürst Radziwiłł und einige andere Herren incognito zum Schloß. Und auch der Kastellan richtete sich nach dem Wunsch des Kronprinzen, eilte nicht zur Begrüßung herbei, sondern erwartete ihn vielmehr auf dem höchsten Stufenabsatz, begegnete ihm reserviert, in Furcht, ihn verraten zu können, begleitete ihn um so zeremonieller durch das ganze Schloß, von dem aus man leicht Form und Anlage aller niedriger liegenden Bastionen erkennen konnte. Die Kunst der Verstellung machte sich auch bei den Soldaten und Bürgern von Mailand bemerkbar, so daß es schien, als würden auch die, die den Kronprinzen gut kannten, dies nicht zu erkennen geben. Herzog Feria aß mit dem Kronprinzen in einer Herberge zu Abend und wiederholte das auch die nächsten Tage.

17. November, Sonntag

S. Pac Am Morgen weilten einige von uns mit dem Kronprinzen in der Ambrosiuskirche, doch non est sorte [nicht so glücklich] wie am Vortage, denn die Italiener hatten den Braten gerochen und verfolgten ihn überall. Und sobald er sich nur auf der Straße oder in der Kirche zeigte, war gleich ein ganzer Schwarm Menschen um ihn. Er verzichtete also auf Spaziergänge und fuhr, wenn er sich irgendwohin begeben wollte, in einer verhängten Karosse. So begab er sich zur Vesperandacht in die Theatinerkirche,[167] wo die sollemitas [Feier] der Beatifikation des heiligen Andreas[168] aus gleichem Theatinerorden stattfand.

18. November, Montag

J. Hagenaw Der Kronprinz hörte bei den Bernhardinern singende Nonnen. Von hier begab er sich zu Herrn Alessandro Vatielli, Obermundschenk und Resident des Durchlauchten Erzherzogs Leopold, wo er und sein Gefolge üppig bewirtet wurden. Nach dem Mahl nahm er an der Vesperandacht in der Pauluskirche teil, wo die Nonnen ihm zu Ehren sangen. Erwähnenswert war hierbei die wunderbare Stimme einer der Nonnen.

19. November, Dienstag

S. Pac S. Hoheit der Kronprinz wohnte bei den Benediktinern der gesungenen Messe bei, die von den besten Mailänder Sängern in gratiam [zu Ehren] S. Hoheit des Kronprinzen gesungen wurde.

Danach begaben wir uns sieben italienische Meilen hinter Mailand zum Schloß und zu den Gärten von Signore Fabio Visconti. Man durfte dieses Schloß mit Garten zu den schönsten Baulichkeiten des italienischen Landes zählen. Hier bereitete Herzog di Feria ein so prächtiges Mittagsmahl, wie wir es vorher und auch danach nicht noch einmal erlebten, ein Mahl, mit dem man mehrere unserer polnischen Banketts – auch wenn wir angeblich bei solchen so zu übertreiben pflegen – hätte ausrichten können, so viele verschiedene Speisen, Fleisch-, Wild- und Geflügelsorten wurden nicht nur ad satietatem [zur Sättigung] des Magens, sondern auch zur Freude des Auges aufgetischt. Nach dem Essen sahen wir verschiedene Tänze, die nicht allein von italienischen Tänzern, sondern auch von Spaniern und Spanierinnen aufgeführt wurden, zur großen Zufriedenheit S. Hoheit des Kronprinzen und auch unserer.

Am gleichen Abend befand sich S. Hoheit der Kronprinz unerkannt bei Duchi di Volatere zum Ballett, das eigens für den Kronprinzen aufgeführt wurde. Und er bekam dort alle edlen Mailänder Damen der ersten Häuser und ihre reichen Gewänder zu Gesicht. Unter anderen fiel das Kleid der Gemahlin des Marchese di Spinola[169] auf, des Sohnes jenes Spinola, der in den Niederlanden über alles herrschte. Dieses Gewand war aus weißem Atlas und mit Metall so subtil und auffallend verziert, daß sogar Gold und Silber dagegen verblaßten. Zu diesem Luxus gesellte sich die Geschicklichkeit der dortigen Handwerker. S. Hoheit der Kronprinz wollte das Kleid gern in seinem Quartier sehen. Er ließ eine Kopie herstellen und gab den Auftrag, für Ihre Hoheit die Königin,[170] mehrere solcher Kleider anzufertigen.

20. November, Mittwoch

S. Pac Es besichtigte S. Hoheit der Kronprinz einige Kirchen und Spitäler und bewunderte anschließend in einem Gasthof verschiedene Kristallstücke, die man in Mailand, nachdem man die Kristalle in den Schweizer Bergen erworben hatte, mit hoher Fertigkeit und viel Geduld herstellte und sie dann sehr teuer verkaufte. Es erzählte uns ein Meister, daß er fünf unbearbeitete Kristallstücke, wie wir sie in den Bergen gesehen hatten, für 7000 Dukaten erwarb und nach Bearbeitung für 30000 Dukaten zu verkaufen hoffte, was in polnischem Geld 90000 Złoty ausmachte. S. Hoheit der Kronprinz kaufte für 600 rote Złoty zwei prächtige Schalen.

Es blieb bisher unerwähnt, daß sich S. Hoheit dem Kronprinzen gleich nach seiner Ankunft in Mailand Gesandte verschiedener italienischer Herzöge präsentierten und in deren Namen Unterkunft und allerlei Dienste in den dortigen Ländern anboten, und zwar im Namen der Herzöge von Florenz[171] und Parma,[172] aber auch von Kardinal Farnese[173] und vom Herzog von Modena. Das aber war ganz und gar nicht nach dem Geschmack des Kronprinzen, denn er dachte, nicht von irgend jemandem dieser Art Courtoisie zu empfangen, dafür seine Anonymität zu bewahren, auf solcherlei Vorteile zu verzichten und die Dienste der Osterien zu nutzen. Deshalb wies er an, diese Abgeordneten indifferenter [ohne Unterschied] abzuweisen, niemandem etwas zu versprechen, aber auch nicht ohne Hoffnung zu lassen. Mir gefiel das aus vielerlei Gründen nicht, vielmehr war meine Meinung, die Freundlichkeit der Herren dort nicht zu mißachten, was nicht allein dem angenehmeren Zeitvertreib, sondern auch der eigenen Sicherheit dienlich gewesen wäre. Es erwies sich in rei veritate [in Wahrheit], daß die italienischen Osterien sehr unpassend und unsauber waren, nicht nach deutscher Art, wo sich ehrsame Menschen in ihnen aufhielten, sondern in Italien vielmehr Gesindel, gemeines Volk, Diebe und Betrüger. So waren sie auch nicht gerade ein Hort der Sicherheit, denn wenn zwei aneinandergerieten, holten – was wiederholt passierte – Häscher sowohl den Wirt als auch dessen Gäste ins Gefängnis. Gott sei davor, daß auch uns Ähnliches widerfuhr; wie hätte man auch Leuten, die aus Habgier und Bosheit niemanden respektieren, sagen sollen, daß es sich bei uns um einen Kronprinzen und sein Gefolge handelte. Da wir nun einmal so viele Sachen mit uns führten, wie sollten wir sie vor Verlust schützen, auf daß sie nicht durchstöbert und entwendet wurden. Es gab keinen anderen Weg, als daß die Herren und Herzöge, durch deren Lande die Reise ging, in Kenntnis gesetzt wurden. So sie sich selbst anboten, sollte ihre Freundlichkeit nicht verachtet, im Gegenteil dankbar angenommen und ihre Bekanntschaft gemacht werden. Dabei sollte nach Möglichkeit das Incognito gewahrt bleiben, das aber nicht so weit ging, daß man sich vor solchen Herren in deren Ländern verbarg und in irgendwelchen Spelunken unterkam. In eum sensum [in diesem Sinn] wurden viele Worte gleich bei unserem Eintreffen in Italien gewechselt, doch S. Hoheit der Kronprinz stimmte nicht zu und blieb bei seiner erstgefaßten Meinung. Worauf auch ich mich nicht widersetzte, weil ich erkannte, daß es doch soweit kommen sollte, hoffentlich nicht durch einen bösen Zufall, wie ich befürchtete. Und ich war in der Tat kein falsus vates [falscher Prophet].

J. Hagenaw Der Kronprinz widmete den größeren Teil des Tages einem Spaziergang durch die Stadt, suchte dabei Werkstätten auf und kaufte Kristallsachen. Nebenbei besuchte er Klöster und Gasthöfe und ein Spital für geisteskranke Menschen. Nachmittags begab er sich privatim unter dem Namen von Fürst Radziwiłł zu Herzog Feria, wo er – ohne daß ihm die ansonsten übliche Hochachtung zelebriert wurde – das herzogliche Palais besichtigte, mitsamt Sälen und der großen Aula, errichtet für Theatervorstellungen, denen auch die gerade durchreisende Allergnädigste Spanische Königin Margarete[174] beiwohnen wollte.

21. November, Donnerstag

J. Hagenaw Aus Mailand fuhr man nach dem Mittagsmahl getrennt weiter, S. Hoheit der Kronprinz, Fürst Radziwiłł, die Herren Pac, Żółkiewski und Rylski zuerst nach Genua.[175] Als sie in Richtung Padua[176] fuhren, sahen sie unterwegs das berühmte Kartäuserkloster. Und wenn die Patres auch den Kronprinzen einluden, so sagte er doch ab und hielt nicht an. Um ein Uhr in der Nacht erreichte er Padua.

22. November, Freitag

J. Hagenaw Die Herren Denhoff, Kazanowski, Rozen, Pigłowski und Lampugnani (den der Kronprinz in Mailand seinem Hofkreis als Kaplan anschloß) fuhren in Begleitung des Kronprinzen. Den Medikus, Jeremiasz Golner, hatte man mit der Dienerschaft und dem Gepäck (das man aber in Bologna zurücklassen mußte) nach Rom vorausgeschickt, um für die Ankunft des Kronprinzen das Palais vorzubereiten. Der Kronprinz aber besichtigte an diesem Tag die Kirche des heiligen Augustinus[177] und dessen Grab aus weißem Marmor. Da seine Bestattungsstelle aber nicht genau bekannt war, gab es zwischen den Kanonikern des Augustinerordens und den Kanonikern einer Splittergruppe dieses Ordens, die sich beide um die Reliquie stritten und beide sein Grabmal besitzen wollten, heftige Streitigkeiten. Der Papst hatte unter Androhung der Exkommunikation verboten, daß sich einer der beiden Orden das Recht auf den Besitz der Reliquie nahm, und in der Mitte der Kirche eine Linie ziehen lassen, nach der die linke Seite den Augustinern und die rechte den Kanonikern gehörte. Den Hauptaltar benutzte man im Wechsel von je einer Woche. Danach kehrte der Kronprinz in die Herberge zurück. Als er in die Karosse steigen wollte, bat ein Gesandter des Herzogs von Parma um eine Audienz, die der Kronprinz ihm gnädig gewährte. Darauf überreichte der Gesandte Briefe des Herzogs und des Kardinals Farnese und bat in deren Namen, S. Hoheit möge ihnen bei der Durchfahrt durch das Herzogtum einen Besuch abstatten. Er erhielt vom Kronprinzen eine unklare Antwort, weil er sich doch nicht zu erkennen geben wollte. Zu Mittag erreichte man Voghera und in der Nacht Tortona. Hier kamen uns fünfzig bis sechzig Soldaten zu seinem Empfang entgegen, die nach Como marschierten, und es versammelte sich eine größere Menschenmenge. Den nächsten Tag und die folgende Nacht blieb der Kronprinz in Tortona.

23. November, Samstag

S. Pac In Serravalle kamen wir mittags an. Nach dem Essen ging es weiter. Wir umgingen Padua, wo genuesische Wachen Ausländern die Durchfahrt wegen möglicher Verpestung der Luft verwehrten, insbesondere bezog sich das auf Polen, die bei ihnen in capite [am Anfang] auf der Liste standen. Doch uns ließ man hindurch, als wir den Mailänder Passierschein zeigten, aus dem nicht hervorging, daß wir Polen waren. Spät am Abend kamen wir in Voltaggio an. Doch der übrige Teil unserer Gesellschaft hatte nicht das gleiche Glück, denn als die Wachen merkten, daß es sich bei ihnen um Polen handelte, hielten sie sie zurück und schickten gleich nach Voltaggio, daß man auch uns nicht hindurchließe. Etwa gegen Mitternacht langte eine Stafette an mit einem Schreiben von Pater Lampugnani, dem Kaplan des Kronprinzen, der die übrige Gesellschaft anführte, in dem er mitteilte, daß sie aufgehalten wurden, und anfragte, was zu tun sei, sodann bat, daß wir sie nicht vergessen und auch auf uns selbst achten sollten.

Dieser Umstand gefiel uns, wie man es sich

denken kann, ganz und gar nicht. Wir traten also sogleich mitten in der Nacht zu einer Beratung zusammen und baten den Gastwirt, einen (was hier selten anzutreffen war) braven Mann, hinzu. Es schien nichts expeditius [angebrachter], als gleich jemanden mit unseren Geleitschreiben und Briefen, die wir vom Mailänder Gouverneur erhalten hatten, sowie unserem Paß, aber auf den Namen des Fürsten, nach Genua zu schicken und um freies Geleit zu bitten. Diese Aufgabe übernahm der Bruder des Gastwirts und brach noch in der Nacht mit der Post nach Genua auf. Wir aber, die wir interim auf einen Respond warteten, mußten uns den ganzen nächsten Tag in Voltaggio aufhalten, doch alias [übrigens] in einer anständigen Herberge.

24. November, Sonntag

S. Pac Ich war darüber weniger verärgert, im Gegenteil, erlebte ich doch, daß wir durch diesen kleinen Zwischenfall (denn es geschah ja in Unwissenheit über die Person S. Hoheit des Kronprinzen) uns doch dazu entscheiden sollten, wozu ich schon in Mailand – wie gesagt – geraten hatte: unsere Reise durch Italien in einer anderen Art durchzuführen. Doch ich gab Ruhe, um nicht für das verantwortlich gemacht zu werden, was falsch lief. Und wir berieten dies und das, doch es ging alles gut aus, als der Bote aus Genua zurückkehrte und uns eine in amplissima [in großzügiger Form gehaltene] Lizenz brachte, die uns gestattete, weiterzureisen oder zu bleiben und alles zu tun, was uns gefiel.

25. November, Montag

S. Pac Nach dem vergangenen Tag der Rast führte uns der Weg durch luftige, gefährliche Bergeshöhen, und dabei fegte ein so heftiger Wind, daß er uns und die Maulesel fast in den Abgrund stürzte. Sieben Meilen vor Genua trat uns auf dem Weg ein Italiener entgegen, der zu jenen Leuten gehörte, die Ausländern auflauerten und sich an ihnen bereicherten, wenn sie ihnen die Stadt zeigten oder ihnen bei irgend etwas behilflich sein sollten, sie dabei aber tüchtig ausnahmen, sich auch mit dem Gastwirt kommodierten, bei dem die Fremden abstiegen. Aber die Wirte fuhren den Gästen weit entgegen und führten sie zu sich, wie auch uns ein genuesischer Gastwirt aufgelauert hatte, der bis nach Voltaggio gekommen war, zwanzig italienische Meilen weit. Doch wir wandten uns an jenen guten Mann, der uns sieben Meilen entgegengekommen war. Da ich vorweg fuhr und der erste war, geriet ich mit ihm ins Gespräch, und er fragte mich, was wir für Landsleute wären. Sogleich fragte ich ihn meinerseits, wieso er das wohl wissen wollte? Und er antwortete, Konsul und Protektor aller Ausländer zu sein, so der Engländer und Deutschen, vor allem aber der Polen. Traf es sich, daß Polen nach Genua kommen, dann informierte er sie über alles, führte sie überallhin, wo man etwas Sehenswürdiges erblicken könnte, und kümmerte sich um sie, auf daß sie keinen Schaden erführen.

Als ich merkte, di che razza [welcher Sorte] der Mann war, sagte ich ihm, wie sehr ich mich wohl freute, daß wir Polen in Genua einen neuen Protektor wüßten, denn bisher hatten wir hier noch keinen, nur einen in Rom aus dem Kardinalskollegium,[178] und wir gratulierten uns dazu, daß sich ein zweiter aus Genua gefunden hätte. Jedenfalls sah der gute Mann, daß man ihn durchschaut hatte und danach behandelte. Doch er begann zu lächeln und mich zu loben, daß ich so gut italienisch sprechen könne, man merke doch gleich, daß ich schon weit herumgekommen sei, doch ich sollte seine Dienste in Anspruch nehmen, was er wohl besorgen würde. Ich dankte ihm und bedauerte seine Mühen, einen so weiten Weg bei dem Unwetter ohne eigenen Nutzen gemacht zu haben. Zugleich riet ich ihm, keine Zeit zu verlieren und zurückzueilen, weil wir für Genua keinerlei Protektoren brauchten. Wir wären schon früher hier gewesen und würden die Stadt recht gut kennen. Und so fuhr der Herr Protektor wieder zurück, und S. Hoheit der Kronprinz lachte herzlich, als ich ihm darüber berichtete.

Gegen Mittag langten wir in Genua an, und als wir uns an den Tisch setzten, ließ uns der Gastwirt wissen, zwei genuesische Edelleute[179] seien gekommen, einer aus dem Haus der Pallavicini, der andere aus dem der Gentili, um jemanden aus unserer Gesellschaft zu sehen, und sie würden unten warten. Darauf beauftragte mich S. Hoheit der Kronprinz, zu erfahren, was sie wohl wollten. Als ich sie traf, begannen sie mir nach der Begrüßung zu erzählen, sie hätten die Nachricht bekommen, eine Gesellschaft edler polnischer Kavaliere sei nach Genua gekommen und in diesem Gasthof abgestiegen. Und sie verstanden das so, daß diese sowohl die Stadt als auch lohnende Sehenswürdigkeiten besichtigen wollten, weshalb sie sich anboten, ihnen dabei behilflich zu sein und sie überall hinzuführen. Aus diesem Grunde stünden auch einige Sänften vor dem Gasthof, die samt ihnen selbst zu Diensten stünden, wobei sie nicht wissen wollten und auch nicht fragten, was für Personen unserer Gesellschaft angehörten. Es genüge ihnen zu wissen, daß es sich bei allen um honorige Kavaliere handelte. Ich dankte ihnen für dieses Entgegenkommen und sagte, ich wollte das meinen Leuten mitteilen und ihnen sofort Respons geben. Zugleich bat ich sie, die Zeit besser zu verbringen, sich nach oben ins Zimmer an das Feuer zu begeben und nicht draußen zu frieren. Denn es war an diesem Tag im Freien recht frisch. Sie aber wollten durchaus nicht hinaufkommen und lieber vor dem Haus auf die Antwort warten.

Als ich S. Hoheit dem Kronprinzen darüber berichtete, gefiel ihm die Diskretion dieser Leute sehr, und er nahm dankbar an. Und ohne Zeit zu verlieren, stiegen wir sogleich in diese Sänften, und zwar zu zweit: S. Hoheit der Kronprinz und der Pallaviciner, Fürst Radziwiłł und der Gentiler, ich und der Herr Starost von Kaluga. Die Straßen von Genua waren nämlich so eng, daß man Kutschen nicht verwenden konnte. Und so trug man uns in den verhangenen Sänften, um uns in der Stadt Sehenswürdigkeiten zu zeigen, ohne Gedränge der Menge, dem wir ansonsten nicht entgangen wären. Wir besichtigten an diesem Tag mehrere Kirchen. Am Abend waren wir zu einem Ballett, wo alle vornehmen genuesischen Damen an einem Festumzug bei dem hochedlen Kavalier Cataneo teilnahmen.

J. Hagenaw Nachts kam ein Schreiben aus Genua mit der Weisung, alle hindurchzulassen, und mit dem Bedauern des Senats, daß das Gepäck zurückgehalten worden war. Am frühen Morgen ging es nach der Messe bei den Franziskanerpatres nach Genua. Und als man gerade den Berg zu besteigen begann, erhob sich ein so heftiger Wind aus nordöstlicher Richtung, daß er die Hüte von den Köpfen riß und die Pferde zum Schwanken brachte. Die Reise wurde nicht ohne Gefahr fortgesetzt, die der Wind mit sich brachte, doch seine Gewalt wurde durch die Tatsache gemildert, daß es Rückenwind war und er uns rascher nach Genua schob.

Etwa in der Mitte des Weges traf man einen genuesischen Ratsherrn, der die Reisenden in sein eigenes Haus einlud, seine ausgezeichneten Weine pries und mit der Freundschaft zu vielen Polen prahlte. Er sprach darüber mit Herrn Pac, der auf alles kühl antwortete, in Kenntnis des Charakters und der Art jener Menschen. Um seiner Einladung größeren Nachdruck zu geben, beteuerte jener Mann, Protektor der polnischen Nation zu sein. Worauf ihm gesagt wurde, in Polen kenne man keinen anderen Protektor als den Kardinal de Torres. Da er nicht der Genuesischen Akademie angehörte und wir auch keine nationalen Probleme behandelten, nähme es wunder, woher dieser Titel käme. Als der gute Mann sah, daß seine Hinterlist nichts ausrichtete, fuhr er nach Genua zurück und ließ sich nicht wieder blicken.

Gegen Mittag langte man in Genua an. Unterwegs fielen vor der Stadt die prächtigen Paläste an der Straße San Pietro in Arena auf. Bei der Einfahrt in die Stadt verlangte man das Gesundheitszeugnis, das höflich zur Kenntnis gereicht wurde. Trotzdem durchsuchte man nach dem hiesigen Brauch das Gepäck. Die Reisenden waren aber alle samt und sonders vorsichtig gewesen und führten außer den Nachtgewändern nur einige wenige Sachen mit sich: die Kostbarkeiten hatte man in Voltaggio bei den Kapuzinermönchen zur Aufbewahrung zurückgelassen.

Als man sich zu Mittag zum Tisch setzte, erschienen zwei edle Herren – einer aus dem Hause der Pallavicini, der andere aus dem der Gentili. Sie taten, als kannten sie S. Hoheit den Kronprinzen nicht und versicherten, wenn auch von den Stadtbehörden geschickt, so doch durch einen ehrlichen Affekt zu den Ausländern bewegt zu sein. Sie wollten die Herren Ausländer, ohne nach deren Person oder Herkunft zu fragen, in der Stadt an berühmte und sehenswürdige Stellen führen. Zu diesem Zweck wären auch drei Sänften bereitgestellt. Und sie wären den Herrn Ausländern sehr verpflichtet, wenn sie nicht abgewiesen und ihre Dienste in irgendeiner Weise in Anspruch genommen würden. Dieser mit großer Bescheidenheit drapierte Vorschlag wurde dankbar angenommen, und es ist schwer zu beschreiben, welche Freude er S. Hoheit dem Kronprinzen bereitete, indem er ihm eine so ausgezeichnete, von Hochachtung zeugende Gelegenheit bot, alles zu besichtigen, ohne seine Person preiszugeben.

Nach dem Mittagessen besuchte man also in den Sänften die St. Katharinenkathedrale und dann das Palais des Herzogs,[180]den man hier Doge nennt, und der, der zu der Zeit das Amt bekleidete, stammte aus einer französischen Familie. Danach kehrte man in den Gasthof zurück. Am Abend sah man den Tänzen anläßlich der Hochzeit eines Edelmannes zu, dabei konnte man viele Damen bewundern, die sich sowohl durch ihre Schönheit, ihr Geschick beim Tanz als auch ihre überaus prächtigen Gewänder auszeichneten.

26. November, Dienstag

S. Pac Wir sahen die Theatinerkirche des heiligen Lorenzo. Doch am herrlichsten und wertvollsten waren die Jesuitenkirchen. Eine davon hatte ein Pallaviciner, ein Verwandter unseres Cicerone, der Jesuit geworden war und den Patres sein gesamtes Vermögen vermacht hatte, auf seine Kosten in Höhe von einigen Hunderttausenden erbaut. Nach der Kapelle von Florenz, die noch nicht vollendet war, durfte diese kleine Kirche die erste Stelle einnehmen. Danach begaben wir uns in den Palast des Dogen.[181] Dort trafen wir den Dogen in publice in einer Sitzung mit dem Senat. Anschließend besichtigten wir das armamentarium [Arsenal]. Von da aus trug man uns zum Hafen, wo wir genuesische Galeeren sahen.

Nach dem Mittagessen fuhren wir in eine Straße, die San Pietro in Arena hieß und in der wir so viele Paläste, prachtvolle Gärten und Fontänen sahen wie nirgends zuvor.[182] Zu Recht nennt man die Stadt Eximia Superba (die Außergewöhnliche und Wunderbare). Kaum anzunehmen, daß es in den übrigen italienischen und sicherlich auch in allen anderen Ländern Paläste von gleicher Pracht gibt. Vor allem der Palast eines genuesischen Edelmannes, den man ›Imperialis‹ nannte, mitsamt den Gärten, und ein zweiter, ›del Principe Polia‹, waren wert, bestaunt zu werden. Als einer unserer Gesellschaft, der sich über die kleine Küche in einem so großen Palast wunderte, die Köchin fragte, antwortete diese, die kleine Küche hätte den Palast so groß gemacht. Und sie erwähnte die Genügsamkeit der hiesigen Menschen, die sich alles vom Mund absparten und auf das achteten, was posteritati servit [den Nachkommen diente] und dem Vaterland zur Zierde gereichte. Nicht also, wie wir es tun, daß die Küche größer ist als das Haus, in dem wir ärmlich leben, und die wir auch all unser Einkommen in cloacum [in Kloake] verwandeln. In den Gärten blühten zu dieser Jahreszeit die Rosen, Apfelsinen und Zitronen waren zu sehen, von manchen Bäumen pflückte man sie, andere standen in Blüte. Wahrlich, es schien das Land ein Paradies zu sein.

J. Hagenaw Am Morgen erschienen erwähnte Edelleute mit den Sänften und führten den Kronprinzen in die Theatinerkirche, die dem heiligen Sillus gewidmet war, und von da in die St. Lorenzokirche,[183] in der die Gebeine von Johannes dem Täufer aufbewahrt werden. Als nächstes begab man sich in eine Jesuitenkirche,[184] wie es eine zweite von solch herrlicher Architektur und großer Pracht in der ganzen Welt nicht noch einmal gibt. Hier zeigte man dem Kronprinzen die Schatzkammer der Kirche, die alle in ein übergroßes Erstaunen versetzte. Von hier aus besuchte man das Arsenal des Dogen, das, wenn als Gebäude auch nicht besonders groß, eine unglaublich große Zahl an Waffen beherbergte. Es fielen auch einige leere Stellen auf, wo man Waffen und Kriegsgerät herausgeholt hatte, und zwar für 12000 Mann Fußvolk und 300 Berittene, die mit privatem Sold gegen den Herzog von Savona aufgeboten worden waren.

In den Hafen gebracht, den man hier Molo nannte, konnten sie sich wegen eines aufkommenden Sturmes nicht lange aufhalten, widersetzten sich aber doch dem heftig wehenden Wind. Und sie verfolgten, wie 200 Soldaten in einen Dreimaster eingeschifft wurden, mit dem sie sich nach Savona begeben sollten. Auf dem Rückweg betraten sie selbst mehrere Dreimaster. Auf dem Kapitänsschiff nahmen nach dem hier herrschenden Brauch die Gefangenen S. Hoheit dem Kronprinzen und Fürst Radziwiłł die Sporen ab, die jene anschließend gnädigst zurückzukaufen geruhten.

Nach dem Mittagessen wurden Paläste in einer neuen Straße besichtigt, unter anderem das Palais von Herzog Doria, das sich unter den anderen besonders hervorhob. Man besichtigte auch die Kirche Santa Maria Assunta di Carignano, konnte sie aber wegen der Abwesenheit des Küsters nicht betreten. Aus diesem Grund fuhr man die Stadtmauer entlang bis zum Meer und kehrte erst spät in der Nacht in die Herberge zurück.

27. November, Mittwoch

S. Pac Wir wohnten der Messe in der St.-Leonard-Kirche bei und hörten hierselbst einer Nonne Gesang, der alles, was wir vorher und auch nachher hörten, übertraf. Danach waren wir in einer Kirche, die Sanctae Mariae Cariniani hieß. Es muß diese Kirche zu den schönsten gezählt werden, die im italienischen Land bestehen. Sie wurde von einem Edelmann auf dessen eigene Kosten erbaut. Man sagt, der erste Stifter hatte vor hundertfünfzig Jahren nicht mehr als 6000 Dukaten aufgebracht, die aber nicht sofort für den Bau verbraucht, sondern in Verleih gegeben wurden, worauf sich das Geld 50 Jahre lang in Wucher befand. Dabei wuchs eine so große Summe an, daß sie reichte, um ein so herrliches Gebäude zu errichten.

Von hier aus gingen wir, die berühmte Augsburger Uhr zu besichtigen, die ein genuesischer Kaufmann für mehrere Zehntausende gekauft und nach Genua gebracht hatte, wo er sich zu seinen Gunsten von jedem, der die Uhr sehen wollte, Geld zahlen ließ. Nach dem Mittagessen besichtigte der Kronprinz die Stadt und einige Paläste und Gärten. Er kehrte erst im Dunkeln in die Herberge zurück, und da er am nächsten Tag abreisen wollte, dankte er den erwähnten Edelleuten für ihre Freundlichkeit, bat sie in sein Zimmer und gab sich ihnen zu erkennen, obgleich sie auch vorher über ihn Bescheid ge-

Prospekt des Hafens von Lerici bei Genua

wußt hatten. Sie wünschten aber sehr, ihm als dem Herrn ihre Reverenz zu erweisen. Und so geschah es. Sehr zufrieden über uns, verabschiedeten sie sich, dem Kronprinz und seiner Gesellschaft den Vorzug gebend vor Erzherzog Karl, der sich einige Wochen vor uns in Genua aufgehalten hatte, den hiesigen Menschen aber nicht sehr ans Herz gewachsen war. Als der Pallaviciner darüber sprach, sagte er, non sapeva far ne da cognito, ne da incognito [gleichviel, ob er erkannt oder unerkannt auftrat].

J. Hagenaw Am Morgen hörte man in der St.-Leonard-Kirche dem Gesang einer Nonne zu, die in jeder Hinsicht mit der berühmten Mailänder Sängerin in der Paulskirche verglichen werden konnte. Von hier aus begab man sich in die Sanctae-Mariae-Cariniani-Kirche, in der uns besonders eine Galerie auf dem Dach auffiel, die mit schönstem Marmor ausgelegt war und dem Betrachter einen wunderbaren, weiten Blick gestattete. Im Haus eines Bürgers, der sich als Agent des polnischen Königs vorstellte, wurde eine berühmte Augsburger Uhr besichtigt, die erwähnter Bürger, wie er selbst großspurig angab, aus privatem Besitz für 12000 Taler erworben hatte. Auf dem Rückweg erlebte man noch den Herzog, wie er mit dem Senat zusammensaß und beriet.

Am Nachmittag fuhr mit Erlaubnis des Senats (ohne die kein Gefährt in die Stadt hineingelassen wurde) eine sechsspännige Karosse von Herzog di Spinola vor, mit der sich S. Hoheit der Kronprinz mitsamt einigen Herren zum Palais des Herzogs Doria begab und dort alles besichtigte, was der Besichtigung würdig war. In dieser Zeit entfernte sich der Herzog, um den Kronprinzen nicht zu behelligen. Auffallend waren vor allem: die Waffenkammer, das silberne Hausgerät und Geschirr, die Teppiche, der Garten. Hier klagte der Kronprinz über die große Hitze, dank welcher wir aber in dieser Jahreszeit mit frischen Weintrauben bewirtet werden konnten. Es blühten hier den ganzen Winter über sogar Lilien und Rosen. Im Palast von Neri (der erst sehr arm war und dann durch die Mitgift seiner Frau – 200000 goldene Scudi – zu einem großen Vermögen gelangte) bewunderte man sehr schöne Gemälde. Es gab auch hängende Gärten und ein Fischbassin zu sehen. Nach der Besichtigung des Palais von Herzog di Spinola fuhr man zum Kaiserpalais, wo man insbesondere einen Hügel bestaunte, der in kunstvoller Form als Garten angelegt war und durch die Vielfältigkeit der Arten und Anordnungen einen überaus angenehmen Eindruck machte. Da gab es einen Pfad, mit hohen Zypressen bestanden, der gemach zum Gipfel des Hügels führte und das harmonisch geplante Grün in seiner ungewöhnlichen Schönheit vor Augen führte. An einer etwas höheren Stelle gab es einen Teich mit reinstem Wasser und auserlesenen Fischarten, von allen Seiten mit emporragenden Zypressen besetzt, und in den vier Ecken sah man steinerne Adler, als wenn diese hier alles behüteten. Ging man zwischen den so prächtig anmutenden Bäumen und Sträuchern weiter, so stieß man kurz vor dem Gipfel auf einen weiteren Teich mit Fischen, der dem niedriger gelegenen in nichts nachstand.

Nach Verlassen des Gartens ließ man die Karossen stehen und kehrte mit den Sänften in den Gasthof zurück. Die ganze Zeit seines Aufenthaltes in Genua wurde der Kronprinz von den Stadtvätern mit Wein beliefert und mit Quartier versorgt. Als sich der Kronprinz von den Edelleuten, die ihm als Fremdenführer gedient hatten, verabschiedete, gab er sich ihnen zu erkennen.

28. November, Donnerstag

J. Hagenaw Der Kronprinz verließ Genua und reiste ohne Unterbrechung nach Voltaggio.

29. November, Freitag

J. Hagenaw Zu Pferd ging es nach Serravalle und von da mit der Kutsche nach Voghera.

30. November, Samstag

A. S. Radziwiłł Nach ein paar Tagen erreichten wir zu Pferd Piacenza, wo wir in einer Herberge ganz hervorragend bewirtet wurden. Als ich bezahlen wollte, wehrte der Gastwirt ab, weil alles vom Schloß gebracht worden war. Der Kronprinz bestimmte zehn ungarische Dukaten für die Diener, die die Kutsche herbeiführten und freudig riefen: »Vivat Polonia!«

J. Hagenaw Der Messe wohnte man unterwegs in einer Kapelle bei, zu Mittag wurde in Bronna gegessen. Ein Kurier meinte hartnäckig, bis zum Anbruch der Nacht könnte man von hier aus nur bis zum St.-Johann-Schloß gelangen, ein Diener des Gasthofes seinerseits jedoch behauptete, man könnte sehr wohl Piacenza erreichen, und es wurde aus diesem Grunde heftig gestritten. Darauf erbot sich der Diener, den Kronprinzen für die Bezahlung von fünf Dukaten noch vor Mitternacht nach Piacenza zu bringen. Man schloß darauf einen solchen Vertrag unter der Bedingung, daß das Geld verloren war, wenn man erst nach Mitternacht ankäme. Der Diener nahm die Bedingung an und trieb, nachdem die Herren in der Kutsche Platz genommen hatten, die Pferde mit voller Kraft an, ohne Stimme und Peitsche zu schonen, ohne der Schlaglöcher auf den Straßen oder anderer Hindernisse zu achten, als säße ihnen der Tod im Nacken. Und wirklich, er langte noch vor Mitternacht, dem ausgemachten Zeitpunkt, in Piacenza an und nahm voller Triumph die vereinbarte Belohnung an. Der Rest der Gesellschaft übernachtete im St.-Johann-Schloß, wie es der Kurier vorausgesagt hatte. Der Kronprinz und seine Begleiter wurden in Piacenza in der Herberge ›Zum Engel‹ sehr gastfreundlich aufgenommen. Vom Schloß schickte man hervorragenden Wein, und auch zum Frühstück wurde man von daselbst eingeladen.

DEZEMBER

1. Dezember, Sonntag

S. Pac Ich erhob mich also gegen Mitternacht, machte mich mit der Post auf den Weg und war vor Mitternacht in Parma,[185] wo ich mich beim Kardinal anmelden ließ. Sogleich führte mich sein Maggiordomo, Conte Lampumani, zu ihm, nachdem er mich in einer Karosse von der Osteria abgeholt hatte. In Ausübung meiner Gesandtschaft dankte ich erst im Namen S. Hoheit des Kronprinzen für die Ehre, die er sowohl von ihm* als dessen Brudersohn** durch Gesandte und Briefe bereits beim Überschreiten der italienischen Grenze erfahren hatte. S. Hoheit der Kronprinz versprach seinerseits, diese Freundlichkeiten mit gleichem Eifer entgelten zu wollen. Was den weiteren Weg S. Hoheit des Kronprinzen betraf, so sagte ich, daß S. Hoheit nach Erfüllung des Gelübdes, die heiligen Orte in Italien zu besuchen, es für den größten Nutzen seiner Reise ansähe, mit so edlen Menschen, wie es die italienischen Herzöge und hohen Herren waren, Bekanntschaften zu schließen. Das gleiche wünschte er sich hinsichtlich der Person des Durchlauchten Kardinals und dessen Brudersohnes. Er sei einverstanden, ihre cortese invito [edle Einladung] in ihr Haus anzunehmen, die sie vermittels ihrer Gesandten ausgesprochen hatten. Zugleich wünschte Seine Hoheit der Kronprinz, das in geheimster Art und Weise, ohne jegliche Zeremonien, ohne Pomp, Ausfahrten und Zusammenkünfte geschehen zu lassen, da er ein solches Vorgehen in der Zeit seiner Pilgerfahrt für unschicklich hielte, obgleich er nicht daran zweifelte, daß man ihm diese Ehren aus großer Freundlichkeit erweisen wollte.

Es empfing der Durchlauchtige Kardinal diese Botschaft mit schicklicher Reverenz und führte mit vielen Worten die Obligationen seines Hauses gegenüber S. Hoheit dem Kronprinzen und der österreichischen Krone aus, sehr kontent darüber, daß S. Hoheit der Kronprinz mit ihm zusammentreffen und die Dienste seines Hauses in Anspruch zu nehmen gedachte. Was aber die sollenitates [Feierlichkeiten] bei Empfängen betraf, die einer so hochgestellten Person zustanden, so wollte er sich dem Wunsch des Kronprinzen unterwerfen, in der Überzeugung, daß man ihm in Erfüllung dieses Wunsches die größte Ehre und Pflicht erwies. Liberius [eingehender] sprach er dann darüber mit mir, wie wohl Seine Hoheit der Kronprinz eintreffen und ob er im herzoglichen Palast wohnen wollte. Und ich sagte ihm, was die Intentionen des Kronprinzen waren. Erstens konnte er nicht im herzoglichen Palast wohnen, weil er dadurch zu sehr der Öffentlichkeit preisgegeben würde, doch gedachte er gern anzunehmen, wenn man ihm ein abgelegenes Haus zuweisen wollte. Ausfahrten und Zusammenkünfte brauche er nicht, als einziger sollte ich ihm entgegenfahren. Dabei wäre von Vorteil, wenn man mir eine jener Karossen zur Verfügung stellte, die man campania [Reisekutsche] nannte, in der ich S. Hoheit dem Kronprinzen entgegenfahren sollte, auf daß er in

* Francesco Maria Farnese.

** Odoardo Farnese.

diese umstiege und am Abend sein Quartier erreichte.

Der Kardinal sagte in allem zu, und sogleich bereitete man den abseits gelegenen Palast von Herzog di Poli für S. Hoheit den Kronprinzen vor. Als ich den Kardinal verließ, begleitete er mich, soweit er konnte, denn er litt an Podagra und Chiragra.

Als nächstes besuchte ich den jungen Herzog, dem ich, ähnlich wie dem Kardinal, im Namen des Kronprinzen Höflichkeiten ausrichtete. Und auch er empfing mich cortesissime [überaus artig] und gab mir einen Respons so distincte [vornehm], daß ich sehr darüber staunte, wie er in so jungen Jahren, denn er war damals zwölf Jahre alt, wohl dazu in der Lage war.

Als ich mich in meine Herberge zum Mittagsmahl begeben wollte, führte mich der Maggiordomo des Kardinals, der gleiche, der mich zum Palast gebracht hatte, in ein Zimmer, in dem ein Tisch vorbereitet war. Hier empfing mich ein Mittagsmahl in fürstlichem Überfluß bei entsprechender Bedienung. Am Tisch saßen nur der Maggiordomo und ich. Si quid ad rem [was die Sache betrifft], so trank ich in ganz Italien keinen besseren Wein, was auch der Kronprinz und die ganze Gesellschaft bekannte, denn man bedachte uns später mit diesem Wein, ohne zu geizen. Nach dem Essen wollte ich dem Kronprinzen entgegenfahren, und sogleich bereitete man zwei Karossen vor, eine sehr kostbare, in der sonst der Kardinal selbst fuhr, und eine zweite, bescheidenere, aber doch sehr anständige. In diese stieg ich und fuhr dem Kronprinzen entgegen.

Fünf Meilen vor Parma traf ich mit ihm an einer Furt des Flusses Taro zusammen. Es war der Ort der bekannten Schlacht, in der Karl VIII., französischer König, gegen alle italienischen Lande, die sich gegen ihn vereinigt und ihm hier den Weg verstellt hatten, kämpfte, und zwar nach der Eroberung des Königreichs Neapel.[186] Hier berichtete ich dem Kronprinzen, was in Parma geschehen war. Er war sehr froh darüber, stieg in die Kutsche, in der ich angekommen war, und fuhr beim Dunkelwerden in Parma ein, bis zu seinem Quartier, das so prächtig hergerichtet worden war, daß hier selbst der größte Monarch der Welt hätte wohnen können. Die Zimmer des Kronprinzen waren mit kostbaren niederländischen Tapisserien behängt, aus Gold und Seide gewebt, die Alexander, Herzog von Parma,[187] vormals Gouverneur in den Niederlanden, dort hatte herstellen lassen. Auch unsre Zimmer (denn wir wohnten alle im Palast) waren mit Wandbehängen ausgeschlagen, die denen des Kronprinzen nicht nachstanden und auch von Gold und Seide glänzten. Am Kamin Feuerböcke und andere Geräte in Silber, Stühle und sogar anderes Mobiliar mit Goldbrokat. Es wurde dann ein Abendessen gereicht, so vorzüglich an Speisen und Weinen, daß weder der Kronprinz noch die übrigen Herren etwas von Osterien hören wollten und zugaben, daß ich recht hatte, als ich sagte, daß es dort gut sei, wo in Herbergen Herren und nicht Schurken den Ton angeben. Was dem Kronprinzen aber ganz besonders behagte, war, daß außer den wenigen Personen, die in den Zimmern und bei Tisch bedienten, niemand weiter mehr im Palast war, so daß der Kronprinz unbehelligt über seine Freizeit verfügen konnte.

A. S. Radziwiłł Wir kamen in der Nacht in Parma an und wohnten im Rathaus, das für uns vorbereitet worden war, weil sich der Kronprinz geweigert hatte, in das Schloß zu gehen. Am nächsten Tag besuchte der Kronprinz den Herzog, und am Tage des heiligen Xaver versammelte sich alles in der Jesuitenkirche. Die Unterkunft war prächtig ausgestattet, die Zimmer mit kostbaren Wandbehängen geschmückt, alles aus Silber, die Bettstätten ganz wunderbar, sogar unsere Bediensteten schliefen auf Seidenlaken. Süßigkeiten und Likör auf silbernen Tabletts, und nirgends sahen wir so viel Silbergeschirr.

J. Hagenaw Gefrühstückt wurde in Piacenza. Und als man den Gastwirt bezahlen wollte, zog dieser die Hand zurück und nahm nichts an, denn so hatte es ihm der Durchlauchtige Herzog anbefohlen. So schob man ihm statt einer Bezahlung Dukaten in die Hand.

Von hier aus begab sich Herr Pac nach Parma, um dem dortigen Herzog die Ankunft S. Hoheit des Kronprinzen zu vermelden. Dieser erledigte beim Durchlauchtigen Herzog seine Aufgabe und fuhr dann S. Hoheit dem Kronprinzen in prächtigen herzoglichen Karossen entgegen. Mit diesen gelangte der Kronprinz in die Stadt und kam im Palast von Herzog di Poli unter. Als der Kronprinz den Palast erreichte, waren die Zimmer noch nicht vorbereitet, doch man stattete sie, während er mit seinem Gefolge einer Komödie beiwohnte, mit Wandbehängen, Teppichen,

Stadtplan von Parma

Erzherzog Karl von Österreich

mit wunderbaren Betten, golden und silbern glänzenden Geräten und silbernen Gefäßen, ja sogar mit einem kunstvoll gearbeiteten Feuerbesteck aus. Dabei bat man sogar jene, deren Betten mit reinem Seidentuch bedeckt waren, wegen der bescheidenen Ausstattung um Verzeihung. Es fehlt an Worten, um die hervorragenden Speisen zu beschreiben, und das deshalb, weil sie an Menge, Seltenheit und Köstlichkeit jedes Maß übertrafen, und dabei machte man bei der Bewirtung mit Speisen und Getränken zwischen der Herrschaft und der Dienerschaft keinen Unterschied. Als Kommissär trat Graf Lampumani auf, der sich danach erkundigte, wie es wohl zu einem Gespräch zwischen S. Hoheit dem Kronprinzen und dem Durchlauchtigen Herzog kommen könnte, wobei er darum bat, den Durchlauchtigen Herzog zu einer Visite empfangen zu wollen. Um nicht vorzeitig bei einer solchen Visite erkannt zu werden, bestimmte der Kronprinz ein solches Treffen bei den Jesuiten. Entsprechend diesem Wunsch fand diese Unterredung am Tag des heiligen Xaver statt.

2. Dezember, Montag

S. Pac Es trafen sich S. Hoheit der Kronprinz und der Kardinal sowie der Herzog privatim bei den Jesuitenpatres, wohin man das Treffen vereinbart hatte, weil S. Hoheit der Kronprinz die Visite nicht in seinem Quartier hatte stattfinden lassen wollen, worum man sehr gebeten hatte. Das ging aber nicht an, da er sich sonst offiziell gezeigt hätte und obligatus [verpflichtet] gewesen wäre, sie seinerseits im Palast zu empfangen, was sein Incognito sogleich gelüftet hätte. So also kamen sie bei den Jesuiten zusammen, den Tag des heiligen Xaver, den man gerade beging, als opportunitatem [Anlaß] nehmend.

Nach dem Essen fuhr der Kronprinz die Stadt zu besichtigen und hörte bei dieser Gelegenheit die berühmte Sängerin Septima.[188] Abends, eigentlich schon zur Nachtstunde, begab er sich – um den Hoheiten für ihren guten Willen Dank zu sagen – zur Herzogin von Parma,[189] Witwe und Mutter des jungen Herzogs, die mit dem Kardinal das Reich regierte. Und es war ein guter Scherz des Kardinals, der sagte, daß es keinen glücklicheren status [Stand] eines Staates gäbe als den, wo ein Pfaffe, ein Weib und ein Kind regierten. Aber man merkte doch die gute Regierung und das Wirken des Kardinals, der, wenn auch an Händen und Füßen an Podagra und Chiragra krank, im Kopf ganz gesund war und dank seiner auch das Reich.

3. Dezember, Dienstag

S. Pac Wir wohnten der Morgenandacht bei und hörten eine Schülerin jener Septima singen. Dann fuhren wir zum Sommerpalais und zu den Gärten des Herzogs, wo wir nicht nur prächtige Gebäude und verschiedene Gemälde sahen, sondern auch viele Fontänen mit erstaunlichen Wasserspielen. Besonders sehenswürdig war ein kleiner Garten, voll von Pomeranzen- und Zitronenbäumen, die in diesem Monat Früchte lieferten und im Winter mit einem Dach geschützt wurden, was man in Genua den ganzen Winter über nicht tat. Wir besichtigten dann einen Saal und wohnten der Aufführung einer Komödie im Theater bei, vom verstorbenen Herzog unter großem Aufwand errichtet. Man hatte für den Bau dieses Gebäudes mehr als hunderttausend Scudi aufgewendet. Nach dem Mittagessen begab sich Fürst Radziwiłł zum Kardinal und zum Herzog, um sich im Namen des Kronprinzen zu verabschieden. Und wenn er sich nach der Begrüßung auch gleich wieder empfahl, so war diese Zeremonie doch wichtig, denn man hatte uns hier echte, große Herzlichkeit entgegengebracht. Es wurden bei der Abfahrt all jene bedacht, die uns bedient hatten.

Conte Lampumani, unser Kommissär, betonte die große Differenz zwischen unserem Umgang mit Menschen und dem Verhalten des Erzherzogs Karl. Der Erzherzog war ein paar Wochen vor unserer Ankunft auf seiner Reise nach Florenz hier vorbeigekommen, hatte aber nicht die Absicht verraten, mit dem Kardinal und dem Herzog zusammenzutreffen, sondern lediglich eine Nachricht geschickt. Als ein cortesissimo [sehr höflicher] Mensch spielte ihm der Kardinal einen gelungenen Streich. Er schickte Kundschafter zum Erzherzog und wußte bald, daß jener Parma nur durchfahren und ein paar Meilen weiter in einer Osteria übernachten wollte. Er rief also seinen ersten Kammerdiener zu sich (es war sein alter Diener, ein Niederländer, der dem Äußeren nach und auch in der Sprache an den Wirt der Osteria erinnerte) und hieß ihn, alles Notwendige im Überfluß und auch guten Wein, von dem er wußte, daß ihn der Erzherzog sehr mochte, zum Gasthof zu bringen, in dem der Erzherzog übernachten wollte, dort den Gastwirt zu spielen und den Erzherzog zu bewirten. Es verlief alles wie vorgesehen. Der Erzherzog meinte, einen deutschen Gastwirt vor sich zu haben und mit auserlesenen Speisen und Getränken traktiert zu werden, und war deshalb sehr zufrieden und bei guter Laune. Er ließ sich an diesem Abend mit dem Wirt in einen Disput ein und fragte ihn, wie lange er wohl schon die Osteria leitete. Darauf wußte der Vizewirt eine gute Antwort und zog sich aus der Affäre. Am nächsten Tag ließ sich der Erzherzog das Frühstück vorsetzen und dachte, den Gastwirt für die gute Traktierung fürstlich zu belohnen. Doch als er ihn bezahlen wollte, sagte dieser ihm, er nähme nichts, und richtete ihm aus, er möge die Traktierung von seinem Herrn, dem Kardinal, dankbar annehmen. Er sei der Diener des Kardinals und hätte dessen Befehl nur ad hunc solum actum [in dieser einen Angelegenheit] ausgeführt, alias [ein anderes Mal] nie. Der Erzherzog war sehr erstaunt, doch ärgerte er sich nicht über diese Maskerade, im Gegenteil, ihm imponierte der menschliche Humor des Kardinals. Er ließ ihm Dank sagen und gab dem falschen Wirt ein gutes Trinkgeld.

Spät am Abend dieses Tages erreichten wir Reggio,[190] wo wir zwar in einer Osteria abstiegen, in der aber schon alles vom Herzog von Modena[191] im Überfluß vorbereitet war. Der Kronprinz hatte vorher Pater Lampugnani, seinen Sekretarius, vorausgeschickt, da ich selbst zum Herzog von Parma fahren mußte, und man bewirtete ihn dort, wie er es sich wünschte.

J. Hagenaw S. Hoheit der Kronprinz schickte seinen Kaplan, Herrn Lampugnani, mit einer Nachricht zum Herzog von Modena, in der er ihm seine Ankunft mitteilte und bat, bei seiner Ankunft und Begrüßung genauso zu verfahren wie in Parma. Der Kronprinz aber begab sich in Parma in die St.-Quintius-Kirche, um den Gesang einer adligen Dame zu hören, die aus einer schottischen Familie stammte, jetzt im Kloster weilte, doch nicht Nonne, sondern Schülerin der erwähnten Septima war. Und es geschah, daß sie nach Meinung aller Zuhörer in der Beherrschung der Sangeskunst ihre Meisterin übertraf. Von hier aus begab sich der Kronprinz in den Garten. Unter anderem fiel ihm auf, mit welcher Kunst und Fürsorge Zitronenbäume und andere, die an ein mildes Klima und einen warmen Boden gewöhnt waren, vor der Kälte des Winters geschützt wurden. Und zwar baute man Dächer über sie und unterhielt den ganzen Winter eine Heizung, was man alles wieder entfernte, wenn es Frühling wurde. In Erinnerung blieb auch der Saal im Palast, in dem der Durchlauchte Herzog seiner Tochter eine Hochzeit ausrichtete, die 150000 goldene Scudis kostete.

Zum Schluß begab sich Fürst Radziwiłł zum Durchlauchtigen Herzog und zum Kardinal, um im Namen S. Hoheit des Kronprinzen zu danken.

Nach dem Mittagessen brach man nach Reggio auf, wo man erst spät anlangte und das Tor verschlossen fand. Es dauerte recht lange, bis es geöffnet wurde. Grund für diesen Verzug war die schwere Krankheit des Gouverneurs, der gerade mit dem Tode kämpfte. Schließlich wurden wir eingelassen und stiegen im Gasthof ›Zum Bären‹ ab, wo wir uns sehr wohl fühlten, waren doch überall herzogliche Teppiche ausgelegt.

4. Dezember, Mittwoch

J. Hagenaw Der Kronprinz erreichte Modena und wohnte hier in einem privaten Palast neben dem Gasthof ›Engel‹, zu dem man die angrenzende Mauer durchbrochen hatte, um einen Zugang von beiden Seiten zu sichern. Nach dem Essen begab er sich in das Benediktinerkloster, wo im Zimmer des Abtes der Herzog von Modena auf ihn wartete. Als sich unser Kronprinz dem Zimmer näherte, trat aus diesem der Herzog heraus, um ihn öffentlich zu begrüßen, was der Kronprinz aber vermeiden wollte. So also begaben sich beide in das Zimmer des Abtes. Während der herzlichen Begrüßung flüsterte jemand dem Herzog ins Ohr, Fürst Radziwiłł sei in Wirklichkeit der Kronprinz, würde das aber verbergen, worauf der erstaunte Herzog seine Ansprache an Fürst Radziwiłł richtete und diesen bat, ihm den Fehler zu verzeihen. Dieser aber, durch den Lauf der Dinge ganz verwirrt, bestritt ganz entschieden, der Kronprinz zu sein, er sollte doch fortfahren, wie er begonnen hatte. Der Herzog aber, in der Meinung, es verhalte sich anders, fuhr in seiner Ansprache fort. Es dauerte diese Kontestation fast eine Viertelstunde, bis er gezwungen war, der entschiedenen Versicherung des Fürsten Radziwiłł Glauben zu schenken. Darauf nahm er, nach erneuter Entschuldigung, eine neue Rede auf, die er an den Kronprinzen richtete, und beendete so seine Begrüßungspflicht. Der Kronprinz dankte, worauf man ein wenig Musik hörte. Von hier aus kehrte S. Hoheit der Kronprinz in seinen Palast zurück und gewährte Herrn Rangoni, dem Bruder des früheren Legaten in Polen, und dessen Sohn eine Audienz. Zum Abendessen traten Vokal- und Instrumentalkünstler auf.

5. Dezember, Donnerstag

A. S. Radziwiłł Wir fuhren von hier aus über Modena nach Bologna. Dort befand sich der Legat, Kardinal Ubaldini, der nicht wußte, wie er sich gegenüber dem Kronprinzen verhalten sollte, sich schließlich ins Bett legte, uns den Palast überlassend. Im Namen des Papstes ließ er uns mit einem Mittagessen bewirten. Der Kronprinz sandte mich und den Generalschreiber vor der Abfahrt zum Kardinal, um Dank zu sagen. Wir fanden ihn im Bett, scheinbar krank, ohne Kraft zu sprechen. Damals sagte Herr Pac zu mir: »Wollte der heilige Paulus einen solchen Kranken berühren, er brächte ihn schnell wieder auf die Beine.«

Ansicht der Stadt Bologna

6. Dezember, Freitag

S.Pac S. Hoheit der Kronprinz fuhr am Morgen in kleiner Begleitung durch die Stadt und besuchte ein paar sehenswürdige Kirchen. Unter den Fremdenführern des Kronprinzen befand sich auch der Spanier Fonseca, ein Dominikaner, und, wie er sich selbst nannte, Theologe des Kardinals, der schon in Polen geweilt hatte und dem Kronprinzen bekannt war,[192] ein alias intrigator [Intrigant übrigens] von Format. Dieser überredete den Kronprinzen, den er aus Polen kannte und aus dessen Freundlichkeit er Nutzen zog, sich mit dem Kardinal zu treffen. Doch der Kronprinz hatte es ratum et fixum [zurechtgelegt und beschlossen], sich mit den Kardinälen in keine Zeremonien einzulassen, sie nicht zu empfangen und sie auch nicht zu besuchen, da er gut wußte, wie selbstherrlich sich diese Kirchenfürsten aufführten, daß sie selbst Königssöhnen, Erzherzögen usw. keinen Vorrang ließen und auch die Hand nicht reichen wollten, weil sie sich wie gekrönte Häupter gaben und sich auch nur diesen konzedierten. Um sich vor ihrem Hochmut zu schützen, wollte er sich mit ihnen nicht in certamen descendere [in einen Streit einlassen]. Da aber Fonseca sehr drängte, befahl er mir, mit diesem über die Art der Zusammenkunft mit dem Kardinal zu verhandeln, wobei er mir zu verstehen gab, was ich auch schon vorher wußte, daß er sich dazu gar nicht gern herbeiließ. Es sprach also Fonseca mit mir und erzählte mir, wie sehr sich der Kardinal wünschte, den Kronprinzen zu begrüßen, und dabei gern eine Möglichkeit finden wollte, zum einen das Incognito S. Hoheit des Kronprinzen zu schützen, zum anderen aber seine eigene dignitatem [Würde] zu wahren. Ich antwortete ihm, daß auch S. Hoheit der Kronprinz, als ein Mann von menschlicher Größe, es wünschte, einen so ehrenwerten Menschen kennenzulernen, wenn nur eine Möglichkeit gefunden würde, die beiden Seiten zufriedenzustellen. Dabei dachte ich das so einzurichten, daß sie privatim an einem dritten Ort zusammentrafen, in einem Kloster vielleicht, das heißt, weder beim Kardinal noch beim Kronprinzen, wie in Parma und Modena bereits praktiziert.

Fonseca antwortete darauf, daß es so nicht anginge, weil der Kardinal nicht allein Kardinal, sondern legatus de latere [Sonderbevollmächtigter des Papstes][193] war. Diesem ziemte es nicht, insbesondere in residentia legationis [in der Residenz des Legaten], solche Angelegenheiten privatim abzuhandeln und auf seine Rechte zu verzichten.

Ich fragte, was das wohl für Rechte wären. Darauf sagte er: S. Hoheit der Kronprinz hätte ihm die rechte Hand zu reichen, denn auch Könige erwiesen, wenn sie legaci de latere aufsuchten, diese Ehre, daß sie ihnen entgegenkämen und ihnen die rechte Hand reichten.

Ich sagte ihm, wenn S. Hoheit der Kronprinz nach der Regierung Seiner Majestät, unseres Herrn, polnischer König sein würde, und legaci de latere ihn besuchen wollten, auch er dem Kardinal als legatus de latere in Polen die rechte Hand reichen und ihm alle Ehre erweisen werde. Doch jetzt sei es noch nicht an der Zeit, und man reise nicht, um solcherart actus [Angelegenheiten] zu erledigen, die später in exemplum trahi [als Beispiel angesehen] würden. Er wäre besser beraten, wenn er supersedibit [verzichtete] und die kurze Zeit seines Aufenthaltes der Besichtigung von Kirchen und heiligen Reliquien impendet [widmete].

Da sagte mir Fonseca: Es sei denn pro non dicto [nicht ausgesprochen], was gesagt worden war. Und so kam dieses Mal der Kronprinz mit dem Kardinal nicht zusammen. Aber auf der Rückreise von Rom erreichte Fonseca doch sein Ziel, als er den Kronprinzen auf dem Weg nach Florenz auskundschaftete und überredete, im Kardinalspalast zu wohnen, sat superque vanitati [was seine Eitelkeit befriedigte], worüber noch berichtet werden soll.

J. Hagenaw Der Kronprinz besuchte viele Stellen der Stadt, die sehenswert waren oder sich wegen ihrer Heiligkeit und Einmaligkeit empfahlen. Am gleichen Tag baten die städtischen Behörden um eine Audienz beim Kronprinzen, doch man lehnte mit einer höflichen Entschuldigung ab, unter dem Vorwand, das Inkognito des Kronprinzen nicht preisgeben und keinen Präzedenzfall damit schaffen zu wollen. Am Abend kam der Sekretarius des Kardinals de Torres[194] aus Rom zu Fürst Radziwiłł, um die Ankunft des Brudersohnes jenes Kardinals, Signore Ferdinando, anzukündigen, mit dem verhandelt werden sollte, wie wohl die Ankunft des Kronprinzen in Rom und sein dortiger Aufenthalt gestaltet werden sollten.

7. Dezember, Samstag

S. Pac Der Neffe des Kardinals de Torres, des Protektors unserer Nation, fuhr dem Kronprinzen bis Bologna entgegen und suchte ihn am gleichen Tag im Namen des Kardinals, seines Onkels, auf. Nach erwiesenen Reverenzen teilte er mit, den Auftrag zu haben, dem Kronprinzen auf seiner Reise nach Rom behilflich zu sein. Der Kronprinz dankte für die Courtoisie des Kardinals, den Neffen aber entließ er aus seiner Pflicht, weil er den Willen hatte, den Weg mit seiner Kompanie allein prosequi [fortzusetzen]. Nach dem Mittagessen suchten wir den bekannten Maler Guido Reni[195] auf, bei dem wir nicht allein dessen zahlreiche Werke bestaunten, sondern auch zu unserer Zufriedenheit erleben konnten, wie er in unserer Anwesenheit mit großer Politesse und Geschwindigkeit arbeitete.

J. Hagenaw Der Kronprinz besuchte die Dominikanerkirche St. Michael in Bosco und die St.-Katharina-Kirche. Vor dem Essen war erwähntem Herrn Ferdinand de Torres eine Audienz beim Kronprinzen gewährt worden. Herr Denhoff wurde beordert, zum Großherzog[196] nach Florenz zu reisen. Fürst Radziwiłł dankte Kardinal Ubaldini für die dem Kronprinzen erwiesene Freundlichkeit.

8. Dezember, Sonntag

J. Hagenaw Nach einem zeitig eingenommenen Mittagessen verließen wir Bologna. Der Kronprinz, Fürst Radziwiłł und einige Herren des Gefolges fuhren in der Karosse des Kardinals in Gesellschaft seines Auditors, der sie aber einige Meilen hinter Bologna verließ. Da er die Karosse mitnahm, stiegen der Kronprinz und die anderen in gemietete Karossen um und kamen spät in der Nacht in Imola[197] an. Hier wurden sie am Stadttor von Leuten mit brennenden Fackeln empfangen, die der hiesige Gouverneur dazu bestimmt hatte. Sie schritten den Karossen voran und führten den Kronprinzen zum Gouverneurspalast. Der Kronprinz aber wies den Kutscher an weiterzufahren, in der Absicht, sich in einer öffentlichen Herberge einzuquartieren. Darüber empörte sich Herr Nagot sehr, so daß der Kronprinz gegen seinen Willen zustimmte, die Einladung des Gouverneurs anzunehmen. Und er änderte seine Meinung, weil er einmal die Unzweckmäßigkeit der Herberge erkannte und zum anderen den großen Wunsch des Gouverneurs berücksichtigte, der allzu gern seiner Pflicht nachkommen wollte, und auch dem Zureden seiner Kavaliere nachgab. So änderte der Kronprinz also seine Absicht und zog in den Palast ein, wo er ein ganz hervorragendes Abendessen vorgesetzt bekam. Bis sich dann eine große Menschenmenge ansammelte, in dem Verlangen, den Kronprinzen zu sehen. Nach dem Abendessen verbrachte man noch ein paar Stunden im Zimmer von Fürst Radziwiłł, wo man mit viel Vergnügen Musik hörte, von herbeizitierten Musikern intoniert, deren Meisterschaft im Instrumental- und Vokalspiel nicht zu überbieten war.

9. Dezember, Montag

S. Pac Mittags aßen wir in Faenza,[198] in einer Osteria, doch vom dortigen Gouverneur in großem Überfluß vorbereitet. Übernachtet wurde in Forli,[199] ebenfalls in einem Palast des zuständigen Gouverneurs, bei gleichzeitiger Bewirtung, denn man leitete uns im Kirchenstaat von Ort zu Ort und nahm uns überall sehr großzügig auf. Doch nicht uns allein, sondern auch unsere Dienerschaft, die wir vorausgeschickt hatten, und sogar Ausländer, wie Deutsche und Franzosen, die sich auswiesen, daß sie mit dem polnischen Kronprinzen in Verbindung stünden, und überall ließ man sie frei passieren und bewirtete sie in Herbergen.

10. Dezember, Dienstag

S. Pac Zu Mittag aßen wir in Savignano, und zur Nacht erreichten wir Rimini,[200] wo wir im Palast bei Monsignore Panoni unterkamen, der bei Papst Paul V.[201] als Oberkammerdiener in hohem Ansehen gestanden hatte. Ich kannte ihn gut, noch aus meiner Zeit in Rom. Hierher kam, vom Papst[202] geschickt, um den Kronprinzen zu empfangen und ihm während seines Aufenthaltes im Vatikanstaat an der Seite zu stehen, Signore Carlo Magalotti, Onkel des Kardinals, des päpstlichen Brudersohnes, Kommandant der päpstlichen Garde, ein Mann, der wegen sei-

Papst Paul V.

ner Beziehung zum Papst eine hohe Reputation genoß. Doch bevor der Kronprinz ihn zu sich vorließ, hatten wir mit ihm nicht wenige Schwierigkeiten, bis, tendem rationibus victus [schließlich durch Tatsachen überzeugt], der Kronprinz ihm eine Audienz gewährte und ihn selbst und die Botschaft des Papstes mit guter Miene empfing.

Es überreichte dann Signore Magalotti dem Kronprinzen einen Brief des Heiligen Vaters, der unserem Volke cedit in laudem [zum Ruhm gereichte] und zu Recht in archivo Regni ad posteritatis memeoriam [im Archiv des Königreiches zum Andenken für die Nachkommen] aufbewahrt werden sollte und den ich hier anführen möchte.[203]

Das päpstliche Schreiben, an S. Hoheit den Kronprinzen in Rimini von Signore Carlo Magalotti überreicht:

Papst Urban VIII.

Geliebtester Sohn in Christo. Wir senden Dir unseren Gruß und apostolischen Segen.

Das hierselbst bestehende Vaterland des gesamten Menschengeschlechtes, das so oft schon große, mächtige Triumphatoren der Welt am Grabe des Fischers auf die Knie sinken sah, das Dich seit langem heiß herbeisehnt, freut sich sehr in Erwartung Deiner nahen Ankunft. Und da die angekündigten Feierlichkeiten des Heiligen Jahres und des Christlichen Jubiläums die treu ergebenen Völker an diesem Zufluchtsort der Religion zusammenführen, gibst Du, lieber polnischer Königssohn, Himmel und Menschen ein Beispiel, so wie Du vorher die Aufmerksamkeit der katholischen Kirche durch Deine berühmten Siege auf Deine königliche Jugend lenktest. Rom weiß, daß die aus nördlichen und östlichen Winkeln hervorgebrochene Sintflut der Türken und Tataren, die vor kurzem ganz Europa zu überschwemmen drohte, durch die Tapferkeit des polnischen Königssohnes verhindert und gezwungen wurde, Rettung in einem schmählichen Abkommen und einer schändlichen Flucht zu finden. Weshalb Du sicher sein sollst, hier durch die Liebe der Stadt und die Anerkennung der Völker geehrt zu werden, hier, wo die triumphalen Beweise Deiner Tapferkeit, die eine feste Burg des Christentums ist, von vielen Völkern übereinstimmend gepriesen werden. Wir aber, die wir uns schon seit langem dem hohen Lob Deines Namens angeschlossen haben, umarmen mit herzlichem apostolischem Gefühl Dich, Du Zierde des Nordens und Beschützer des Glaubens. Wisse denn, daß Du mit Deiner Ankunft dem Dich liebenden päpstlichen Herzen eine übergroße Freude bereitest. Ganz sicher wirst Du Dich selbst davon überzeugen, wie sehr wir jene Herrscher schätzen, die die Gottlosigkeit der Barbaren strafen und Gottes Reich auf Erden vergrößern. Unsere Intentionen wird Dir im einzelnen unser geliebter Sohn, Carolus Magalotti, mitteilen, oberster Kommandeur unserer Wachen, Onkel des Kardinals Barberini, unseres Verwandten und Bruder des Kardinals Magalotti. Ihn, als den uns liebsten, schicken wir zu Dir, damit er Dir den apostolischen Brief überreicht und Dir un-

sere väterliche Sehnsucht offenbart. Er aber wird erst dann wissen, ob er unserem Willen entspricht, wenn er durch Leistungen jeglicher Art das Wohlwollen eines so großen Fürsten erwirbt, für den wir – da er sich auf dem Weg zu uns befindet – um eine glückliche Reise beten und ihm unseren allergnädigsten apostolischen Segen erteilen. Verfaßt in Rom beim heiligen Petrus unter dem Ring des Fischers, am 28. November 1624, im zweiten Jahr unsres Pontifikats.

Joannes Crampolus

Adresse:
Unserem allerliebsten Sohn in Christo Władysław Zygmunt, dem polnischen und schwedischen Kronprinzen.

J. Hagenaw Von Forli ging es durch Cesena fast zwei Meilen in Richtung Savignano. Neben dem Weg fiel eine Säule auf, deren Spitze die Form einer Pyramide hatte und deren Sockel quadratisch war. Auf ihm prangte der Name von Papst Paul V., zu dessen Amtszeit die Säule aus Ruinen errichtet worden war. Der Mittelteil enthielt auf Anordnung des römischen Volkes eine Inschrift, in eine Tafel gestochen: ›Konsul, Oberbefehlshaber des Heeres, Hundertschaftsführer. Wer immer du bist, bleibe hier stehen. Stelle deine Fahne auf und führe weder Standarte noch Waffen, Gerät, Lebensmittel und Militär über den Fluß Rubikon. Wer aber entgegen diesem Verbot marschiert oder handelt, der gilt als Feind des römischen Volkes, wenn er auch die Waffen gegen das Vaterland erhebt und die heiligen Penaten aus seinem Hausstand entfernen möchte.‹

Auf der anderen Seite des Sockels war ein Distichon folgenden Inhalts zu sehen: ›Wo die hurtige Welle sprudelt, markierte einst der kleine Rubikon die Grenze zwischen den Galliern und Ausoniern.‹

Das Mittagsmahl bereitete der hiesige Gouverneur in einer Vorstadtsherberge von Savignano vor. Am Abend erreichte man Rimini. Der Kronprinz übernachtete in einem prächtigen Palast des Herrn Panoni, einst Oberkammerherr der Päpste Paul V. und Gregor XV.[204] Das Abendessen wurde auf Kosten des Papstes ausgerichtet. Hier traf, vom Papst mit einem Schreiben beordert, Signore Carolus Magalotti, Onkel des Kardinals Barberini und Bruder des Kardinals Magalotti, ein. Er wurde aber nur unter bestimmten Vorsichtsmaßnahmen zugelassen, da es S. Hoheit der Kronprinz ausdrücklich wünschte, seine Ankunft ohne großes Aufsehen zu gestalten und ein Zusammenströmen von Menschenmengen zu verhindern.

11. Dezember, Mittwoch

J. Hagenaw Am Morgen führte Fürst Radziwiłł den Gesandten des Herzogs von Urbino,[205] Graf della Bassetta, zu S. Hoheit dem Kronprinzen. Der übermittelte den Wunsch seines Herrn, unserem Kronprinzen bei der Fahrt durch das Herzogtum Urbino behilflich zu sein. Man nahm das Angebot mit der üblichen Höflichkeit an, doch unter der Bedingung, auf alle großartigen offiziellen Zusammenkünfte, bei denen die Person des Kronprinzen offenbar würde, zu verzichten. Nach Verlassen der Stadt Rimini aß der Kronprinz in einem Dorf, das Cattolica hieß, zu Mittag. Auf dem weiteren Weg nach Pesaro[206] bescherte uns der Himmel so viel Sonne, daß der Schweiß sogar während der Rast in Strömen floß. In Pesaro wurden der Kronprinz und sein ganzes Gefolge mit größter Ehrerbietung im herzoglichen Palast von Herzog Urbino selbst empfangen. Bezeichnender Beweis für die Großmütigkeit und Freigebigkeit waren die prächtig geschmückten Säle.

12. Dezember, Donnerstag

J. Hagenaw Zu Mittag wurde in Fano[207] im Palast von Signore Pompilio de Cuppis auf Kosten des Papstes gegessen. Als einen sehr seltenen Fund brachte man dem Kronprinzen ein Felsstückchen aus dem Meer, aus dem man nach dem Auseinanderschlagen kleine Fischchen herausholte, die mit einer Kruste bedeckt waren. Die hiesigen Einwohner empfahlen sie als sehr schmackhaft. Die Felsstücke fallen hier von der Steilküste ins Meer, man findet sie aber nur an der Küste von Pesaro und Ancona.[208]

Am Abend erreichten wir Senigallia, fuhren durch die Stadt und übernachteten in einer Vorstadtherberge. Hier ließ uns Herzog Urbino ein reiches Abendessen präsentieren.

13. Dezember, Freitag

J. Hagenaw Nach der Messe bei den Franziskanerpatres verließen wir Senigallia und aßen zu Mittag auf Kosten des Papstes in Cassa Brucciata in einem einsamen Haus direkt am Meer. Als man sich zu Tisch setzte, kehrte Signore Carolus Magalotti zurück, um in der Rolle eines Kommissärs den Kronprinzen von hier bis nach Rom zu führen. Nach dem Essen begaben sich der Kronprinz, Fürst Radziwiłł und einige Herren mit der Karosse des Signore Magalotti nach Ancona, und der Rest folgte ihnen in gemieteten Kutschen. In Ancona hielt ein Unbekannter Herrn Lampugnani an und überreichte ihm eine handgeschriebene Prophezeiung, in der angekündigt war, daß S. Hoheit der polnische Kronprinz im Jahr 1633 in einer Schlacht die Türken besiegen und ihren Chan in Gefangenschaft nehmen würde. Darunter stand nur die Unterschrift: Antonio Barbiero.

Ansicht des Wallfahrtsortes Loreto

14. Dezember, Samstag

J. Hagenaw Der Kronprinz begab sich in der Karosse von Signore Carolus im schnellen Tempo nach Loreto,[209] in Begleitung von Fürst Radziwiłł und der Herren Pac und Żółkiewski. Er kam gerade zur Messe an. Als er sich beim Mittagessen befand, kamen auch die anderen Kutschen. Der Kronprinz und sein Gefolge wurden im Palast des Gouverneurs, des Durchlauchten Bischofs Cenci, empfangen. Nach dem Essen machte sich Herr Nagot mit der Post nach Rom auf, um Quartiere vorzubereiten und weitere Angelegenheiten zu erledigen. Dem Kronprinzen mit seinem Gefolge wurde in der Sakristei die Schatzkammer der Heiligen Kapelle gezeigt, mit einer Vielzahl von Perlen, Gold, Silber und anderen wunderbaren Kostbarkeiten, die davon zeugten, wie sehr die Menschen die Himmelskönigin verehrten. Aus der Sakristei begab sich der Kronprinz in die Heilige Kapelle, wo er erst Mauerwerk und Balken, dann Lampen bewunderte, goldene und silberne (darunter eine Lampe Seiner Majestät, des unbezwungenen polnischen Königs, die vor dem Gemälde der Heiligen Jungfrau mit ihrer Größe alle anderen überragte). Aber auch ein Kreuz besichtigte er, das vom heiligen Lukas gemalt worden war. Zum Schluß zeigte man dem Kronprinzen und allen seinen Begleitern die Figur der Heiligen Jungfrau Maria von Loreto, die von ihrem vorherigen Standort hierhergebracht worden war, nachdem man ihr Schmuck und Gewänder abgenommen hatte. Nun sahen wir sie in der Gestalt, in der sie in die Heilige Kapelle gekommen war. Es war eine etwa anderthalb Meter große Holzfigur mit einem schwarzen Gesicht, einem blauen Umhang, einem rötlichen Unterkleid und einem weißen Schal, der bis auf die Schultern herabfiel. Im linken Arm hielt sie das Jesuskind, das in ein weißes Gewand gehüllt war, den Finger der rechten Hand erhoben. Die Gottesmutter raffte ein wenig mit ihrer Rechten das Obergewand, als behindere es sie in ihren Bewegungen. In einem Schrank zeigte man ein dreihundert Jahre altes Gewand der Heiligen Jungfrau aus rotem Kamelhaar und einige goldene Sterne auf einer Holzkonstruktion, hergestellt von den Aposteln. Als die Heilige Kapelle eingeweiht wurde, war nicht ein einziger Teil der Holzkonstruktion durch Insekten verdorben oder morsch. Desgleichen wurden hier einige Tongefäße aufbewahrt, die der Heiligen Jungfrau gehört hatten. Nachdem der Kronprinz das alles gesehen hatte, blieb er zur Vesperandacht, um Musik zu hören. Die Herren de Medici und Giraldi waren von der Florentiner Erzherzogin[210] geschickt worden, um dem Kronprinzen ein Schreiben zu überreichen, und wurden von diesem zur Audienz vorgelassen. Der Dominikaner, Kardinal Galamina,[211] sandte dem Kronprinzen ein Schreiben mit den besten Wünschen für eine glückliche Reise. Dem Bischof von Camerino,[212] dem edlen Signore Altieri und Verwandten des Legaten in Polen, wurde gleichfalls eine Audienz gewährt.

15. Dezember, Sonntag

S. Pac Nach der Messe überreichte S. Hoheit der Kronprinz das Votum, die Statue des heiligen Władysław, ganz aus Gold, und die Krone, den Reichsapfel und das Zepter, mit vielen Edelsteinen verziert. Nach dem Mittagessen fuhr er mit päpstlichen Kutschen und Pferden in Begleitung des Kommissärs zur Übernachtung nach Macerata,[213] doch unter dem Namen und Titel von Fürst Radziwiłł. Wir kamen im Palast eines Edelmannes unter, den man Flaminio Recense nannte.

16. Dezember, Montag

J. Hagenaw Zu Mittag wurde in Tolentino im Palast des Markgrafen Sanesi gespeist. Bei der Ankunft in der Stadt besuchten wir gleich die Augustinerkirche und besichtigten die Reliquien des heiligen Nikolaus von Tolentino. Man erzählte, von seiner Schulter sei, als der französische König Heinrich IV.[214] erschlagen wurde, Blut geflossen.

Gegen Abend erreichten wir La Muccia, das dem Bischof von Camerino gehörte. Dieser war auf dem schnellsten Wege aus Loreto hergekommen und empfing den Kronprinzen mit einem auserlesenen Bankett und Musik, zu der alle bekannten Musiker der ganzen Umgebung herbeigeholt worden waren. Übernachtet wurde im Palast des Signore Moselli, eines Edelmanns aus Camerino.

17. Dezember, Dienstag

J. Hagenaw Das Mittagsmahl wurde in Casenove eingenommen. Es war ein schlechter Weg, denn zu dem Dauerregen gesellten sich noch stürmische Winde. Am Abend erreichte man Foligno, zu Abend gegessen und geschlafen wurde im Palast des Gouverneurs, des Hochedlen Signore Alexander Rangoni. Gegen sieben Uhr nachts, das heißt in der ersten Stunde nach Mitternacht,[215] wurde an der Tür von Fürst Radziwiłł gerüttelt, leicht erst, und als man nach der Ursache fragte, viel stärker, so daß der Schlüssel aus dem Schloß fiel. Erst als die Diener einmal und dann nochmal fragten, wer es wohl sei, ließ man ab. Nachdem die Kerzen angezündet waren, konnte niemand gefunden werden.

18. Dezember, Mittwoch

J. Hagenaw Der Kronprinz begab sich in Begleitung des Fürsten Radziwiłł und der Herren Pac, Żółkiewski und Rylski in der Karosse von Signore Magalotti nach Assisi[216] und schickte den Rest direkt nach Rom. In Assisi wohnte der Kronprinz erst am Grabmal des heiligen Franz[217] einer Messe bei. Als nächstes begab er sich in die Sakristei, wo ihm und den anderen die Reliquien gezeigt wurden: Milch und Haare der Heiligen Jungfrau, auch Haare der heiligen Katharina vom Berg Sinai, ein Teilchen eines Nagels des Christuskreuzes, ein Splitter des Christuskreuzes selbst, den man zur Probe vier Stunden ins Feuer gehalten, der dabei wie Eisen geglänzt hatte und doch, wie erzählt wurde, nicht verbrannte; das Gewand, in dem der heilige Franz starb, seine wollenen Strümpfe, von der heiligen Klara[218] gestrickt, die er anhatte, als er die Wundmale empfing; ein Lederteilchen, das er auf der Brust trug, mit dem geronnenen Blut der Wundmale; der Gürtel des heiligen Franz. Ein Segen für den heiligen Leo, den Konfrater des heiligen Franz, von ihm mit eigener Hand geschrieben, folgenden Inhalts: ›Der Herr hüte und segne dich, er offenbare dir sein Antlitz und erbarme sich deiner, er wende sich dir zu und gebe dir Frieden. Der Herr segne dich.‹ Diesen Segen schrieb der heilige Franziskus auf Bitten des heiligen Leo, der von schweren Versuchungen heimgesucht worden war. Auch zeigte man das Büßerhemd des heiligen Franziskus in einer weiteren Sakristei und den Kopf des heiligen Serafins. Nach vorheriger Litanei für die Heilige Jungfrau zeigte man ein Obergewand der Gottesmutter, das diese auf Erden getragen hatte. Dieses pflegte man sonst nur am Pfingstmontag von den Mauern der Stadt zu zeigen, wenn sich auf den darunter liegenden Feldern eine unübersehbare Menschenmenge versammelte. Das Gewand war aus ungewöhnlich delikatem und durchsichtigem Stoff gefertigt und in einem silbernen Futteral verschlossen. Von hier aus ging es zur Oberkirche und danach zu jenem Teil des Klosters, der für Gäste bestimmt war. Hier aß man zu Mittag, und hier sah man auch die Stelle, an der der sterbende heilige Franziskus die Stadt mit folgenden Worten gesegnet hatte: ›Der Herr segne dich, weil durch dich viele Seelen Rettung finden und in dir viele Diener des Herrn wohnen. Doch du wählst die Gerechten für das Ewige Reich.‹

Nach dem Essen ging man zur heiligen Klara und erwies ihr am Grabmal alle Ehren. Man sah den Gekreuzigten, der zur heiligen Klara gesprochen hatte sowie das Blut aus den Wundmalen des heiligen Franziskus, das diese aufbewahrt hatte. Danach kehrte man wieder nach Foligno zurück und verzichtete, da die Nacht angebrochen war, darauf, Montefalcone zu besuchen. Auf dem Rückweg von Foligno hörten wir Donnerschläge.

19. Dezember, Donnerstag

J. Hagenaw Da sich jene, die die gemieteten Pferde bringen sollten, mit denen wir nach Montefalcone aufzubrechen gedachten, sehr verspäteten, änderten wir den Plan, bestiegen eine Karosse und fuhren in Gesellschaft von Signore Rangoni nach Spoleto,[219] wo wir mit einem ausgesuchten Mittagessen empfangen wurden. Hier verabschiedeten wir den Hochedlen Signore Rangoni und langten in der Nacht in Terni[220] an, wo wir nach dem Abendessen übernachteten.

20. Dezember, Freitag

S. Pac Hier bediente sich S. Hoheit der Kronprinz mit etwa zehn Reisebegleitern der Post, denn die Postmeister waren bis Rom angewiesen, genügend Pferde bereitzustellen; ansonsten war es nicht üblich, in einer so großen Gesellschaft mit der Post zu reisen. Auf dem Weg fiel das Pferd unter mir in vollem Lauf auf einen großen Stein, wobei ich mich stark am Bein verletzte, so daß ich lange hinken mußte. Doch Gott sei Dank war es nicht gebrochen. Zu Mittag aßen wir in Castel Casale. Nachmittags gerieten wir in ein schreckliches Unwetter. In Castelnovo begegneten wir Kardinal de Torres, der S. Hoheit dem Kronprinzen entgegengeeilt war, was uns sehr gelegen kam, weil wir in seine Kutsche umsteigen und uns so vor dem Guß retten konnten (obgleich wir auch vorher schon ganz schön durchnäßt waren).

In Rom kamen wir nach zwei Stunden zur Nacht an, fuhren zu einem vom Papst angeordneten Quartier im Palast von Ammerini Caponi, denn der Kronprinz ließ sich in keiner Weise überzeugen, entweder im Palast des Papstes, dem Heiligen Peter, oder in Monte Cavallo[221] zu wohnen, obgleich ihn der Papst sehr darum gebeten hatte. Doch umsonst.

Der Papst bat darum, den Kronprinzen noch am gleichen Abend sehen zu dürfen, wobei er diese Ehre nur höchsten Persönlichkeiten zu erweisen pflegte. Und so, wie wir mit der Post angekommen waren, fuhren wir – nur die feuchten gegen trockene Mäntel wechselnd – mit Kardinal de Torres nach San Pietro.

Als der Kronprinz die päpstlichen Gemächer betrat, kam ihm aus dem Vorraum Kardinal Barberini, der Brudersohn des Papstes, entgegen. Nach der Begrüßung nahmen die beiden Kardinäle, das heißt Torres, unser Protektor, und Barberini con parole di corteza [unter höflichen Worten] den Kronprinzen in die Mitte und führten ihn so zum Papst. Als sie praeeunte magistro caeremonarium [hinter dem vor ihnen schreitenden Zeremonienmeister] das päpstliche Gemach betraten, kniete er das erste Mal nieder, dann in der Mitte des Zimmers abermals und direkt vor dem Papst das dritte Mal, um ihm nach der üblichen Zeremonie den Fuß zu küssen. Und der Papst umarmte und küßte ihn auf die rechte Wange, was er nur bei Königen und Königssöhnen tat. Man stellte dann drei Schemel zu beiden Seiten auf, zur rechten setzte sich der Kronprinz und zur linken die beiden Kardinäle. Dann fragte der Papst, wie anstrengend wohl der Weg gewesen sei und wie es um seine Gesundheit aussähe und so weiter. Dann hieß man uns eintreten und dem Papst den Fuß küssen. Und so trat erst der Durchlauchte Fürst und nach ihm wir anderen (etwa sieben bis acht Personen) vor. Der Papst fragte alle nach ihren Namen, mich aber erkannte er sofort, als ich niederkniete, und sprach mich mit meinem Namen an. Denn als er Legat in Bologna gewesen war,[222] befand auch ich mich dort und war ihm behilflich. Nur einer aus unserer Gesellschaft, Herr Denhoff, wollte dem Papst, um nicht gegen die Regel der Kalviner zu verstoßen, den Fuß nicht küssen. Herr Rozen aber, desselben, wenn auch nicht besseren Glaubens, folgte uns und machte das, was wir machten. S. Hoheit der Kronprinz hielt sich dieses Mal nicht lange beim Papst auf, denn es war spät, und er war müde von der Reise. Und so bat er den Papst, ausruhen zu dürfen. So wie er eingetreten war, verließ er das Zimmer wieder, zwischen den beiden Kardinälen, und suchte dann sein Quartier auf, das für uns auf das beste vorgerichtet worden war, mit einer Traktierung, würdig des Gastes und des Gastgebers.

Nach meiner Meinung war es aber ein großer error [Fehler], daß wir uns in Monte Cavallo, in einem so prächtigen Palast und Park, wie es auf der Welt sicher keinen zweiten gab, nicht aufhalten wollten. Und wir wären auch dort mehr retirati [abgesondert] gewesen als hier, wo wir uns aufhielten, doch das transeat cum ceteris erroribus [sterbe mit anderen Fehlern]. Als die Ankunft des Prinzen in Rom publik wurde, wünschten sich die vornehmsten Kardinäle und Herzöge alle, den Kronprinzen zu begrüßen, weniger aber aus dem Grund, um ihm Ehren zu erweisen, denn was gingen sie (die Kardinäle) die Polen an, als daß sie vielmehr selbst darauf erpicht waren, ihn mit der Visite zu verpflichten, daß auch er ihnen eine Visite machte, und das conditionaliter [unter der Bedingung] (und solche Konditionen pflegte man in Rom bei derartigen Gelegenheiten gewöhnlich vorher abzusprechen und auszuhandeln), daß der Kronprinz beim Empfang der Kardinäle in seinem Haus ihnen die rechte Hand reichte, worauf auch sie versprachen, ihm in ihren Häusern huldvoll die rechte Hand zu reichen.

Es muß aber erwähnt werden, daß vor der Ankunft des Kronprinzen in Rom ein consistorium [Beratung] des Papstes mit den Kardinälen stattgefunden hatte, wie man wohl den Kronprinzen in Rom traktieren wollte. Da waren einige, die sagten, der Kronprinz könnte sich nicht principe di Polonia [polnischer Kronprinz] nennen, da er nicht Erbe dieses Königreiches und seine Nachfolge auch nicht sicher sei, wo eine Elektion und nicht das ius successionis valet [das Erbrecht gilt]. Und wenn man ihm doch die Ehre erweisen wollte, dann nur als schwedischem Kronprinzen, weil das schwedische Königreich ein Erbrecht besaß, aber nicht als polnischem Kronprinzen. Andere wiederum, mit mehr Überlegung, meinten, daß durch solche Rechte in freien oder vererbbaren Königreichen nicht die iura sanguinis et naturae [Rechte des Blutes und der Geburt] aufgehoben wären. Es genügte, daß er der Sohn eines mächtigen, großen, gekrönten Königs wäre, der selbst viel dazu beigetragen hätte, Christentum und Heiligen Glauben zu verbreiten, desgleichen seine antecessores [Vorgänger], und auch namentlich der Kronprinz hätte sich um Gottes Kirche große Verdienste erworben, indem er seine Gesundheit gegen die Heiden einsetzte, als er zum Wohl der gesamten Christenheit eine große Expedition angeführt hatte, wodurch er größte Achtung und Ehrentbietung verdiente. Dieser Meinung schloß sich auch der Papst an und verteidigte sie dann mit Erfolg.

Da aber S. Hoheit der Kronprinz von den Ambitionen der Kardinäle wußte, ließ er sie bitten und warnen, dem Kronprinzen vorerst keine Visiten abzustatten, da er nur für kurze Zeit nach Rom gekommen sei, seine Zeit für Besuche und Gegenbesuche abwägen müsse, denn er könne nicht Rom verlassen, ohne etwas gesehen und Messen beigewohnt zu haben, weswegen er eigentlich gekommen sei. Und so verschaffte er sich Ruhe, kam nur mit dem Neffen des Papstes (Francesco Barberini) und dem Bruder (Antonio Barberini) zusammen (den der Papst von einem Kapuzinermönch zum Kardinal gemacht hatte), auch nur selten, im päpstlichen Palast. Dort begrüßte ihn auch der Bruder unseres Kommissärs, Kardinal Magalotti.

Teilansichten der Stadt Rom im 17. Jahrhundert

A. S. Radziwiłł Wir kamen gegen zehn Uhr in der Nacht in Rom an, völlig durchnäßt, denn es regnete den ganzen Tag. Kardinal de Torres wartete vor der Stadt mit einer Karosse auf uns, und da der Rat der Kardinäle beschlossen hatte, daß die Kardinäle dem Kronprinzen die rechte Hand nicht als dem polnischen Kronprinzen, sondern als dem Erben des schwedischen Königreichs reichten, so bot auch Kardinal de Torres die rechte Hand.

Unser Quartier war im Caponi-Palast eingerichtet, unweit der Kirche Santa Maria del Popolo. Als wir aus der Karosse stiegen, kam ein Bote vom Papst und meldete, der Heilige Vater erwartete den Kronprinzen und wollte sich nicht zur Nachtruhe begeben, ohne den Kronprinzen begrüßt zu haben. Darauf zog der Kronprinz die nassen Sachen aus und zog trockene an. So taten es auch die anderen. Nur ich armer Mann blieb auf Befehl des Kronprinzen in nasser Kleidung bei Kardinal de Torres, was meiner Podagra gar nicht gut tat. Weshalb ich auch nicht gleich zum Papst konnte, um ihm den Fuß zu küssen.

Beim Eintritt in den Vatikan wurde der Kronprinz von Hofbeamten und Prälaten des Papstes begrüßt und in den Vorraum geführt, wo Kardinal Barberini den Kronprinzen empfing. Nach einigen Augenblicken öffnete man die Flügeltüren. Zwei Kardinäle an den Seiten und den Zeremonienmeister vor sich, betrat der Kronprinz den Saal, kniete dreimal nieder und küßte den Fuß des Papstes, der dem Kronprinzen aufhalf, ihn umarmte und seinen Kopf küßte. Man brachte drei buntbemalte Holzschemel, auf die sich der Kronprinz und die Kardinäle zum Papst niedersetzten.

Nach einer halben Stunde führte man auch uns herein. Als mich der Papst erblickte, erkannte er mich sogleich, weil er zu meiner Zeit noch Maffeo Kardinal Barberini geheißen hatte, Legat in Bologna gewesen war und nicht Bienen, sondern Fliegen im Wappen geführt hatte. Als ich ihn das zweite Mal 1616 in Rom getroffen hatte, prophezeite ich ihm, er würde in Kürze in den Stand des Papstes erhoben werden. So wurde ich jetzt artig empfangen. Er hieß mich und den Generalschreiber des Großfürstentums Litauen, Stefan Pac, an seine Seite zu treten. Danach näherten sich die anderen dem Papst, um ihm den Fuß zu küssen, sogar der Lutheraner Rożewski, nur der Kalvinist Denhoff ließ diese Zeremonie aus. Es war fast Mitternacht, als wir in unser Quartier zurückkehrten.[223]

J. Hagenaw Von hier machten wir uns bei ungünstigem Wetter, unter Regenschauern und stürmischen Winden, auf den Weg nach Rom. Zu Mittag aßen wir in Castel Casale, wo die Pferde gewechselt wurden und von wo aus es nach Castelnovo ging. Bis hierher war Kardinal de Torres dem Kronprinzen entgegengefahren. Zwar beschleunigte er dadurch den Termin der Begegnung, den ihm der Kronprinz in einem Schreiben mit der Post aus Spoleto angegeben hatte, aber es war ein gutes und glückliches Unternehmen. Infolge des Dauerregens befanden sich die Wege an diesem Tag in einem besonders schlechten Zustand. Wir alle waren durch die überanstrengten Pferde so ermüdet, daß uns nichts so erfreute wie die Begegnung mit dem Kardinal. In seine Kutschen aufgenommen, entging man den Unbilden des schlechten Wetters. Man kann es sich nur schwer vorstellen, mit welcher Freude man sich gegenseitig begrüßte, unter Glückwünschen aus Anlaß der so lange ersehnten Begegnung. An der nächsten Poststation wartete ein weiterer Wagen, mit dem die Dienerschaft reisen sollte. Und so fuhr der Kronprinz in einer geschlossenen Karosse Rom entgegen, um durch die Anwesenheit des Durchlauchtigen Kardinals nicht erkannt zu werden. Hier fand er im Palast von Signore Ammerini Caponi in der Nähe von Porto Populi seine Wohnung, die für seinen Aufenthalt eingerichtet war. Er wechselte nur kurz seine Kleidung und wurde gleich darauf von Kardinal de Torres in den päpstlichen Palast geführt, um dort vom Papst begrüßt zu werden. Obwohl der Kronprinz vorher darum gebeten hatte, nicht von Kardinälen empfangen zu werden, so traf er doch, als er den Vorraum des Papstes betrat, hier den auf ihn wartenden Kardinal Barberini, einen Brudersohn des Papstes, der sich ihm näherte und nach der Begrüßung bedauerte, sich nicht nach seinem Wunsch gerichtet zu haben. Doch es geschah nicht nach seinem Willen, vielmehr nach dem des Papstes. Und man führte den Kronprinzen in das Zimmer des Papstes, Kardinal de Torres zu seiner Rechten und Kardinal Barberini zu seiner Linken. Der Kronprinz verneigte sich dreimal, worauf der Heilige Vater antwortete, indem er sich ein wenig vom Thron erhob. Dann trat er ganz nah an ihn heran, fiel auf die Knie und küßte den Fuß des Obersten Hirten. Der aber umarmte ihn herzlich, hob ihn von den Knien auf und küßte ihn innig auf beide Seiten des

Kopfes und bat ihn dann, zu seiner Rechten auf einem buntbemalten Holzschemel Platz zu nehmen. Die Durchlauchten Herren Kardinäle, de Torres und Barberini, setzten sich zur Linken des Papstes auf ein ähnliches Gestühl, doch weiter entfernt. Und als man sich bei der Verabschiedung des Kronprinzen erhob, nahte sich der soeben eingetroffene Kardinal Magalotti. In der drei Viertelstunden dauernden Audienz gab man sich einem vertraulichen Gespräch hin, wobei immer wieder die königliche Präsenz des Kronprinzen zum Ausdruck kam, die sich in seinem unbefangenen Verhalten und würdevollen Auftreten äußerte. Diese bewirkten nicht nur, daß die Fama seiner Tugenden bei allen die Bestätigung der gehegten Erwartungen fand, sondern daß auch der Papst mit freudiger Bewunderung erfüllt wurde, in Hoffnung auf noch größere Taten seines Gastes zu Ehren des Christlichen Glaubens.

Nach dieser Audienz rief man Fürst Radziwiłł und die anderen, um den Fuß des Papstes zu küssen. Der Papst erkannte den Fürsten als auch Herrn Pac, den er als Legat in Bologna kennengelernt hatte. Nach der so beendeten päpstlichen Visite führten andere Kardinäle den Kronprinzen aus dem Zimmer, und Kardinal de Torres begleitete ihn bis zum Quartier. Sobald er sich von ihm getrennt hatte, setzte sich der Kronprinz zum Abendessen, und Signore Carolus Magalotti verrichtete auch weiterhin die Pflichten des Kommissärs.

21. Dezember, Samstag

J. Hagenaw In Anwesenheit von Kardinälen, Erzbischöfen, Bischöfen und Doktoren wurden in der Kirche Santa Maria sopra Minerva die Schriften von Marcantonio,[224] die nach dessen Tod aufgefunden worden waren, wegen Ketzerei verdammt und auf dem Campo de Fiori[225] mitsamt seinem Leichnam und dem Porträt verbrannt, obwohl er noch zu Lebzeiten widerrufen hatte. Der Kronprinz hatte, um an dem Akt teilzunehmen, schon rechtzeitig die Kirche aufgesucht, aber wegen der großen Menschenmenge keinen Platz gefunden. Er kehrte deshalb um, wohnte in der Jesuitenkirche der Messe bei und besuchte die Kirche Santa Mâria Rotonda.[226] Von hier aus begab er sich nach Haus zum Mittagessen. Fürst Radziwiłł besuchte mit seinen Vettern Kardinal de Torres, der selbst noch vor Mitternacht beim Kronprinzen erschien.

22. Dezember, Sonntag

J. Hagenaw Der Kronprinz suchte mit seinem Gefolge die päpstliche Kapelle auf. Um unerkannt zu bleiben, mischte er sich unter die Musikanten auf dem Chor. Doch die Kardinäle erkannten ihn alsbald, und fast alle grüßten ihn in einer offiziellen Verbeugung mit entblößten Köpfen, worauf er mit ähnlicher Geste antwortete. Am Nachmittag stattete der Kronprinz dem päpstlichen Palast auf Monte Cavallo eine Visite ab, wo er für sich und seine Leute bestimmte und vorbereitete Zimmer antraf. Der Papst hatte nämlich unter allen Umständen versucht, den Kronprinzen hier einzuquartieren, damit er während seines Aufenthaltes in Rom im St.-Peter-Palast oder auf Monte Cavallo wohnte. Von hier aus besuchte er den Palast des Kardinals Bentivoglio. Fürst Radziwiłł und seine Vettern, Fürst Aleksander Ludwik und Fürst Jan Albrycht, machten dem Magister generalis der Dominikaner ihre Aufwartung. Der Bischof von Nicastro, ehemaliger Nuntius in Köln, der den Kronprinzen in Aschaffenburg begrüßt hatte, traf mit Fürst Radziwiłł zusammen und bat untertänigst um eine Audienz bei S. Hoheit dem Kronprinzen.

23. Dezember, Montag

J. Hagenaw Der Kronprinz besichtigte das Kapitol, Araceli sowie die Werkstätten der Goldschmiede. Fürst Radziwiłł wohnte der Messe in der Kirche Santa Maria sopra Minerva bei, mit der Absicht, mit dem pater generalis zu sprechen, was aber infolge der Abwesenheit des Paters auf die Nachmittagsstunden verschoben wurde. Gegen Abend fand zwischen S. Hoheit dem Kronprinzen und Kardinal Barberini in der Il-Gesù-Kirche ein Gespräch statt. Man gestattete dem Kronprinzen als erstem, hier von den Kardinälen empfangen zu werden.

24. Dezember, Dienstag

S. Pac Da an diesem Tag die Zeremonie der Öffnung des Heiligen Tores stattfinden sollte, fuhr S. Hoheit der Kronprinz mit all seinem Gefolge schon rechtzeitig zum St.-Peters-Platz und aß auch daselbst im päpstlichen Palast zu Mittag. Nach dem Essen begaben wir uns rechtzeitig zu der Stelle, von der wir die Zeremonie verfolgen konnten. Hier war ein Podest für fünfzig Personen aufgebaut, gegenüber dem Heiligen Tor, von dem S. Hoheit der Kronprinz und alle, die bei ihm waren (es hatten sich noch etliche Ausländer hinzugesellt, alles hochedle Personen, die unter dem Vorwand, zum Kronprinzen zu gehören, Einlaß gefunden hatten), von Anfang an und ohne Gedränge die Zeremonie sehen konnten, die in vielen, vornehmlich in kirchlichen Büchern beschrieben ist, so daß ich mich darüber nicht weiter auszulassen brauche. Es soll nur erwähnt werden, daß das Gedränge der Menge so arg war, daß weder die päpstliche Wache, obgleich sie in vier Reihen stand, noch die Hellebarden- und Stockschläge der Schweizer, die jene ohne jegliche Diskretion auf Arme und Reiche, auf Geistliche und Weltliche niederhageln ließen, so daß in diesem Durcheinander auch ein Kardinal fast Schläge bekommen hätte, verhindern konnten, daß die Menschenmenge an die Stelle drängte, wo das Heilige Tor aufgebaut war. Das Volk nämlich, meist Pilgersleute, suchte mit Macht, ein Stückchen der Mauer oder des Holzes des Heiligen Tores zu ergattern, welches sie dann als Reliquie aufbewahren wollten. Sobald also Mauer- und Holzreste beseitigt waren, was in Blitzesschnelle geschah, so rasch sammelten die Menschen diese Materie, trat der Papst durch dieses Tor in die St.-Peters-Kirche ein und hielt hier sollenniter die Nachmittagsmesse ab, an der auch wir teilnahmen.

Da S. Hoheit der Kronprinz am nächsten Tag die Feier der Geburt des Herrn beim Papst erleben wollte, verbrachte er diese Nacht im päpstlichen Palast, wobei er allein mir und Herrn Kazanowski befahl, bei ihm zu bleiben. Die übrigen aber suchten alle ihre Quartiere auf.

Notabile [erwähnenswert] war das große und prächtige Ornat des Papstes, das einzig und allein am Tage Christi Geburt angelegt wurde. Es war ein Gewand aus rotem Samt, mit Hermelin verbrämt und so groß, daß, wenn der Papst sich in seiner ganzen Majestät erhob und jene, die ihm tragen halfen, es fallen ließen, es die ganzen Stufen bedeckte. Zugleich trug man einen Hut und ein Schwert vor ihm, die er beide dem Kronprinzen überreichte. Nach der Morgenandacht begab sich S. Hoheit der Kronprinz in seine Wohnung.

A. S. Radziwiłł Der Kronprinz besichtigte Rom, wo er bis zum Tage der Geburt Christi weilte, an welchem man vor der Vesperandacht die Heilige Pforte öffnete. Der Papst hatte für uns eine Stelle über dem Eingang am Chor vorbereiten lassen, von wo aus man alles gut sehen konnte. Es waren anwesend: 300 Bischöfe und Erzbischöfe, 29 Kardinäle; die Tiara der einen bestand aus Leinen, die der anderen aus Seide oder anderem Stoff. Der Papst wurde auf einem Stuhl in den Vorraum der St.-Peters-Kirche getragen. Als er dort saß, nahm Kardinal Borghese einen goldenen Hammer in die Hand, sagte dreimal: »Aperite portas« und schlug an die Pforte. Darauf öffnete sich diese, und als erster trat der Papst ein. Ihm folgten die Kardinäle. Dann besetzte die Schweizergarde den Eingang, und als ein Bischof hindurchwollte, um den Papst zu begleiten, wurde er mit dem Eisen bis aufs Blut verwundet. Doch der Kronprinz und wir alle betraten die Kirche durch eine Tür. Ich und meine beiden Vettern durften als erste eintreten, der Kronprinz folgte als vierter, zum Schluß ließ man die übrigen hinein. Zuerst schien die Peterskirche dem Kronprinzen nicht allzu groß, doch als er auf dem Chor stand und die Menschen wie Zwerge herumlaufen sah, erkannte er die wahre Größe dieser heiligen Stätte.

J. Hagenaw Der Kronprinz begab sich schon zeitig mit dem ganzen Hof zum St.-Peters-Platz in den päpstlichen Palast, um dort zu Mittag zu essen und zur entsprechenden Zeit der Zeremonie beizuwohnen, die man hier ›Öffnung des Heiligen Tores‹ nannte. Es befand sich eine Estrade in der Nähe des Heiligen Tores, speziell für den Kronprinzen und die ihn begleitenden Personen hergerichtet, von denen fast alle Polen waren, die in Rom weilten und die Zeremonie verfolgten. Dabei fiel auf, daß sich jene, denen die päpstliche Wache den Zutritt verweigert hatte, unter die Polen mischten und auf diese Weise passieren durften. Bevor man aber an die Öffnung des Tores trat, führten die feierlich gekleideten Kardinäle und Bischöfe in einer Prozession, beim Klang von Musik, den Papst zur Säulenhalle von St. Peter. Und obgleich der Papst bemerkte, daß man wegen der großen Menschenmenge nicht weiterkommen würde, während die Wache und selbst der Oberste Kammerherr Carolus Magalotti mit Schlägen und Worten versuchten, die Menge zu vertreiben und einen Durchgang zu schaffen, schritt er lächelnd auf seinen Platz zu. Die Kardinäle und Bischöfe saßen und sangen einige Responsorien. Dann trat der Papst an das Heilige Tor, sprach ein Gebet und schlug mit einem Hammer, der aus purem Silber bestand und vergoldet war und den ihm Kardinal Borghese zugereicht hatte, an das Heilige Tor. Als dieses nach dem Sturz der Seitenpfeiler umfiel, versuchte der Papst hindurchzugehen, kam aber wegen der anstürmenden Menge, die Splitter und Steinchen des Heiligen Tores zu ergattern suchte, nicht voran. Darauf nutzten die Hellebardenträger ihre Schlagstöcke und verletzten unter anderem auch einen Bischof. So öffneten sie dem Papst unter Androhung von Schlägen eine Gasse.

Nach dieser Zeremonie begab sich der Kronprinz zur Vespermesse, kehrte dann in den Vatikanpalast zurück und verblieb hier bis zum Matutinum,[227] das um vier Uhr morgens begann. Danach begab er sich nach Hause, um auszuruhen.

25. Dezember, Mittwoch

A. S. Radziwiłł Am Tage von Christi Geburt weilten der Kronprinz und einige von uns um zehn Uhr vor Mitternacht beim Papst zur Andacht. Vor dieser Messe mußte der Kardinal, der sie zelebrierte, gewöhnlich 24 Stunden fasten. Diesmal war die Reihe an Kardinal de Torres, der wegen der langen Enthaltsamkeit sehr ungehalten war. An der Großen Messe, die vom Papst gesungen wurde, nahmen wir alle teil. Epistel und Evangelium wurden zweimal gesungen, einmal lateinisch und einmal griechisch.

Am Abend äußerte der Kronprinz den Wunsch, die Villa Borghese zu sehen, einen außerhalb der Stadt liegenden prächtigen Palast. Doch da der König[228] verboten hatte, einen Besuch des Kronprinzen bei Kardinal Borghese zu arrangieren oder diesen beim Kronprinzen zu empfangen, riet man dem Kronprinzen, am Tage des heiligen Stefan, an dem sich der Kardinal beim Papst zum Konsistorium befand, in aller Heimlichkeit in einer Karosse hinzufahren und alles zu besichtigen, bevor man dem Kardinal seine Anwesenheit meldete. Und so geschah es. Der Kardinal war darüber sehr ungehalten und bemühte sich um ein Gespräch mit dem Kronprinzen, hatte aber keinen Erfolg. Inzwischen besuchte der Kronprinz verschiedene Kardinäle, die ihm als erste die Ehre erwiesen hatten. Auch Kardinal de Torres traktierte den Kronprinzen mit großer Aufmerksamkeit. So ging das Jahr 1624 zu Ende.

26. Dezember, Donnerstag

S. Pac S. Hoheit der Kronprinz machte sich nach der Morgenandacht auf, die Paläste und Gärten von Kardinal Borghese zu besichtigen, die jener unter großen Kosten in Weinbergen errichtet hatte, alles Sehenswürdigkeiten, die auch von hochgestellten Persönlichkeiten bewundert zu werden wert waren. Der Kardinal, der unter Papst Paul V. 16 Jahre den Kirchenstaat fast allein regiert hatte, hatte alles, was schön und selten war, sowohl in Rom als auch extra [außerhalb] conquisiverat [gesammelt] und hier mit fast Luculiano luxu [Lukullischem Überfluß][229] zusammengetragen. Er wußte aber nicht, daß der Kronprinz ihn bewußt mied, oder wollte es nicht wissen, denn S. Hoheit der Kronprinz hatte resoluto [entschieden] deklariert, aus gewissen mißlichen Vorbehalten, die der polnische König dem Kardinal gegenüber hegte, weder mit ihm sprechen noch Verbindungen aufnehmen zu können.

Die Vesperandacht verbrachte S. Hoheit der Kronprinz in der Il-Gesù-Kirche der Jesuiten.[230] Dort traf er auch den Bruder des Papstes, einen Kardinal der Kapuziner.

27. Dezember, Freitag

J. Hagenaw Nach der Messe besuchte man den Garten des Kardinals Montalto. Gegen vierundzwanzig Uhr erwarteten der Gesandte des spanischen Königs und Kardinal de Torres den Kronprinzen im Augustinerkloster bei Santa Maria del Popolo. Der Kronprinz nahm zu diesem Treffen Fürst Radziwiłł, die Herren Pac, Magalotti und Rylski mit und unterhielt sich einige Zeit privat mit jenen.

28. Dezember, Samstag

S. Pac An diesem Tag besuchten wir neun bevorzugte Kirchen.[231] Zu Mittag aßen wir im Garten von Ciriaco Matteo, einem hohen Adligen in Rom. In den Kirchen zeigte man uns aus nächster Nähe alle Reliquien, die alias [ansonsten] nur zu gewissen Zeiten und e sublimiori loco [von erhöhter Stelle] gezeigt wurden.

29. Dezember, Sonntag

S. Pac S. Hoheit der Kronprinz hatte an diesem Tag eine Verabredung mit dem Heiligen Vater und fuhr zum Heiligen Peter, wo er in der Privatkapelle an der päpstlichen Messe teilnahm. Danach begab er sich zu einer anderthalbstündigen Audienz zum Papst. Zu Mittag befanden wir uns bei Kardinal de Torres, wo S. Hoheit der Kronprinz incognito auftrat und – wie immer unterwegs – mitten unter uns saß. Es war ein sehr reiches Bankett, bei dem am Tisch etwa 30 Personen saßen, darunter mit dem Kronprinzen 14 der Unsrigen, alle an der rechten Seite des Tisches. An der linken Seite saßen die übrigen Gäste des Kardinals, davon als die angesehensten: Kardinal Francesco Barberini, Brudersohn des Papstes, der Bruder des Papstes, Antonio Barberini, und dessen zwei Söhne – Taddeo Barberini[232] und ein weiterer Kavalier, Prinicipe Peretri sowie andere.

30. Dezember, Montag

S. Pac An diesem Tag sollte S. Hoheit der Kronprinz das Schweißtuch der heiligen Veronika[233] sehen. Zu Mittag aß er im päpstlichen Palast am St.-Peters-Platz. Nach dem Essen sah er dann die heilige Reliquie. Es hatte aber vorher eine angeregte Kontroverse darüber zwischen dem Domherrn von St. Peter und dem Papst stattgefunden, ob man es gestatten sollte oder nicht. Es sagten die Kanoniker, daß die Päpste seit Karl V.[234] niemandem diese Gnade gestattet hätten. Doch der Papst erwiderte, daß jeder Monarch, der sich für den christlichen Glauben einsetzte und so viele Schlachten gegen die Heiden gewonnen hätte wie der Kronprinz, nicht geringer zu schätzen sei als Karl V. Es mußten sich die Kanoniker damit zufrieden geben. Doch sie verlangten, daß das mit gleichen Zeremonien wie bei Karl V. geschähe und, wie es das Gesetz des Kapitels vorsah, daß niemand die Reliquie in die Hand nehmen dürfe, der nicht Domherr von St. Peter war. Deshalb erhob der Papst den Kronprinzen in den Stand eines Kanonikers, und als er dann zu dem Platz gehen sollte, an dem sich die Reliquie befand, zog er ein Bußhemd über, nahm dann die Reliquie der heiligen Veronika in die Hände, trat auf den Gang hinaus, von welchem sie am Karfreitag den Gläubigen gezeigt wurde, und tat desgleichen, bei dreimaliger Benediktion. Wir schauten von unten zu, weil keiner von uns an Karl V. heranreichte und nicht so viele Schlachten wie der Kronprinz gegen die Heiden geschlagen hatte. Man brachte danach dem Kronprinzen das Privileg eines Kanonikers in forma [formal], das er annahm, doch bei der Abfahrt renunzierte und wieder abgab.

31. Dezember, Dienstag

S. Pac In der Kirche Santa Maria della Vittoria.[235] Daselbst traf er im Karmeliterkloster mit dem Abt und mit Pater Domenico di Gesù Maria zusammen, der als heiliger Mann galt und angeblich Wunder vollbringen konnte, was die Kaiserin Eleonora, Gemahlin von Ferdinand II., nicht glauben wollte. Denn ich hörte, wie sie dem Kronprinzen erzählte, Pater Domenico hätte ihr bereits zweimal einen Sohn prophezeit, doch es hätte sich nicht bewahrheitet.

Heiligen Männern sollte man aber nichts nachsagen.

1. Januar, Mittwoch

J. Hagenaw Der Kronprinz weilte zur Messe mit Musik in der Il-Gesù-Kirche der Jesuitenpatres und aß dort mit Kardinal Barberini zu Mittag, in Gesellschaft des Ehrwürdigen Pater Generalis und des römischen Paters Provincialis Vivaldo. Fürst Radziwiłł und seine Herren Vetter hatten beim Papst eine Audienz.

2. Januar, Donnerstag

A. S. Radziwiłł Am 2. Januar 1625 machten wir uns auf den Weg nach Neapel. Der gleiche Kommissär, Carlo Magalotti, führte uns in Kutschen bis an die Grenze des Vatikanstaates. In Tusculum[1] überquerten wir den Tiber, stärkten uns im Garten des Kardinals Barberini mit Wein und Früchten und fanden bei den Jesuiten Unterkunft.

Als wir in das Land des spanischen Königs[2] gelangten, empfing und begrüßte uns ein hochedler neapolitanischer Herr, der das Amt des Schatzmeisters[3] ausübte und uns bis Neapel geleitete. Statthalter war hier Herzog Alba, in dessen Palast man uns auch eine Unterkunft bereitete. Am Abend suchte dieser vortreffliche Mann den Kronprinzen auf. Das gleiche tat der Apostolische Nuntius Pamphilius (der später Papst Innozenz X. wurde), der uns auch auf Weisung des Papstes das Wunder der Bluterneuerung des heiligen Januarius vorführte. Doch das Wunder trat nicht immer ein, und zwar dann nicht, wenn sich unter den Anwesenden jemand mit einer Todsünde befand. Ich erlebte das, als ich 1616 das erste Mal in Neapel weilte; das Blut verflüssigte sich lange nicht, sicherlich deshalb, weil die Kirche voll von Menschen war, unter denen sich jemand mit einer Todsünde aufgehalten haben muß.

Wir wurden in Neapel etwa 14 Tage ganz hervorragend traktiert. Man führte uns verschiedene Komödien und Tänze vor, die Ko-

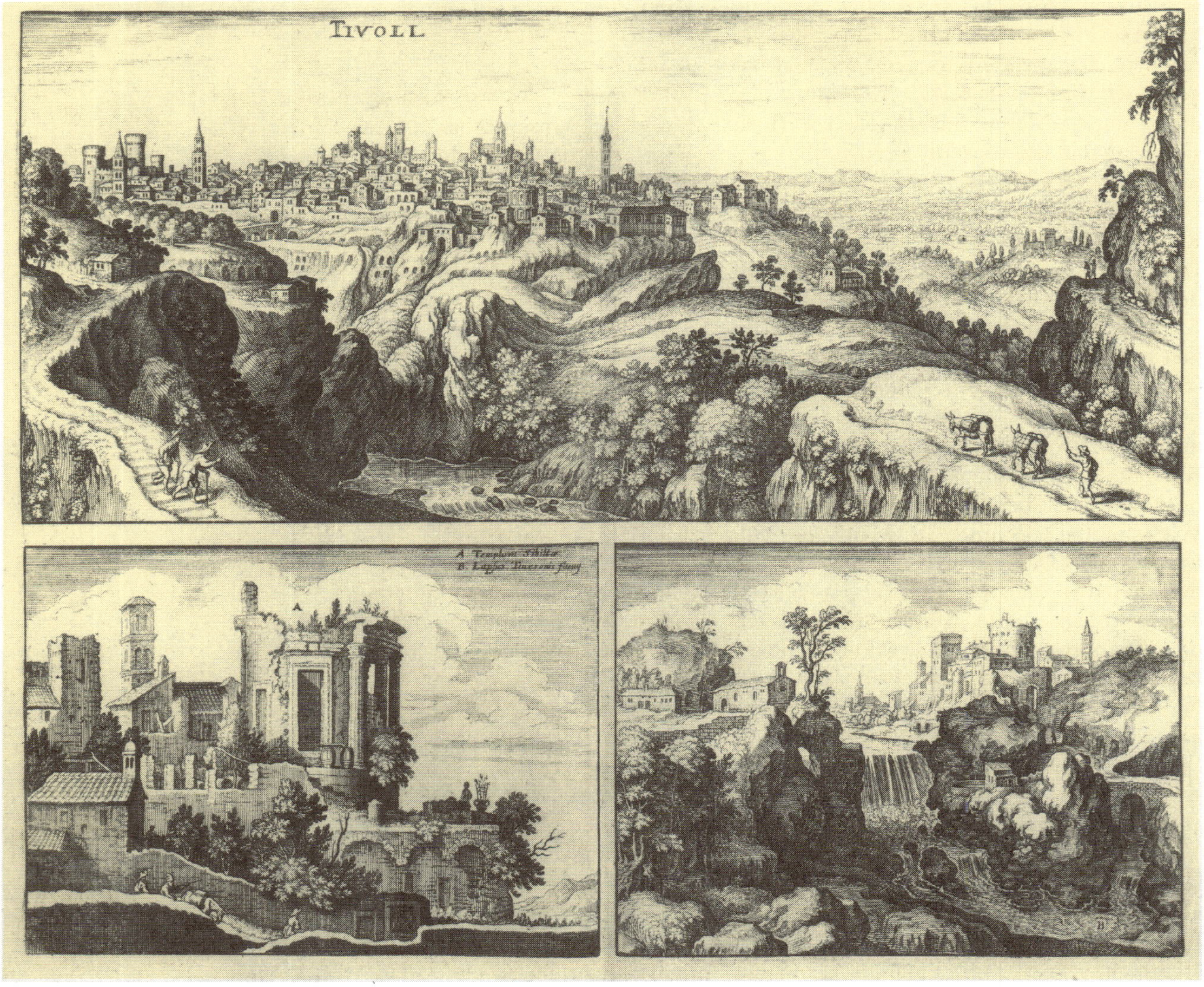

Ansichten der Stadt Tivoli im 17. Jahrhundert

sten dafür betrugen, wie man sagte, etwa 100000 Dukaten. Der Palast, in dem wir uns aufhielten, war mit vielen goldgestickten Tapisserien geschmückt. Im Zimmer des Kronprinzen gab es Wandbehänge, auf denen die Siege des berühmten Herzogs Alba, des Gouverneurs von Belgien, Großvater des hiesigen Herzogs,[4] dargestellt waren. Es heißt, er habe für nur einen Behang 30000 Dukaten gezahlt. Auf weiteren Gobelins war dargestellt, wie sich dem heiligen Antonius Teufel zeigten, so kunstvoll und lebendig, daß sie den Betrachter überaus beeindruckten. Dem Kronprinzen und mir wurden Betten und Tische aus purem Silber zur Verfügung gestellt. Eines Tages, als der Kronprinz Burgen und andere Sehenswürdigkeiten besichtigen wollte, versammelte sich eine solche Menschenmenge, daß er nicht hindurch konnte, zurückweichen und einen anderen, geheimen Weg wählen mußte. Sein Feldzug nach Chocim hatte ihn in Europa nämlich so berühmt gemacht, daß alles zusammenlief, um ihn zu sehen.

3. Januar, Freitag

S. Pac Auf dem Weg nach Frascati hielten wir uns in Mondragone in einem Palast des Kardinals Borghese auf, der zu den vornehmsten Palästen auf italienischem Boden zählt. Das Mittagsmahl wurde in der Residenz der Jesuitenpatres in Tusculum eingenommen. Nach dem Essen sahen wir den berühmten Palast in Frascati, den Clemens VIII.[5] mit Gärten und Fontänen unter großen Kosten hatte errichten lassen. Es heißt, er hätte über eine Million in Gold dafür ausgegeben. Jetzt befand sich diese Stelle im Besitz der Aldobrandini. Und es weilte zu dieser Zeit der Kardinal[6] an diesem Ort, weil er gebeten hatte, S. Hoheit den Kronprinzen begrüßen zu dürfen. Jener sagte gravitam [gern] zu, ihn und seinen Bruder,* Herzog von Rosano, zu empfangen, wußte er doch, wie sehr Papst Clemens VIII., dessen Haus und alle Aldobrandinis der polnischen Nation zugetan waren. S. Hoheit der Kronprinz übernachtete bei den Jesuitenpatres in Tusculum.

4. Januar, Samstag

J. Hagenaw Am Morgen ritt man auf Pferden nach Velletri,[7] wo auch zu Mittag gegessen wurde. Von hier aus ging es auf regenschwerem Weg nach Sermonetta. Zu Abend gegessen und geschlafen wurde in einer öffentlichen Gaststätte, wo der übliche Schmutz mit Tapisserien von Herzog Gaëtano verdeckt wurde.

5. Januar, Sonntag

J. Hagenaw Nach der Messe in Case Nove wurde hier auch zu Mittag gegessen. Das Essen hatte der vorher benachrichtigte Gouverneur der Provinz, der edle Signore Autmatius Varesi, in einer öffentlichen Wirtschaft (weil es hier wie auch an allen Stellen bis an die neapolitanische Grenze kein Haus gab) auf das sorgfältigste vorbereitet. Von hier aus ging es mit kleinen Booten auf einem Fluß, der zwischen Sermonetta und Case Nove entsprang und zwischen Sümpfen erst langsamer, dann schneller, vielleicht wegen der Unebenheit des Flußbettes, entlangfloß, bis nach Terracina,[8] wo er zwei Meilen hinter diesem Ort ins Meer mündete. Verstärkt durch Wasser, das über Gräben herbeigeführt wurde, war er bis Terracina schiffbar. Die Herren Kazanowski und Żółkiewski stiegen in Case Nove in ein Boot, das für den Kronprinzen vorbereitet gewesen war. Als dieser dann aber ein anderes Boot betrat, wollten die Schiffer das Boot mit den Herren nicht vom Ufer losbinden, trotz Geschimpfe und Drohungen jener, die es bestiegen hatten. Es half nichts, sie mußten schließlich wütend auf ein anderes Boot umsteigen. Dabei hatte der Kronprinz gute Gelegenheit zum Lachen. In Terracina stieg der Kronprinz mit seinem ganzen Gefolge auf Kosten des Papstes im Palast des Markgrafen von Tassis ab, dem obersten Verantwortlichen für die spanische Post.

6. Januar, Montag

J. Hagenaw Nach der Messe und dem Morgenmahl ging es nach Fondi,[9] wohin vorher schon die Herren Lampugnani und Nagot beordert worden waren, um das Mittagessen vorzubereiten. Sie trafen den Kommissär des neapolitanischen Statthalters, Signore Deodati, an, mit einem Mittagstisch, der für den Kronprinzen angerichtet worden war. Erwähnter Kommissär bat den eintreffenden Kronprinzen im Namen des Statthalters um eine Audienz und begrüßte ihn in einer Weise, die seine persönliche Courtoisie und Freude zum Ausdruck brachte. Danach setzte man sich zu Tisch, wobei der Kommissär neben Fürst Radziwiłł Platz nahm. Am Abend er-

* Pietro Alexander Aldobrandini.

reichte man Gaëta,[10] wo der Kronprinz und die anderen auf das Abendessen verzichteten, da kein Tafelgeschirr vorhanden war. Doch um nicht ganz nüchtern zu Bett zu gehen, schluckte der Kronprinz rohe Eier aus einem Glas, ›auf persisch zubereitet‹, mit Salz und Pfeffer, auf einem Stück Papier serviert. Der Fürst und die Herren Pac und Żółkiewski benutzten Papier und Brotrinde anstelle von Tellern. Herr Żółkiewski folgte dem Beispiel des Kronprinzen und schlürfte ›auf persisch zubereitete‹ Eier direkt aus der hohlen Hand oder aus einer ausgehöhlten Brotrinde. Es trat Herr Denhoff hinzu; erst durch die ungewöhnliche Situation überrascht, dann durch das Beispiel der übrigen angeregt und infolge des verspäteten Abendessens von Hunger getrieben, nahm er ein Stück Fleisch in die eine und ein Stück Brot in die andere Hand und versuchte, den Magen zu besänftigen. Nachdem sich die Herren derart ein wenig gesättigt hatten, langten die Maulesel mit dem Tafelgeschirr an, wonach endlich das Abendessen für alle Anwesenden aufgetragen wurde.

7. Januar, Dienstag

J. Hagenaw Am Morgen fuhr man über das Meer und erreichte Nola,[11] wo man sich in einer öffentlichen Gastwirtschaft mit einem frühen Mittagessen für das gestrige Dilemma entschädigte. Nach der Fahrt bis zum Fluß Garigliano traf man auf der anderen Flußseite drei Kutschen, die auf den Kronprinzen warteten. Wir stiegen in die Boote, überquerten den Fluß, setzten uns in die Kutschen und kamen am Abend in Sessa an, wo der Kronprinz in einem privaten Palast Unterkunft fand.

8. Januar, Mittwoch

J. Hagenaw Mit gleichen Kutschen erreichte man zu Mittag Capua[12] und rastete im Palast eines Signore aus Capua, wo es guten Wein gab.

Vor der Einfahrt in die Stadt Neapel lenkte vor uns eine Frau ein Fuhrwerk. Da geschah es, daß das Pferd, durch den Anblick eines Mönches erschreckt, sich so gewaltig aufbäumte, daß der Wagen zurückgestoßen wurde und zwischen die Pferde des Kronprinzen geriet. Die Frau wurde von einem Bauern gerettet, der sie auf seinen Armen aus der Gefahr herausholte. Das Pferd aber scheute so stark, daß es sich aus dem Geschirr losriß und sein Heil in der Flucht suchte. Darauf drängten auch die Pferde des Kronprinzen vorwärts, so daß die Dienerschaft mit ihren Wagen den vor ihnen fahrenden Herrn in der Dunkelheit aus den Augen verlor und in der Stadt herumirrte, bis jemand, der die Unterkunft des Kronprinzen kannte, sie zu dem Palast führte, der im Vorhof des neuen Schlosses[13] stand. Jedermann wunderte sich, daß alle heil und ohne Schaden im Palast angekommen waren.

Als man dem Statthalter, Herzog Alba, die Ankunft des Kronprinzen mitteilte, ließ sich jener in einer Sänfte sofort zu ihm hintragen, um seiner Begrüßungspflicht nachzukommen.

9. Januar, Donnerstag

S. Pac S. Hoheit der Kronprinz nahm einige unserer Herren und den Kavalier, der als Fremdenführer diente (obgleich sich viele neapolitanische hohe Herren um diese Pflicht drängten, blieb doch der Kronprinz bei seiner Wahl, weil es ein sehr diskreter und über alle hiesigen Angelegenheiten gut informierter Mann war, von dem wir über Regierungen und andere Probleme viel erfuhren), mit sich und fuhr zu den Nonnen, bei denen sich das Blut und eine Rippe vom heiligen Johannes dem Täufer befanden. Er wollte hier einer Messe beiwohnen und das Wunder erleben, von dem es hieß, daß das hart geronnene Blut, wenn man es an den Knochen legte, flüssig werde und zu wallen anfange. Doch in unserer Anwesenheit blieb dieser Effekt aus, obgleich manche dabei waren, die das Wunder schon erlebt hatten, vor allem zum Feiertag des heiligen Johannes. Sicherlich waren wir eines so großen Wunders nicht würdig.

Dagegen sahen wir in der Kathedralskirche in der Kapelle des heiligen Januarius[14] ein anderes und nicht geringeres Wunder. Man zeigte uns erst in einem gläsernen Gefäß das Blut dieses heiligen Märtyrers, so festgebakken und hart wie ein Stein. Doch sobald man es an den Kopf des Heiligen anlehnte, was ein Kanoniker, ein sehr frommer Mann, tat, indem er niederkniete und am Altar ein Gebet sprach, begann sich das Blut sogleich visibiliter [zusehends] aufzulösen. Der Kanoniker aber nahm das Glasgefäß in die Hände und zeigte es uns, wobei er es nach links und rechts neigte, so daß das Blut in die jeweilige Richtung floß. Ich sah auf der Welt kein zweites Wunder, das diesem gleichkam. Wie ich waren noch viele Menschen anwesend. Anschließend besuchten wir das Grabmal des heiligen Januarius.

Nach dem Mittagessen fuhr S. Hoheit der Kronprinz, das Castel San Elmo[15] zu besichtigen, das die Spanier den Neapolitanersattel nannten, da ein Pferd ihr Wappen zierte. Als die Spanier Neapel eroberten, errichteten sie auf einem hohen Berg eine starke Burg, von der aus sie Neapel beherrschten und die sie ›Sattel für das wilde Pferd‹ nannten und damit intendere [zu verstehen] gaben, daß sie damit die Menschen von Rebellion und Widerstand, zu denen jene sehr neigten, abhalten wollten.

Ansicht des Hafens von Gaëta

Der Vizekönig besuchte am Abend wiederum S. Hoheit den Kronprinzen.

10. Januar, Freitag

J. Hagenaw Der Kronprinz fuhr nach Pozzuoli,[16] um dort alte historische Denkmäler zu besichtigen. Er aß dort auch zu Mittag, während Fürst Radziwiłł und Herr Pac in Neapel blieben. Die von dort Zurückkehrenden berichteten, daß sie um diese Jahreszeit frische Erbsen gegessen hätten, die eben erst vom Feld geerntet worden waren, was ihnen fast wie ein Wunder vorkam. Am Abend kehrte der Kronprinz wieder zurück. Er wurde vom Statthalter besucht.

11. Januar, Samstag

S. Pac Die neapolitanischen Herzöge und andere Kavaliere veranstalteten zu Ehren S. Hoheit des Kronprinzen Reiterspiele, die sie Carozele nannten. Zur Vorführung kamen prachtvolle Nummern, kostbare Trachten und Farben, wobei einer den anderen zu übertreffen suchte.

Am Abend des gleichen Tages fanden im gleichen Palast des Statthalters Tänze statt, an denen die vornehmsten neapolitanischen Damen teilnahmen. Und es bestand hier eine Art, die Tänze zu gestalten, wie sie andernorts unbekannt war. Wenn also Damen und Herren zusammentreffen, wählen sie zunächst einen Mantenitor [Tanzmeister], einen noblen und erfahrenen Kavalier, der nach eigenem Ermessen eine Dame aussucht und sie in die Mitte des Saales führt, wo die Tänze stattfinden. Dann ruft er nach einem Kavalier, der mit der Dame tanzen soll. Hat er sie also zusammengeführt, läßt er die Tanzenden allein und begibt sich auf seinen Platz. Ist der Tanz zu Ende, steht der Mantenitor auf und geht auf die Dame zu, um sie zu ihrem Platz zu begleiten. Dann holt er eine nächste Dame und ihren Kavalier und führt diese wie die ersten in den Saal. So wurde dort der Tanz traktiert. Es durfte sonst niemand allein zum Tanz antreten und eine Dame auffordern, bevor sie nicht der Mantenitor angewiesen hatte.

Der Vizekönig saß die ganze Zeit unter einem prunkvollen Baldachin, mit Gold und Perlen behängt, darunter nicht wenige Diamanten, vor allem an der Figur, die in der Mitte des Baldachins aufgestellt war. Er selbst trug ein diamantenes Kleinod und ein Band am Hut, das wohl mehrere Tausende wert war. Besagter Statthalter war alias [übrigens] ganz in Schwarz gehüllt, was nicht allein seine Kleider, sondern auch Haare und Bart betraf, die er, ein septuagenario [siebzigjähriger] Graukopf, schwarz gefärbt hatte. Der ganze Saal war mit niederländischen Tapisserien behängt, wie ich sie weder vorher noch nachher sah. Es hatte sie sein Vater[17] herstellen lassen, als er in den Niederlanden regierte.

J. Hagenaw Nach der im Haus abgehaltenen Messe beeilte man sich wegen der geplanten Spiele mit dem Mittagessen. Danach fuhr der Kronprinz mit seinem Gefolge in den Palast des Statthalters, und zwar auf geheimen Wegen, um der Neugier der Massen zu entgehen, die zahlreich gekommen waren, um ihn zu sehen. Und er begab sich sogleich an den Platz, der für ihn bestimmt war, um die Spiele zu verfolgen. Der vordere Teil des Palastes bot aus den westwärts gelegenen Fenstern einen Blick auf das Theater. Man sah von hier aus den geräumigen ebenen Platz, der sich gut für Spiele und Kämpfe eignete. Er war im Norden und im Süden von zwei Toren abgeschlossen, die das Wappen des Statthalters trugen. Der gesamte quadratische Platz war von Sitzbänken umgeben, die stufenförmig angelegt waren und auf denen die Zuschauer saßen. Der Statthalter aber thronte in seiner ganzen Majestät in dem Teil des Theaters, der an die Stelle angrenzte, wo der Kronprinz saß. Auf ein Zeichen, daß der Kronprinz eingetroffen war, setzten sich die Reiter, die am Nordtor auf ihn gewartet hatten, beim Klange von voranschreitenden Trommeln, Flöten und anderer Instrumente zu zweit in Bewegung, ritten im Kreis herum und setzten, Reiter wie Pferde, alles mit ihrer prächtigen Kleidung in großes Erstaunen. Es fällt mir schwer zu entscheiden, ob ich mehr die prachtvollen Gewänder oder die so vortrefflich exerzierenden Pferde und das Geschick ihrer Reiter bei den Vorführungen loben sollte. Das alles lenkte die Blicke der Zuschauer mit aller Macht auf sich, und allen schienen die Erwartungen weit übertroffen. Als so die Aufmerksamkeit und Bewunderung der Anwesenden auf diesen Pomp gerichtet war, machten die Reiter eine Wendung, als bereiteten sie sich zu einem Kampf vor, teilten sich in mehrere Gruppen und traten gegeneinander zum Kampf mit Lanzen an, wiederholten einige Male die Angriffe und ruhten dann ein wenig aus. Als nächstes traten zwei aus einer Gruppe auf ein Zeichen vor und forderten zwei aus der gegnerischen Abteilung zum Kampf auf. Die Aufgeforderten schleuderten Eisenkugeln auf die Gegner, welche diese mit Schilden abwehrten oder ihnen durch geschickte Bewegungen mit Rücken oder anderen Körperteilen auswichen. Auf diese Weise tobte der Kampf, wobei immer wieder neue Gegner aufgefordert wurden, bis nur einer übrigblieb.

Es schloß sich ein Kampf von zwei Bauern mit Lanzen gegen zehn mit Schilden und Rüstung an. Gegen Ende des Tages veränderten die Spiele ihren martialischen Charakter und nahmen ruhigere Formen an. Als der Kronprinz in Gesellschaft des Vizekönigs im Palast zu Abend aß, begannen die Vergnügungen und zogen sich bis spät in die Nacht hinein. Für den Kronprinzen und seine Gesellschaft war eine Estrade aufgebaut, mit Barrieren abgesichert und einem kleinen Holzdach bedeckt. Der Statthalter selbst hatte sich an der Stirnseite des Saales niedergelassen und schaute von hier dem Treiben zu. Es durfte aber keine der Damen und keiner der Herren zum Tanz vortreten, bevor der Zeremonienmeister (der meist ein erfahrener, älterer Kavalier war) ihn bis zur Mitte des Saales geführt und dann die Tänzerin hinzugebeten hatte. Der Meister dieser Kunst begleitete die Tänzer, um ihre Fehler durch eigenes Beispiel oder Hinweise zu verbessern. Nach dem Tanz ließ der Tänzer die Dame in der Mitte des Saales stehen, und der Meister geleitete sie an ihren Platz zurück. Dabei geschah, daß zwei Paare zugleich tanzten, und als er der einen Dame die Hand reichte, um sie zurückzuführen, rief die andere, die allein gelassen wurde, nach ihm, auf daß er sie zu ihrem Platz bringe. So also stand der alte Kavalier zögernd zwischen zwei Damen, was bei allen ein fröhliches Gelächter hervorrief.

12. Januar, Sonntag

J. Hagenaw Am Nachmittag verbrachte man die Zeit beim Anhören des Gesanges der La Bell'Adriana Basile[18] sowie ihres Sohnes und ihrer Töchter und bei Vergnügungen, wie schon beschrieben. Nach einem zeitigen Abendessen begab sich der Kronprinz in den Palast des Vizekönigs,[19] um sich am Anblick von Kämpfen der gestrigen Helden zu erfreuen, die zu Fuß gegeneinander antraten. Ort des Schauspiels war der Saal, in dem gestern die Tänze stattgefunden hatten. Hier nahm der Kronprinz mit seiner Begleitung an einem Ort Platz, der sich neben den Damen befand, die auf einer Empore saßen.

Der Statthalter aber saß mitten unter den Damen in vollem Prunk, dahinter die Figur eines prachtvollen Engels mit Diamanten um den Hals. Die Schiedsrichter dieses Spektakels hatte man unter der Estrade unseres Kronprinzen plaziert. Vor den so untergebrachten Zuschauern traten die Helden, paarweise in einer langen Kolonne unter Trommelschlag und dem Spiel von vier Flöten und anderen Instrumenten und von prächtig gekleideten und Waffen tragenden Knappen begleitet, mit würdigem Schritt, der Juno zur Ehre gereicht hätte, in den Saal ein.

Sie begrüßten den Vizekönig im Vorbeigehen mit erhobenen Lanzen und stellten sich in der Mitte auf. Nachdem nach den Regeln des Kampfes die Streiter ausgelost waren, teilten sie sich in zwei Gruppen und bestimmten die Seiten. Es dröhnten die Trommeln, es spielten die Flöten, die Geister erhitzten sich. Man ließ die Visiere herunter, lief aufeinander zu, kämpfte Mann gegen Mann, dreimal mit der Lanze zustoßend und gleich noch dreimal mit dem Schwert schlagend. Nach Verkündung des Sieges wurde die Belohnung, meist ein Ring, von einer Dame, die sich unter den Zuschauern befand, unter Trommelwirbel und Flötenspiel gereicht. Dieses Schauspiel fesselte den Kronprinzen mehrere Stunden.

13. Januar, Montag

J. Hagenaw Am frühen Morgen verließen wir Neapel; die gesamte Fahrt durch das neapolitanische Reich wurden wir von Signore Giovanni Deodati, dem Unterschatzmeister des Vizekönigs, begleitet. Zu Mittag wurde in Capua gegessen, übernachtet in Sessa.

14. Januar, Dienstag

J. Hagenaw Man ließ die Wagen in Garigliano zurück und ritt auf Pferden nach Nola. Von hier aus ging es nach dem Mittagessen nach Fondi, wo man am Abend anlangte. Die Beamten des Vizekönigs wurden mit Belohnungen verabschiedet.

15. Januar, Mittwoch

S. Pac S. Hoheit der Kronprinz bedankte sich mit guten Worten beim maltesischen Kavalier, Signore Giovanni Deodati, entlohnte die Beamten des Vizekönigs, die uns bis nach Fondi geleitet hatten und fuhr nach Terracina zum Mittagessen, wo uns bereits die päpstlichen Offiziellen empfingen und bewirteten. Über Nacht weilten wir in Piperna. Dorthin kam auch Signore Magalotti mit Kutschen gefahren, um den Kronprinzen zu empfangen.

16. Januar, Donnerstag

J. Hagenaw Mittag wurde in Sermonetta gegessen; hier leerte man viele Becher auf die Gesundheit vieler. Abends erreichten wir Velletri. Die Zeit vor dem Abendessen widmete man im Garten der Unterhaltung.

17. Januar, Freitag

S. Pac Wir brachen nach dem Frühstück auf und trafen im Städtchen der Herzöge von Savelli den Kardinal de Torres, der dem Kronprinzen entgegengefahren war. Dort kam S. Hoheit der Kronprinz in einem Konvent auch mit Kardinal Savelli zusammen, der sich vorher sehr darum bemüht hatte, S. Hoheit den Kronprinzen begrüßen zu dürfen, was ihm dann auch gelang.

Einige Stunden vor dem Abend erreichten wir Rom, wo S. Hoheit der Kronprinz auf die dringliche Bitte des Heiligen Vaters[20] in den Vatikanspalast auf dem St.-Peters-Platz einzog und wir mit ihm. Die Dienerschaft wurde im früheren Quartier untergebracht. Am gleichen Tag erfuhr S. Hoheit der Kronprinz, daß Erzherzog Karl am 28. Dezember vorigen Jahres in Spanien verstorben war. Schuld daran war seine unvernünftige Lebensweise, übermäßiges Essen und Trinken starker Getränke, was sich als letale [tödlich] erwies.

18. Januar, Samstag

J. Hagenaw Der Kronprinz verbrachte den Tag mit Audienzen, die er verschiedenen Geistlichen gewährte. Von ihnen erfuhr er auch die traurige Nachricht über das Ableben des Durchlauchtigen Erzherzogs Karl.

19. Januar, Sonntag

S. Pac Nach der Messe, die der Papst selbst zelebrierte, wurde S. Hoheit der Kronprinz vom Heiligen Vater mit einem gesegneten Schwert und einem gesegneten Hut beschenkt, was der Papst cum solitis caeremon [mit üblicher Zeremonie], doch ohne Assistenz der Kardinäle vollzog, weil der Kronprinz darum gebeten hatte, auf daß es privatim geschah.[21] Und so sah der Ablauf aus: Es saß der Papst auf der Majestas, mehrere Stufen über den Boden erhoben, im feierlichen päpstlichen Gewand. S. Hoheit der Kronprinz kniete vor ihm nieder, während die Kaplane, die neben dem Papst standen, Hut und Schwert hielten. Und es begann der Papst mit Gebeten, mit denen er Schwert und Hut segnete. Dann nahm er das Schwert und hängte es dem Kronprinzen an die Seite, ohne dabei die Gebete ex rituali [nach dem Ritual] und die Segnungen zu unterbrechen. Auf gleiche Weise setzte er ihm den Hut auf, umarmte nach Beendigung der Zeremonie den Kronprinzen und küßte ihn auf die Stirn. Fürst Radziwiłł übernahm inzwischen Hut und Schwert. An dieser Zeremonie nahmen nur zwei Kardinäle teil: der Neffe des Papstes, Francesco Barberini, und de Torres. Es hielt sich danach der Kronprinz zu einer langen Audienz beim Papst auf.

Vor dem Mittagessen entfernte sich der Kronprinz eine Weile, kehrte dann zurück und aß publice mit dem Papst zu Mittag, doch an einem anderen Tisch, nicht an dem, an welchem der Papst saß. Es waren nämlich zwei Tische hergerichtet, einer an erster Stelle unter einem Baldachin und einige Stufen erhöht. Daselbst saß der Papst. Es stand dann ein zweiter Tisch zur rechten Seite, vier Ellen vom päpstlichen entfernt, direkt auf dem Boden, ohne Baldachin. An diesem saß der Kronprinz auf einem einfachen, nur bemalten Holzschemel. Als der Papst die Hände wusch, kniete der Kronprinz nieder und reichte ihm das Handtuch. Der Papst setzte sich an seinen Tisch und bat den Kronprinzen, sich an den seinen zu setzen, worauf dieser Platz nahm und auf die Bitte des Papstes sein Haupt wieder bedeckte. Die Speisen des Kronprinzen waren in gleicher Weise angerichtet wie die des Papstes. Es standen auf dem Tisch des Kronprinzen verschiedene Figuren aus Zukker und Wachs, die an die Siege über die Heiden erinnerten. Man brachte verschiedene Gänge auf den Tisch, erst auf den des Papstes und dann auf den des Kronprinzen.

Der Papst schickte von seinem Tisch auserlesene Leckerbissen zum Kronprinzen und unterhielt sich auch über seine Kammerherren mit ihm, fragte ihn nach diesem und jenem. Ein- oder zweimal trank er ihm auch zu. Herr Kazanowski goß dem Kronprinzen nach, auf daß er ob reverentiam [zu Ehren] des Papstes trinken konnte. Wenn der Papst trank, fielen alle, die standen, auf die Knie. Ich stand beim Mittagessen hinter dem Tisch des Kronprinzen zusammen mit Herrn Denhoff, der – wie schon erwähnt –, in seinem kalvinistischen Glauben verharrend, den Papst nicht begrüßen wollte, um ihm nicht den Fuß küssen zu müssen. Er nahm auch nicht an den Zeremonien und Andachten teil, indem er verkündete, es wäre alles Götzendienerei. Doch beim päpstlichen Mittagessen, als alles niederkniete, wenn der Papst trank, kniete auch er nieder, weil er mußte, um unter den vielen Anwesenden nicht als einziger stehenzubleiben, zumal er sich direkt im päpstlichen Blick befand, weil er – wie schon gesagt – hinter dem Tisch des Kronprinzen stand. Als er also niederkniete, lachten wir, der Fürst und ich, recht herzlich, und ich sagte ihm, wenn er also meinte, daß sein Glaube der gute und richtige sei, wäre es jetzt an der Zeit, diesen publice zu bekennen und zu sagen, daß es Götzendienerei sei, was die Katholiken mit dem Papst tun; sicher könnte er auf diese Weise ein kalvinistischer Märtyrer werden. Doch er dachte nicht daran, vielmehr fürchtete er, ein Italiener könnte uns hören, weil ich italienisch sprach, und er sagte furchtsam: »C'i per l'amor di Dio non dite nienta.« [Um Gottes Willen, sagen Sie nichts]. Darauf lachten wir noch lauter, und auch der Kronprinz schloß sich uns an, da alles hinter seinem Tisch passierte und er alles mithörte. Sicher sagte er es auch dem Papst und amüsierte ihn damit, denn der Papst kannte uns alle und war auch über den Glauben von Herrn Denhoff informiert.

Nach dem Mittagessen reichte S. Hoheit der Kronprinz dem Papst abermals das Handtuch, und anschließend zogen sich beide in ein Zimmer zurück. Wir aber begaben uns interim zum Essen. Als wir nach dem Essen in die päpstliche Antikammer kamen, trafen wir hier die vortrefflichsten Musiker von Rom an, die in vocali musica Strophen in laudem [zu Ehren] S. Hoheit des Kronprinzen und seiner glücklichen Expedition gegen die Heiden präsentierten. Und beide waren exzellent, sowohl die Strophen als auch die Musik, wie ähnlich excellentius in eo genre [Hervorragendes in dieser Art] nicht sein konnte. Autor der Zeilen war Monsignore Ciampoli,[22] ein ehrwürdiger und gelehrter Mann, der die schönen lateinischen päpstlichen Briefe nach Polen schrieb. Die Musik hatte Kapsberger, genannt Tedeschino,[23] komponiert, der keinen parem in ea arte [Gleichwertigen in jener Kunst] in Rom hatte, was auch invita invidia [trotz Neid] die Italiener zugaben, denen der Deutsche in seiner Profession den Rang ablief.

In der Nachtstunde begaben sich S. Hoheit der Kronprinz und wir alle mit ihm zum Papst, um uns zu verabschieden. Der Abschied gestaltete sich wie die Begrüßung: paroli di compleneti [Worte des Kompliments] von beiden Seiten. Und hier baten von uns jene, die es wollten, den Papst um Ablaß ihrer Sünden. Als ich ihm den Fuß küßte, sagte er mir, er freue sich darüber, daß ich aus einer italienischen Familie stammte, aus dem Florentiner Haus der Pac, seiner Pacezanen, wie er es nannte. Ich aber widersprach nicht.

Nach dem Besuch beim Papst begab sich S. Hoheit der Kronprinz und mit ihm einige der Unsrigen zum Kardinal, zum Brudersohn des Papstes, zum Abendessen, wie wir vorher zu Mittag bei Kardinal de Torres gegessen hatten.

Es schenkte der Heilige Vater S. Hoheit dem Kronprinzen Reliquien des Heiligen, an dessen Tag der Kronprinz geboren worden war, und um die er selbst gebeten hatte. Uns aber wurde ein Rosenkranz geschenkt und zwei Medaillons mit dem Konterfei des Papstes, dazu Reliquien und jedem ein Agnus Dei.

A. S. Radziwiłł Der Kronprinz beriet sich mit mir, als er den Papst um die Reliquien der Heiligen Primus und Felician[24] bat, an deren Tag er geboren worden war. Der Heilige Vater erfüllte seine Bitte und übergab ihm die kostbar eingefaßten Reliquien.

Ich riet dem Kronprinzen, daß er nach dem Beispiel von Kaiser Karl V. den Turm der Peterskirche bestieg. Da aber nach den hier geltenden Gesetzen niemand hinaufsteigen durfte, der nicht Domherr von St. Peter war, erwarb der Kronprinz erst das Recht dieser Würde, bestieg dann den Turm und segnete das Volk. Als er das Kanonikat einem anderen übergeben wollte, ließ man es nicht zu, weil diese Ehre ausschließlich dem Kronprinzen zustand.

Ich und andere wurden zu einer Audienz beim Papst vorgelassen, der uns gnädig empfing. Ich bekam eine Reliquie des heiligen Argentinus und eine Krone[25] mit Edelsteinen und einem goldenen Konterfei des Papstes. Auch die anderen erfuhren ähnliches, sogar Rozen, ein Häretiker, der aber zum Fußkuß angetreten war. Denhoff erhielt gestickte Handschuhe.

Der Papst richtete auch ein Bankett für den Kronprinzen aus, der nach dem damaligen Brauch dem Papst ein Handtuch zur Reinigung der Hände reichte. Es kam auch zu einem erbaulichen Zwischenfall. Denhoff pflegte mit uns oftmals über den Glauben zu disputieren, und als er die vielen Märtyrer unserer Religion erwähnte, die es bei den Kalvinisten nicht gab, behauptete er, gern Märtyrer zu werden, wenn sich eine Gelegenheit dazu böte. Das merkte sich Herr Pac, und als der Papst während des Banketts dem Kronprinzen zutrank und alle auf die Knie fielen, er aber allein stehen blieb, sagte der Generalschreiber zu Denhoff: »Es wäre jetzt an der Zeit, Sie könnten sich Ihren Wunsch erfüllen und ein Märtyrer werden, wenn Sie jetzt behaupten, daß alles Götzendienerei, der Papst ein Antichrist sei und ähnliche Dinge, und das alles auf italienisch.«

Denhoff erschrak, bat Pac, nicht italienisch zu sprechen, auf daß die Anwesenden es nicht verstünden. Noch weiter geneckt, wollte er schließlich den Raum verlassen, was uns zu großer Fröhlichkeit anregte, am meisten aber den Kronprinzen und den Papst, den man darüber in Kenntnis gesetzt hatte.

Nach beendetem Mahl sangen 72 Musikanten, die besten aus ganz Italien, Lieder, und zwar zu Ehren des Sieges über den Türken Osman, in Versen, die Urban selbst gedichtet hatte. Schade, daß sie verschollen sind, denn nachdem Rozen sie dem Herzog von Toskana[26] ausgeliehen hatte, gelangten sie nie wieder zurück.

Bei der nächsten Messe überreichte der Papst dem Kronprinzen ein gesegnetes Schwert. Wie Papst Urban II.,[27] so dachte auch er an einen Krieg gegen die Türken, und wenn er dazu auch andere Könige und Herzöge auffordern wollte, so hätte er doch gern den Kronprinzen als den Anführer dieses Feldzuges gesehen. Doch aus dem Projekt wurde nichts.

Ende Januar verließen wir Rom. Der Kron-

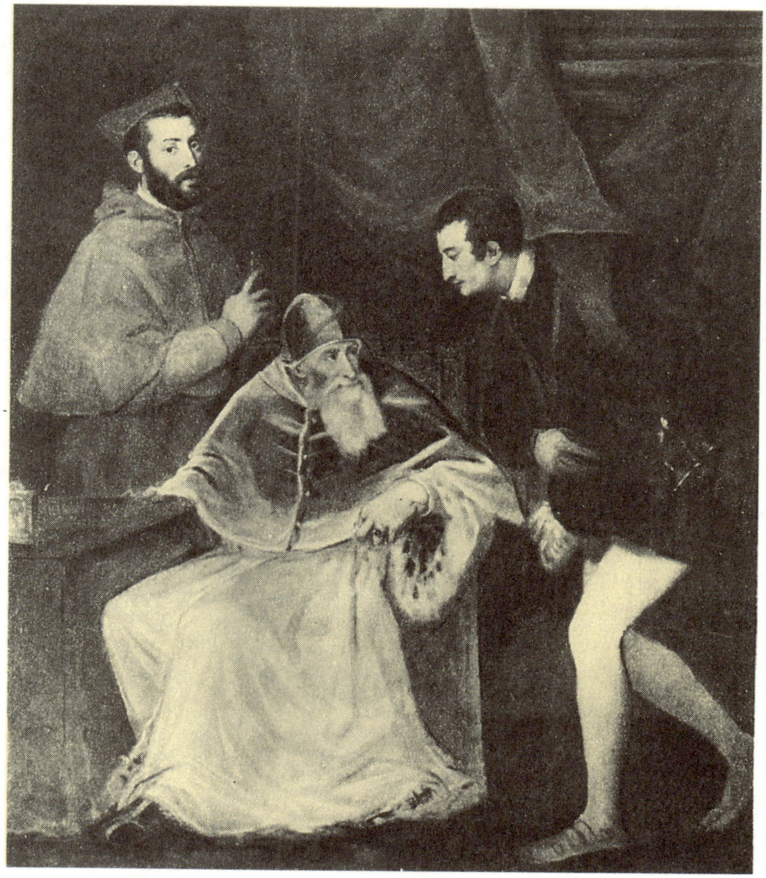

Papst Paul III. und seine Nepoten Alessandro und Ottavio Farnese

prinz verabschiedete sich vom Papst, von den Kardinälen, dem Jesuiten Muzio Vitelleschi und von Domenico di Gesù Maria, General der Barfüßigen Karmeliter, die durch ihre Heiligkeit bekannt waren.

J. Hagenaw Da es Brauch war, anläßlich eines Jubiläums ein zweischneidiges Schwert (das die Italiener stocco nannten) oder einen mit Pelz besetzten Seidenhut – vom Papst gesegnet – einem christlichen Fürsten zu schenken, so beschloß der Papst, seine Zuneigung, die er S. Hoheit dem Kronprinzen wiederholt bewiesen hatte, durch diesen Beweis der Gnade zu unterstreichen. Und so überreichte er S. Hoheit dem Kronprinzen jenes Schwert, das der Zeremonienmeister ihm umhängte und das dann Fürst Radziwiłł in Empfang nahm. Dabei vermied man die bei solchen Gelegenheiten übliche Zeremonie und kreierte für S. Hoheit den Kronprinzen einen neuen Brauch, der für die Zukunft in der päpstlichen Kapelle, neben den päpstlichen Gemächern, in gleicher Weise wiederholt werden sollte. Als nächstes setzte der Papst dem Kronprinzen den Hut auf, der anschließend ebenfalls dem Fürsten überreicht wurde. Dieser Akt wurde von Zeremonien und Gebeten begleitet, die der Papst (wie gesagt) selbst festgelegt hatte, da ihn die alten unpassend und ungeschickt dünkten.

Nach dieser Zeremonie begaben sich der Papst und unser Kronprinz in einen zum Mittagessen vorbereiteten Saal. Der Kronprinz reichte dem Papst, der seine Hände wusch, das Handtuch und beugte dabei ein Knie. Der Papst setzte sich als eine Majestät an einen erhöhten Tisch, während der Kronprinz an einem niedrigeren, in einer gewissen Entfernung, zur rechten Seite des Papstes und seines Hofes auf einem Holzstuhl ohne Baldachin Platz nahm. Eine ähnliche Festlichkeit wurde nur selten durchgeführt, weshalb sich im päpstlichen Palast eine große Zahl von Menschen versammelt hatte, um sie zu erleben. Und obgleich man nur wenigen die Gnade der Anwesenheit erwiesen hatte, so wuchs ihre Zahl doch, so daß sie den ganzen Saal füllten. Sobald der Papst trank, kniete alles nieder, und nur der Kronprinz erhob sich etwas, lüftete den Hut und erwies so dem trinkenden Papst seine Hochachtung. Herr Kazanowski reichte dem Kronprinzen den Wein in einem gewöhnlichen Kelch, ohne Tablett, oder auch in einer anderen Weinschale, und verschüttete vorher absichtlich ein paar Tropfen. Zwischen Papst und Kronprinz kam es am Tisch wiederholt zu einer Unterhaltung, die durch Vermittler geführt wurde, und als Zeichen seiner besonderen Zuneigung schickte der Papst dem Kronprinzen von seinem Tisch Schüsseln und Leckerbissen.

Nach dem Mittagessen besangen die schönsten Stimmen unter musikalischer Begleitung in Versen und lieblichen Melodien die Triumphe und Siege des polnischen Königs und des Durchlauchten Prinzen über die Türken, Tataren und Moskowiter. Von der Musik hingerissen, empfand der Geist der Anwesenden ein fast himmlisches Entzücken. Und selbst der Papst, der sich mit dem Kronprinzen in den anschließenden Saal begab, riß sich, in der Tür stehend, von dem Eindruck der so süß empfundenen Musik nur schwer los und lenkte das Gespräch mit dem Kronprinzen immer wieder auf diese wunderbaren Weisen.

Durch die vielen Lobreden und die Musik gesättigt, begab sich der Kronprinz vom Papst in seine Gemächer. Am Abend suchte er nochmals Seine Heiligkeit auf, um sich zu verabschieden. Als sich der Kronprinz beim Papst befand, wurden alle, die zu seinem Gefolge gehörten, zum päpstlichen Fußkuß zugelassen. Nachdem sich der Kronprinz bedankt und tief verbeugt hatte und gehen wollte, umfaßte der Papst seinen Kopf, küßte ihn innig auf beide Wangen, fast mit Tränen in den Augen, erteilte ihm den apostolischen Segen und entließ ihn. Zum Abschied schenkte der Papst dem Kronprinzen durch

Kardinal Barberini Reliquien der heiligen Märtyrer Primus und Felician, den Patronen des Geburtstages S. Hoheit des Kronprinzen. Er erhielt auch einen Knochensplitter des heiligen Sebastian, in viele Edelsteine in Form einer Rose gebettet. Fürst Radziwiłł bekam Reliquien des heiligen Argentinus, die übrigen (auch Fürst Radziwiłł) wurden mit goldenen und silbernen Medaillons mit dem Konterfei des Papstes und mit Rosenkränzen beschenkt.

Kardinal Barberini lud den Kronprinzen und sein Gefolge zu einem festlichen Abendessen ein, an dem auch Kardinal de Torres teilnahm.

20. Januar, Montag

S. Pac Wir verließen Rom in aller Frühe. Kardinal de Torres begleitete S. Hoheit den Kronprinzen nach Bacano zum Mittagessen. Hier verabschiedete er sich vom Kronprinzen und kehrte nach Rom zurück. Dafür blieb Signore Magalotti bei uns und mit ihm päpstliche Beamte, die sich bis zur Grenze des päpstlichen Reiches überall um unser Wohl sorgten. An diesem Tag wurde in Caprarola[28] übernachtet, in dem berühmten Palast des Kardinals Farnese, wo wir von seinen Agenten aufgenommen und überaus reichlich bewirtet wurden. Es gab in diesem prachtvollen Palast mit seiner wunderbaren Architektur reizvolle Gärten, Fontänen und vor allem in Felsen gehauene Gewölbe mit Weinen und wertvollen gedruckten Büchern.

21. Januar, Dienstag

J. Hagenaw Nach dem Morgenmahl in Caprarola ging es weiter. Unterwegs besichtigten wir in Bagnaia einen sehr schönen Garten mit Fontänen. Als der Kronprinz in Viterbo eintraf, sorgte im hiesigen Palast der Prolegat für das Abendessen und die Übernachtung.

22. Januar, Mittwoch

J. Hagenaw Zu Mittag wurde in Montefiascone[29] gegessen. Und als Herr Denhoff mit der Post von Florenz nach Rom aufbrach, wurde er von einem Postboten arg beleidigt, worauf er dessen üble Reden zu bestrafen drohte. Auf dem Rückweg erinnerte er sich an diese Schmähung und trat dem Boten mit groben Worten und in einer zornigen Haltung entgegen. Als dieser merkte, gegen wen und wie sehr er sich verfehlt hatte, bat er unter Tränen um Vergebung. Herr Magalotti, der davon erfuhr, bestimmte, daß dieses Vergehen umgehend mit dem Tode gesühnt werden sollte. Herr Denhoff aber bat um ein milderes Urteil und versicherte, sich mit einer geringeren Strafe begnügen zu wollen, doch immerhin einer so strengen, daß von ähnlichen Grobheiten gegen Ausländer durch dieses Beispiel abgeschreckt werden sollte. Übernachtet wurde in Acquapendente.

23. Januar, Donnerstag

J. Hagenaw Signore Carolus begleitete den Kronprinzen mit weiteren päpstlichen Beamten bis an die Grenze der Toskana, wonach er sich verabschiedete und nach Rom zurückkehrte. Als man sich Radicofani[30] näherte, kam uns Don Coloredo, der Gouverneur von Siena,[31] auf die Nachricht von der Ankunft S. Hoheit des Kronprinzen mit etwa vierzig Edelleuten aus Siena entgegen. Von Herrn Denhoff belehrt, auf ähnliche offizielle Auftritte nach dem Wunsch des Kronprinzen verzichten zu wollen, enthielt er sich seiner Absichten und wartete auf die Ankunft des Kronprinzen in einer Gastwirtschaft. Dort empfing er ihn mit einem festlichen Mahl und setzte sich selbst, obgleich nach einem gewissen Widerstand, an den Tisch zu Fürst Radziwiłł. Am Abend kam in der Nähe von San Quirico d'Orcia Herzog Don Lorenzo, der Onkel des jetzigen Herzogs, dem Kronprinzen entgegen, stieg vom Pferd, wechselte mit ihm Umarmungen und führte ihn in die

Stadt. Das Quartier wurde für fast alle vom städtischen Spital gestellt. Das Abendessen nahm man einzeln ein.

24. Januar, Freitag

J. Hagenaw Das Mittagessen fand in einer öffentlichen Gastwirtschaft statt, und am Abend empfing man den Kronprinzen mit seinem ganzen Gefolge in Siena, im Palast des Großherzogs.

25. Januar, Samstag

J. Hagenaw Die deutsche Nation, die sich von den übrigen Studenten an der Universität von Siena deutlich unterschied, besaß das besiegelte Recht, vorbeireisenden Fürsten und deutschen Herren eine Matrikel, also ein Album der Nation, vorzulegen, auf daß sie ihren Namen eintrugen. Die Ankunft des Kronprinzen nutzend, schickte das Konsilium der Nation ihre Prokuratoren zu Fürst Radziwiłł mit der Frage, ob denn der Kronprinz gewillt war, ihnen diese Ehre zu erweisen. Und sie argumentierten, daß Vater und Mutter des Kronprinzen deutscher Abstammung seien. Als Fürst Radziwiłł dieses Anliegen dem Kronprinzen vorstellte, sagte dieser unter dem Vorwand ab, seine Identität nicht preisgeben zu wollen, und ließ die Prokuratoren unter Dankesbezeugungen abweisen.

Nach der Messe in der Kathedrale wurde in Siena zu Mittag gegessen. Man übernachtete in Poggiponsi im Haus von Signore Antonio de Medici.

26. Januar, Sonntag

J. Hagenaw Nach der Messe in der Kirche der Gebenedeiten Jungfrau brach man nach Sanctum Cassanum auf, wo unser Kronprinz vom Durchlauchten Großherzog und dessen beiden Brüdern, den Herzögen Don Carlo und Don Matteo, begrüßt wurde. Danach bat jener ihn in seine Karosse und fuhr ihn in den Orsinipalast in der Nähe von Sanctum Cassanum. Hier war für unseren Kronprinzen ein besonderer Tisch vorbereitet, an den sich nach vielem Zureden auch der Durchlauchtige Großherzog mit seinen Brüdern sowie Gäste des Kronprinzen setzten. Die Dienerschaft des Kronprinzen war vorher bereits auf dem Fahrweg durch den Großherzoglichen Park vorausgefahren. Hier empfing der Kronprinz auch die Großherzogin und die Herzogin-Mutter,[32] und sie begrüßten ihn mit außergewöhnlicher Freude. Das gesamte Gefolge des Kronprinzen wurde im Palast des Großherzogs untergebracht, in dem alle Zimmer mit verschiedenen Teppichen und Brükken geschmückt waren. Als Kommissär des Kronprinzen trat Marquis Salviati und als der des Fürsten Radziwiłł Signore Agostino von Siena auf.

27. Januar, Montag

J. Hagenaw Fürst Radziwiłł kam nach dem Mittagessen seiner Begrüßungspflicht beim Durchlauchtigen Erzherzog, beim Herzog und bei der Herzogin nach. Er wurde bei dieser Feierlichkeit von Mitgliedern unserer Reisegruppe begleitet.

28. Januar, Dienstag

J. Hagenaw S. Hoheit der Kronprinz und die Durchlauchtige Erzherzogin, der Großherzog und weitere Herzöge wohnten in der Mariä-Verkündigungs-Kirche – diese Augustinerkirche rühmte sich des Bildes der Verkündigung der Heiligen Muttergottes – der Messe bei, die von Kardinal Ludovisi zelebriert wurde, der sich auf dem Weg nach Rom einige Tage in Florenz aufhielt. Vor der Messe aber enthüllte man das wundersame Bild der Gebenedeiten Jungfrau, auf dem der Englische Gruß dargestellt war. Zur gleichen Zeit drängte sich eine große Menschenmenge in die Kirche, um S. Hoheit den Kronprinzen zu sehen. Nach der Messe begrüßte Kardinal Ludovisi den Allergnädigsten Kronprinzen vor dem Altar, wobei er es als Ehre erachtete, die Funktion eines Kaplans vor einem so hohen Herrn ausgeübt zu haben. Dieser ehrenvollen Pflicht entsprach aber ganz und gar nicht die Form der Abfahrt, die ohne Verabschiedung des Kronprinzen erfolgte.

Am späten Abend begann die Tragikomödie über den Märtyrertod der heiligen Ursula und ihrer Gefährtinnen, die bis drei Uhr in den Morgen dauerte. Man spielte sie im großen Saal des Alten Palastes. Die Vorstellung setzte alle in Erstaunen und rief bei den Zuschauern durch ihre Schönheit, die abwechslungsreichen Szenen, die Stimmen der Schauspieler, die Pracht der Kostüme und der Ausstattung großes Interesse hervor. Es überraschte die Darstellung der Hölle mit Teufeln, die plötzliche Verwandlung der Hölle in die Stadt Köln, die durch ausgeklügelte Maschinen erreicht wurde, die an Schildkröten erinnerten, die prachtvolle künstlerische Ausgestaltung des Paradieses, schließlich das Ballett, von Höflingen getanzt, die Römer und Einwohner von Köln darstellten, welche über Gaur, den Hunnenkönig, triumphierten. Das alles versetzte die Zuschauer in ein wahres Entzücken.

29. Januar, Mittwoch

J. Hagenaw An der Messe nahm man in der Hauskapelle teil. Am Abend wurde eine lustige Komödie mit einem leichten Thema rezitiert, im privaten Palasttheater, vor allem zur Freude und Erbauung der jungen Herzöge. Danach führten zwei Schauspieler den Tanz ›Bergamasco‹ auf, wobei sie sich gegenseitig in Mimik und geschickten Bewegungen überboten.

30. Januar, Donnerstag

S. Pac Um die Stadt zu besichtigen, legte S. Hoheit der Kronprinz ein Kostüm an, was anging, da es gerade Karnevalszeit war. Er nahm seinen Cicerone, Vicenzo Salviati, mit sich und hieß auch mich und Herrn Kazanowski, ihn zu begleiten. In der Nacht vergnügte er sich ein bis zwei Stunden bei einer Jagd auf Wacholderdrosseln, die man dort bei Mondschein auf eine bei uns unbekannte Art zu jagen pflegte.

31. Januar, Freitag

J. Hagenaw S. Hoheit der Kronprinz begab sich am frühen Morgen auf die Jagd zusammen mit dem Großherzog, dem Herzog Don Lorenzo und dem Fürsten Aleksander Ludwik Radziwiłł. Später kam auch noch die Durchlauchtige Erzherzogin in einer Karosse angefahren und gesellte sich dem Vergnügen hinzu. An diesem Tag wurden 80 Hasen erlegt, ungerechnet jene, die von den Hunden zerfetzt worden waren. Am Abend kehrte alles nach Hause zurück.

FEBRUAR

1. Februar, Samstag

J. Hagenaw Am Morgen und am Nachmittag beschäftigte man sich mit Briefeschreiben. Der Kronprinz ließ sich von seinen Kavalieren überreden, sich Tänze in der Stadt anzusehen, und er verbrachte den ganzen Abend beim Zuschauen. Inzwischen fanden auch im Palast Tänze statt, und eine Komödie wurde gezeigt, zu der die Erzherzogin unseren Fürsten Radziwiłł eingeladen hatte. Als er sich abseits von ihr niedersetzte, bat man ihn wiederholt, näher bei ihr Platz zu nehmen. Schließlich setzte er sich neben die Ballustrade, die den Großherzog und die anderen Herzöge von den Höflingen und den gewöhnlichen Zuschauern trennte. Der Witz dieser Komödie bestand darin, daß irgendein Diener einen neuen Herrn suchte und mit diesem ausmachte, daß jener ihn für die Dienste mitsamt seiner Familie versorge. Als man ihn fragte, wo denn seine Familie sei, antwortete er, sie sei in der kleinen Kiste, die er auf der Schulter trüge. Da der Herr meinte, in der kleinen Kiste könne sich nur etwas Kleines befinden, war er einverstanden. Als dann die

Familie vorgestellt wurde, stellte der Diener die Kiste auf einen Sims und holte aus ihr zuerst einen kleinen Knaben heraus. Der Herr wunderte sich, als er einen so geschickten und gutgewachsenen Knaben erblickte, bedauerte aber den Vertrag nicht. Als dann jedoch ein zweiter, dritter, vierter, sechster, achter – und nicht nur Knaben, sondern große, ausgewachsene Männer – aus der Kiste herauskletterten, begann er voller Verzweiflung seine Leichtfertigkeit zu beweinen. Die Burschen aber führten einen Tanz auf, und als er ihre Geschicklichkeit und Begabung sah, schienen ihm die Kosten nicht zu hoch, und er faßte wieder Mut.

2. Februar, Sonntag

J. Hagenaw Man hatte zum Fest der Weihkerzen aus dem gesamten Herzogtum die Ritter des Heiligen Stefan[33] in die St.-Lorenz-Kirche eingeladen. Der Großherzog saß auf einer Empore, angetan mit der weißen Seidentoga der Stefansritter, mit roten, an der Schulter gerafften Ärmeln. Er wurde von beiden Seiten von seinen höchsten Beamten flankiert. Weitere Ritter saßen in ähnlicher Kleidung, aber aus einem Material, das man Kamelott nannte, auf Stühlen, zu beiden Seiten der Kirche aufgestellt, bis fast ans Portal. Sie traten nacheinander an den Großherzog heran, beugten zum Zeichen ihrer Hochachtung ein Knie, küßten den Saum seines Gewandes und kehrten wieder an ihren Platz zurück. Danach stand der Großherzog auf, trat an den Altar und empfing vom Priester eine geweihte Kerze. Ihm folgten in Reih und Glied alle Ritter. Nach Verteilung der Kerzen formierte sich in der Kirche eine Prozession, worauf eine gesungene Messe folgte. Danach begleiteten die Ritter den Großherzog in die Kapelle, in der die sterblichen Überreste seiner Vorfahren ruhten. Dort legte er seine Toga ab und kehrte in den Palast zurück. Unser Kronprinz, Herzog Lorenzo und die Fürsten Radziwiłł schauten dieser Zeremonie von einer Empore zu, die mit violetter Seide verdeckt war und sein Incognito wahrte.[34]

3. Februar, Montag

A. S. Radziwiłł Wir weilten dort (in Florenz) vier Wochen und erlebten die Karnevalszeit. Im Palast wurden Reiterspiele durchgeführt: 12 Reiter tanzten auf ihren Pferden in anmutiger Art zum Takt von Musik. Es fehlte auch nicht an Komödien und sogenannten Rezitativen, wobei sich die Ursulinerinnen besonders auszeichneten. Und alles, was sehenswert war, besichtigte der Kronprinz, unter anderem das wundersame Bild ›Mariä-Verkündigung‹. Bei einer zufälligen Gelegenheit lud Kardinal Lodovico, der zwar mit dem Kronprinzen zusammentreffen, ihm aber nicht die rechte Hand reichen wollte, zu einer Jagd hinter der Stadt ein, wo er ein eingezäuntes, vier Meilen großes Tiergehege besaß. Dort erlegten der Großherzog, die Herzogin und der Kronprinz viele Wildschweine und Damhirsche.

J. Hagenaw Nach dem Mittagessen wurde in der Nähe der Stadt, in der kaiserlichen Villa der Durchlauchtigen Erzherzogin, eine Komödie über Rugero, Alcina und Melissa bei erstaunlicher Ausstattung und anmutigem Spiel aufgeführt. Die Durchlauchtige Erzherzogin beteiligte sich mit Hilfe des Kardinals de Medici beim Einlaß ins Theater und bei der Platzanweisung von geladenen Gästen. In der ersten Szene erschien Neptun, von zwei Seepferden auf einem Fels durch das Meer gezogen, begleitet von der Weichsel und anderen dargestellten Flüssen. In der zweiten Szene erfolgte ein Wechsel. Durch Alcinas Zauber wallte das Meer in Wogen, flammten Felsen in Feuer auf, und überall sah man teuflische Seeungeheuer herumschwimmen. Als nächstes traten tanzende und sprechende Bäume auf. Schließlich verwandelte sich das Meer in Riffe und Felsen, direkt vor der Insel der Melissa. Von dieser kamen acht Mädchen, die in einem Tanz ihre Freude über ihre

Befreiung ausdrückten. Ihnen folgte eine gleiche Zahl von Jünglingen, die sich dem Tanz froh anschlossen. Danach begaben sich die Zuschauer aus dem Theater in die nebenan gelegene Arena, in die 24 Reiter hereinritten und auf den Pferden zum Takt der Musik erstaunlich geschickte Schritte und tänzelnde Bewegungen nach der einen und anderen Seite ausführten, so daß man schwer entscheiden konnte, was bewundernswerter war, die Gedächtniskunst und Überlegung der Reiter oder die Geschicklichkeit der Pferde. Nach Rückkehr in die Stadt und in den Palast beschäftigte man sich abermals mit einer nächtlichen Jagd auf Krammetsvögel.

4. Februar, Dienstag

J. Hagenaw Der Kronprinz besuchte in Gesellschaft der Allerdurchlauchtesten Großherzogin seltene und sehr kostbare Kunstdenkmäler in der Galerie. Am Abend schaute er, mit einer Maske angetan, den Tänzen zu.[35]

5. Februar, Mittwoch

J. Hagenaw Nach der Messe in der Kathedralskirche Santa Maria[36] bestieg der Kronprinz mit dem Großherzog und noch vielen aus seinem Gefolge die Kuppel des heiligen Hauses. Graf Suárez, der Gesandte des Herzogs von Mantua, brachte ein Schreiben mit einer Einladung des Herzogs, der Herzogin und des Herzogs von Vincenzo.[37]

Die Stadt Florenz im 17. Jahrhundert

6. Februar, Donnerstag

S. Pac Es fuhr S. Hoheit der Kronprinz, ein Spiel zu sehen, das nur in Florenz und sonst nirgendwo üblich war und das man hier ›ciolo del calcio‹[38] nannte. Die Florentiner Edelleute, und nicht nur die jüngeren, sondern auch vierzig- und fünfzigjährige, stellten sich in zwei Reihen auf einen vorher vorbereiteten Platz, warfen mit einem Ball, der wie ein Ballon aussah und mit Luft gefüllt war und den sie Pilot nannten, und jagten diesen von einem Ende zum anderen. Wer den anderen vertrieb, der gewann. Interim [während] sie so vorgingen, drängte eine Seite mit voller Macht auf die andere ein, und sie belegten sich so mit Fäusten, daß kaum einer unversehrt den Platz verließ, der eine mit eingeschlagener Nase, der andere mit blutendem Mund oder einem blauen Auge. Manchen trug man halb ohnmächtig vom Platz, ja, es soll vorgekommen sein, daß manch einer bei diesem Spiel sein Leben ließ. Es ging aber jeder impune [straffrei] aus. Sobald sie nämlich die Schranken verließen, durften sie sich gegenseitig keine Vorwürfe machen, auch wenn sie beleidigt worden waren, denn es wäre infam gewesen, sich für das rächen zu wollen, was beim Spiel passiert war. Es wurden nur noble Herren zu diesem Spektakulum hinzugelassen, nur Edelleute, obgleich sich die Adligen in Florenz sehr mit den Kaufleuten vermischt hatten, so daß man kein vornehmes Haus mehr fand, das nicht eine Bank oder ein Handelsunternehmen betrieb. Es bekümmerte das aber keineswegs den Adelsstand, weil man ansonsten zwischen den unfruchtbaren Bergen um Florenz keinen Lebensunterhalt gefunden hätte.

Den Abend verbrachten wir im Haus der Florentiner Familie Pac, wo wir ein Ballett sahen. Die Familie hatte Informationen, denen zufolge ihre Vorfahren einst in die litauischen Lande ausgewandert waren (um dem Bruderkrieg auszuweichen), und glaubte, daß ich ihrem stirpe [Stamm] angehörte, wogegen ich nicht kontradiktierte, da ich per traditionem [durch Tradition] über meine Ahnen wußte, daß unser Haus aus Italien stammte. So ging ich gern auf ihre Freundschaft ein, und auch sie taten mir alle Ehre an und richteten mir zuliebe das Fest aus. Es war eins der ersten Häuser von Florenz, ein emulus [Rivale] der Medici, mit welchen es oft zu blutigen Auseinandersetzungen kam. So zettelten sie eine Verschwörung an, um in der Kirche alle umzubringen, und töteten Julian Medici, wogegen sie seinen zweiten Bruder, Lorenzo, schwer beleidigten. Es siegte indes die andere Fraktion und rächte sich grausam. Viele mußten ihr Leben lassen, andere verstreuten sich in verschiedene Richtungen. Jetzt gab es wieder genügend Familienmitglieder, aber sie lebten nicht mehr im Überfluß wie einst. Die Florentiner Herzöge beobachteten sie argwöhnisch, damit sie keine neuen Unruhen stifteten, und ließen sie nicht zur Macht kommen. Trotzdem erfreute sich die Familie allgemeiner Achtung.

J. Hagenaw Am Abend begaben sich S. Hoheit der Kronprinz mit seinem Gefolge, der Großherzog und Don Lorenzo auf einen Platz vor der Heiligen-Kreuz-Kirche, wo man von einer hölzernen Tribüne einem Ballspiel zuschaute. Es wurde von Florentiner Jünglingen demonstriert, die durch unterschiedliche Kleidung ihre Aufteilung in Mannschaften betonten, wobei die einen die rote und die anderen die blaue Farbe bevorzugten. Sie traten paarweise mit zwei Wimpeln auf und schritten unter Flötenspiel und Trommelschlag im Kreis um den Platz, verbeugten sich vor den Hoheiten, überreichten den Schiedsrichtern die Wimpel und bereiteten sich zum Kampf vor. Nachdem der Spielmeister ihnen den Ball zugeworfen hatte – er bestand aus weißem Leder und war mit Luft gefüllt –, stießen sie diesen mit Händen und Füßen, um ihn der anderen Mannschaft zu entreißen und mit Faust oder Fuß in die Luft zu schlagen, weit weg von der eigenen Seite, aus dem Kreis heraus. Zum

Zeichen des Sieges gaben vier Kanonen je einen Schuß ab. Bei diesem Spiel wurden auf beiden Seiten zwei bis drei der stärksten Männer gewählt, die durch Stoßen mit Fäusten und durch Schlagen den Ball zu befördern suchten. Weshalb man wiederholt gefährlich verletzte Spieler sehen konnte. Es galt aber als große Schande, seine Schmerzen auch nur durch das leiseste Zeichen zu verraten, obwohl man sich nicht scheute, auch die Gesichter zu zerschlagen. Desgleichen war es unwürdig, seinen Ärger außerhalb des Spielfeldes zu zeigen. Nach dem Kampf warfen die Schiedsrichter die Wimpel auf das Feld, und die Jünglinge bemühten sich, diese an sich zu reißen oder wenigstens einen Fetzen zu ergattern. Die Genesis dieses Spiels, seine Art und seine Regeln (nach den Füßen, mit denen man den Ball gewöhnlich weiterstieß, nannte man es ›calce‹) konnte man aus einem Büchlein erfahren, das zu Ehren unserer Hoheit des Kronprinzen herausgegeben und ihm gewidmet worden war.

Zur Nacht begaben sich der Kronprinz, Herzog Don Lorenzo, die Fürsten Jan Jerzy[39] und Aleksander Radziwiłł, die Herren Pac, Żółkiewski und Kazanowski mit einer Kutsche zum Abendmahl, wie sie sagten. Einige Diener stiegen, vom Kronprinzen aufgefordert, in ein anderes Gefährt. Die übrigen kehrten in den Palast zurück.

7. Februar, Freitag

J. Hagenaw Der Kronprinz besorgte ein Schreiben an Damiano Fonseca, den Legaten von Bologna. Er besuchte die bewunderungswürdige Kapelle der Großherzöge in der St.-Lorenz-Kirche. Herzog Don Lorenzo, der sich zur Zeit unwohl fühlte, vergaß auf die Nachricht über den Spaziergang unseres Kronprinzen sein Leiden und eilte ihm schnell nach, ohne auf den ihm angekündigten Besuch zu warten.

8. Februar, Samstag

S. Pac Die Erzherzogin bewirtete den Kronprinzen in der villa imperiali [kaiserlichen Villa], wo man auch uns ein vorzügliches Mittagessen vorsetzte. Nach dem Essen begaben wir uns zu einer Hasenjagd.

9. Februar, Sonntag

J. Hagenaw Am Morgen weilte der Apostolische Nuntius Gigliolo aus Ferrara zur Audienz beim Kronprinzen. Die Messe besuchte der Kronprinz bei den Jesuitenpatres. Nach einem frühen Mittagessen in Gesellschaft der Herren Pac, Żółkiewski und Kazanowski ritt der Kronprinz, als Janitschare in goldenen und silbernen Stoff gehüllt, durch die Straßen der Stadt und bewarf Fenster und Straßen der Zypernkolonie nach dem damaligen Brauch mit Süßigkeiten und Eiern. Es schlossen sich ihm Herzog Don Lorenzo und Marquis de Monte an, letztere in türkischer Tracht. In der Nacht widmete sich der Kronprinz dem Tanz, dem Kartenspiel und der Unterhaltung mit edlen Damen der Stadt.

10. Februar, Montag

J. Hagenaw In den Morgenstunden verlieh man in Anwesenheit S. Hoheit des Kronprinzen Signore Giraldo, einem florentinischen Adligen, der in Polen dem Kronprinzen als Knappe mehrere Jahre treu gedient hatte, den Titel ›Kavalier des Heiligen Stefan‹. Zugleich übergab man ihm das neu gebildete Kommando Giraldini. Zu Mittag aß der Kronprinz beim Allergnädigsten Kardinal. Nach dem Essen veranstaltete man einen Kampf zwischen einem Löwen, einem Stier, einem Wolf und einem Keiler. Als die Tiere bereits geschwächt waren und nicht mehr kämpfen wollten, blieb nur der Keiler übrig, der mit seinen Hauern alles, was er erreichen konnte, scharf angriff, bis er dann vom Stier mit den Hörnern aufgeschlitzt wurde, so daß seine Eingeweide heraustraten und er zum Leidwesen der Zuschauer zur Beute des Bären wurde, der den geschlagenen Keiler auseinanderriß.

Am Abend fand ein Tanz im Palast des Kardinals statt, an dem auch der Kronprinz, mit einer Maske angetan, teilnahm. Nach dem Tanz und nach Herablassen der Theatervorhänge führte Herzog Francesco unter Trommelschlag an der Seite des Kriegsgottes Mars eine Abteilung junger Spartaner in die Arena, darunter Joannes Carolus, einen maltesischen Kavalier, der zur Knabenriege gehörte, die sich zum Kampf vorbereitet hatte. Von der anderen Seite des Theaters geleitete Herzog Leopold eine Abteilung spartanischer Mädchen unter Führung von Pallas heran, die gegen die Knaben mit Lanzen kämpfen sollten. Als sich beide Gruppen an den zugewiesenen Plätzen aufgestellt hatten, traten Mars und Pallas vor und stritten in Reimen und beim Klang von Musik um den Vorrang ihrer Abteilungen. Schließlich erhitzten sich beide Seiten, und es kam zum Kampf und zum Messen der Kräfte. Dabei gelangten die Lanzen in Bewegung, die Arme verteilten geschickt Schläge, auf beiden Seiten kämpfte man mit viel Erfahrung. Mitten im verbissenen Kampf öffnete sich auf der Bühne der Himmel, Zeus setzte mit einem Donnerschlag ein Zeichen, befahl Ruhe und sprach in einem öffentlichen Urteil den spartanischen Mädchen den Sieg zu. Nachdem Kämpfer und Götter verschwunden waren und hinter dem Vorhang der friedliche Himmel auftauchte, wurde der Tanz fortgesetzt, der bis spät in die Nacht andauerte.

11. Februar, Dienstag

J. Hagenaw Der Kronprinz fuhr mit vielen Herren seines Gefolges, auch mit Fürst Radziwiłł, in einer Kutsche durch die Stadt, eine Maske vor dem Gesicht, aber nicht im Karnevalskostüm, sondern in normalem Gewand. Als nächstes schaute er einem Ballspiel zu, von der Tribüne des Großherzogs, auf der neben üblichem Zierat zwei Zelte aufgestellt waren, die in ihrer Farbe den Kostümen und Wimpeln entsprachen, also meeresgrün und weiß. Als die Nacht dem Schauspiel ein Ende setzte, nahm der Kronprinz mit seinen Herren an einem Tanzabend teil. Fürst Radziwiłł besuchte den Apostolischen Nuntius.*

12. Februar, Mittwoch

J. Hagenaw Der Gesandte der Republik Lucca[40] suchte den Kronprinzen auf und lud ihn in seine Stadt ein. Vor dem Abendessen führte man im Theater im Palast eine Komödie über Sagunto und Numantio auf, die in keiner Weise, außer der Geschicklichkeit und Tanzkunst eines Schauspielers, eine Anerkennung verdiente.

13. Februar, Donnerstag

J. Hagenaw Der Kronprinz fuhr nach der Morgenandacht nach Pisa,[41] begleitet von der Durchlauchtigen Erzherzogin, dem Großherzog, der Herzogin, dem Herzog Don Lorenzo und anderen Herzögen sowie dem ganzen Hof. Zu Mittag wurde zehn Meilen hinter Florenz gegessen, unter Zelten, auf freiem Feld. Von hier aus begab man sich zur Jagd in einen Wildgarten, der von einer dreißig Meilen langen Mauer umgeben war. Hier wurden mit Hilfe von Hunden zwei Gazellen und ein Keiler erlegt. Und als ein Höfling des Großherzogs eine Gazelle mit einem Hirschfänger abstechen wollte, traf er einen herbeilaufenden Hund, dessen Verlust der Großherzog sehr bedauerte. Am Abend brachte eine Barke die Hoheiten in den Palast des Großherzogs, Ambrosanium[42] geheißen, der 500 Betten besaß. Der Rest der Gesellschaft folgte auf dem Landweg.

14. Februar, Freitag

J. Hagenaw Zu Mittag wurde in Pontedera[43] gegessen, wonach man nach Pisa aufbrach und dort die Kathedralskirche

* Gigliolo Ferrariensis

(Duomo) und den Friedhof des Heiligen Landes (Campo Santo) besichtigte. Von dort aus fuhr man in den Palast.

15. Februar, Samstag

J. Hagenaw Nach der Messe in der Kirche der Ritter des Heiligen Stefan erlebte man eine feierliche Zeremonie, und zwar wie unter dem Klang von Trompeten, Flöten und Trommeln ein Dreimaster von Gefangenen zu Wasser gelassen wurde.

Nach dem Essen fuhr man nach Livorno.[44] Als der Kronprinz hier vom Zimmer aus auf das weite Meer schaute, brachten alle Schiffe im Hafen ihre Freude über die Ankunft des Kronprinzen durch laute Salutschüsse zum Ausdruck.

16. Februar, Sonntag

J. Hagenaw In der Zeit, in der die Erzherzogin zur Andacht weilte, besichtigte der Kronprinz das ganze Schloß. Nach der Messe, der er mit der Durchlauchtigen Erzherzogin bei den Mönchen beiwohnte, hörte man der Predigt eines berühmten Kapuzinerpaters zu. Nach dem Mittagessen spazierte

Stadtplan von Pisa

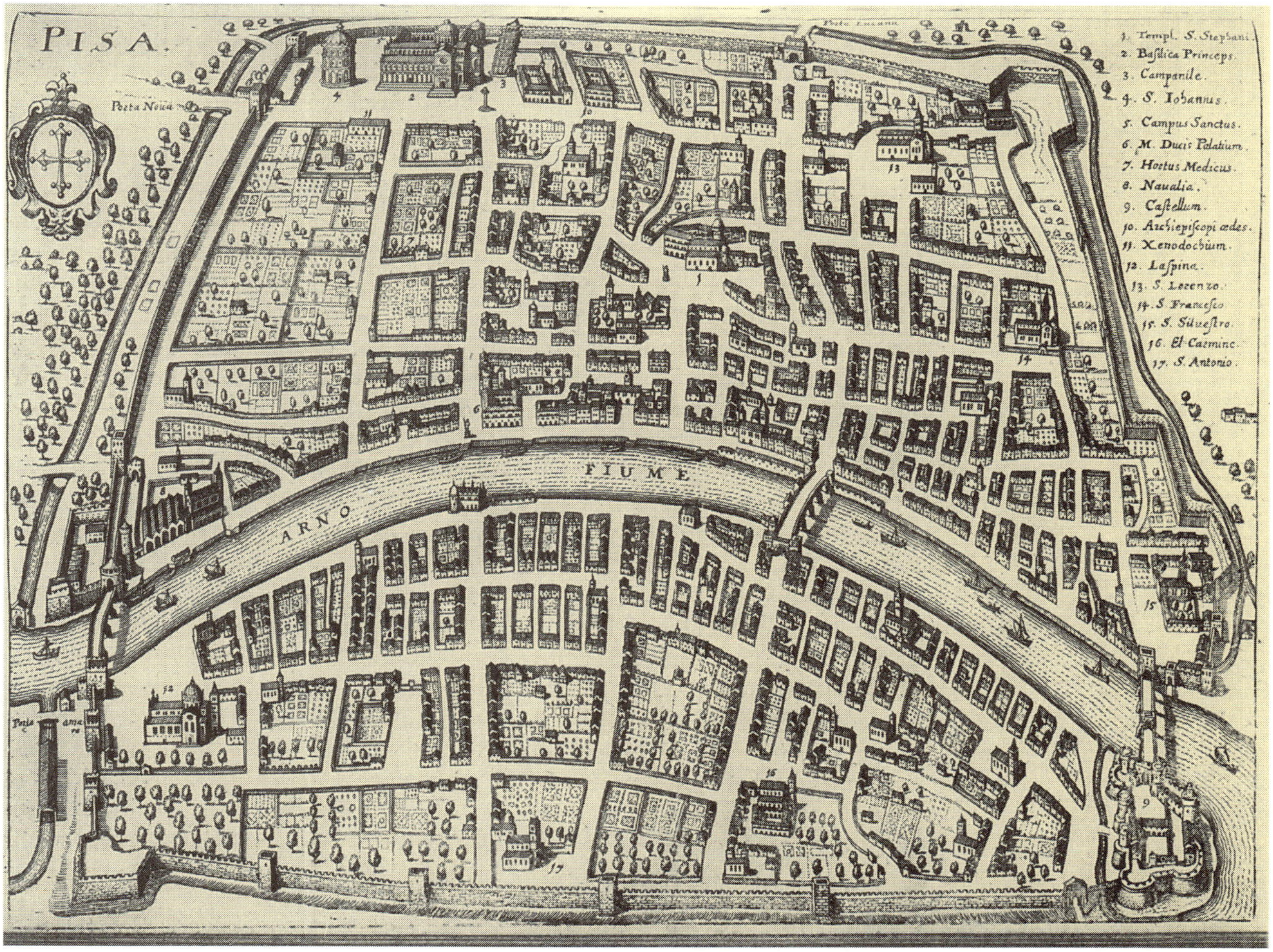

man an der Küste entlang, bestieg anschließend zwei Dreimastbarken und segelte bei ruhigem Meer sieben Meilen[45] weit hinaus, besichtigte dann den Hafen und wollte den Kampf zweier Dreimaster erleben, aber die einsetzende Dunkelheit gebot schnelle Rückkehr.

17. Februar, Montag

S. Pac S. Hoheit der Kronprinz inspizierte die Festung und fuhr in einer Kutsche um die Stadtmauern herum. Danach nahm er am Fang von Austern teil, die dort so groß und schön waren, wie wir sie prächtiger nie gesehen haben. Sie wurden in den Hafenanlagen gezüchtet und dann als eine kostbare Rarität nach Rom und in andere Städte gebracht. Unter den Gefangenen, die sich auf den Galeeren befanden, gab es auch acht unserer Ruthenen, die auf Bitte S. Hoheit des Kronprinzen in die Freiheit entlassen wurden. Beim Verlassen von Livorno zeigte man uns Gefangene, die bis zum Gürtel entblößt herumliefen.

Wir trafen zur Nacht des gleichen Tages wieder in Pisa ein, wo wir eine feierliche Prozession erlebten, die unter großer Beteiligung der Einwohner vonstatten ging. In allen Straßen waren in großer Zahl Kerzen und Lampen aufgestellt. Drei christliche Galeeren, hierfür besonders vorbereitet, kämpften auf dem Fluß Arno gegen ein türkisches Schiff, von vielen Feuern hell beleuchtet.

A. S. Radziwiłł Wir besichtigten Pisa und Livorno. Aus dem Hafen dieser Stadt hatte die Kongregation der Ritter des Heiligen Stefan ihre Schiffe ausgesandt, auf daß sie das türkische Reich belästigten. Ferdinand, der Großvater[46] des Großfürsten, errichtete aus eigenen Mitteln die ganze Stadt und verkaufte dann mit großem Gewinn die Häuser. Es war eine schöne und gut bewehrte Stadt. Die Burg befand sich auf einem Felsvorsprung, so daß sie nur zu Schiff erreichbar war. Auf den Galeeren sahen wir viele Gefangene der verschiedensten Nationen, darunter auch an die 200 Polen, die um ihre Freiheit flehten. Der Kronprinz begab sich darauf zur Herzogin, die sich einverstanden erklärte, jene zu entlassen, die nicht beschnitten waren. Ein Problem bestand aber darin, wer sich um sie kümmern sollte. Von Mitleid bewegt, versprach Herr Żółkiewski, sich ihrer anzunehmen. Man fand aber nur dreizehn, die in ihrem Glauben ausgeharrt hatten. Zwölf erhielten ihre Freiheit, einer aber, der überheblich und herausfordernd auftrat, als er Herrn Żółkiewski antwortete, mußte zurückbleiben.

J. Hagenaw Nach der Messe in der Schloßkapelle fuhr die Gesellschaft in einer Karosse die Stadtmauer entlang und verfolgte den Fang von Austern. Nach dem Essen, als alle schon in der Karosse saßen und nach Pisa zurückfahren wollten, erblickte man Gefangene, bis zum Gürtel entblößt, die laut wehklagten.

In Pisa angekommen, traf man vor dem Palast eine Prozession, bei deren Gesang hervorragend klingende Stimmen auffielen. An einzelnen Häusern hingen flackernde Lampen, und am Ufer brannten Fackeln und beleuchteten den Kampf dreier christlicher Schiffe gegen ein türkisches Schiff und ließen den großartigen Sieg der christlichen Schiffe erkennen. Die Gefangenen gelangten in Livorno nur unter Schwierigkeiten in Freiheit. Die Allergnädigste Erzherzogin besuchte am Abend S. Hoheit den Kronprinzen. Sie beschenkte die Gefährten des Kronprinzen mit kleinen Kassetten, in denen sich kostbare Riechessenzen befanden. Als dann im Namen unseres Kronprinzen auch die Beamten des erzherzoglichen Hofes Geschenke empfangen sollten, wurde ihnen verboten, solche anzunehmen. Am gleichen Abend verabschiedete sich der Kronprinz von der Großherzogin, um sie am nächsten Morgen bei der geplanten zeitigen Abfahrt nicht aus dem Schlaf zu reißen.

18. Februar, Dienstag

S. Pac S. Hoheit der Kronprinz verabschiedete sich von der Erzherzogin und der alten Herzogin[47] und fuhr nach Pontedera zum Mittagessen, wohin ihn der Florentiner Herzog begleitete, der sich von ihm nach dem Essen verabschiedete und nach Pisa zurückkehrte. Principe Don Lorenzo, sein Onkel, führte S. Hoheit den Kronprinzen bis an die Grenze des Florentiner Staates. Diesen Tag übernachteten wir wieder im herzoglichen Palast Ambrosianum.

19. Februar, Mittwoch

J. Hagenaw Der Kronprinz kam in Begleitung des Herzogs Don Lorenzo in Florenz an, mit der Absicht, am nächsten Tag weiterzufahren.[48] Er gab aber der Bitte des Herzogs nach und blieb einen Tag länger.

20. Februar, Donnerstag

J. Hagenaw Der Apostolische Nuntius weilte zur Audienz beim Kronprinzen.

21. Februar, Freitag

S. Pac In Pratolino[49] aßen wir zu Mittag und hielten uns hier auch ein wenig auf, um die prachtvollen Fontänen des Palastes und andere Wasserspiele zu bewundern.

Zur Nacht langten wir in Scarperia[50] an. In dieser Nacht fiel ein so heftiger Schnee, daß wir am nächsten Tag bis nach dem Mittagessen warten mußten, bis man unter großen Anstrengungen den Schnee vom Weg geräumt hatte. Es geleitete Principe Don Lorenzo den Kronprinzen durch den gesamten Florentiner Staat.

22. Februar, Samstag

J. Hagenaw Auch wenn die Winde noch nicht nachgelassen hatten und es noch lange bis zum Morgengrauen dauerte, wurden die Diener mit dem Küchengerät vorausgeschickt. Doch als sie sich inmitten der Berge[51] befanden, erlebten sie, daß die Maulesel wegen der Schneewehen und des heftigen Windes immer wieder wankten und sich kaum auf den Beinen halten konnten. Das zwang sie zur Rückkehr nach Scarperia, zumal sie im heftigen Schneesturm auch noch die Orientierung verloren hatten. Als Herzog Don Lorenzo davon erfuhr, beriet er sich mit S. Hoheit dem Kronprinzen – der seinerseits den Rat von Fürst Radziwiłł einholte, der den Weg bereits kannte –, und man beschloß, bis zum Mittagessen in Scarperia zu warten und in der Zwischenzeit Bauern vorauszuschicken, die den Schnee entfernen und den Weg vorbereiten sollten, was dann auch geschah. Nach dem Mittagessen erreichte man schließlich bei günstigem Wetter Firenzuola. Am Abend traf ein Bote von Pater Fonseca aus Scargalasino (wo jener mit weiteren Beamten des Kardinals Ubaldini[52] auf die Ankunft des Kronprinzen wartete) mit einem Schreiben ein. Man entließ ihn mit Nachricht über die morgige Ankunft.

23. Februar, Sonntag

S. Pac Als wir Firenzuola verließen, fiel heftiger Schnee bei so eisigem Wind, daß wir glaubten, eher in Astrachan[53] als in Italien zu sein. Der Weg war an vielen Stellen völlig verweht, und wir kamen nur unter großen Mühen vorwärts, vor allem, wenn wir zwischen den Bergen in ein Tal gelangten. Und als wir bei diesem bösen Wind gar bis zu den nackten Felsen gelangt waren, glaubten wir nichts Schrecklicheres mehr erleben zu können, und wir sehnten uns nach den Bequemlichkeiten, die wir bisher bei den hohen Gastgebern genossen, und nach dem guten Wetter, das wir auf unserer bisherigen Reise gnädigst erlebt hatten. Es begleitete S. Hoheit den Kronprinzen Don Lorenzo, und zwar zu dessen großem Leidwesen, weil ihm, einem sehr verwöhnten Herrn, der bisher aus Florenz nur in die Ebene gereist war, eine solche Strapaze noch nie widerfahren war. Er blieb bei S. Hoheit dem Kronprinzen also nur bis zur

Grenze, das waren fünf bis sechs italienische Meilen hinter Firenzuola, und verabschiedete sich dort, höflich zwar und herzlich, wie ein Kavalier, doch mit der Bitte um Nachsicht, da er sich vorher nie von zu Haus entfernt hatte.

So fuhren wir weiter und kamen gegen Mittag in Scargalasino an, wo uns ein Konvent im Namen des Bologneser Legaten, Roberto Ubaldini, Pater Fonseca, ein Spanier und Dominikaner, empfing und für unsere Betreuung sorgte, so daß wir bei der guten Traktierung bald die Mühen der Reise über die Apenninen vergaßen. Es hatte jener Pater Fonseca S. Hoheit den Kronprinzen in Florenz besucht und erwirkt, daß er zusagte, mit dem Bologneser Legaten im Großen Palast zu wohnen, wogegen er sich vorher besonders gewehrt hatte. Der Spanier trug aber so viele Argumente vor, daß der Kronprinz schließlich mit dem Kardinal nicht nur zusammentraf, sondern mit diesem auch speiste, lustwandelte und alles tat, was der Kardinal sich wünschte.

An diesem Tag übernachtete S. Hoheit der Kronprinz in Pianoro.[54] Ich selbst fuhr am gleichen Tag mit der Post voraus nach Bologna. Als ich daselbst ankam, fand ich alle Tore verschlossen, weil man einen Tag zuvor einen Bologneser Edelmann erschlagen hatte. Aus diesem Grunde wollte man auch mich nicht in die Stadt hineinlassen. Als ich aber beteuerte, ein Diener des polnischen Kronprinzen zu sein, öffnete man mir sogleich mit großer Reverenz das Tor, zog die Hüte und verbeugte sich vor mir. Doch kaum hatte ich das Tor passiert, wurde es sogleich wieder verschlossen.

J. Hagenaw In der Nacht bedeckte abermals eine hohe Schneeschicht den Weg; und wenn man auch unter großer Anstrengung bemüht war, ihn zu säubern, so wehte ein starker Schneesturm die bereits gesäuberten Stellen wieder zu, vereitelte so die ganzen Mühen und erschwerte den Marsch ungemein. Die Pferde versanken stellenweise bis an den Bauch im Schnee und konnten nur mühsam wieder herausgezogen werden. Die Reiter mußten die Augen wegen des ständig pfeifenden Windes immer wieder schließen, waren halb erblindet und nicht mehr imstande, einen günstigeren Weg zu suchen. Vielen passierte es, daß sie bei den Sprüngen der Pferde und Maulesel aus dem Sattel fielen. Man war kaum an der Grenze des Großherzogtums und des Kirchenstaates angelangt, als sich Herzog Don Lorenzo verabschiedete und nach Firenzuola zurückkehrte. Der Kronprinz aber begab sich mit seinem Gefolge nach Scargalasino und wurde dort im Bernhardinerkloster von Beamten des Durchlauchten Kardinals Ubaldini, die hier seit drei Tagen warteten, empfangen und von Pater Fonseca mit einem reichlichen Mittagessen bewirtet. Einigen von uns war dieser Schneesturm wie eine Erquickung erschienen, erinnerte er sie doch an das in dieser Jahreszeit in der Heimat gewöhnlich herrschende Wetter. Da Schnee und heftiger Sturm eine Übernachtung andernorts erschwerten, bat man – und insbesondere der ehrwürdige Pater Fonseca – den Kronprinzen, zur Nacht in Scargalasino zu bleiben. Der Kronprinz aber befahl, die Abfahrt zu beschleunigen, fuhr nach dem Mittagessen, ohne auf die Ungnade des Himmels zu achten, schnell los und übernachtete in Pianoro, in einem Dorf am Fuß der Apenninen, in einer öffentlichen Herberge, doch auf Kosten des Kardinals.

24. Februar, Montag

S. Pac S. Hoheit der Kronprinz erreichte in der Reisekutsche des Kardinals am Nachmittag Bologna. Sogleich suchte er, ohne jegliche Zeremonien, durch den Hintereingang den Palast auf und eilte in seine Zimmer. Hier besuchte ihn dann der Kardinal. Danach wohnte er der Messe bei, aß mit ihm zu Mittag, und dann begleitete ihn der Kardinal[55] bis an die letzte Tür seines letzten Vorraums, ließ ihn daselbst aber allein. Hier wartete der

Gesandte des Herzogs von Mantua,[56] der Oberkammerdiener Marchese Rangoni. Bei der ihm gewährten Audienz berichtete er, mit welcher Freude sein Herr, der Herzog, auf S. Hoheit den Kronprinzen wartete. (Der Kronprinz hatte seinen Besuch bereits in Florenz versprochen, als er von einem Boten des Herzogs aufgesucht worden war).

Es erschien auch noch ein Gesandter des Herzogs von Modena[57] und einer vom Herzog von Mirandola,[58] die baten, durch ihren statum [Staat] zu fahren und in ihren Häusern ihre Dienste in Anspruch zu nehmen. Der Kronprinz sagte dem Herzog von Modena zu, schlug die Einladung des Herzogs von Mirandola jedoch aus.

A. S. Radziwiłł Aus Pisa kommend, blieben wir nur eine Nacht in Florenz und fuhren dann nach Pratolino. Ich sandte die mir vom König in Auftrag gegebenen Botschaften ab und erhielt vor der Abfahrt noch die Antworten.

Der gleiche Don Lorenzo begleitete uns bis an die Grenze des Großherzogtums und kehrte dann zurück. In einer Herberge in den Bergen legten wir eine Rast ein. Es erwartete uns der Theologe des Kardinals und Bologneser Legaten Ubaldini, der Dominikanerpater Fonseca, der uns bei der großen Kälte mit wärmendem Feuer und Speisen aufrichtete und im Namen des Kardinals in das päpstliche Schloß einlud.

25. Februar, Dienstag

S. Pac Die niedrigere Dienerschaft wurde mit dem Gepäck direkt über das Meer nach Venedig geschickt, S. Hoheit der Kronprinz aber fuhr nach dem Morgenmahl von Bologna nach Mantua und langte am gleichen Tag zur Nacht in Bomporto[59] an. Einige Meilen vor der Übernachtung kam an der Grenze des Herzogtums Modena der jüngere Sohn des Herzogs von Modena, Don Nicolo, mit einigen Dutzend berittenen Kavalieren S. Hoheit dem Kronprinzen entgegen. Er führte die Gäste zum Nachtquartier und bewirtete sie sehr reichlich im Palast des Marchese Rangoni in Bomporto.

A. S. Radziwiłł Uns mißfiel die große Höflichkeit, denn wir befürchteten, der Legat würde die rechte Hand des Kronprinzen ergreifen. Fonseca versprach, daß dies nicht geschehen solle, trotzdem kam es so, wie wir es vorausgesehen hatten. Als der Kardinal erschien, faßte er die rechte Hand, worauf der erzürnte Kronprinz allein nach Bologna fuhr. Er weilte den ganzen Tag in der Stadt, ohne den Kardinal zu sehen. Am nächsten Tag begegnete er ihm zufällig und fuhr darauf nach Concordia.[60] Da erreichte ihn die Einladung des Großherzogs von Mantua, der Kronprinz möge ihn mit seinem Besuch beehren.

J. Hagenaw Der Kronprinz befahl der Dienerschaft, mit dem Gepäck über das Meer direkt nach Venedig zu fahren (wohin sich auch Herr Lampugnani begab, um nach dem Wunsch des Kronprinzen die Weiterfahrt zu regeln). Der Kronprinz aber fuhr mit seinem Gefolge nach Mantua. Als man etwa zwei Meilen von Bologna entfernt war, brach die Karosse des Kardinals, in der sich der Kronprinz befand, auseinander. Vor der Grenze von Modena kam Herzog Nicolo entgegen, der dritte Sohn des Herzogs von Modena, der vom Pferd stieg und nicht wußte, wen im Gefolge des Kronprinzen er ansprechen sollte. Verwirrt und von den Unseren lange nicht erkannt, stand er da, bis uns dann einer seiner Kavaliere mitteilte, daß es sich um den Herzog von Modena handelte, den der Herzog, sein Vater, geschickt hätte, daß er den Kronprinzen begrüße und ihm behilflich sei. Darauf entschuldigte man sich und bat ihn, in die Karosse einzusteigen. Die Nacht verbrachte man in Bomporto.

26. Februar, Mittwoch

S. Pac S. Hoheit der Kronprinz bat den Herzog von Modena, sich nicht weiter zu inkommodieren und verabschiedete sich daselbst, während Marchese Rangoni ihn bis zur Grenze geleitete.

In Concordia wurde zu Mittag gegessen. Hier kam dem Kronprinzen der Stallmeister des Herzogs von Mantua, Conte Aleramo San Giorgio, unter der Assistenz von Herren des Hofes und mit einigen herzoglichen Karossen entgegen, die für den Kronprinzen und für uns bestimmt waren. S. Hoheit der Kronprinz und wir machten Gebrauch davon und waren sehr froh darüber, weil unsere Kutschen untauglich waren, mit zerbrochenen Rädern und ermatteten Pferden.

Am Abend erreichten wir zur Übernachtung San Benedetto,[61] wo S. Hoheit der Kronprinz Principe Don Vincenzo antraf, den Bruder des Herzogs von Mantua. Doch dieser war so sehr an Fieber erkrankt, daß er bei der Begrüßung kaum drei Worte hervorbrachte. Das Fieber schüttelte ihn in der Karosse ganz fürchterlich, obwohl er es zu unterdrücken suchte. S. Hoheit der Kronprinz bedauerte es sehr, daß sich jener für ihn so aufopferte, doch der sagte, daß er an diese Krankheit schon gewöhnt sei, so daß er nicht mehr auf sie achte.

Wir fanden bei den Mönchen ein herrschaftliches Quartier vor, in einem solide und massiv gebauten Kloster. Der Herzog von Mantua erzählte dem Kronprinzen, daß dieses Kloster über 80000 Dukaten Einkünfte brächte, wobei in diesem Kloster 200 Mönche lebten. So blieben wir bei dieser guten Bewirtung bis zum nächsten Mittagessen.

27. Februar, Donnerstag

S. Pac Wir fuhren nach dem Mittagessen los, überquerten unterwegs den Fluß Po und langten gegen Abend in Mantua an. Es trat hier S. Hoheit dem Kronprinzen der Sohn des Herzogs von Mantua[62] entgegen, weil jener an so starken Kopfschmerzen litt, daß er sich nicht aus dem Bett rühren konnte, ein alias [übrigens] sehr höflicher Herzog. Darauf eilte S. Hoheit der Kronprinz sofort zu ihm. Und jener beklagte unter großem Bedauern sein Unglück, wegen der Krankheit einen so hohen Gast in seinem Haus nicht so empfangen zu können, wie er es wünschte. Doch es wurde trotzdem vorzüglich für uns gesorgt und S. Hoheit der Kronprinz nicht minder geachtet und traktiert als anderswo, ja mehr und besser sogar als andernorts. An seiner Stelle bediente Don Vincenzo den Kronprinzen. Aber ich möchte hier nicht jedes Ding minutatim [eingehend] beschreiben, wie die Zimmer S. Hoheit des Kronprinzen und unsere ausgestattet waren, wie es um die Traktierung, Konversation, Gastfreundschaft usw. des dortigen Hofes bestellt war. Mit einem Wort, es bot sich uns alles in excellentia, wie eben bei einem hohen Herrn. Es soll aber doch der Wandbehang im Zimmer S. Hoheit des Kronprinzen erwähnt werden, in einer neuen Manier, wie wir es vorher noch nie gesehen hatten, Goldbrokat, in Art der niederländischen Tapisserien, mit Figuren. Ein prächtiger und kostbarer Behang, den man für das Schlafgemach der Kaiserin gefertigt hatte.

A. S. Radziwiłł Es erschien mit einem großen Gefolge an Edelleuten der Bruder des Herzogs, Vincenzo, der uns bis nach Mantua führte. Der Herzog selber aber lag von einer Krankheit befallen im Bett, das er auch während seiner Herrschaft die meiste Zeit nicht verließ. Als ich ihn fragte, wie lange er sich wohl in seinem Leben der Gesundheit erfreut hätte, antwortete er, daß es kaum zehn Jahre gewesen wären.

Als der Kronprinz aus der Kutsche stieg, begrüßte ihn Hiacynt, der Sohn des Herzogs, zu dem noch etwas gesagt sein soll, mit einer kurzen Rede. Danach begrüßte die Herzogin, die Tante des Großherzogs von Florenz,* S. Hoheit den Kronprinzen, der sie zum Herzog begleitete. Er fand ihn im Bett vor. Nach Begrüßung und kurzer Unterhaltung begab

* Katharina de Medici.

sich der Kronprinz mit uns in die prächtig vorbereiteten Gemächer.

Über Hiacynt wurde uns berichtet: Als Ferdinando, der vorher Kardinal gewesen war, Herzog von Mantua wurde, gab er Papst Paul V. ohne jegliche Zeremonie den Kardinalshut zurück. Der erboste Papst warf den Hut auf den Boden, stieß den Kardinal von sich und sagte: Vel tarde, vel numquam vos Mantuae habituros hane dignitatem [Entweder spät oder nie mehr wird Euch diese Ehre widerfahren]. Herzog Ferdinando jedoch hatte sich in die Gräfin von Savona verliebt, sie zur Frau genommen und sechs Monate mit ihr gelebt. Als er später nach Rom über Florenz fuhr, gefiel ihm dort seine junge Tante so sehr, daß er sie unbedingt heiraten wollte. Um sich von seiner ersten Gemahlin zu befreien, die bereits schwanger war, schickte er um eine Scheidung nach Rom und berief sich darauf, daß es nicht der hiesige Bischof gewesen sei (und so war es auch), der sie getraut hätte. Auf diese Weise wurde die Ehe für ungültig erklärt, und der Herzog heiratete die Florentinerin. Inzwischen gebar aber die erste Frau den Sohn Hiacynt, den der Vater auch als seinen Sohn anerkannte. Und es sagte Signore Gonzaga, ein ganz vortrefflicher Herr, zu recht, daß dem Knaben von niemandem ein so großes Unrecht widerfahren sei wie von seinem eigenen Vater. Hiacynt starb kurz nach unserer Begegnung. Ferdinando und sein Bruder Vincenzo hinterließen keine Nachkommen,[63] und das Herzogtum Mantua wurde, wie bekannt, von einem großen Unglück betroffen.

Ferdinando konnte acht Sprachen, schrieb italienische Komödien in Reimen, die er uns auch zeigte. Die erste Nacht nach unserer Ankunft wurde er von so starken Schmerzen gepeinigt, daß man sein Schreien im ganzen Palast hören konnte. Bei unserer Abfahrt schenkte er dem Kronprinzen spanische Pferde, wie auch der Großherzog von Florenz solche geschenkt hatte. Sie waren mit Seidentuch bedeckt und wurden von Gefangenen geführt, die man von den Schiffen entlassen hatte. Doch als man den Gefangenen die Fesseln abnahm, ergriffen alle böswillig die Flucht. Einer von ihnen erfuhr später in Warschau seine Bestrafung.

28. Februar, Freitag

J. Hagenaw Der Kronprinz wohnte der Messe in der Andreaskirche[64] bei. Hier sah er das heilige Blut unseres Herrn Christus, das der jetzt hier ruhende heilige Longinus[65] hergebracht hatte und das in dieser Kirche aufbewahrt wurde. Man zeigte es mit großer Andacht. Es begleiteten uns dabei die Brüder der christlichen Brüderschaft, in eine rote Toga gehüllt und mit einer weißen Kerze in der Hand, beim Klang einer speziell dafür vorgesehenen Glocke. Gezeigt wurde das Blut nur hohen Herrschaften.

Nach dem Mittagessen besichtigte der Kronprinz Palast[66] und Garten. Am Abend wurde eine Tragikomödie über die Sintflut aufgeführt. Den Zuschauern zeigte man mit großem Talent Blitz, Donner, Regen und Sturm, so daß alle voller Erstaunen glaubten, es sei alles Wahrhaftigkeit und nicht künstlich.

MÄRZ

1. März, Samstag

S. Pac Der Herzog schenkte S. Hoheit dem Kronprinzen drei Pferde, die schönsten, die in seinem Stall standen, und einige Galanterien, Bilder alter berühmter Meister. Fürst Radziwiłł erhielt eine schöne Schale und eine Schildkröte aus Kristall. Auch ich bekam eine Kristallschale. Am Abend sah der Kronprinz, wie vor dem Palast eine Feuerwerksgaleere gondelte, so daß man dachte, sie bewege sich auf dem Meer. Dann verbrannte sie in einem prächtigen spectaculum unter der Explosion von Knallkörpern und anderen Feuern.

2. März, Sonntag

S. Pac S. Hoheit der Kronprinz verabschiedete sich am frühen Morgen vom Herzog von Mantua und fuhr los, von Don Vincenzo begleitet. Als wir uns dem venezianischen Staate näherten, erblickten wir ein paar Meilen vor Verona[67] eine Menge von Karossen und Reitern, die mit dem Hauptmann von Verona, Priuli, dem Kronprinzen entgegengekommen waren. Es war dies eine überraschende Sache, gar nicht nach dem Geschmack des Kronprinzen, denn ich hatte noch in Rom auf Weisung des Kronprinzen die Gesandten von Venedig aufgesucht, die damals cum oboedientia [mit Gehorsam] zum Papst gekommen waren, um sie zu bitten, daß sich der Kronprinz in ihrem Staat und in Venedig privatim bewegen durfte. Und die Gesandten versprachen, sich dafür beim Herzog und in der Republik einzusetzen, bei Empfängen und Zusammenkünften auf jede Art Zeremonie und Pomp zu verzichten. So zu verfahren, versicherte uns auch der Agent aus Florenz. Doch sie hielten sich nicht an ihr Wort. Überall, wo der Kronprinz erschien, wurde er honorificentissime [mit größten Ehren] und publice [öffentlich] empfangen.

Als wir also mit dem Hauptmann von Verona zusammentrafen, begrüßte er den Kronprinzen im Namen des Herzogs und der Republik mit kurzen aber guten Worten und ließ sich von nichts abbringen. Es mußte der Kronprinz in seine Karosse umsteigen, in der aber den Ehrenplatz Fürst Radziwiłł einnahm. Dort sagte man ihm auch, daß die Herren aus Venedig ihr Versprechen nicht einlösten und sollenitates [Festlichkeiten] veranstalteten, die nicht sein sollten und die der Kronprinz nicht brauchte. Es verteidigte sich der Hauptmann, daß es keine sollenitates und kein Pomp war, wie sie der Person S. Hoheit des Kronprinzen hätten entsprechen müssen, und auch nicht ihrem Wunsch, einen so hohen Gast zu ehren, und daß S. Hoheit der Kronprinz ihnen selbst den Weg dazu versperrte, denn das, was sie getan hatten, geschah nur, um dem Kronprinzen behilflich zu sein und nicht, um Zeremonien zu veranstalten.

Unter diesem Gespräch fuhren wir durch das Stadttor und erlebten hier, wie der Bürgermeister und eine noch größere Zahl von Karossen und Edelleuten auf den Kronprinzen warteten. Worauf sich das Antlitz des Kronprinzen noch stärker verfinsterte. Es warnte aber der Hauptmann den Bürgermeister, seinen Kollegen, Zeremonien zu veranlassen, und er setzte sich sogleich zu uns in die Kutsche und erreichte damit, daß wir der langen Begrüßungsrede entgingen, zu der der Bürgermeister gerade ansetzen wollte. Aber da fuhren wir schon und gelangten so in einer nur kleinen Assistenz zum Gouverneurspalast, wo man uns in großem Überfluß, wie auch später im gesamten venezianischen Staate, bewirtete. Nach dem Mittagessen fuhr S. Hoheit der Kronprinz, das Amphitheater[68] der alten Römer zu besichtigen.

3. März, Montag

S. Pac Wir fuhren am Morgen in Gouverneurskarossen los und aßen auf dem halben Weg nach Vicenza[69] zu Mittag. Um uns vor Banditen zu schützen, von denen zu hören war, daß sie sich wie immer auf diesem Weg herumtrieben, wurden wir von einigen Dutzend Reitern begleitet.

Einige Meilen vor Vicenza trafen wir einen Edelmann aus dieser Stadt, Conte Porta, der berichtete, daß man in Vicenza mit großer Freude auf S. Hoheit den Kronprinzen wartete. Kurz vor Vicenza kam uns ein Hauptmann mit einer nicht geringen Zahl von Karossen und Edelleuten entgegen. S. Hoheit der Kronprinz ließ ihm ausrichten, sich nicht durch eine Begrüßung zu inkommodieren, was für beide Seiten wegen des ungünstigen Wetters an diesem Tag von Nachteil wäre. Und so verschob man diese Zeremonie auf den Gouverneurspalast, in dem der Kronprinz und wir unterkamen.

Man hatte sich in Vicenza auf die Ankunft des Kronprinzen vorbereitet, und zwar indem man einen Akt in Form eines Dialogs für die Bühne zusammengestellt hatte. Das Theater hieß hier Palladium nach dem Architekten,* der es gebaut hatte, und sicher war die Bühne eine schöne und sehenswürdige Sache. Es kostete aber viel Mühe, den Kronprinzen zu überreden, sich den Akt anzusehen. Und er schickte mich zuvor hin, eine Stelle zu finden, von der er unerkannt den Akt verfolgen konnte. Dann erst gab er sich einverstanden, was er nachher nicht bereute, weil ihm die Sache sehr gefiel, am besten der Tanz der dortigen Damen, die gleich nach dem Dialog mit viel Würde und Anmut auftraten. Und wir mußten ihnen den Vorrang geben vor allen anderen, die wir unterwegs gesehen hatten.

* Andrea Palladio (1508–1580).

4. März, Dienstag

S. Pac S. Hoheit der Kronprinz befürchtete, in Padua und Venedig publice empfangen zu werden, da man sich darauf fleißig vorbereitete. Er beriet sich also mit uns und be-

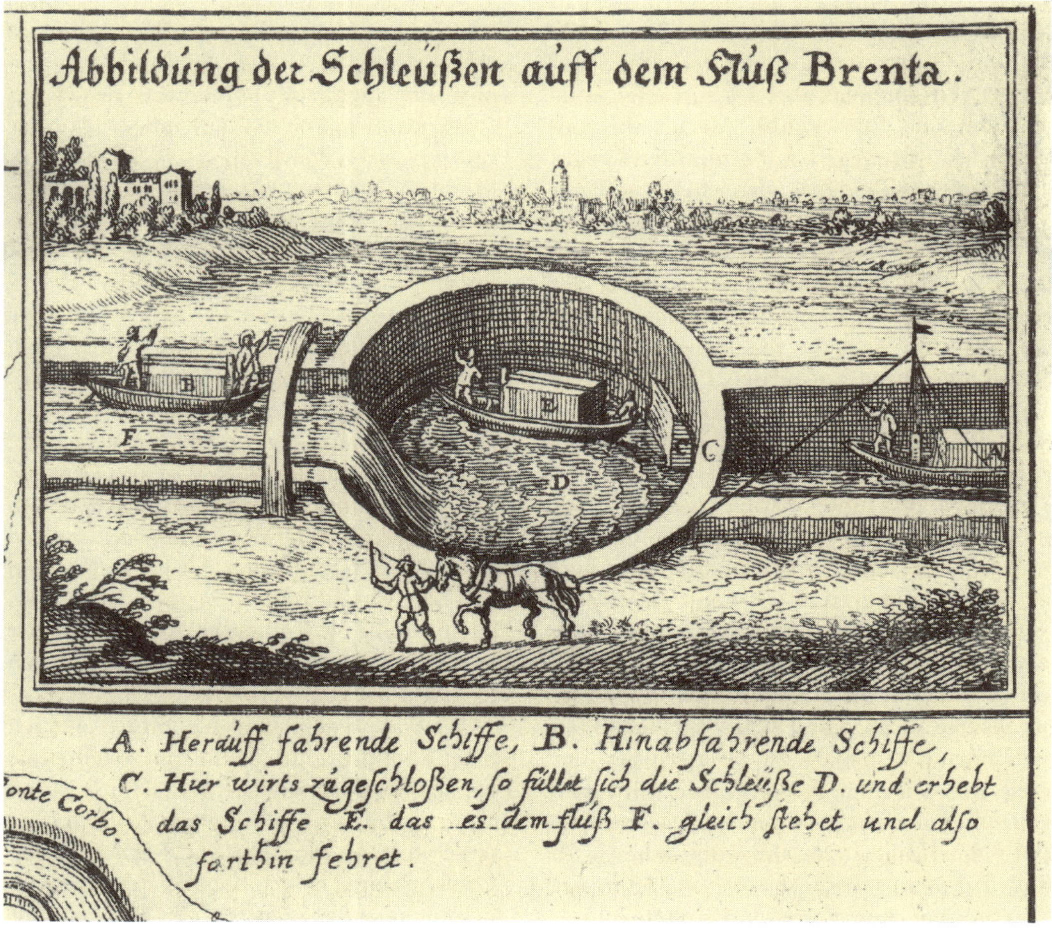

Darstellung der Schleusen bei Padua

schloß, diesen Zeremonien zu entgehen, indem er mit der Post nach Venedig reiste. Es war aber schwer, die Bürgermeister zu täuschen, weil sich jene über jeden Schritt des Kronprinzen unterrichten ließen. Ich aber wandte folgende List an: Ich sagte dem Bürgermeister, daß mich S. Hoheit der Kronprinz mit einem zweiten Kavalier nach Venedig vorausgeschickt hätte, und bat ihn, eine Post für drei Personen nehmen zu dürfen, das heißt für mich, meinen Begleiter, den Diener als dritten und den Postillion als vierten.

Sobald ich das erreicht hatte, stiegen wir in die Post ein, so daß der Bürgermeister die Personen sehr wohl sah, und fuhren los. S. Hoheit den Kronprinzen setzte der Bürgermeister in seine Karosse, begleitete ihn bis hinter die Stadt und kehrte dann wieder in die Stadt zurück. Der Kronprinz aber stieg in seine Kutsche um und fuhr weiter. Als ich das sah (denn ich war wegen des schlechten Weges nicht weit gekommen), wies ich Herrn Denhoff an, mit dem Postillion weiterzufahren, und blieb mit dem Diener, der sich am Geschirr zu schaffen machte, zurück, bis der Kronprinz herankam. Darauf befahl ich dem Diener, in die Kutsche zu steigen und setzte den Kronprinzen auf dessen Pferd. Und so wußte es der Bürgermeister nicht, daß der Kronprinz mit der Post reiste, und sogar der Postillion wußte es nicht.

Zehn Meilen hinter Padua stießen wir auf einen Hauptmann aus Padua, der uns mit einigen Karossen entgegengefahren war. Dieser dachte es sich, daß wir Leute des Kronprinzen wären und fragte uns, ob wir dem Kronprinzen wohl weit vorausgeeilt seien. Es antwortete ihm der Kronprinz selbst, daß jener noch in Vicenza und wegen der schlechten Straßen nicht so bald zu erwarten sei (der Weg war wirklich schlecht, wie ich einen schlechteren nicht gefahren bin). Darauf erklärte der Hauptmann, ihm entgegeneilen zu wollen. Für uns aber, so sagte er, sei in der Osteria alles zum Essen vorbereitet, und er bat uns, dort einzukehren und uns wohlzufühlen. Wir dankten, versprachen, so zu handeln, hielten uns aber nicht auf und eilten, so schnell es die Straße zuließ, nach Padua, wo wir eine Stunde vor Mittag ankamen.

Hier erlebten wir, wie sich die Edelleute und Soldaten anschickten, den Kronprinzen zu empfangen, wobei ich riet, gleich vor der Stadt zur zweiten Poststelle zu fahren, weil sich die Post in Padua außerhalb der Stadt befand, dort die Pferde zu wechseln und sofort nach Venedig zu eilen, denn ich vermutete, was auch eintraf, daß wir uns nicht lange verbergen konnten. Doch S. Hoheit der Kronprinz dachte anders, und da er nach der Anstrengung (wir waren ganze vier Stunden im Galopp geritten und bis an die Ohren mit Schlamm bespritzt) ausruhen und etwas essen wollte, suchte er die Herberge des Herrn Wojewoden von Połock[70] auf und schickte zur Post um frische Pferde.

Interim [inzwischen] befahl der Bürgermeister von Padua, während man hier das Essen vorbereitete und um Pferde zur Post schickte, von jenem Hauptmann, den wir unterwegs getroffen hatten, gewarnt, ohne seine Erlaubnis niemandem, der von Padua nach Venedig reisen wollte, Post noch andere Pferde, Karossen oder Boote zu geben. Und so kam der Mann, der die Pferde holen sollte, kaum daß wir uns zum Essen an den Tisch gesetzt hatten, und verdarb uns und auch dem Kronprinzen mit diesem Bericht den ganzen Appetit. Ich begab mich darauf gleich zum Gouverneur und nahm meinen Schwager, Herrn Stanisław Rudomina,[71] einige Diener des Herrn Wojewoden von Połock sowie den Herrn Starost von Orsza[72] mit.

Als ich den Palast betrat, glaubten alle, ich sei der Kronprinz, incognito, und so teilten sie es auch dem Bürgermeister mit, der mir gleich entgegeneilte, und sein erstes Wort, das er sagte, war: Vostra Altezza [Eure Hoheit]. Dabei verneigte er sich tief und bat, ich sollte mich nicht verleugnen und die Ehre, die die

Ansicht vom Markusplatz zu Venedig

Republik mir erweisen wolle, annehmen. Ich sagte, wäre ich, wenn Gott es so wollte, Della Altezza [Seine Hoheit], dann hätte mich der Bürgermeister sicherlich überzeugt, aber da ich nur Della Nobilita sei [Edelmann], dagegen der Herr, dem ich diene, Della Altezza, schickte dieser mich mit meinen Gefährten voraus nach Venedig. Doch hier bei der Post wolle man mich nicht bedienen und berufe sich auf das Verbot des Bürgermeisters. Und ich bat, daß sie mir den Dienst bei meinem Herrn nicht erschwerten, weil das nicht übereinstimme mit dem Wunsch, einen so hohen Gast würdig zu empfangen und zu bewirten. Da flüsterte jemand dem Bürgermeister zu, nicht ich, sondern der andere, jüngere sei der Kronprinz. Und sie zeigten auf Herrn Rudomina. Worauf sich der alte Bürgermeister aus dem Hause Capelli, der bereits an die 80 Jahre alt war, nun an jenen wandte, mit dem gleichen Anliegen, das er mir vorgetragen hatte. Ich sagte ihm, er sei von seinen Nachbarn schlecht informiert worden, und gab ihm mein Kavalierswort, daß keiner von uns beiden der Kronprinz sei. Und erst da glaubte er mir, sagte aber mit nicht geringem Kummer, er hätte Nachricht, daß S. Hoheit der Kronprinz Padua meiden und ihrer großen obsequium [Hochachtung], mit der sie ihn erwarteten, entgehen wollte. Von den Pferden behauptete er, sie seien uns gegen seinen Willen vorenthalten worden (was aber nicht stimmte), und er schickte gleich, auf daß man uns so viele gab, wie wir brauchten. Als ich mich bedankte und entfernen wollte, bat er mich, ich möge die Zimmer besichtigen, die für den Kronprinzen vorbereitet worden waren. Und er führte mich durch alle Zimmer, die später Fürst Radziwiłł mit unserer zweiten Gruppe benutzte.

Wir aber sahen zu, daß wir Pferde bekamen, und ritten nach Venedig. Unterwegs blähte sich das Pferd, auf dem ich ritt, vor Anstrengung so auf, daß wir ihm unterwegs Sattel und Zaumzeug abnehmen und es zurücklassen mußten. Der Postillon aber fing das Pferd eines Bauern aus der dortigen Gegend an der Brenta[73] ein, wobei es zwischen dem Postillion und dem Bauern zu einem derben Streit kam. Schließlich stimmten wir ihn um und erreichten, daß er es uns auslieh. Ich aber bestieg das frische Pferd und ritt dem Kronprinzen voraus nach Lucefusina,[74] wo ich eine Barke mietete, die uns nach Venedig brachte, wo wir uns direkt zum Grimani-Palast[75] am Grande Canale begaben, der für den Kronprinzen vorbereitet worden war, so daß man über unseren Aufenthalt nichts erfuhr. Inzwischen machten sich in Venedig Galeeren, Barken, Gondeln bereit, um dem Kronprinzen entgegenzufahren, doch umsonst, da wir uns bereits in der Stadt befanden. Im Palast wurden wir von Signore Giovanni Tiepolo[76] empfangen, der von der Republik zum Kommissär unseres Kronprinzen bestimmt worden war.

5. März, Mittwoch

S. Pac Auf Anordnung S. Hoheit des Kronprinzen suchte ich den Herzog von Venedig[77] auf und dankte ihm für sein Wohlwollen, das uns im Staate Venedig erwiesen wurde, wobei ich das Anliegen S. Hoheit des Kronprinzen vortrug, daß er, wie in Padua, auch in Venedig nicht die Ehren zu empfangen wünsche, die für ihn vorbereitet worden waren, und vielmehr darum bat, in der kurzen Zeit seines Aufenthaltes in Venedig die Freiheit genießen zu dürfen und an keine Zeremonien gebunden zu sein. Der Herzog dankte für den Besuch des Kronprinzen und versprach, sich diesem zu konformieren. Der damalige Herzog stammte aus dem Haus der Cornèr und war ein Mann von schon 80 Jahren, aber noch recht rüstig, umsichtig und eloquent.

Als ich vom Herzog zurückkam, wünschte S. Hoheit der Kronprinz, vor dem Bekanntwerden seiner Ankunft in Venedig einige Orte nur mit mir, mit Herrn Kazanowski und als drittem mit einem venezianischen Edelmann mit Namen Malipiero zu besichtigen. Wir stiegen also in eine Gondel und fuhren zur St.-Markus-Kirche,[78] doch wir waren kaum aus der Gondel gestiegen und befanden uns auf dem Markusplatz zwischen zwei Säulen, als viele Menschen auf uns zuströmten. Wir waren noch nicht bis zur Kirche gekommen, als sie uns von vorn und hinten umringten, anstarrten und mutmaßten, daß sich unter uns der Kronprinz befand. Weshalb wir wieder die Gondel bestiegen und vor der Masse flohen.

Nach dem Mittagessen kam Fürst Radziwiłł mit den anderen und berichtete, wie sehr der Bürgermeister von Padua darüber konsterniert gewesen war, daß der Kronprinz ihn gemieden hatte. Es fuhr dann S. Hoheit der Kronprinz zum Haus eines Handelsmannes, in dem er eine Menge verschiedener und kostbarer Sachen sah, darunter einen Diamanten, den er selbst auf 100000 unserer Złoty schätzte.

6. März, Donnerstag

S. Pac Zwei vornehme venezianische Senatoren – der eine, mit Namen Cornaro, war ein Sohn des Herzogs, der andere hieß Contarini, der spätere Doge – kamen, den Kronprinzen zu besuchen. Doch als sie sich mit ihm unterhielten, erschien sogleich der Sekretarius der Republik und hörte dem Gespräch zu. So vorsichtig war man dort, wenn man mit hohen Persönlichkeiten verhandelte, die in Venedig weilten, und niemand aus dem Senat und auch kein hoher Edelmann durfte ohne Erlaubnis mit Ausländern zusammentreffen und mit diesen sprechen.

7. März, Freitag

J. Hagenaw Der Kronprinz begab sich nach Murano,[79] um den Gesang einer Nonne zu hören, deren wunderbare Stimme berühmt war. Am gleichen Tag besuchte man den Ruginipalast, der sich durch seine Architektur und Schönheit auszeichnete.

8. März, Samstag

J. Hagenaw Der Apostolische Nuntius erteilte auf die Bitte des Kronprinzen seine Erlaubnis, die Nonne, die gestern auf der Laute gespielt und dazu gesungen hatte, durch das Klostergitter zu sehen.

9. März, Sonntag

J. Hagenaw Der Kronprinz wohnte incognito einem venezianischen Rat[80] bei und orientierte sich darüber, wie die Senatoren bei öffentlichen und privaten Verhandlungen ihr Votum aussprechen. Zuerst aber besuchte er in der St.-Markus-Kirche eine Messe, die beim Accompagnement von herrlichster Musik zelebriert wurde.

10. März, Montag

J. Hagenaw Als S. Hoheit der Kronprinz mitsamt seinem Gefolge den Palast des Dogen besuchte, trat dieser mit dem Senat den Ankömmlingen bis zur Freitreppe entgegen, faßte S. Hoheit den Kronprinzen bei der rechten Hand und führte ihn durch einen großen Saal und durch zahlreiche Zimmer in sein Gemach, wo für beide zwei Stühle bereitgestellt waren. Auf eine Frage unseres Kronprinzen antwortete der Doge so laut, daß man ihn im ganzen Saal hörte. Trotzdem stellte sich der Sekretär der Republik daneben und spitzte

Darstellung einer Senatssitzung im Dogenpalast zu Venedig

die Ohren, damit – wie es schien – die Gesprächspartner nichts sagen konnten, was der Kenntnis der Republik entginge. Danach begleitete der Doge den Kronprinzen bis zu den Stufen des Arsenals[81] des Palastes. Hier besichtigte er die Waffen, die der Senat für einen Notfall in tadellosem Zustand aufbewahrte, und begab sich dann weiter, um die reiche Schatzkammer des heiligen Markus zu sehen.

11. März, Dienstag

J. Hagenaw Nach dem Mittagessen war der Kronprinz damit beschäftigt, eine größere Waffenkammer zu besuchen, in der man in seiner Anwesenheit vier Kriegskanonen goß. Man hatte hier ein Abendessen vorbereitet, doch da der Kronprinz Menschenansammlungen verabscheute – und es hatten sich hier so viele Menschen eingefunden, daß sich der Kronprinz kaum hindurchdrängen konnte –, verzichtete er auf das Essen. Er besichtigte nur die hier aufbewahrten Kriegsgeräte und Einrichtungen der Kriegsflotte und kehrte dann nach Haus zurück, um sich von hier aus zu einer Komödie zu begeben, wo er nicht wenig Grund zum Lachen fand.

12. März, Mittwoch

S. Pac Im Palast der Corniari am Grande Canale[82] fand ein großes Fest mit Tanz statt, auf dem 130 edle venezianische Damen anwesend waren. Hierselbst bereitete man ein Abendessen mit verschiedenen Süßigkeiten und teuren Konfekten für uns und die Damen vor, was bestimmt einige Tausende kostete. Am Abend gingen wir sobrie [nüchtern] und in guter Stimmung auseinander.[83]

A. S. Radziwiłł Es gab keinen Tag ohne irgendein Schauspiel. Man zeigte Komödien, am besten aber gefielen uns Wettkämpfe verschiedener Boote auf dem Wasser. In einem der Paläste beehrte man uns mit Tänzen, an denen hundert hochedle Damen teilnahmen. In fünf gesonderten Zimmern befanden sich Musiker, und wenn die einen begannen, fielen die übrigen gleichfalls mit ein. Man lud uns auch in den Senat ein, wo in Anwesenheit des Dogen mit weißen und schwarzen Kugeln die Wahl eines, wenn ich mich nicht irre, Admirals stattfand. Auch an einer Elektion durften wir teilnehmen, eine Ehre, die nur Heinrich III., dem französischen König, erwiesen worden war.

13. März, Donnerstag

J. Hagenaw Wir suchten die Krämerläden auf, die alle weiß geschmückt waren. Über den Straßen flatterten weiße Tücher, der Fußboden war mit weißen Stoffen belegt. Am Eingang der Krämerstraße, in der Nähe der Rialtobrücke, erhob sich eine Art Triumphbogen mit den Bildnissen des Allergnädigsten Königs von Polen und der Königin sowie unseres Allergnädigsten Kronprinzen. Auf der anderen Seite der Straße, die zum St. Markusplatz führte, sah man ein Bild der Stadt Venedig, geschmückt mit dem Dogenhut und zwei Löwen, darüber ein Engel mit einem Lorbeerkranz in der Hand. Unter dem Löwen standen auf der rechten Seite folgende Worte: ›Pax tibi sit, Marce!‹ [Friede mit Dir, Markus!], und unter dem Bild: ›Libertas‹ [Freiheit]; unter dem zweiten Löwen: ›Semper vigilas‹ [Immer wachsam]. Auch sah man hier eine unüberschaubare Menge der herrlichsten Waren. Der Strom der Menschen, die in verschiedene Richtungen drängten, um alles zu sehen, füllte Straßen und Plätze, so daß man in dieser Menge nur langsam vorankam.

14. März, Freitag

J. Hagenaw Am Morgen kam Signore Tiepolo zu Fürst Radziwiłł und bat ihn inständig, den Dogen von Venedig mitsamt dem ganzen Senat zu empfangen, damit sie im Namen der Republik ihrer Zuneigung Ausdruck geben können. Wegen bestimmter Umstände und vor allem deshalb, weil man den anderen Herzögen ein solches Begehren bisher abgeschlagen hatte, schien es richtig, diesen Wunsch abzuweisen. Nach dem Mittagessen besuchte man Nonnen eines Ordens mit nicht sehr strengen Regeln, um Musik zu hören.

15. März, Samstag

J. Hagenaw Der Kronprinz besichtigte im Haus eines belgischen Kaufmannes verschiedene Waren, darunter ein mit erstaunlich hoher Kunstfertigkeit hergestelltes Kästchen, das unter allen Waren durch große Seltenheit und hohen Wert auffiel.

16. März, Sonntag

J. Hagenaw Am Morgen stattete Fürst Radziwiłł im Namen S. Hoheit des Kronprinzen dem Allergnädigsten Dogen von Venedig und dem Ehrwürdigen Kollegium den Dank ab und bat, einige Gefangene zu begnadigen. Als der Durchlauchtigte Fürst den Saal betrat, erhob sich das gesamte Kollegium, und sogar der Allergnädigste Doge stand auf und bat ihn, zu seiner Rechten Platz zu nehmen. Dem üblichen Brauch folgend, nahm an ihrem Gespräch auch der Sekretarius teil. Nach beendeter Mission erhob sich das gesamte Kollegium, einschließlich des Dogen, und wartete, bis sich der Fürst verabschiedet und den Saal verlassen hatte.

Nachmittags defilierten 20 unterschiedliche Boote des venezianischen Adels auf dem Grande Canale und verkürzten so die Zeit bis zum Wettkampf der Gondeln. Bug und Heck der Schiffe waren mit verschiedenen geschnitzten Tierfiguren verziert, und es setzten die prächtigen Kleidungen der Ruderer in Erstaunen. Es waren die einen Boote als Drachen, die anderen als Adler, als Mond und noch anders gebaut und die Ruderer als Türken, Äthiopier, Amazonen, als Pilger, Dämonen oder gar brasilianische Eingeborene gekleidet. Die Eigentümer der Boote saßen, mit prächtigen Kostümen angetan, vorn am Bug und schossen aus Armbrüsten auf entgegenkommende Gegner Tonkugeln ab, um ihren Gondeln freie Fahrt zu verschaffen. In der Gegend des Palastes, in dem sich der Kronprinz befand, hatte man aus Holzbalken eine Art Pyramide aufgebaut. Diese stellte das Ziel der Wettkämpfe dar. Die Schaulustigen, die den herrlichen Blick der zur Wettfahrt angetretenen Gondeln genießen wollten, füllten nicht nur die Fenster der Häuser am Grande Canale, sondern auch deren Dächer. Als erstes beschleunigten zwei kleine Gondeln die Fahrt, wobei die Ruderer mit nur einem Ruder versuchten, einer dem anderen mit aller Macht zu enteilen. Sie kamen am Palast des Kronprinzen vorbei und näherten sich dem Ziel. Als das die Satyre sahen, die am Ziel warteten, kamen sie mit Fähnchen hervor und reichten dem ersten zum Zeichen des Sieges ein rotes Fähnlein. Diesem fügte die Republik später noch einen Geldpreis hinzu. So nur zwei gegeneinander kämpften, erhielt der erste – wie gesagt – ein rotes Fähnlein und der zweite ein blaues. Die Reihe der Kämpfenden wurde fortgesetzt von Booten mit drei, vier und acht Ruderern. Auch zwei Frauen, die sich allein in einem Boot befanden, fielen durch ihr geschicktes Rudern und ihre ungewöhnliche Kraft auf. Als die Boote alle am Ziel waren, versammelten sich 20 Gondeln vor dem Palast des Kronprinzen und warteten darauf, daß der Kronprinz, von den Kapitänen der Boote überredet, mit einigen Herren seines Gefolges eine der Gondeln bestieg. Wonach man unter Flötenspiel und Tamburinschlag mit viel Spaß über den Kanal fuhr.

Nach dieser Triumphfahrt brachte man den Kronprinzen mit gleichem Pomp wieder zum Palast zurück. Am Abend folgte eine Seeschlacht, und zwar sah man, wie auf dem Kanal drei Barken ein großes Schiff angriffen. Sie schleuderten aus geringer Entfernung Feuerkugeln, griffen an, zogen sich wieder zurück, um dann, die Kleineren gegen den Großen, im Vertrauen auf den Sieg, einen Sturmangriff einzuleiten. Es tobte auf beiden Seiten ein erbitterter Kampf, bis schließlich jene auf den Barken siegten, mit einem klugen Plan und mutigem Einsatz das große Schiff eroberten und es versenkten. Worauf die Schreie und das Bemühen der sich rettenden Soldaten und Matrosen ein neues Schauspiel boten, forderte doch die Gefahr des Ertrinkens, daß sie all ihre Schwimmkünste aufboten. Ein einsetzendes Feuerwerk lenkte den Blick der Zuschauer von ihnen ab. Es flammte eine Atlasfigur auf, die sich unter dem Gewicht des hochgestemmten Himmelsgewölbes drehte, von einem feuerspeienden Hund bewacht. Als erstes schoß man Pulverkugeln hoch, die wie Meteore kurz aufflammten, dann den Himmel wie ein Schwarm herabfallender Sterne beleuchteten und die Ohren der Zuschauer mit einem angenehmen Rauschen, ähnlich dem eines fernen Donners, ergötzten. Sich anschließende Feuerkreise und flammende Sterne schienen, in Bewegung gebracht, den Himmel zu entzünden. Als das Feuer den Himmel bedeckte, sah es – um es bildhaft zu sagen – aus, als wäre er mit Sommersprossen betupft.

Das Schauspiel zog sich bis in die späte Nacht hin und erfreute die Augen der Zuschauer durch seine Mannigfaltigkeit und auch durch die Anwesenheit unseres Allergnädigsten Kronprinzen, die den Dabeigewesenen lange in Erinnerung blieb.

17. März, Montag

S. Pac Wir besuchten etliche Nonnenklöster, darunter unter den beachtenswerten eins des heiligen Daniel, wo man uns am Klostergitter etwa fünfzig Nonnen gegenüberstellte, eine schöner als die andere. Sie waren in weiße Gewänder gekleidet, die Haare auf kunstvolle Weise vortrefflich frisiert und mit den gleichen Kostümen bekleidet wie die übrigen venezianischen Damen. Sie traktierten uns mit gutem Wein und unterhielten sich mit uns nach vorgeschriebener Manier. Klöster dieser Art gab es hier mehrere. Der venezianische Adel bestimmte sie für seine Töchter, die er aus Gründen anfallender Kosten oder gar aus Armut nicht verheiraten konnte. Doch sie litten hier keine Not, was man leicht an ihrem Äußeren bemerken konnte. Nur, daß sie eingesperrt und unter Aufsicht gehalten waren. In der Zeit des Aufenthaltes S. Hoheit des Kronprinzen in Venedig wurde nichts unterlassen, den hohen Gast zu ehren und zu unterhalten, wobei man überhaupt keine beziehungsweise nur geringe Rücksicht auf die Quadragesima [große Fastenzeit] nahm und jeden Abend Feste, Tänze und Komödien veranstaltete. Bis dann ein Kapuziner gegen sie predigte, doch man vertrieb ihn aus der Stadt und sagte, wenn er nicht dem Orden angehört hätte, dem man wohlwollte, hätte man ihn auf eine Galeere geschickt. Denn das, was hier occasionaliter [aus Anlaß] des Besuches des Kronprinzen veranstaltet wurde, halte man durchaus nicht für Sünde. Jedenfalls ging es uns allen hier sehr gut.

18. März, Dienstag

S. Pac Wir begaben uns am frühen Morgen auf Barken, die uns die Republik zur Verfügung stellte, von Venedig nach Palmanova. Die Dienerschaft wurde mit fast allem Gepäck auf einem anderen Weg nach Innsbruck, und dann über Hall auf dem Wasserweg nach Wien geschickt, unter der Aufsicht von Pater Lampugnani. S. Hoheit der Kronprinz, der Palmanova und Graz sehen wollte, wandte sich in diese Richtung. An diesem Tag übernachteten wir im Dorf Carute. Die venezianischen Offiziere bereiteten uns ein reichliches Mittags- und Abendmahl.

J. Hagenaw Wir verließen Venedig mit fünf Peoten (Barkenart), von der Republik für die Fahrt gestellt. Zu Mittag aßen wir auf den Barken an der Küste. Und da man befürchtete, wegen der einbrechenden Nacht unterwegs in Schwierigkeiten zu geraten, fuhr man mit den Barken auf die hohe See hinaus. Als dann ein Sturm losbrach, gerieten jene, die sich auf dem Wasser befanden, in große Not. Nachts langte man schließlich in Carute, einem Dorf, an. Der Gouverneur dieser Ortschaft hielt es für keine Schande, selbst Fische zu fangen und zu verkaufen.

19. März, Mittwoch

J. Hagenaw Nach ein paar Meilen wurde abermals auf dem Schiff zu Mittag gespeist. Bei der Weiterfahrt geriet man an eine im Fluß versenkte Barke. Infolge dieses Hindernisses kontinuierten der Kronprinz, Fürst Radziwiłł und einige hohe Herren auf morastigem Weg eine Strecke zu Fuß, bis das Schiff unter größter Anstrengung der Ruderer das Hindernis überwunden hatte. Drei Meilen von Palmanova entfernt, kam der dortige Gouverneur dem Kronprinzen mit Karossen entgegen. Am Stadttor wartete General Nani auf den Kronprinzen und bat diesen bei der Begrüßung, es nicht zu verübeln, daß er ihm nicht weiter entgegengekommen war. Das Gesetz verbot es ihm nämlich, während der Amtszeit, die zwei Jahre dauerte, die Stadt zu verlassen. Der Gouverneur herrschte über ganz Friuli* und ließ sich stolz Exzellenz nennen. Der Kronprinz wurde im Palast des Generals bequem und großzügig untergebracht. Er besichtigte aber nur eine der neun städtischen Festungen, weil sich alle wie ein Ei dem anderen glichen. Als der Kronprinz in die Stadt einfuhr, schossen alle Kanonen Salut, aber es waren in Friedenszeiten nur wenige an der Zahl.

20. März, Donnerstag

S. Pac Am Morgen besichtigte S. Hoheit der Kronprinz eine berühmte Festung. Man durfte sie im Vergleich zu anderen wahrlich als Phoenix[84] bezeichnen. Nach dem Essen ritten wir auf unseren Pferden nach Udine[85] und übernachteten dort im Schloß des Potentaten, wo wir ebenfalls sehr generös traktiert wurden.

J. Hagenaw Der Kronprinz verließ in einer Kutsche die Stadt, fuhr etwa den dritten Teil der Stadtmauer entlang und kehrte dann zum Mittagessen zurück. Danach begab er sich nach Udine. Als er in die Stadt einfuhr, begegnete er im Stadttor dem Gouverneur Priuli, der mit viel Getöse und in großer Eile mit mehreren Karossen vorbeirauschte, ohne zu wissen, daß der Kronprinz schon anwesend war. Als er es erfuhr, eilte er in so großer Panik zurück, daß er zwei Räder seiner Karosse zerbrach und warten mußte.

21. März, Freitag

J. Hagenaw Als wir durch Gemona[86] fuhren, kippte die Karosse des Kronprinzen um. Alle bemühten sich, schnell wieder auf die Beine zu kommen, und man unternahm alle Anstrengungen, um das Gefährt wieder aufzurichten. Übernachtet wurde im Ort Venzone,[87] in dem bei der Einfahrt des Kronprinzen aus Mörsern geschossen wurde, und ich weiß nicht, ob sie damit ihre Kunstfertigkeit oder Wachsamkeit beweisen wollten.

22. März, Samstag

S. Pac Pontebba[88] erreichten wir zur Mittagszeit. Hier endete die venezianische Fürsorge und damit auch die gute Zeit, denn von hier aus gelangten wir nach Deutschland, wo wir uns in Wirtshäusern aufhalten und dafür sehr teuer bezahlen mußten. Wir verabschiedeten uns von den guten Leuten, die uns bis an die Grenze des venezianischen Staates begleitet hatten, beschenkten sie reichlich und fuhren zur Übernachtung nach Malborgetto. Eine seltsame Sache: Kaum hatten wir den Staat verlassen, der zu Italien gehörte, als nicht nur die Wirtshäuser und Menschen, sondern sogar die Elemente wie umgewandelt schienen. Vor allem wurden wir von heftigen Schneefällen überrascht, so daß wir glaubten, der Winter hätte soeben begonnen.

* Landstrich an der Adria, seit 1420 zu Venedig gehörend.

Prospekt der Stadt Villach

23. März, Sonntag

J. Hagenaw Nach der Messe in Malborgetto, teilweise prächtig gesungen, teilweise gelesen, aß man in Torli[89] zu Mittag. Fürst Radziwiłł ließ sich vom Sumpfgelände täuschen, von dem er annahm, daß es aus festem Boden bestand. Und als er bequem darüber hinwegreiten wollte, sank das Pferd tief ein, und auch er tauchte im Sumpf unter, so daß er in nasser, verschmutzter Kleidung herausstieg. Zur Nacht kamen wir in Villach[90] an und ruhten hier aus.

24. März, Montag

J. Hagenaw Als man sich in Feldkirchen[91] zum Mittagsmahl aufhielt, traf ein Bote des Kaisers ein. Zu Abend gegessen und übernachtet wurde in Sankt Veit. Hier saßen die Jesuitenpatres mit dem Kronprinzen zusammen und unterhielten sich in größter Freundschaft mit ihm, ohne zu ahnen, mit wem sie sprachen.

25. März, Dienstag

J. Hagenaw Zu Mittag gegessen wurde in Friesach.[92] Der Kommendator des Deutschen Ordens, der sich hier aufhielt, bat um eine Audienz beim Kronprinzen, wurde aber nicht zugelassen. Dankbar wurden vom Präpositus (der der Jurisdiktion des salzburgischen Erzbischofs unterlag) Wein und andere Sachen entgegengenommen. Abendessen und Übernachtung erfolgten in Neumarkt.[93]

26. März, Mittwoch

J. Hagenaw Aufenthalt in Unzmarkt.[94] Hier kreuzte ein Jesuit den Weg des Kronprinzen, der sich zur Frau des Grafen Schwarzenberg begab, des Oberhofmeisters von Erzherzog Karl, die in dieser Gegend lebte. Während des Mittagessens sprach man mit maßvoller Begeisterung über die Kanzler und Marschälle der Krone und des Großfürstentums Litauen. Zur Nacht langte man in Judenburg[95] an. Hier nahm der Kronprinz an einer Matutin teil, worauf er persönlich eine Messe für den nächsten Tag bestellte.

27. März, Donnerstag

J. Hagenaw Wir verließen die Hauptstraße und eilten auf schlechten Gebirgspfaden in Richtung Graz. In Stuben wurde ein mageres Mahl eingenommen. Die Nacht verbrachten wir in Voitsberg.

28. März, Karfreitag

S. Pac Als wir eine gute Meile vor Graz immer bergauf ritten, kamen uns die hohen Herren und Edelleute des dortigen Staates entgegen, um S. Hoheit den Kronprinzen zu begrüßen. Hier stieg der Kronprinz auch gleich in eine Karosse um, und wir in andere, und so fuhren wir in Graz ein. Wir hielten uns im Kaiserschloß auf, wo man uns freundlichst mit sehr schmackhaften Fischen und gutem Wein bewirtete und in einer hervorragenden Unterkunft aufnahm, so daß uns der Karfreitag nach den Unbilden und Quälereien der beschwerlichen Bergpfade und der einfachen Nachtquartiere der letzten zehn Tage wie der Ostersonntag erschien. Wir verbrachten nach diesem Tag noch den Karsamstag, den Ostersonntag und den Ostermontag in Graz. Die dortigen Herren erwiesen uns jegliche Freundlichkeit, luden uns in ihre Häuser ein und bewirteten uns, solange es die Zeit zuließ.

A. S. Radziwiłł Wir verließen Venedig, kamen durch Aquileja,[96] eine zerstörte Stadt, die durch die Belagerung durch Attila bekannt geworden war, und übernachteten in Palmanova, wo uns der Gouverneur eine

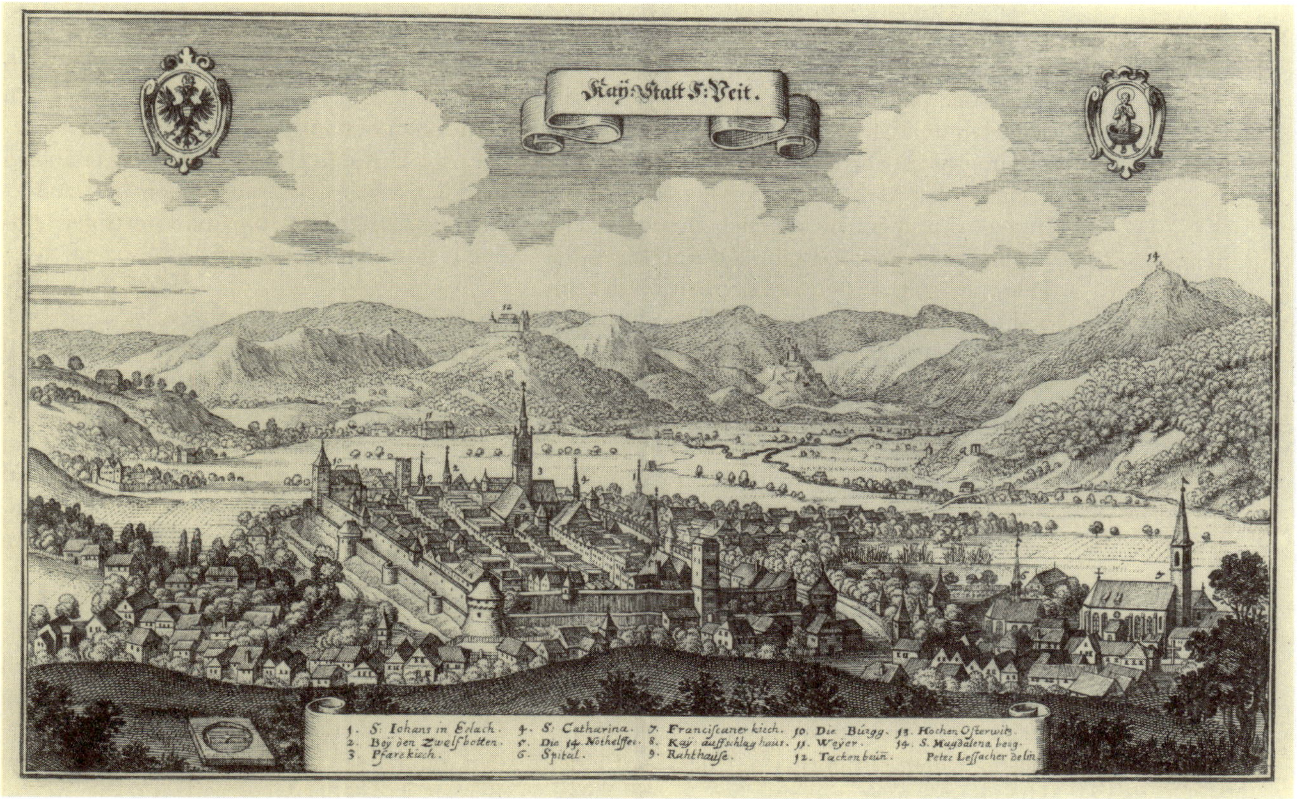

Ansicht der Stadt St. Veit

Wirtschaft zuwies und uns entgegenkommend bewirtete. Hier hielten wir uns diesen und den nächsten Tag auf. In Karossen fuhren wir an den Stadtbefestigungen entlang, was wohl ganz selten jemandem gestattet wurde. Von hier aus kehrte Giovanni Tiepolo, der uns von den Venezianern bestimmte Kommissär, zurück. Wir aber reisten auf gewöhnlichen Straßen am Freitag durch Pontebba und langten gegen Mittag in Graz an. Einige hundert Edelleute waren dem Kronprinzen entgegengeeilt und begleiteten ihn in die Stadt, wo man uns im Schloß des Erzherzogs ein Quartier zuwies. Beim Mittagessen forderte man uns auf, die Pokale zu leeren, doch wir weigerten uns, weil es die Heilige Zeit nicht gestattete, auch wenn sie immer wieder darauf bestanden. Deshalb erhob sich der Kronprinz auch vom Tisch und suchte den Gottesacker auf, um die Gräber zu besichtigen, was auch wir taten. Am Samstag nahmen wir an der Zeremonie der Resurrektion [der Auferstehung Christi] teil und schliefen danach die ganze Nacht. Am Ostersonntag hörte der Kronprinz von der oberen Kapelle der Messe und der Predigt zu, die ihm ganz und gar nicht gefiel. Der Geistliche begann seine Predigt nämlich mit folgenden Worten: »Wir sollten uns doppelt freuen, sowohl über die Auferstehung Christi, unseres Herrn, sowie über die Ankunft des Durchlauchtesten Kronprinzen aus Polen. Denn wie unser Herr zu Kaiphas, Pilatus und Herodes geführt wurde, so besuchte S. Hoheit der Kronprinz bei seiner Reise den Kaiser, Erzherzöge, den bayrischen Fürsten, den Papst und andere.« Nach der Predigt fragte der Kronprinz diesen ungebildeten Menschen, wen von den hochedlen Gastgebern er wohl mit den Verfolgern des Herrn zu vergleichen gedächte. Man erinnerte sich noch später bisweilen an diese Predigt, zum Teil unter Lachen, zum Teil im Zorn. Am Ostermontag verfolgte der Kronprinz auf der Jagd einen Hirsch, der aber entkam. Am Abend befanden wir uns bei Trauttmansdorff zum Abendessen, und anschließend wurde bis spät in die Nacht getanzt. Am dritten Tag brachen wir nach Wien auf, das wir am vierten Tag erreichten.

J. Hagenaw Dem nach Graz reisenden Kronprinzen kam Herr Stadl in Gesellschaft von mehreren Baronen und Edelleuten aus dieser Gegend entgegen, begrüßte ihn mit einer wohlgesetzten und pathetischen Rede und begleitete ihn in die Stadt. Der Kronprinz weigerte sich erst, öffentlich zu Mittag zu essen, gab aber dann nach, als man ihn wärmstens darum bat. Zur Zeit der Morgenandacht weilte der Kronprinz in der Kirche und schaute der Prozession der Geißler zu. Dann besuchte er mit den Herren Kazanowski und Rylski die anderen Kirchen und besichtigte die Grabstätten.

29. März, Ostersonnabend

J. Hagenaw Der Kronprinz begab sich zur Großen Karmesse in die Kirche. Nach dem Essen besichtigte er das Schloß des Erzherzogs. Um acht Uhr abends nahm er an den Feierlichkeiten der Resurrektion [der Auferstehung Christi] teil, die andernorts gewöhnlich erst nachts stattfinden.

30. März, Ostersonntag

J. Hagenaw Er nahm an der Messe teil und hörte der Predigt zu. Man notierte einen unschicklichen Vergleich des Geistlichen zwischen Christus, dem Herrn, der von Annas zu Kaiphas und zu anderen geführt wurde, und dem durch das Land reisenden Kronprinzen. Nach dem Essen fand eine Besichtigung des Schlosses statt.

31. März, Ostermontag

J. Hagenaw Man expedierte Briefe nach Warschau. Den Nachmittag widmete man der Jagd in Köflach, wo Hasen gefangen wurden. Ein Hirsch verdankte es seinen schnellen Beinen, daß er der Meute entkam. Den Abend

Landschaft mit Schloß Obertal und Schloß Untertal bei Graz

verbrachte der Kronprinz mit seinen Begleitern im Haus von Herrn Trauttmansdorff bei einem reich gedeckten Abendtisch und bei angenehmer Unterhaltung.

APRIL

1. April, Dienstag

J. Hagenaw Der Kronprinz verließ Graz in einer Karosse, stieg aber hinter der Stadt auf ein Pferd und erreichte gegen Mittag Frohnleiten.[97] Hier rutschte der Pferdeknecht, der die Pferde führte und unterwegs tüchtig dem Wein zugesprochen hatte, infolge seines schweren Kopfes aus dem Sattel, mit dem Kopf zuerst, so daß er mit den Beinen in den Bügeln hängenblieb. Zuerst schien die Sache unbedeutend, nur daß wir einigermaßen erstaunt waren. Als der Mann aber versuchte, wieder hochzukommen, am haltenden Pferd hin- und herzappelte und dabei eine überaus lächerliche Figur abgab, versetzte er den Kronprinzen in eine so frohe Stimmung, daß ihm vor Lachen die Augen tränten und er kein Wort mehr hervorbrachte. Übernachtet wurde in Bruck.[98]

2. April, Mittwoch

J. Hagenaw Zu Mittag aß man in Kindberg. Der Reisegesellschaft schien das Land bei der Weiterfahrt wie verwandelt; der Boden war hartgefroren und mit Schnee bedeckt. Übernachtet wurde in Mürzzuschlag.[99]

3. April, Donnerstag

S. Pac In Schottwien aßen wir zu Mittag bei einem echten Schuft und Halsabschneider, bei einem Wirt, der uns nicht nur ausnahm, sondern auch noch beschimpfte, wofür wir ihn, wäre der Kronprinz nicht eingeschritten, fast verdroschen hätten, denn er wäre der Strafe über alle Maßen wert gewesen.

Übernachtet wurde an diesem Tag in Wiener Neustadt. Hierher kam vom Kaiser Graf Julius Neidhard von Mörsberg, Kapitän de la guardia S. Majestät des Kaisers, zum Kronprinzen und berichtete, mit welcher Ungeduld Kaiser und Kaiserin ihn einige Meilen vor Wien in einem ihrer Schlösser erwarteten, wohin der Kaiser vorausgefahren war, um S. Hoheit den Kronprinzen hier zu empfangen und mit Jagderlebnissen zu erfreuen. Zugleich führte der Graf Karossen für uns mit. In Neustadt aber mußten sämtliche Ausgaben aus dem Säckel des Kronprinzen bezahlt werden.

J. Hagenaw Das Mittagsmahl nahm man in Schottwien ein. Hier stellte der Schenkwirt die Karosse für die Weiterfahrt gegen ein vorher ausgemachtes Entgelt. Als die Pferde angespannt waren, Fürst Radziwiłł mit den Herren Pac und Pigłowski einsteigen wollten und der Fuhrmann schon die Peitsche schwang, schaute der Schenkwirt zum Fenster hinaus und befahl seinem Diener mit lauter Stimme, anzuhalten und nicht loszufahren, bevor nicht das Geld für die Kutsche bezahlt war. Der Fürst war über den ordinären Gesinnungswandel dieses Mannes sehr erzürnt, wollte aber durch einen Streit keine Zeit verlieren und auch nicht mehr zahlen, als ausgemacht gewesen war. So stiegen die Herren wieder aus der Kutsche und in eine andere ein, in der man mit Herrn Pac ein Stück des Weges mitfuhr, bis man durch einen Radbruch gezwungen wurde, auf Pferde umzusteigen und nach Neustadt zu reiten. Hier hielten sich alle über Nacht auf. Hierher kam auch höchst eilig Graf Mörsberg herbeigefahren, der Kammerherr des Kaisers, von diesem zum Kronprinzen geschickt.

4. April, Freitag

S. Pac Vier Meilen hinter Neustadt trafen wir Herrn Przęrembski, Kastellan von Sieradzk und Referendarius der Krone,[100] der damals als Gesandter S. Königlichen Majestät zum Kaiser reiste, um zum Tod von Erzherzog Karl zu kondolieren und zugleich mitzuteilen, daß die Schwester S. Königlichen Majestät[101] verstorben war. Dies war aber nur ein speciosus praetextus [schöner Vorwand], denn warum man ihn eigentlich geschickt hatte, war das Breslauer Bistum, zu dessen Koadjutor (Amtsgehilfe) der verstorbene Erzherzog Karl unseren Prinzen Carolus Ferdinandus[102] bestimmt hatte, nur daß diese Koadjution nicht mit dem nötigen Nachdruck und der notwendigen Sorgfalt zum Klingen gebracht wurde. Und so wollte das Breslauer Kapitel, das in diesem Fall insufficientiam [Unrechtmäßigkeit] vorwarf, nicht mit ihm teneri [verbunden] sein. Vielmehr prätendierte es nach ihrem Gesetz auf liberam elektionem [freie Wahl] und forderte, einen aus ihrem Kreis für das Bistum zu bestimmen und den Prinzen auszuschließen. Es gab in diesem Zusammenhang viel Ärger, und wir waren, als wir in Rom vom Tod des Erzherzogs erfahren hatten, gleich in dieser Sache zum Papst geeilt und später auch zum Kaiser, die sich dafür aussprachen, an der Koadjution nichts zu verändern, und da S. Kaiserliche Majestät diese Sache unterstützte und auch zukünftig zu unterstützen gedachte, mußte das Kapitel der Elektion von Prinz Karl zustimmen. Doch es gab trotzdem viele Schwierigkeiten, von denen noch die Rede sein soll.

Das inter parenthesin [nebenbei] gesagt, komme ich auf den Kaiser zurück, mit dem S. Hoheit der Kronprinz um acht oder neun der Halbuhr fünf Meilen vor Neustadt auf dem Feld zusammentraf. An gleicher Stelle

stieg er, nachdem sie sich begrüßt und herzlich umarmt hatten, mit dem Kaiser auf die Pferde, worauf sie den ganzen Tag bei der Jagd verbrachten. Wir aber fuhren mit Fürst Radziwiłł und Herrn Przęrembski, dem Kastellan von Sieradzk, direkt nach Wien, wo wir vom Kastellan ein hervorragendes kaiserliches Essen, wie es Gesandten zusteht, vorgesetzt bekamen. Danach kümmerte sich jeder um eine Herberge, und wir kamen an den gleichen Orten unter, an denen wir das erste Mal gewohnt hatten.

S. Hoheit der Kronprinz kam mit dem Kaiser erst spät in der Nacht zurück. Und die paar Tage, die wir in Wien verbrachten, erfreute der Kaiser unseren Kronprinzen die meiste Zeit mit der Jagd, weil diese sein größtes Vergnügen war. Ordinarie [gewöhnlich] widmete er einen Tag consilius [Beratungen] und den nächsten der Jagd, wobei er nicht darauf achtete, ob die Sonne schien oder ob es regnete. Er ließ keinen Jagdtag aus, auch wenn er nichts erlegte, was sehr oft geschah, aber er fand allein an den Ausflügen großen Gefallen. Unser Kronprinz wurde dieser Freuden bald überdrüssig.

5.–9. April, Wien

J. Hagenaw Die Gesandten von Gabór weilten bei S. Kaiserlichen Majestät zur Audienz, während S. Hoheit der Kronprinz in Gesellschaft des Kastellans von Sieradzk verblieb. Als sich dann Fürst Radziwiłł am Nachmittag beim Kaiser zu einem Gespräch einfand, zerbarst plötzlich das Fenster, und Glassplitter verletzten sein Gesicht. Im gleichen Augenblick fiel eine Bleikugel zwischen beiden zu Boden, sprang dann fast bis an die Decke und fiel wieder herunter auf die Diele, ohne daß man einen Schuß aus einer Muskete gehört hätte, worüber beide sehr erstaunt waren. Fürst Radziwiłł aber trat ans Fenster, um nach einem Anzeichen zu suchen, aus dem man erkennen konnte, wer von wo aus geschossen hatte, bemerkte aber nichts. Inzwischen rief der Allerdurchlauchteste Kaiser Herrn Khiesel, seinen Oberkammerherrn, und ließ sich die Kugel zeigen. Als Fürst Radziwiłł diese, etwas plattgedrückt, noch warm und nach Schwefel riechend, behalten wollte, meinte der Kaiser, sie für sich selbst aufbewahren zu müssen. Da es schien, daß die Audienz an dieser Stelle, an der sich dieser Unfall ereignet hatte, nicht ohne Gefahr fortgeführt werden konnte, wollte sich Fürst Radziwiłł zwischen das Fenster und den Kaiser stellen, doch der Kaiser drängte ihn in Sorge vom Fenster fort, führte das Gespräch zu Ende und entließ ihn dann gnädigst. Es verbreitete sich anschließend das falsche Gerücht, die Kugel wäre aus dem Haus des spanischen Gesandten abgeschossen worden, der aber, durch den Ernst der Angelegenheit erschreckt, hoch und heilig beteuerte, daß in seinem Haus zu dieser Zeit keine Muskete abgefeuert worden war.

6. April, Sonntag

J. Hagenaw Nach dem Mittagessen erlebte man einen Kampf zwischen Stieren, Bären und anderen Tieren.

7. April, Montag

J. Hagenaw Der Kronprinz verzichtete darauf, an der Jagd teilzunehmen. Er blieb zu Haus und wurde vom Apostolischen Nuntius sowie vom Gesandten des spanischen Königs besucht.

8. April, Dienstag

J. Hagenaw S. Hoheit der Kronprinz kehrte am Abend von der Jagd zurück, hocherfreut über die vielen erlegten Hasen.

9. April, Mittwoch

J. Hagenaw Der Gesandte des Herzogs von Toskana weilte zu einer Audienz beim Kronprinzen. In Sorge um seine Gesundheit und um häusliche Angelegenheiten meldete sich Fürst Radziwiłł nach dem Mittagessen bei S. Hoheit dem Kronprinzen mit der Bitte, vorzeitig abreisen zu dürfen. Er habe sich der Weisung S. Königlichen Majestät verpflichtet gefühlt, bitte nun aber S. Hoheit den Kronprinzen, gegenüber seinem Königlichen Vater seine Einwilligung auszudrücken, zumal er bei seinem geliebten Onkel, S. Kaiserlichen Majestät, wie in einem sicheren Hafen geborgen sei und keine Gefahren zu befürchten hätte. Der Kronprinz gab sich einverstanden und entließ den Fürsten mit herzlichem Dank für die langandauernden Mühen des Fürsten und der Versicherung seiner Hochachtung.

10. April, Donnerstag

A. S. Radziwiłł Der Kaiser, der den Kronprinzen wie seinen eigenen Sohn liebte, empfing uns abermals mit großen Ehren. Inzwischen war die unglückliche Nachricht über Erzherzog Karl, den Bischof von Breslau, bekannt geworden, der vom spanischen König zum Statthalter von Portugal ernannt worden war. Als er hier eintraf, trank er auch hier wie früher viel Wein, erkrankte bald an Fieber und starb zum großen Kummer des Österreichischen Hauses. Die Nachfolge des Breslauer Bischofs übernahm der polnische Königssohn Karol, der ein frommes Leben führte und von seinem Vater, Zygmunt III., alle Tugenden geerbt hatte. In Wien trafen wir als Gesandten Herrn Przęrembski, den Kastellan von Sieradzk.

Ich selbst war gezwungen, auf dem schnellsten Weg nach Haus zurückzukehren, um mit dem Kastellan von Krakau* wichtige Angelegenheiten zu erledigen, weshalb ich beim Kronprinzen um Entlassung und beim Kaiser um eine Audienz bat, bei der eine seltsame Sache passierte. Mitten in der Audienz, als der Kaiser auf dem Thronpodest stand und ich ihm gegenüber, traf mich ein Glassplitter an der Nase, und dann hörte ich an meinem Fuß etwas aufschlagen; etwas fiel von der Stufe herunter und prallte auf den Boden. Ich trat hin und hob es auf: Es war eine Musketenkugel, noch heiß und abgeflacht. Man sah, daß sie mit großer Gewalt geflogen war, und sicher hätte sie mich, wäre sie etwas weiter geflogen, schwer am Fuß verwundet. Einen Knall aber hatte niemand vernommen. Die einen sagten, man hätte die Kugel mit einem Spezialpulver abgefeuert, die anderen, sie hätten etwas im Haus des spanischen Gesandten gehört. Doch man fand in dessen Haus keine Muskete. Khiesel, ein kaiserlicher Kammerherr, wollte eine Untersuchung aufnehmen, was der Kaiser aber nicht zuließ, da er solcherlei Vorgehen verachtete und sich lieber Gottes Schutz empfahl.

Ich küßte dem Kaiser die Hand, erhielt von ihm Briefe an den König, erbat die Erlaubnis des Kronprinzen, der sich für meine Bemühungen während der Reise bedankte, besuchte auch die Kaiserin, die Söhne und Töchter des Kaisers und verließ Wien, nicht

* Jerzy Zbaraski.

ohne Gefahr wegen des ausgebliebenen Soldes an die Soldaten. Doch durch Gottes Vorsehung und die Protektion der Heiligen Mutter Gottes traf ich am Tag meines Patrons, des heiligen Adalbert, in Warschau ein. Der Kronprinz aber begrüßte am 2. Mai seine Eltern, den König und die Königin. Unterwegs überfiel ihn eine schwere Krankheit, an der er lange zu leiden hatte, noch bevor er König geworden war. Er wurde von ihr erst kurz vor seinem Tode befreit.

14. April, Montag

S. Pac S. Kaiserliche Majestät brach mit S. Hoheit dem Kronprinzen zur Jagd nach Bruck,[103] bis fast an die ungarische Grenze, auf, wo sich S. Hoheit der Kronprinz zwei Tage aufhielt. Man war hier bei Baron Karl von Harrach zu Gast.

15. April, Dienstag

S. Pac Die Hoheiten kehrten aus Bruck nach Wien zurück.

16. April, Mittwoch

S. Pac Die Kaiserin[104] bat den Kronprinzen und uns, seine Diener, in ihren Palast, den sie eine Viertelmeile vor Wien hatte errichten lassen. Dort wurde uns ein Mittagsmahl mit zweihundert verschiedenen Speisen vorgesetzt, an dem Tisch, an dem der Kaiser, seine Frau, der Kronprinz, die Söhne und Töchter[105] saßen. Die Speisen waren in summa arte [höchster Kunst] zubereitet, so daß nichts excellentius in eo genere [Hervorragenderes in dieser Art] hergerichtet werden konnte, und ad commendationem faciebat [was die Anweisungen betrifft], waren sie von nur einer Frauensperson angefertigt. Die Kaiserin wurde bei Tisch ebenfalls von einem Frauenzimmer bedient. Auch Musiker waren anwesend, die in sua arte [in ihrer Kunst] zeigten, was sie konnten. Anschließend wurden wir sollenniter [festlich] bewirtet. In beste Stimmung versetzt, kehrten wir nach Wien zurück.

18. April, Freitag

S. Pac Nach dem Mittagessen verließen wir Wien. S. Majestät der Kaiser begleitete den Kronprinzen mit seinen Söhnen bis zur ersten Donaubrücke. Hier umarmte er den Kronprinzen, reichte uns allen benignissime [gnädigst] die Hand und kehrte nach Wien zurück. Wir aber setzten unseren Weg fort und übernachteten an diesem Tag in Wolkersdorf, S. Hoheit der Kronprinz in einem kaiserlichen Palais. Es hatte uns Herr Graf Mörsberg geleitet und dort im Namen des Kaisers bewirtet. Am nächsten Tag kehrte er nach Wien zurück.

J. Hagenaw S. Hoheit der Kronprinz verließ an diesem Tag Wien. Unterwegs, in Wischau, verlor er plötzlich zum großen Entsetzen seiner Mitreisenden das Bewußtsein. Doch er kam gleich wieder zu sich und gewann seine alte Kraft wieder.

19. April, Samstag

S. Pac Mittagessen in Zistersdorf, einem Städtchen des Herzogs von Liechtenstein.[106] Spät in der Nacht langten wir in Nikolsburg an, wo wir von Kardinal Dietrichstein, der sich selbst nicht wohl fühlte und Arznei zu sich nahm, freundlich empfangen wurden.

20. April, Sonntag

S. Pac Da wir wegen des Hochwassers[107] nicht weiterkonnten, blieben wir an diesem Tag in Nikolsburg.

21. April, Montag

S. Pac Wir empfingen vom Kardinal frische Pferde, wichen der Überschwemmung aus, waren mittags in Limburg und nachts in Auspitz.[108]

22. April, Dienstag

S. Pac Mittag in Stankow, Übernachtung in Wischau.

23. April, Mittwoch

S. Pac Wir verließen am Morgen Wischau, befanden uns kaum hinter der Stadt, als S. Hoheit dem Kronprinzen, etwa gegen acht Halbuhr, ein großes Mißgeschick zustieß. Er saß in der Kutsche, sprach ein Gebet, als er plötzlich von so starken konvulsivischen Zuckungen befallen wurde, daß er uns fast unter den Händen gestorben wäre. Es dauerte über anderthalb Stunden, daß er nicht bei Bewußtsein war. Wir retteten ihn, wie wir nur konnten, mit Arznei, Balsam und was wir zur Hand hatten. Dann kam er wieder zu sich, stöhnte aber, und wir fuhren eine halbe Meile bis zum Dorf. Ich riet, er sollte aus der Kutsche steigen und sich ein wenig niederlegen. Weshalb ich die Kutsche verließ und mich auf den Weg machte, eine Unterkunft zu suchen. Ich fand auch schnell das Haus eines Pfarrers, doch als ich zurückkehrte, sagte mir S. Hoheit der Kronprinz lächelnd, daß er sich wieder wohlfühle und die Krankheit nicht achte. »Gott sei gelobt«, antwortete ich, »man sollte dem Herrgott innig dafür danken, daß er Eure Hoheit aus so großer Not errettete.« Und so fuhren wir weiter auf einer entsetzlich schlechten Straße. Denn es war die Zeit der Unwetter, und wer die mährischen Straßen kennt, wird sehr wohl wissen, wie sie zu dieser Zeit aussahen.

In Prossnitz[109] kamen wir mittags an, in Olmütz[110] abends.

24. April, Donnerstag

S. Pac Mittag in Sternberg.[111]

25. April, Freitag

S. Pac Wir erreichten mittags ein Städtchen, das zu Freudenthal[112] gehörte, einem Besitz, den der verblichene Erzherzog Karl – wie schon gesagt – für einige Hunderttausend vom Kaiser erworben und in der Sterbestunde dem Ordini Theutonico [Deutschen Orden] vermacht hatte. Über den Besitz verfügte jetzt einer seiner Kavaliere, Herr Wolkenstein, und dieser empfing auch den Kronprinzen.

Die Nacht verbrachten wir in Hennersdorf[113], wo es, wie ebenfalls schon gesagt, viele Forellen gab.

26. April, Samstag

S. Pac Zu Mittag erreichten wir Neiße, wurden aber nicht so empfangen wie zu Zeiten des verstorbenen Erzherzogs, als wir zur Reise in die fremden Länder aufgebrochen waren. S. Hoheit der Kronprinz wohnte im Palast, den der Erzherzog hatte neu errichten lassen und in dem wir das erste Mal mit Fürst Radziwiłł Unterkunft gefunden hatten, derweil der Kronprinz im Schloß abgestiegen war. Jetzt war dieses von den Breslauer Domherren besetzt. S. Hoheit der Kronprinz weilte zwei Wochen in Neiße und wartete hier auf Pferde und Wagen aus Polen. Inzwischen kurierte er sich ein wenig, erfreute sich aber auch an der Jagd.

28. April, Montag

S. Pac Es gelangte die Nachricht nach Neiße, daß sich das Breslauer Kapitel tandem [schließlich] nach langer altercatio [Streit] so entschlossen hatte: Es wäre nicht allein für das Bistum, sondern auch für alle schlesischen Provinzen von Nachteil, wenn sie den polnischen Prinzen als Koadjutor übergingen und jemanden anderen für das Bistum wählten, weil sich bereits große Abteilungen unserer Kosaken, die man Lisowtschiki nannte, an den Grenzen versammelt hatten. Auch der Aufenthalt S. Hoheit des Kronprinzen in Neiße erfreute sie nicht, und so wählten sie mit unanimi consensu [einheitlichem Einverständnis] Prinz Karol zum Bischof und ließen das S. Hoheit den Kronprinzen in Neiße wissen. Zugleich baten sie, daß er mit autoritate sua [seiner Autorität] zu verhindern geruhe, daß unsere Abteilungen an der Grenze in Schlesien einfielen, was sie am meisten befürchteten. Es war dies eine erfreuliche Nach-

Schwedische Truppen vor Frankfurt am Main 1631

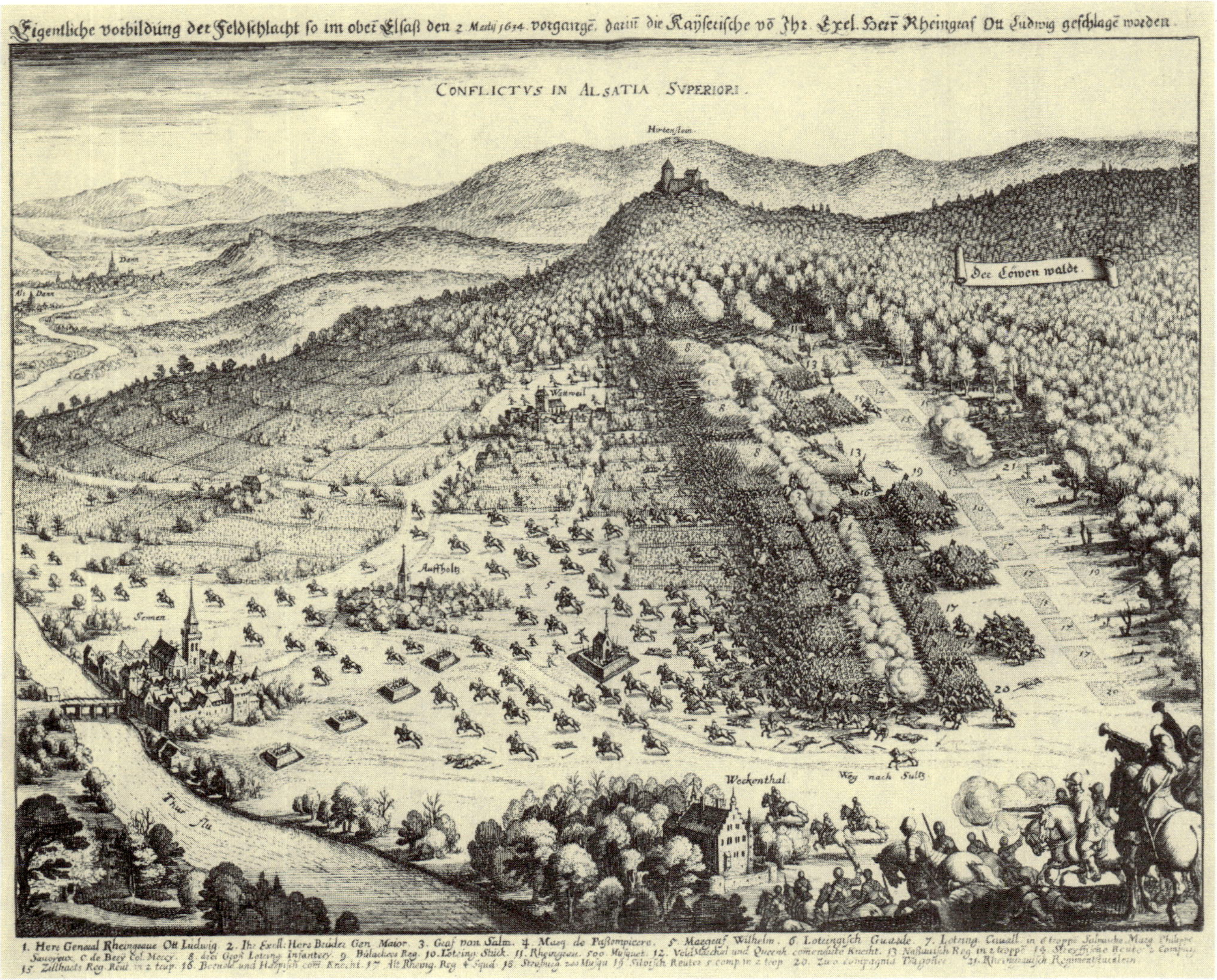

Die Schlacht bei Thann im Oberelsaß von 1634

richt für uns, weil wir es nicht erwartet hatten, daß jene Leute so schnell von ihrem ersten Plan Abstand nehmen würden, aber sie wußten, was S. Königliche Majestät[114] dazu geäußert und womit er seine Abgeordneten zum Kaiser und zum Papst geschickt hatte. In der Summe war diese Gesandtschaft so gewichtig, daß man eine freie Elektion mit dem Kopf zu bezahlen fürchtete. Doch Gott der Herr, der S. Königliche Majestät in allen Fällen mit seiner Protektion und seinem Segen zur Seite stand, half dem König und seinen Nachkommen auch in dieser Sache.

J. Hagenaw Prinz Karol Ferdynand, der Bruder des Gnädigsten Kronprinzen Władysław, wurde zum Bischof von Breslau gewählt. S. Hoheit der Kronprinz hielt sich ein paar Tage in Neiße auf, um die Angelegenheit zu beschleunigen.

2. Mai, Freitag

S. Pac Der Gnädige Herr Przerembski verließ Neiße und fuhr nach Polen. Er entschuldigte sich mit körperlichen Beschwerden, um deretwillen er auf S. Hoheit den Kronprinzen nicht mehr warten könne, um ihn auf der Rückreise nach Polen zu begleiten. Nun fehlte nur, daß auch ich noch erkrankte.

11. Mai, Sonntag

S. Pac S. Hoheit der Kronprinz fuhr von Neiße nach Polen, hielt sich nirgends mehr auf und kam, bei gewöhnlichen Übernachtungen, am 22. Mai in Warschau an. Ihm kamen mit dem gesamten Hof Ihre Königlichen Majestäten mit allen Ehren, die einem solchen Sohn gebührten, entgegen. Und auch wir wurden für unsere Verdienste bedankt. Man versprach uns gnädigst, uns zu belohnen, was Gott der Herr nicht verhindern wolle.

22. Mai, Donnerstag

J. Hagenaw S. Hoheit dem Kronprinzen kamen, als dieser sich Warschau näherte, die Durchlauchten Brüder mit dem Ausdruck ihrer großen Freude eine Meile entgegen und führten ihn, wobei sie sich in ihrer brüderlichen Liebe überboten, zu S. Königlichen Majestät. Der König, der so lange Zeit die Saat der Freude aufbewahrt hatte, empfing den Ankömmling mit einer nicht zu übersehenden Freude, die aus der Tiefe des väterlichen Herzens rührte, und begrüßte diesen seinen Sohn, der sich schon jetzt der herzlichen Sympathien der vornehmsten Herren ganz Europas erfreute, die er dank seines großen Ruhms, dank der errungenen Siege und der engen, freundlichen Bekanntschaften erworben hatte. Diese Erfolge hatte er mit einer nicht geringeren Ehre erzielt als die, die er als Triumphator erreicht hatte, indem er die türkischen Bedroher und die wilden Tataren durch seine Kenntnisse als Feldherr und mit unverzagtem Mut für immer in Fesseln gelegt hatte.

Diese angekündigte, glücklich und vorteilhaft kontinuierte Reise hast Du, Allerdurchlauchtester Kronprinz, zum guten Ende gebracht, und so, wie Du vordem die ganze Welt mit der Botschaft Deines Ruhmes erfülltest, so riefest Du jetzt in vielen Ländern große Freude durch Deinen Anblick hervor. Indem Du jetzt aus der Fremde zurückkehrst, begrüßt Dich Dein geliebtes Vaterland mit gleichen Wünschen und Bitten, durch die, wie es stark hofft, geneigte Geister sich bewegen lassen, Dein Glück zu mehren (dem es zweifellos einen nicht geringen Teil seines Ruhmes verdankt).

Ich bemühe mich, diesen freudigen Begrüßungen aller guten Menschen auch meine Stimme, die Deines untertänigen Dieners, hinzuzufügen. Mein Versuch zielt dahin, die Übermacht meiner Gefühle und meine hingebungsvolle Ergebenheit auszudrücken, so als wäre ich durch Befehl einer Stentorstimme dazu veranlaßt, auch wenn ich mich einer so großen Aufgabe nicht gewachsen fühle (insbesondere durch das Schwinden der Kräfte, während die durch langwierige Krankheiten erschöpft und verbraucht sind, der Durchsicht und Anfertigung der Kopie dieses Tagebuches). Doch die Absicht steckt immer noch übermächtig in mir, lodernd auch im Zustand der ernsthaft bedrohten Gesundheit. Und auch jetzt, da ich mich kaum bewegen kann, flehe ich unseren Herrgott aus der Tiefe meines Herzens an, er möge den Allerdurchlauchtesten Kronprinzen nicht allein mit Kriegsruhm auszeichnen, sondern ihn auch befähigen, einen erfolgreichen Frieden für den aufblühenden christlichen Glauben unter dem Schutz der Adelsrepublik zu bewahren, zur Zierde und zum Wohl der ganzen Welt, so lange und so glücklich wie möglich.

Instruktion von König Zygmunt III.

für Albrycht Stanisław Radziwiłł, Kanzler von Litauen, gegeben im Mai 1624 in Warschau

In Anbetracht der Tatsache, daß jede Reise zu fremden Völkern mit mancherlei Schwierigkeiten, Gefahren und Zufällen verbunden ist, so daß Reisende oftmals sowohl dem Verlust ihres Lebens aber auch Schaden an ihrer Ehre und Würde ausgesetzt sind, insbesondere wenn es sich um Söhne von Königen oder Fürsten handelt, pflegt eine solche Reise überaus beschwerlich und gefährlich zu sein. Und wenn eine solche auch in größerer Reisegesellschaft sicherer zu sein scheint als eine, die man allein durchführt, so kann doch die Ehre, die wegen ihrer hohen Stellung oder der ihrer Eltern schwerer zu bewahren ist, leicht Schaden erleiden. Je ehrenwerter nämlich eine Person ist, um so leichter zieht sie die Aufmerksamkeit auf sich, und schon ein kleiner Fehler bewirkt einen Defekt und führt zu Unehren. Weshalb jene, die zu einer solchen Reise aufbrechen, und jene, die Reisen so hoher Herren leiten, vor allem an zwei Dinge denken müssen: Einmal, daß ihr Ansehen im Verlauf der Reise zu- und nicht abnehmen muß, und zum zweiten, daß sie heil und gesund zurückkehren. S. Durchlaucht der Fürst sollte sich insbesondere dessen bewußt sein, daß S. Königliche Majestät (S. K. M.), unser Allergnädigster Herr, ihn mit aller Machtbefugnis während der Reise ausgestattet und ihm den Durchlauchtigen Kronprinzen Władysław Zygmunt, seinen erstgeborenen Sohn, sein liebstes Kind, den unfehlbaren Bemühungen, der Gerechtigkeit, Wachsamkeit und dem Scharfsinn des Durchlauchten Fürsten anvertraut. In wahrhaft tiefsinniger Überlegung erwog S. K. M., unser Allergnädigster Herr, wem er wohl am besten die schwierige und gefährliche Pflicht übertragen könnte. Und als er bei seinen Überlegungen auf S. Durchlaucht den Fürsten stieß, zögerte er nicht länger, ihn unter allen anderen im großen Königreich zu erwählen und den Allergnädigsten Kronprinzen auf seiner Reise in ferne Länder seinem Schutz und seiner Obhut anzuvertrauen. S. K. M. hatte nämlich die Tugenden der Frömmigkeit, der Umsicht und der reinen Sittlichkeit beim Fürsten schon vorher entdeckt, Tugenden, von denen er sich wünschte, daß sie dem Durchlauchtigen Kronprinzen, seinem Sohn, während der Reise dienten, auf daß dieser unter ihrem Schutz gesund, heil und glücklich zurückkehre.

Es wird sich der Durchlauchtige Fürst daher bemühen, die gute Meinung, die S. K. M. von ihm hat, und die in ihn gesetzten Erwartungen zu erfüllen. S. K. M. überträgt ihm die volle Macht, die Reise durchzuführen und den Durchlauchtigen Kronprinzen sowie sein Gefolge wieder heil nach Haus zu bringen. Und wenn der Durchlauchtige Kronprinz auch in dem Alter ist und über genügend Erfahrungen verfügt, die seinem Ruhm und seinen Kriegserfolgen entsprechen, und einen ausgeglichenen Geist besitzt, der wohl keinen

Berater benötigt, so unterwirft dieser sich doch nach dem väterlichen Willen der Macht und den Anordnungen des Durchlauchtigen Fürsten, wie es sich für den großen Sohn eines großen Vaters geziemt.

So also sollte der Fürst diese von S.K.M. geforderten Pflichten gewissenhaft, vernünftig, umsichtig und ernsthaft erfüllen und alle Gefahren, die etwa der Person oder der Ehre und Würde des Durchlauchtigen Kronprinzen drohten, mannhaft von diesem abwenden und dabei daran denken, daß er den erstgeborenen Sohn eines Königs, der unter vielen Völkern berühmt und geehrt ist ob seiner vielen Siege und Triumphe, einen Sohn, der selbst bekannt ist durch seine eigene Tugend und Tapferkeit, durch seine berühmten Siege über die Moskowiter und die Türken, unter seinen Schutz und seine Leitung nimmt. Deshalb wird er auch alle Bemühungen und Anstrengungen daransetzen, daß der Ruhm der Kriegserfolge und der Glanz der heroischen Tugenden in der ganzen Welt bekannt sowie die Ehre des Namens S. Hoheit des Kronprinzen weder befleckt noch geschmälert werden. Wenn man das bei den unzweifelhaft königlichen Fähigkeiten und Tugenden des Durchlauchtigen Kronprinzen auch am allerwenigsten zu befürchten hat, so muß man doch bedenken, daß er durch solche Länder reist, in denen infolge raffinierter Reize sogar der Geist des standhaftesten Mannes erlahmen und erliegen kann. Die Völker dort sind nämlich viel strengere Zensoren von Bräuchen und Taten, und was über den Durchlauchtigen Kronprinzen aus der Ferne alles Gute und Tugendhafte an ihre Ohren gedrungen ist, wird man aus der Nähe genauer und mit großem Interesse überprüfen wollen. Man muß sich daher sehr bemühen und mit aller Sorgfalt darauf achten, daß der Ruhm des Durchlauchtigen Kronprinzen während der Reise nicht geschmälert werde, wie das in der Tat geschehen könnte, sondern im Gegenteil danach trachten, daß er zunehme, daß er das Wohlwollen und die Liebe der Menschen erringe und mit seiner Person ein lebendiges Beispiel, etwa das Spiegelbild seines Allergnädigsten Vaters, darstelle und daß weder in Worten, Taten noch Gewohnheiten etwas geschehe, was das Auge jener Menschen beleidigen könnte, deren Ohr vorher voll war vom Ruhm seiner Tugend und Vernunft, seines Ansehens und seiner so heldenhaft und rühmlich vollbrachten Taten.

Vor allem also wird der Durchlauchtige Fürst, bevor er sich mit dem Allergnädigsten Kronprinzen von Warschau aus auf den Weg macht, alle seine Gefährten und Diener, die von S.K.M. ausgewählt wurden, über Pflichten, Aufgaben, Mäßigkeit, Bescheidenheit verwarnen und belehren und darüber, daß S.K.M. ihm bei dieser Reise den Schutz des Allergnädigsten Kronprinzen sowie das Kommando über die Dienerschaft anvertraut hat. Deshalb sollte er mit Nachdruck darauf hinweisen, daß sie sich willfährig verhalten, seinen Anordnungen folgen und sich weder in Wort noch Tat zu etwas hinreißen lassen, was eines Dieners oder Gefolgsmannes eines so hohen Fürsten unwürdig wäre. Es geschah nämlich nicht selten, daß Herren, insbesondere auf Reisen in fremde Länder, auch wenn sie selbst nichts Unehrenwertes taten, doch infolge der Unbotmäßigkeit ihrer Diener und Begleiter Schaden an ihrer Ehre und Würde durch jene erfuhren, die sich leichtfertig, anstößig und niederträchtig verhielten. Manchmal beurteilte man nach ihrer Haltung auch die Gewohnheiten ihrer Herren. Und es schadeten in der Einschätzung und Liebe bei den Menschen ihre verwerflichen Bräuche in gleicher Weise, wie ehrliche und lobenswerte Eigenschaften ihren Herren halfen.

Desgleichen sollte der Fürst vor der Abfahrt und vor allem während der Reise, wenn man die Höfe der Hoheiten besucht, der Dienerschaft ernsthaft einprägen, daß die beiden Laster, die bei unserem Volk weit verbreitet sind, Streitsucht und Trunksucht, mit denen sie gewöhnlich vor fremden Völkern prahlen, insbesondere vor Italienern und Spaniern, im Umgang mit ehrlichen Menschen, die diese Laster besonders verabscheuen, nicht zu einem Stein des Anstoßes werden. Er möge sich also bemühen, soweit es in seiner Macht steht, daß diese Laster der Gesellschaft des Allergnädigsten Kronprinzen nicht zu Unehren gereichen. Erführe aber der Fürst, was Gott verhüte, daß sich jemand von der Dienerschaft oder vom Gefolge des Allergnädigsten Kronprinzen anstößig benahm, dann hat er das Recht, einen solchen zu entfernen und notfalls durch jemanden anderen zu ersetzen. Da aber unter der zahlreichen Dienerschaft und den vielen Reisebegleitern des Kronprinzen leicht Streitigkeiten und Zänkereien ausbrechen können, darf sowohl von Fremden als auch Polen niemand der Reisegruppe angegliedert werden, der nicht von S. K. M. ausgewählt worden ist, außer, der Fürst erachte es für notwendig, um Ehre und Sicherheit des Allergnädigsten Kronprinzen zu schützen. Denn man schätzt nicht die Größe der Reisegruppe eines Herrn, sondern vielmehr ihre bescheidenen Bräuche, ihr Ansehen sowie ihr politisches, courtoises [höfisches] Auftreten.

Auf dem Weg und die ganze Reise über sollte sich der Durchlauchtige Fürst an die Anordnung halten und von hier mit dem Allergnädigsten Kronprinzen direkt nach Neiße zum Durchlauchtigen Erzherzog Karl reisen und von da nach Prag oder Wien zum Allergnädigsten Römischen Kaiser, weiter nach Innsbruck zum Allergnädigsten Erzherzog Leopold, dann nach Brüssel, Belgien, zur Allergnädigsten Spanischen Infantin Eugenie Isabella, schließlich nach Italien, wenn es die Zeit und die Wege zulassen. Weshalb er wegen der Reise nach Italien nichts ohne Wissen und Verständigung mit S.K.M. unternehmen sollte. Dagegen sollte er sich enthalten, Frankreich, Spanien, England und die Niederlande zu besuchen und auch andere Länder und überhaupt in dieser Hinsicht nichts ohne eindeutige Erlaubnis S. K. M. unternehmen.

Sobald der Allergnädigste Kronprinz Neiße erreicht, sollte der Fürst S. Durchlaucht Erzherzog Karl den Brief S. Königlichen Majestäten mit ihrem allergefälligsten Gruß überreichen und anschließend mit dem Allergnädigsten Kronprinzen den Weg zu S.K.M. nach Prag oder Wien bestimmen oder dorthin, wo sich der Allergnädigste Kaiser zu dieser Zeit aufhält. Sollte sich der Durchlauchtige Erzherzog, was S. Königlichen Majestät schon bekannt ist, dem Allergnädigsten Kronprinzen als Reisegefährte anschließen und mit ihm zu S. Kaiserlichen Majestät fahren, so wird der Allergnädigste Kronprinz diese Reise entsprechend den Wünschen und des Rates des Durchlauchtigen Erzherzogs unternehmen. Sollte es diesem als richtig erscheinen, daß der Allergnädigste Kronprinz bei seiner Fahrt zu S. Kaiserlichen Majestät Namen und Person verbirgt, so möge sich dieser nach seinem Rat richten und Reise und Aufenthalt nach dem Willen S. Kaiserlichen Majestät gestalten. Mit dem Kaiser möge sich der Fürst auch insgeheim brieflich in Verbindung setzen und ihn frühzeitig über die Ankunft des Allergnädigsten Kronprinzen in Kenntnis setzen. Wenn dann der Durchlauchtige Erzherzog mit dem Allergnädigsten Kronprinzen die Reise zu S. Kaiserlichen Majestät fortsetzt, möge er fleißig darauf achten, daß zwischen Dienerschaft und der Gefolgschaft nichts geschieht, was Anlaß zu Streitigkeiten und Zank gibt, sondern vielmehr darum besorgt sein, daß man sich auf beiden Seiten gegenseitig in eifriger Pflichterfüllung übertrifft und daß man der Dienerschaft des Allergnädigsten Kronprinzen nirgends den Vorwurf der Unbotmäßigkeit oder des Ungehorsams macht. Vor der Abfahrt aus Neiße solle er S.K.M. über alle Dinge und darüber benachrichtigen, was der Durchlauchtige Erzherzog in bezug auf die Reise beschlossen habe.

Sobald er bei S. Kaiserlichen Majestät ankommt, solle er sich entscheiden, ob der Allergnädigste Kronprinz incognito oder offiziell vor S. Kaiserlichen Majestät auftritt und ihn begrüßt, worüber er sich vor der Abfahrt (indem er es durch Korrespondenz erforscht) bei S. Kaiserlichen Majestät und dem Durchlauchtigen Erzherzog Karl informieren möge.

Selbst aber möge er bei einer Privataudienz S. Kaiserlichen Majestät die Briefe S. K. Majestäten, des Königs und der Königin, überreichen und erklären, daß der Allergnädigste Kronprinz von den polnischen Königlichen Majestäten zu S. Kaiserlichen Majestät geschickt worden sei, um die bestehenden verwandtschaftlichen Beziehungen mit S. Kaiserlichen Majestät durch herzliche Grüße und Glückwünsche zu bestätigen und mit S. Kaiserlichen Majestät über diese Sachen zu konferieren, die Bezug haben zu den Bindungen der gegenseitigen Freundschaft, des Wohlwollens und Friedens in den Ländern, die ihnen untertan sind.

Wenn Ihre Königlichen Majestäten auch vom beständigen und brüderlichen Wohlwollen und den aufrichtigen Gefühlen S. Kaiserlichen Majestät überzeugt sind, so daß man sie kaum durch weiteren Willen und Dienste vertiefen könnte, so fühlen sich die Königlichen Majestäten mit einem so überwältigenden Gefühl der Liebe zu S. Kaiserlichen Majestät verbunden, daß sie sich mit aller Macht darum bemühen, das beiderseitige Wohlwollen und Entgegenkommen zu stärken und nichts für wünschenswerter zu halten, als diese Zuneigung durch Briefe und Gesandte mit allem Eifer zu festigen.

Weil man aber infolge der großen Entfernungen und Hindernisse, die Anlaß zu königlichen Sorgen geben, nicht an einen persönlichen Austausch gegenseitiger Gefühle denken und gemeinsame Gespräche führen kann (was in der Tat ein großes Unglück aller Herrschenden ist), so wolle man sich wenigstens möglichst oft über Briefe und Gesandte mit S. Kaiserlichen Majestät verständigen. Wenn die Königlichen Majestäten diese ihre Pflicht gegenüber S. Kaiserlichen Majestät auch schon bei anderen Gelegenheiten bewiesen, so schickten sie nun, um auf besondere Weise Zeugnis ihres Wunsches abzulegen, die Sympathien des Allerdurchlauchtesten Kaisers zu gewinnen, den Allergnädigsten Kronprinzen Władysław Zygmunt als besten Beweis und Bürgschaft ihrer besonderen Liebe zu S. Kaiserlichen Majestät.

Diese und andere Dinge, die er für angemessen halte, möge der Durchlauchte Fürst sagen und dabei eine Weisung S. K. M. erfüllen und persönlich dort klären, was Gesandte S. Kaiserlichen Majestät vor kurzem überbrachten und auch S. K. M., unserem Allergnädigsten Herrn, auseinandersetzten, das heißt, daß sie sich über unfügsame Soldatenabteilungen beschwerten. Es geschah dies nämlich weder auf Befehl noch aus Nachsicht oder infolge von milden Gesetzen und geringen öffentlichen Strafen, daß mutwillige Söldnerscharen Schlesien, Mähren und andere Länder S. Kaiserlichen Majestät überfielen und ihren Bewohnern schweren Schaden zufügten. Ursache dafür war zum Teil der zügellose Übermut schlechter Menschen, zum Teil folgten sie dem Rat jener, die ohne Wissen S. K. M., ohne sich mit dem König zu verständigen, Soldaten in der Adelsrepublik anwarben, Offiziere und Rittmeister ernannten, ihnen großen Sold versprachen, sie durch religiöse Motive zu irgendeiner heiligen Soldatenpflicht inspirierten. Daher nämlich kamen die Proskribierten und Abenteurer zu Hauf unter dem Schild des kaiserlichen Heeres zusammen, in Wirklichkeit um Beute zu machen und zu rauben, eifrig wie eben solche und ihnen ähnliche, und begannen sogleich, zahlreiche Fähnlein und Abteilungen zu bilden und nahmen nach einiger Zeit dermaßen an Zahl zu, daß sogar die gewöhnliche Macht der Adelsrepublik eine so große Zahl, die in der Republik nach Beute suchte, nicht mehr im Zaum halten konnte, so daß sich die Notwendigkeit ergab, daß S.K.M. dem Kronenhetman den Befehl erteilte, ein Heer gegen sie zu wenden und sie zu verfolgen. Doch sobald jene das bemerkten, verstreuten sie sich über ganz Schlesien und Mähren und führten hier Überfälle und Raubzüge durch, von denen auch S.K.M. sowohl über seine Spione als auch durch die Gesandten S.Kaiserlichen Majestät und des Durchlauchten Erzherzogs Karl erfuhr. Es war die Gesetzlosigkeit der Zeit und der Menschen, die dieses Unglück sowohl in der Adelsrepublik als in den Ländern S.Kaiserlichen Majestät heraufbeschwor, denen S.K.M. aber auf jeden Fall entgegenzutreten beabsichtigte, wie das bereits in früheren Briefen an S.Kaiserliche Majestät und an den Durchlauchtigen Erzherzog Karl und auch aus den Antworten an deren Gesandte zum Ausdruck gebracht worden war. Damit aber in Zukunft der übermütige Haufe weder bei sich im Lande noch außerhalb nach Herzenslust rauben und Unrecht tun kann, wurde in Anlehnung an eine sehr strenge Verfügung, die auf dem letzten Sejm beschlossen wurde, festgelegt, diese Prozedur abzustellen, gewisse Abteilungen des regulären Heeres in der Adelsrepublik zu verteilen, mit deren Hilfe der Zügellosigkeit dieser Menschen Einhalt geboten und ihrem Übermut und der Gesetzlosigkeit entgegengewirkt werden könnte. Zugleich wurden Universalien und strenge Verordnungen an die Starosten der Grenzgebiete und alle Ämter in der Adelsrepublik verschickt, auf daß man überall dort, wo eine Einberufung unrechtmäßiger Horden bekannt würde, gleich den Rittmeistern der regulären Heeresabteilungen davon Meldung machte. Damit der Durchlauchtige Fürst sich mit dieser Angelegenheit um so leichter vertraut machen kann, sollte er die im vorigen Jahr auf dem Sejm beschlossene Konstitution, in lateinischer Version verfaßt, mit sich führen und, wenn nötig, S.Kaiserlichen Majestät und dem Durchlauchtigen Erzherzog Karl vorweisen und auch andere Beweise, die sich als nötig erweisen, um die Beschwerden über die mutwilligen Abteilungen zu erläutern und zu erklären.

Schließlich und endlich möge S.Durchlaucht der Fürst versichern, daß es S.K.M. an nichts so gelegen sei, als die Gesetze der Freundschaft und Nachbarschaft, Pakte und Bündnisse zu wahren und alle Wünsche und Pflichten zu respektieren, die vom geliebten und unbesiegten Monarchen, S.Kaiserlichen Majestät, ausgingen.

Eine ähnliche Verpflichtung wird es sein, die Allerdurchlauchteste Kaiserin im Namen des polnischen Königspaares zu grüßen und nichts zu vermeiden, was vom allergrößten Wohlwollen, dem ehrlichen Gefühl, der ungewöhnlichen Herzlichkeit und dem ständigen Wunsch zeugt, sich S.Kaiserlichen Majestät und der Allerdurchlauchtesten Kaiserin gegenüber verdient zu machen.

Solange sich S.Hoheit der Kronprinz bei S.Kaiserlichen Majestät aufhält, sollte der Durchlauchtige Fürst über alles S.K.M. in seinen Briefen berichten und diesen um Meinung und Wille befragen, was zu tun sei oder was die Kontinuität der Reise betrifft.

Sollte es S.Kaiserlichen Majestät, der Allerdurchlauchtesten Kaiserin und dem Allerdurchlauchtesten Erzherzog gefallen, dann begibt sich S.Hoheit der Kronprinz von hier nach Belgien zur Allerdurchlauchtesten Spanischen Infantin, und wenn sie es für notwendig erachten und der Weg zum Ziel sowie die Zeit es zulassen, soll er sich zum Allergnädigsten Erzherzog Leopold nach Innsbruck wenden oder dorthin, wo dieser sich gerade befindet. Diesem gegenüber möge der Allerdurchlauchteste Fürst die gleichen Pflichten erfüllen wie gegenüber den anderen, im Namen Ihrer Königlichen Majestäten beste Wünsche und Grüße überbringen und sich Meinung und Rat in bezug auf die weitere Reise anhören. Wenn S.Hoheit der Kronprinz dann weiter nach Belgien fährt, wäre es ratsam, um verschiedene Zwischenfälle zu vermeiden, sich nicht zu erkennen zu geben und in dieser Zeit eine andere Gestalt anzunehmen, und das deswegen, um nicht geschmäht und beleidigt zu werden, und auch, um heil und sicher in Brüssel anzukommen. Das also wird S. Durchlaucht dem Fürsten empfohlen. Er möge fernerhin die Allerdurchlauchteste Infantin über die Ankunft S. Hoheit des Kronprinzen in Kenntnis setzen und auch über Zeit und Art der Einfahrt in Brüssel, wenn die Situation nicht etwas anderes erfordert und es dem Allerdurchlauchtesten Kaiser, den Durchlauchtigen Erzherzögen Karl und Leopold nicht richtiger erscheinen sollte, daß S. Hoheit der Kronprinz ohne Benachrichtigung in Brüssel einfährt.

Wenn dann S. Hoheit der Kronprinz in Brüssel oder dort eintrifft, wo es der Allerdurchlauchtesten Infantin genehm ist, sollte der Kronprinz sie begrüßen und bei einer Privataudienz im Namen des polnischen Königspaares deren Grüße überbringen und die Gefühle des herzlichen Wohlwollens übermitteln. Beweis dafür sei, daß sie S. Hoheit den Kronprinzen als überzeugendstes Zeugnis ihrer ehrlichen Zuneigung und ihrer wohlwollenden Gefühle zu ihr geschickt hätten. Als nächstes sollte er erwähnen, mit welchen Gefühlen und Rücksichten, angesichts ihres Wohlwollens, der teure verstorbene Erzherzog Albert Ihre Königlichen Majestäten verpflichtet und wie oft er ihre Angelegenheiten, insbesondere während des türkischen Krieges, unterstützt hatte. Da er aber zum großen Schmerz der Königlichen Majestäten und der gesamten Christenheit gestorben war, setzt die Allerdurchlauchteste Infantin, seine ehemalige Gefährtin des Lebens und des Bettes, mit gleichem Wohlwollen und gleicher Güte gegenüber den Königlichen Majestäten seine christlichen und heldenhaften Tugenden fort und belebt auch weiterhin die ehrliche und eifrige Freundschaft. Und der gleichen Gefühle, die die Königlichen Majestäten gegenüber dem verstorbenen Erzherzog Albert gehegt hatten, da er ihnen viele großartige Dienste erwiesen hatte, sollte er die Infantin von seiten der Königlichen Majestäten versichern. Er sollte weiter sagen, daß ihnen nichts schwierig und beschwerlich erscheinen würde, was der Allerdurchlauchtesten Infantin leicht und angenehm erscheint. Mit solchen und ähnlichen Worten sollte er die Allerdurchlauchteste Infantin für die Königlichen Majestäten einnehmen.

Solange S. Hoheit der Kronprinz dort verweilt, möge der Fürst darauf achten, daß sich die Reisegesellschaft anständig, bescheiden und vernünftig verhält und nichts anstellt, was dem Ruf S. Hoheit des Kronprinzen schaden und die spanischen Hofleute in ihrer Bescheidenheit stören könnte. Und er soll so oft wie möglich S. K. M. brieflich darüber informieren, wie die Allerdurchlauchteste Infantin S. Hoheit den Kronprinzen aufnahm, welche Stimmung dort herrscht, was die Leute über die Ankunft S. Hoheit des Kronprinzen denken und ähnliche Dinge.

Wenn man dann von Belgien nach Italien aufbricht und es keinen anderen Weg gibt (dazu sollte aber der Allergnädigste Fürst von den Königlichen Majestäten neue Weisungen erwarten), dann möge er so fahren, daß sich S. Hoheit der Kronprinz niemandem zu erkennen gibt. Und er sollte um so vorsichtiger durch Italien reisen, je mehr Neigungen die dortige Bevölkerung zeigt, die Reisenden auszuhorchen und sich ihnen anzubiedern. Er müsse auch angestrengt Sorge dafür tragen, die Dienerschaft in ständiger Bereitschaft zu halten, denn Italien ist ein Land voller Versuchungen, die vom graden und ehrlichen Weg ablenken. Deshalb sollte sich S. Hoheit der Kronprinz nirgends lange aufhalten, sondern direkt nach Rom reisen und dort mit niemandem zusammentreffen, außer mit Kardinal de Torres, dem Protektor der polnischen Adelsrepublik. Entsprechend seines Rates sollte er den Papst aufsuchen, die Stadt, die Kirchen und alles besichtigen, was Frömmigkeit und

Ehrfurcht für die antiken römischen Denkmäler erheischen. Es sollte jedoch dort alles mit Vorsicht und Vernunft geschehen, auf daß S. Hoheit der Kronprinz nicht erkannt werde, und wenn es doch geschehen sollte, man weder in seiner Person noch bei seinem Gefolge und der Dienerschaft irgend etwas Unrühmliches entdecke. Denn eben in dieser Stadt, die von allen Christenstädten die am meisten bevölkerte ist und sehr zu recht die Szene der Welt genannt wird, wird man alle Worte und Taten S. Hoheit des Kronprinzen genauer verfolgen und notieren als anderswo.

Auf dem Rückweg aus Rom soll er seine Schritte mit S. Hoheit dem Kronprinzen zum Großherzog von Toskana nach Florenz lenken und auf die gleiche Weise, wie bei oben erwähnten Herzögen, sowohl den Großherzog von Toskana selbst als den Allerdurchlauchtesten Erzherzog im Namen der Königlichen Majestäten begrüßen und sich weder in Florenz noch in weiteren italienischen Städten länger aufhalten, insbesondere nicht in Venedig, dagegen auf sicheren und bequemen Wegen nach Polen zurückkehren. Dabei sollte er abermals S. Kaiserliche Majestät und die Erzherzöge Leopold und Karl aufsuchen, wenn die Beschaffenheit des Weges es erlaubt.

Vor allem möge der Durchlauchtige Fürst darauf achten, daß Gelder nicht leichtsinnig für Vergnügen ausgegeben würden, die einem so großen Kronprinzen nicht anstehen. Dieser Aufforderung könne er um so leichter nachkommen, wenn er sich von den Personen, die die Gelder S. Hoheit des Kronprinzen verwalten, und von den Schatzmeistern Rechnungen vorlegen ließe. Er möge darauf achten, daß die Summe, die S. K. M. S. Hoheit dem Kronprinzen für die Reise bestimmte, ausreicht und daß man keinerlei Schulden macht. Sollte der Fürst aber etwas Ähnliches entdecken, dann möge er energisch widersprechen und deutlich zum Ausdruck bringen, daß er im Namen S. K. M. diese Art Transaktionen auf keinen Fall dulde.

Das alles jedoch wird von weiteren Weisungen und dem Willen S. K. M. sowie von Ort und Zeit abhängen. Weshalb der Durchlauchtige Fürst jede Möglichkeit wahrnehmen soll, an S. K. M. zu schreiben. Wo sich dafür aber keine Gelegenheit ergäbe, möge er selbst in allen Situationen entsprechend den Umständen und den Ausgaben umsichtig und fleißig bestimmen, was er für notwendig und in Einklang mit Ehre und Ruhm S. Hoheit des Kronprinzen sowie seiner Königlichen Eltern für angebracht erachte, natürlich immer in Verbindung mit der Sorge um die Sicherheit der Reisenden. Das vertraut S. K. M. der Vernunft, Rechtmäßigkeit, Treue und Fürsorge des Durchlauchtigen Fürsten an, und er wünscht S. Hoheit dem Kronprinzen, seinem teuren Sohn, wie auch dem Durchlauchtigen Fürsten sowie seiner ganzen Gesellschaft eine erfolgreiche und sichere Reise und eine glückliche Rückkehr in die Heimat.

König Zygmunt
[Königliches Petschaft]

[Handschrift AGAD Radziwiłł-Archiv, Abt. II. Nr. 899, S. 2–8]

Geleitbrief von König Zygmunt III.

für Albrycht Stanisław Radziwiłł, ausgestellt am 16. Mai 1624 in Warschau

(Zygmunt III., Polnischer König von Gottes Gnaden ... etc.)

Allen und jedem Herrscher, allen kirchlichen und weltlichen Herzögen, Markgrafen, Grafen, Baronen und allen, die ein öffentliches Amt ausüben, die besonderen Pflichten nachgehen oder deren Vertretern, unseren Freunden und teuren Nachbarn senden wir Grüße und die Versicherung unseres ehrlichen Wohlwollens.

Es begibt sich nach Deutschland, Belgien, Italien und in einige andere Länder und Städte der christlichen Welt der Allerdurchlauchtigste Albrycht Stanisław Radziwiłł, Fürst von Otyka und Nieswiez, Fürst des Heiligen Römischen Reiches, Kanzler des Großfürstentums Litauen, Starost von Gniewno und Tucholsk, den wir wegen des Ruhms seines Fürstengeschlechtes und seiner großen Verdienste gegenüber uns selbst und der Adelsrepublik schätzen und den wir wegen der vorzüglichen Eigenschaften seines Geistes und Charakters mit unserer Gnade und königlichen Fürsorge umgeben und allen von Herzen empfehlen, wobei wir freundschaftlich und höflich bitten, ihm, seiner Reisegesellschaft, Dienerschaft, allen seinen Sachen und Gepäck in Ihren Ländern nicht allein eine sichere Durchreise zu gewähren, sondern ihm auch den Aufenthalt zu gestatten, wo und wann er darum bittet. Desgleichen wird gebeten, den Pflichten der Gastfreundschaft und der Höflichkeit nachzukommen, ohne eine verderbliche krankhafte Ansteckung von seiten der Dienerschaft, des Gefolges und des Gepäckes zu befürchten, weil man aus Ländern unseres Königreiches kommt, die – Gott sei Dank – von ansteckenden Krankheiten sicher und frei sind. Dergleichen Nachsicht, wie wir sie nach dem Gesetz der Nachbarschaft und der Freundschaft erhoffen, werden wir auch Ihren Untertanen und Menschen in den Landen unseres Königreiches erweisen.

Die Glaubwürdigkeit dieses Schreibens, verfaßt mit eigener Hand, lassen wir durch das Königliche Petschaft bestätigen.

Ausgestellt in Warschau, am 16. Mai 1624, der Zeit unserer Herrschaft in Polen XXXVIII und Schweden XXX Jahre.

König Zygmunt

[Handschrift AGAD Radziwiłł-Archiv, Abt. II. Nr. 899, S. 73]

Nachwort

Es war schon ein aufsehenerregendes Ereignis. Da reiste mitten in bedrohlicher Kriegszeit ein Königssohn, der polnische Kronprinz Władysław, im Gefolge einer auserlesenen Schar von Begleitern quer durch ganz Mitteleuropa, darunter durch Länder und Reiche, die durch Aufstände und Kriegswirren erschüttert wurden. Sein Vater, König Zygmunt III. aus dem schwedischen Geschlecht der Wasa, und seine Mutter, Königin Anna aus dem Geschlecht der Habsburger, hatten sich nur schweren Herzens entschlossen, dem Sohn den Wunsch nach einer so weiten und nicht ungefährlichen Reise zu erfüllen. Doch die inständigen Bitten nächster und entfernterer Verwandter aus dem Haus der Habsburger und Wittelsbacher, verbunden mit der Zusicherung eines wirksamen Schutzes, gaben letztlich den Ausschlag für den Entschluß des polnischen Königs, zumal mit dem Besuch des polnischen Kronprinzen anstehende politische Probleme geklärt werden sollten. Und so machte sich der 29jährige Kronprinz, dem der Ruf, Bezwinger heidnischer Tataren- und Türkenhorden zu sein, vorauseilte, im Mai 1624 auf den Weg: zu Erzherzog Karl von Habsburg und Bischof von Breslau, zu Kaiser Ferdinand II. nach Wien, zu Erzherzog Leopold und Bischof von Passau, zum bayrischen Kurfürsten Wilhelm und Maximilian I. nach München. Auch die Infantin Isabella, Tochter des spanischen Königs Philipp II., Statthalterin in den Niederlanden, Herzöge und Bischöfe in deutschen und italienischen Landen und der Papst begrüßten ihn freudig und bezeugten ihm gebührende Ehre und Hochachtung.

Konfessioneller Hader, Kaiser Ferdinands II. Streben nach absoluter Macht und die territorialen Ansprüche ehrgeiziger Landesherren hatten in Deutschland zu einer gewaltsamen Auseinandersetzung geführt, an der auch ausländische Mächte beteiligt waren. Die Unterdrückung der Böhmen und schließlich die Verletzung des von Kaiser Rudolf II. bewilligten Majestätsbriefes führten am 23. Mai 1618 in Prag zum Aufstand und zur Erhebung Friedrichs V. von der Pfalz auf den böhmischen Königsthron. Der Dreißigjährige Krieg begann.

Kaiser Ferdinands II. Sieg vom 28. November 1620 auf dem Weißen Berg bei Prag hatte den Sturz Friedrichs V. zur Folge. Kaiser Ferdinand II. ächtete Friedrich V., entzog ihm die Kur und wollte ihn auch der Pfalz berauben, übertrug also den Streit um Böhmen auf das Reich. Friedrich V. fand Verbündete, die anfangs Erfolge zu verzeichnen hatten, 1623 jedoch von Tilly, dem kaiserlichen Heerführer, bei Höchst und Stadtlohn geschlagen wurden. Gegen Tilly, der nach Norddeutschland vordrang und in Westfalen und Niedersachsen die evangelischen Stifter mit Hilfe der Jesuiten für den Katholizismus zu gewinnen suchte, erhob sich allen voran Christian IV. von Dänemark gegen Kaiser und Liga, wurde dann aber am 27. August 1626 bei Lutter am Barenberg besiegt. Tilly und der neuernannte kaiserliche Feldherr Wallenstein eroberten Norddeutschland (außer Stralsund) und zwangen Christian IV. am 12. Mai 1629 den Lübecker Frieden auf. Der Kaiser, nun unumschränkter Herrscher in Deutschland, erließ das Restitutionsedikt, wonach alle seit 1552 von den Protestanten eingezogenen Stifte und Kirchengüter an die Katholiken zurückgegeben werden sollten. Die Liga und Bayern indes, denen das politische Übergewicht des Kaisers ein Dorn im Auge war, setzten auf der Kurfürstentagung zu Regensburg 1630 Wallensteins Entlassung durch.

Gustav Adolf von Schweden landete im Juli 1630 mit 13000 Mann in Deutschland und besiegte 1631 im Bunde mit Sachsen bei Breitenfeld die Kaiserlichen unter Tilly. Während die Sachsen in Böhmen eindrangen, ging er nach Süddeutschland und zog 1632 in München ein. Wallenstein, wieder zum Oberfeldherrn berufen, vertrieb die Sachsen aus Böhmen und behauptete sich bei Nürnberg gegen Gustav Adolf, der am 16. November 1632 bei Lützen fiel. Später führte Wallenstein mit Schweden und Sachsen Unterhandlungen, um den Krieg zu beenden, wurde aber am 25. Februar 1634 auf Veranlassung des Kaisers in Eger ermordet. Am 30. Mai 1635 schloß der Kurfürst von Sachsen in Prag mit dem Kaiser einen Separatfrieden, dem sich auch Brandenburg und die meisten protestantischen Fürsten anschlossen. Nach weiteren zehn Jahren wechselvoller Kriegshandlungen wurde am 24. Oktober 1648 zu Münster der Westfälische Friede geschlossen. Damit ging der Dreißigjährige Krieg zu Ende.

Zu Beginn des 17. Jahrhunderts gehörte die Dynastie der Wasa zu den mächtigsten Geschlechtern Europas. Die schwedische Linie hatte von 1523 bis 1654 den schwedischen und die polnische von 1587 bis 1668 den polnischen Königsthron inne. Der Name Wasa leitete sich von der Garbe – schwedisch vase – auf dem Wappenbild der Familie her. Das Geschlecht bestieg 1523 mit Gustav I. den schwedischen Thron. Dessen zweiter Sohn, Johann III., seit 1569 König von Schweden, war mit der Jagiellonin Katharina von Polen vermählt. Seinen Sohn Sigismund ließ er katholisch erziehen, um ihm den polnischen Thron zu sichern. Sigismund wurde 1587 als Zygmunt III. zum König von Polen ausgerufen und nach dem Tod von Johann III. 1594 auch in Schweden gekrönt. Es gelang aber seinem Onkel Karl, ihn vom schwedischen Hof zu vertreiben und 1604 als Karl IX. selbst den schwedischen Thron zu besteigen. Ihm folgte 1611 sein Sohn Gustav II. Adolf, der bedeutendste Vertreter des Geschlechts der Wasa auf dem schwedischen Thron.

Zur Zeit König Zygmunts III. Wasa gehörte das Königreich Polen zu den größten und menschenreichsten Ländern Europas. Es erstreckte sich von der Ostsee im Norden bis dicht an das Schwarze Meer im Süden und von Schlesien im Westen bis hinter Witebsk und das Einzugsgebiet des Dnepr im Osten. Die Adelsrepublik bestand aus den Gebieten der Krone (den polnischen Stammesländern) und denen des Großfürstentums Litauen. Das Gesamtgebiet des polnischen Reiches umfaßte fast eine Million Quadratkilometer, auf denen etwa neun Millionen Menschen lebten, davon an die 40 Prozent Polen, dann Russen, Litauer, Letten, Ukrainer, aber auch Deutsche, Italiener, Franzosen und Juden.

Durch die Auseinandersetzungen mit Rußland um das Gebiet der Ukraine, die Konflikte mit Schweden wegen der Positionen an der Ostsee und schließlich die Kämpfe gegen die Türken war Polen außenpolitisch geschwächt. Dem suchte Zygmunt III. durch die Heirat mit Anna von Habsburg zu begegnen, was tatsächlich zu einer Annäherung an die Habsburger und 1613 sogar zu einem Beistandspakt mit ihnen führte. Der veranlaßte ihn dann auch, Kaiser Ferdinand II. zu unterstützen und vor einer drohenden Niederlage zu retten, als dieser vom Siebenbürgener Fürsten Bethlen Gabór und den mit ihm verbündeten Türken angegriffen wurde. Während Bethlens Truppen auf Wien marschierten, erhob sich auch Böhmen gegen die Habsburger. Zygmunt III. gestattete dem Kaiser, in Polen kampferprobte Söldner zu werben, darunter die sogenannten Lisowtschiki, die teilweise Sold vom König erhielten und nicht unwesentlich zu Bethlens Rückzug beitrugen. Diese polnische Interventionspolitik hatte Auswirkungen auf den Verlauf des beginnenden Dreißigjährigen Krieges, andererseits aber führte sie zu nicht zu übersehenden negativen Konsequenzen in Polen selbst, was sich insbesondere in der Provinz Schlesien zeigte. Hier lebte eine recht große Zahl von Polen, die sich wirtschaftlich auch weiterhin ihrem Stammland verbunden fühlten und die, ähnlich wie die Böhmen, den Habsburgern feindlich gesinnt waren und sich wiederholt gegen diese erhoben. Erzherzog Karl von Habsburg und Bischof von Breslau bat daraufhin seinen Schwager, König Zygmunt III., seinen damals 23jährigen Sohn Władysław nach Neiße, der Residenz seines Reiches, zu schicken – als äußeres Zeichen der polnischen Hilfe gegen die schlesischen Protestanten, unter denen sich auch viele Polen befanden. Die Erhebung in Schlesien wurde schließlich niedergeschlagen, das Land verwüstet, und viele Menschen wurden vertrieben.

Zygmunt III. strebte danach, den schwedischen Thron wiederzuerobern, Anspruch auf den russischen zu erheben sowie die eigene Dynastie und den Katholizismus zu stärken. Vorbilder waren ihm der spanische König, Philipp II., absoluter Herrscher und Hauptstütze der Gegenreformation, die Habsburger und der Papst. Allein der außerordentlichen Aktivität des polnischen Adels, der Schlachta, wenn auch von der katholischen Kirche und den polnischen Fürsten beeinflußt, ist es zu verdanken, daß die Idee der Gesinnungsfreiheit in Polen nicht unterging, daß es nicht, wie zum Beispiel in Deutschland und Spanien, dazu kam, daß die Untergebenen den Glauben ihres Herrn annehmen mußten. Dennoch konnten die Jesuiten, die den polnischen König umgaben und bestrebt waren, die Macht des Papstes durch die Bekämpfung von Andersgläubigen zu stärken, Reich und Volk großen Schaden zufügen.

Sechs Jahre nach Beginn des Dreißigjährigen Krieges trat der Kronprinz in Gesellschaft von durchschnittlich fünfzig bis siebzig Begleitern, alles ausgesuchte und verläßliche Personen, seine Reise an. Zehn bis fünfzehn davon zählten zu seinem engeren Kreis und waren mit wichtigen Aufgaben, wie der Abwicklung der unterwegs anfallenden diplomatischen, finanziellen und organisatorischen Dinge betraut. Außerdem gehörten zu diesem Kreis ein Arzt, ein Kaplan, ein Sekretär und ein Chronist. Die restliche Gesellschaft bestand aus Dienstboten. ›Direktor‹ der Reisegesellschaft und gleichzeitig verantwortlich für den Schutz des Kronprinzen war Fürst Stanisław Radziwiłł, Kanzler des Großfürstentums Litauen, auserwählt und mit Vollmachten versehen vom König Zygmunt III. selbst. Der vordringliche Wunsch des Königs war es, daß der Kronprinz in diesen unsicheren und gefährlichen Zeiten zu seiner eigenen Sicherheit inkognito reise und unerkannt bliebe, um nicht unnötige Gefahren heraufzubeschwören. Meist gesellten sich der Reisegesellschaft auf Befehl der Landesherren Schützenkompanien und Reiterfähnlein hinzu, teils bis zu tausend Mann stark, besonders in den Ländern, in denen Söldnertrupps umherzogen und auf alles Jagd machten, was Beute verhieß. Nachricht von der Reise des Kronprinzen durch die westeuropäischen Länder blieb der Nachwelt durch drei Reiseteilnehmer erhalten: durch den vom König beauftragten Chronisten Jan Hagenaw, den Reiseleiter Fürst Radziwiłł selbst und durch den Sekretär des Kronprinzen Stefan Pac, der jeden Tag äußerst gewissenhaft Tagebuch führte. Nach der Rückkehr des Kronprinzen beschrieben zwei Historiker, Eberhard Wassenberg und Stanisław Kobierzycki, die sich auf das genannte Material und weitere Aussagen stützten, nochmals ausführlich die Reise des Kronprinzen durch Westeuropa.

Es ist das Verdienst von Adam Przyboś, Professor für Geschichte an der Pädagogischen Hochschule in Kraków, der sich vor allem mit der polnischen Geschichte des 17. Jahrhunderts beschäftigt, die Tagebücher der Teilnehmer an der Reise von Kronprinz Władysław durch Westeuropa in einer umfangreichen, sorgfältigen, bis ins kleinste Detail erläuterten wissenschaftlichen Publikation im Verlag ›Wydawnictwo Literackie Kraków‹ 1977 herausgebracht zu haben. Diese Ausgabe besteht im wesentlichen aus den drei erwähnten Tagebüchern sowie aus der poetischen, sich allerdings eines aufgeblähten, barockartigen Stils und vieler mythologischer Vergleiche bedienenden Darstellung von Samuel Twardowski. Weiteres historisches Material zu diesem Thema wurde in den ausführlichen Anmerkungsapparat eingearbeitet. Die Ausführungen des Sekretärs Stefan Pac übernahm A. Przyboś von Plebański, einem polnischen Historiker des vorigen Jahrhunderts, der in Berlin bei Leopold Ranke studiert hatte und dem in der königlichen Bibliothek die Handschrift von Pac in die Hände gefallen war. 1854 veröffentlichte Plebański die Aufzeichnungen, überarbeitet und sprachlich in eine verständliche Form gebracht. Das Original, das in die Deutsche Staatsbibliothek nach Berlin gelangte, ging im 2. Weltkrieg verloren. Des weiteren benutzte A. Przyboś Kopien der Handschriften von Fürst Radziwiłł und Hagenaw, die er in verschiedenen Archiven zusammentrug. Während der Text von Fürst Radziwiłł bereits im vorigen Jahrhundert vom Historiker E. Kotłubaj übersetzt wurde, blieb es dem Herausgeber der Krakauer Ausgabe vorbehalten, das Tagebuch von J. Hagenaw aus dem Lateinischen in die moderne polnische Sprache zu übersetzen, wobei er verschiedene lateinische und altpolnische Redewendungen übernahm, um im Text den Eindruck des Originals zu wahren.

Der Übersetzer und Herausgeber der deutschen Ausgabe nahm in Übereinstimmung mit dem Verlag die seit einigen Jahren vorliegende polnische Fassung von A. Przyboś zur Grundlage des deutschen Textes, wollte aber keine streng wissenschaftliche Arbeit, sondern vielmehr ein anschauliches, informierendes und unterhaltsames Buch mit einer chronologischen Darstellung der Reise vorlegen. Der deutsche Text verzichtet aus diesem Grunde auch auf eine vollständige Dokumentation der Tagebücher und führt Doppelungen in den Tagesberichten, wie sie in der polnischen Ausgabe durchgängig vorkommen, nur dann an, wenn die Chronisten einander ergänzen und neue interessante Eindrücke und Nachrichten über spezifische Bräuche und historische Ereignisse anführen. Desgleichen wurde in der deutschen Fassung darauf geachtet, die sprachlichen Besonderheiten nach Möglichkeit zu erhalten. Der litauische Generalschreiber S. Pac war ein typischer Vertreter des selbstbewußten, freien Standes der polnischen Schlachtschitzen, und dementsprechend war die Sprache seines halboffiziellen Tagebuches: ohne Umschweife, kernig, polternd und ein wenig prahlerisch. Pac war zwar ein weitgereister und erfahrener Mann mit leidlichen Umgangsformen und Sprachkenntnissen, doch die perfekte Eleganz des Kronprinzen oder des Fürsten Radziwiłł besaß er bei weitem nicht, und so waren sein Auftreten und seine

Ausdrucksweise weniger geschliffen, seine Reden, samt ihrer Latinismen, verschiedentlich verdreht und verschroben. Daran hat auch die sprachliche Überarbeitung, die im Laufe der Jahrhunderte vorgenommen wurde, nur wenig geändert. Auch in der vorliegenden Ausgabe wurden diese sprachlichen Besonderheiten gewahrt. Dabei sind Latinismen gleich im Text übersetzt worden. Anders ist die Ausdrucksweise bei Radziwiłł und Hagenaw. Der Fürst beschränkte sich auf sporadische Eintragungen in einer gepflegten, aber emotional ungefärbten, nüchternen Form. Noch sachlicher ist die Berichtsform bei Hagenaw, dessen Pflicht als offiziell benannter Chronist es war, die Tagesereignisse zu notieren und in einem Bericht für den König zusammenzustellen. Dabei enthielt er sich als ein in der höfischen Hierarchie weiter unten stehender Untergebener aller Wertungen, Einschätzungen und Kommentare. Seine Angaben über Zeiten, Orte, Personen und Ereignisse sind exakter als die der beiden anderen – wenn auch nicht immer richtig –, seine Beschreibungen von Ereignissen und Tagesabläufen ausführlicher, objektiver. Für die deutsche Fassung wurde die von A. Przyboś besorgte Übersetzung des im Original lateinischen Textes in die polnische Umgangssprache zugrunde gelegt; zugleich wurden die Korrekturen verschiedener Orts- und Personennamen sowie Zeitangaben und Zeitabläufe, auf die die polnische Ausgabe im Anmerkungsteil verweist, in den Kommentar übernommen. Auf diese Schreibweise ausgerichtet ist auch der deutsche Text. Abweichend von der polnischen Vorlage erfolgt die Schreibung der Ortsnamen in der historisch gebräuchlichen Form; wo nötig, erfolgte in den Anmerkungen und im Verzeichnis der geographischen Namen die Übertragung in die heute gebräuchliche Diktion.

Durch einen glücklichen Umstand können der deutschsprachigen Ausgabe eine große Zahl von anspruchsvollen Illustrationen beigefügt werden. Es handelt sich überwiegend um zeitgenössische Kupferstiche, die zum größten Teil aus der Werkstatt von Matthäus Merian d. Ä. stammen und von diesem Mitte des 17. Jahrhunderts im ›Theatrum Europaeum‹ und in den ›Topographien‹ von Deutschland, Frankreich und Italien veröffentlicht wurden. Von Frank Gratz, Mitarbeiter der Jenaer Universitäts-Bibliothek, konnten aus den im Bestand der Jenaer Universitäts-Bibliothek befindlichen Merian-Topographien Stiche von Landschaften und Städten, die auf dem Reiseweg des polnischen Kronprinzen lagen, und zugleich Porträts von hochgestellten Persönlichkeiten, mit denen der Kronprinz auf seiner Reise zusammentraf, ausgewählt werden.

Da Matthäus Merian d. Ä. in der europäischen Kunstgeschichte eine nicht geringe Rolle spielt, sollen ihm hier einige Worte gewidmet werden. Er wurde 1593 in Basel geboren und starb 1650 in Schwalbach. Die Kunst des Kupferstechens erlernte er in Basel und Zürich. Es schloß sich eine mehrjährige Wanderschaft durch Frankreich und Deutschland an. Merians Einzelstiche und Buchillustrationen weisen eine erstaunliche thematische Breite auf, die von der Gestaltung biblischer und historischer Stoffe, der Darstellung von Herrschern und berühmten Zeitgenossen über Jagdszenen, Tierdarstellungen, Stadt- und Dorfansichten, Landschafts- und Schlachtenbilder bis hin zu Titelkupfern und ornamentalen Stichen reicht. 1617 heiratete Merian Maria Magdalene de Bry, die Tochter des Verlegers Johann Theodor de Bry, und eröffnete in Heidelberg eine eigene Werkstatt. 1624, nach dem Tode seines Schwiegervaters, übernahm er die Leitung des Frankfurter Verlages von de Bry, der in der Folge als Merians Kunstverlag große Erfolge verzeichnete. Die bekanntesten Publikationen sind die schon erwähnten ›Topographien‹ von Deutschland, Frankreich und Italien sowie das ›Theatrum Europaeum‹. Letzteres war eine in eigener Werkstatt reich illustrierte Zeitgeschichte der politischen und militärischen Ereignisse und sensationellen Neuigkeiten. Bis zum Jahre 1650 erschienen fünf Foliobände mit insgesamt 545 Illustrationen. Das Magazin wurde nach dem Tode Merians von seinen Erben und Nachfolgern weitergeführt; 1718 erschien der 21. Band.

Von den oben angeführten Topographien brachte Matthäus Merian d. Ä. bis zu seinem Tode zwölf Bände mit insgesamt 1012 Illustrationen heraus. Seine Söhne, Matthäus Merian d.J. und Caspar Merian, setzten die Arbeit des Vaters fort. 1688 wurde das umfangreiche, nun auch Frankreich und Italien einbeziehende topographische Werk – das bedeutendste seiner Art im 17. Jahrhundert – abgeschlossen. Das Gesamtwerk umfaßte dreißig Bände mit etwa 2500 Kartenkupfern, vor allem aber mit Städteansichten, nach der Natur gezeichnet und in Kupfer gestochen, jedes Blatt ein Kunstwerk für sich.

Eine Auswahl von diesen Stichen illustriert in anschaulicher Weise eine Vielzahl von Reisestationen des Kronprinzen auf seinem Weg durch Europa. Sie ergänzen die Reisebeschreibungen und fügen sich organisch in den Text ein.

In Einheit mit den Illustrationen sind es vordringlich die politischen, gesellschaftlichen und kulturhistorischen Aussagen, die die Tagebücher von der Reise des Kronprinzen zu einer Fundgrube für den historisch Interessierten machen, denn sie stammen aus einer Zeit, da die meisten historischen Zeugnisse durch die langanhaltenden Kriegswirren verlorengegangen sind. Der historische Quellenwert der Dokumente jedenfalls ist höher einzuschätzen als ihr literarisch-künstlerischer Wert. Interesse verdienen die Tagebuchaufzeichnungen vor allem deshalb, weil sie als persönliche Einschätzung und Darstellung dreier unbeteiligter Ausländer Anspruch auf Wahrhaftigkeit der Aussagen erheben und den tatsächlichen Umständen und Begebenheiten zumindest wohl sehr nahe kommen. Wie die Chronisten ihre Eindrücke und Erlebnisse wiedergeben, ist zudem so lebendig und plastisch, daß sich der Leser förmlich an die Höfe mitteleuropäischer Kaiser, Könige und Fürsten versetzt fühlt, ihren Lebensstil, ihr höfisches Zeremoniell, ihre Art des Vergnügens, die Tänze, das Theater, die Musik, ihre Paläste, Gärten und Kunstschätze, aber auch die gesellschaftlichen und politischen Umstände der damaligen Zeit sehr eindringlich kennenlernt.

Genauso wertvoll wie die Darstellung des höfischen Lebens sind aber auch die Beschreibungen von Ländern und Städten, durch die die Reise führte, immer in enger Verbindung mit der Schilderung der Menschen: der Bürger, Handwerker, Geistlichen, Künstler, Ratsherren, Magister und der Bauern, vor allem aber des Kriegsvolks, hoher Offiziere und einfacher Soldaten. Denn es war Kriegszeit, und alles Leben war durch die Kriegsereignisse gezeichnet.

Ganz besonders hebt sich in den Berichten die Person des polnischen Kronprinzen ab. Wir lernen in ihm einen hochgebildeten und tüchtigen jungen Mann kennen, der über hervorragende Kenntnisse auf verschiedenen wissenschaftlichen Gebieten verfügte, der deutschen und italienischen Sprache mächtig war, besonderes Interesse für Kunst und Musik verriet und von Kind an mit Sitten und Bräuchen an den Höfen vertraut war.

Die meisten der hohen Habsburger Herrscherhäuser in Deutschland, den Niederlanden und in Italien waren näher oder entfernter mit dem polnischen Königsgeschlecht der Wasa verwandt. Doch man empfing Władysław dort nicht nur als polnischen und schwedischen Prinzen und Vertreter einer mächtigen Dynastie, als Mitglied der großen Habsburg-Familie, sondern auch als potentiellen Anwärter auf den russischen Thron und als

Kriegshelden, der die Schlacht bei Chocim gegen die heidnischen Türken gewonnen hatte.

Sympathien erwarb er sich bei den Herren und Damen auch als ein gewandter und geistvoller Unterhalter und guter Tänzer, zudem war er wohlgestalt und von ansprechendem Äußeren. Hinzu kam, daß der Kronprinz auch auf militärischem Gebiet eine gute Ausbildung genossen hatte, nicht allein in Theorie und Taktik als Feldherr, sondern auch als Reiter und Fechter. Die gleiche Sympathie, die ihm seine hohen Verwandten entgegenbrachten, wußte er auch unterwegs auf Straßen und in Herbergen beim einfachen Volk zu erringen, bei Bauern, Bürgern und Soldaten. Dieser vielfältige Kontakt des Kronprinzen kennzeichnet – ohne daß es von den Chronisten besonders betont worden wäre – die allgemeine geistige Situation im damaligen polnischen Königreich, das Verhältnis von Groß- und Kleinadel, das kulturelle Niveau, die geistige und religiöse Toleranz des Herrscherhauses, die sich – was auch in den Tagebüchern deutlich wird – von den Verhältnissen der westeuropäischen Kaiser- und Königshäuser mit ihren absoluten Machtansprüchen stark unterschied.

Nicht weniger würdig als der Kronprinz selbst repräsentierten seine Reisegefährten das Ansehen des polnischen Königreiches. Ob Kanzler Radziwiłł, der Sekretär Pac, die Herren Denhoff, Żółkiewski, Kazanowski und andere, alle galten sie als hochgebildete Persönlichkeiten, hatten zum Teil in Westeuropa studiert, waren mit der höfischen Etikette vertraut, sprachen mehrere Sprachen, verfügten über wertvolle Erfahrungen in den aufgesuchten Ländern und verrieten Interesse für Kunst und Kultur. Die hohe Autorität des Geschlechtes der polnischen Wasa und der Adelsrepublik bestätigten selbst Kaiser und Papst sowie viele europäische Fürsten und Herzöge, indem sie dem polnischen Kronprinzen Hochachtung und Ehrerbietung entgegenbrachten, ihn mit Musik und Versen empfingen, ihm z. B. ein so großer Feldherr wie A. di Spinola den Oberbefehl über das spanische Heer anbot und der Papst ihn mit Hut und Schwert des Siegers auszeichnete.

Die komplizierten, an den europäischen Höfen in der ersten Hälfte des siebzehnten Jahrhunderts herrschenden Verhältnisse, die strenge Hierarchie des Vatikans, die vielschichtigen Beziehungen der deutschen, niederländischen und italienischen Herrscherhäuser zum polnischen Thron bildeten die Quelle für eine Reihe sprachlicher und editorischer Probleme bei der Übertragung des Textes, die nur durch die Unterstützung verschiedener Fachleute zu lösen waren. An dieser Stelle sei Dr. theol. Herbert von Hintzenstern, der mir wertvolle Hinweise zu kirchenhistorischen und theologischen Termini gab, und den Professoren der Mediävistik und Kulturgeschichte Werner Mägdefrau und Günter Steiger für ihre Hilfe bei der Klärung von historischen Fragen gedankt. Dank auch meiner Tochter Petra Schweinitz für die Arbeit bei der Erstellung von Personenregister und Verzeichnis der geographischen Namen sowie Fotomeister Günter Schörlitz für die ausgezeichneten Reproduktionen der Kupferstiche aus den Merian-Topographien.

Dank vor allem schließlich Professor Adam Przyboś, durch dessen Edition der Berichte über die Reise des Kronprinzen Władysław die vorliegende Ausgabe erst ermöglicht wurde.

Bolko Schweinitz

Anmerkungen

1 In seiner berühmt gewordenen Rede auf dem Sejm von 1605 trug Kanzler Jan Zamojski auch folgende erzieherischen Postulate vor: ›Wir wünschen, daß der Kronprinz erzogen wird, wie es in spem Regni ansteht [...], denn es braucht der königliche Sohn eine große Übung, beizeiten soll er sich große virtutes regias aneignen, institiam colere, sapientes consulere, assentatores fugere [...]. Wir bitten, daß ihm S. Königliche Majestät eine gute Erziehung angedeihen läßt, die seiner Geburt würdig ist, so daß er gleichzeitig mit dem Verstand die notwendigen Tugenden erwirbt, denn in welchem Maße sie sich der junge Verstand aneignet, werden sie künftig bleiben; und wie ich sagte, was man in der Jugend erlernt, damit stirbt man auch.‹ (J. Skoczek, Erziehung der Wasa. Lwów 1937, S. 11–12)

2 Zygmunt III. gedachte selbst die Krone von Moskau zu erwerben und wollte sie erst nach Eintritt friedlicher Zeiten im Lande an den Sohn übergeben.

3 Interessant ist, wie sich die ausländische Diplomatie die Reise des Kronprinzen erklärte. Folgendes übermittelte der englische Gesandte in der Türkei, Thomas Roe, seiner Regierung: ›An die Ratsherrn Ihrer Königlichen Majestät, am 24. November 1624. Man teilte uns mit, daß der polnische Kronprinz Warschau verließ, um entweder die Tochter des Kaisers oder die des spanischen Königs zu heiraten. Die Angelegenheit rief hier großes Mißtrauen hervor. Ich erfuhr aber von jenen, die über die Geheimnisse der hohen Stände aufgeklärt sind, daß der Kronprinz zwar ohne große Bedenken glaubte, die Hand einer der beiden Prinzessinnen zu bekommen, doch in Wirklichkeit dürften hierbei große Schwierigkeiten entstehen. Man sagt also, der wirkliche Grund seiner Reise sei seine Unzufriedenheit. Und wenn der junge Prinz auch sehr regsam und tapfer ist und sowohl vom Heer und den adligen Kavalieren sehr geliebt wird, so raten ihm doch seine Vertrauten von einer solchen Verbindung ab wegen der Diplomatie Österreichs, das sich Polen gegenüber immer vorsichtig verhielt und sich als hartnäckiger Feind der freien Völker erwies. Andererseits hörte die polnische Königin, die Stiefmutter des Kronprinzen, wegen ihrer Anhänglichkeit zu ihrem Sohn Kazimierz nicht auf, Intrigen gegen den Erben zu spinnen. Wenn sie ihn auch öffentlich zur Heirat aufforderte, so überredete sie doch im geheimen ihren Mann, daß er sich für ihn beim Kaiser nicht einsetzte. Und nicht genug damit, sie begann auch noch beim Papst zu intrigieren, daß dieser die geplante Ehe wegen einer angeblichen Verwandtschaft ablehnte. Durch diese Intrigen ermüdet, begab sich Kronprinz Władysław ohne ein besonderes Ziel auf die Reise, um sich der Welt zu zeigen und sein Glück zu versuchen. Was aber seine Absichten sind und wo er sich aufzuhalten gedenkt, können wir, die wir hinter dem christlichen Horizont leben, nicht voraussehen.‹ (Auszüge aus der Negatiation des Kavaliers Sir Thomas Roe während seiner Gesandtschaft im Ottomanischen Reich von 1621 bis 1628 inklusive. In: Sammlung historischer Denkmäler im früheren Polen von J. U. Niemcewicz. B. V. Puławy 1830, S. 447–448, poln.) Von Naivität hingegen zeugt die Mitteilung des Musikwissenschaftlers Hieronymus Feicht über das Reiseziel des Kronprinzen, wenn er schreibt, daß Władysław als Vertreter von Zyg-

munt III. in Florenz das Haus der Medici-Familie anläßlich einer Hochzeitsfeier aufsuchte.

4 1 Dukaten = 160 Groschen; 1 Taler = 90 Groschen. Zur Orientierung seien Preise aus den Jahren 1621–1630 nach W. Adamczyk, Preise in Lublin vom XVI. bis Ende des XVIII. Jahrhunderts, Lwòw 1935, angegeben: ein Scheffel Hafer 40 bis 51 Groschen (1 Złoty = 30 Groschen), ein Huhn etwa 7 Groschen; ein Schock Eier 40 Groschen, ein Kalb 119 Groschen, ein Paar Schuhe 49 Groschen.

5 Adam Boniecki (Polnische Heraldik. B. VII. Warschau 1904, S. 228, poln.) nennt das Geschlecht der Hagenaw a Moraunen aus Heilsberg, das ein eigenes Wappen besaß und 1579 in den polnischen Adelsstand erhoben wurde. Die ›Große Allgemeine Illustrierte Enzyklopädie‹ (B. XXVII, Warschau 1901, S. 213) teilt mit: Jan Hagenau aus Mähren, Bürgermeister von Heilsberg, erhielt am 4. August 1579 mit seinen Söhnen Szymon, Jan, Urban, Krzystof und Mikołaj das Indigenat.

6 Jan Stanisław Sapieha (1589–1635): Großmarschall des Großfürstentums Litauen in den Jahren 1620–1635.

7 Krzysztof Wiesiołowski: Großmarschall des Großfürstentums Litauen in den Jahren 1635 bis 1637.

8 Regina von Eisenreich: Hofdame der Königin Konstanze, Witwe des Wojewoden von Kujawien, seit 1619 Frau von A. S. Radziwiłł.

9 Stefan Pac war seit 1615 Generalschreiber des Großfürstentums Litauen, 1635 wurde er litauischer Vizekanzler. Er war nie Kanzler, was A.S. Radziwiłł, als er dies nach Jahren aufschrieb, sicher verwechselte.

10 Kasper Nagot: Schatzmeister der Reisegruppe.

11 Gester: Jan Gieysztor.

12 Schlacht bei Chocim gegen die Türken 1621.

13 Polen unterschrieb am 3. 1. 1619 in Deulino (Dywilin) einen Waffenstillstand mit Rußland für 14 und ein halbes Jahr. Der Waffenstillstand mit Schweden wurde am 11. 8. 1622 in Mitau (Mitawa) geschlossen und am 19. 11. in Lenowarta um anderthalb Jahre verlängert.

14 Loreto: Stadt in Mittelitalien in der Provinz Ankona, bekannt durch die Muttergottes-Kapelle, die 1295 angeblich durch Engel aus Nazareth hergebracht wurde. Über Władysławs Gelöbnis siehe auch S. Kobierzycki, Historia Vladislai Poloniae et Sueciae Principis ... usque ad excessum Sigmundi III. Dantisci 1655, S. 864–865.

15 Hier liegt ein Irrtum vor. Das muß in einem anderen Jahr, vielleicht 1623, gewesen sein, denn 1622 hatte überhaupt kein Sejm stattgefunden.

16 Adam Kazanowski (etwa 1599–1649): Favorit des Kronprinzen, später Kastellan von Sandomierz und Hofmarschall der Krone.

17 Erzherzog Karl von Habsburg: Bruder des Kaisers Ferdinand II., Bischof von Breslau in den Jahren 1608–1624, Großmeister des Deutschen Ordens.

18 Ferdinand II. von Habsburg (1578–1637): seit 1619 Kaiser des Römischen Reiches Deutscher Nation, Bruder der verstorbenen Königinnen Anna und Konstanze, also Onkel des polnischen Kronprinzen.

19 Konstanze von Habsburg (1588–1631): zweite Frau von Zygmunt III. Wasa, seit 1605 polnische Königin; Tochter des österreichischen Erzherzogs Karl von Habsburg.

20 Klara Isabella Eugenia de Austria (1566 bis 1633): Tochter des spanischen Königs Philipp II., nach dem Tod ihres Mannes Albrecht VII. im Jahr 1621 königliche Infantin in den Niederlanden.

21 Erzherzog Karl: Bischof von Breslau, residierte in Neiße.

22 Erzherzog Leopold von Habsburg (1586 bis 1632): Bruder von Kaiser Ferdinand II., 1605–1625 Bischof von Passau und 1607–1625 Bischof von Straßburg, Herr über Tirol seit 1625.

23 Maximilian I. von Wittelsbach, genannt Salomon (1573–1651): bayrischer Herzog seit 1597, seit 1623 bayrischer Elektor, Verwandter der Königin Konstanze.

24 Zwischen Polen und Frankreich bestanden zur Regierungszeit von Ludwig XIII. (1610–1643) und von Kardinal Armand Jean du Plessis Richelieu und zwischen Polen und Spanien zur Regie-

rungszeit von Philipp IV. (1621–1665) nur kühle Beziehungen.

25 Albrycht Stanisław Radziwiłł: Kanzler des Großfürstentums Litauen von 1623–1656; zwischen 1605–1612 befand er sich zu Studien in Würzburg, Löwen, Bologna. Er besuchte auch die Niederlande, die Schweiz und Frankreich.

26 Łukasz Żółkiewski (1594–1636): Neffe des Hetmans und Kanzlers Stanisław, wurde bei Cecora verwundet und geriet daselbst in Gefangenschaft; seit 1636 Wojewode von Brack.

27 Mikołaj Ostroróg (gest. 1651): Sohn von Jan, des Wojewoden von Posen, seit 1638 Mundschenk der Krone.

28 Gerard Denhoff (1589–1648): 1621 Offizier einer Abteilung deutscher Fußtruppen; seit 1642 Kastellan in Danzig (Gdańsk), Kalvinist.

29 Samuel Rylski: seit 1642 Kämmerer der Krone.

30 Der Papst verkündete alle 25 Jahre ein ›Heiliges Jahr‹, in dem man nach Besuch der römischen Basiliken einen Generalablaß erhielt; ein solches ›Heiliges Jahr‹ fand im Jahr 1625 statt.

31 A.S. Radziwiłł hatte Kronprinz Władysław bereits von Mai bis September 1619 auf der Reise zu Erzherzog Karl nach Neiße begleitet.

1624

MAI

1 Wola: heute ein Stadtteil von Warschau.

2 Preny: Stadt am Njemen, südlich von Kowno in der Wojewodschaft Trock. Pac war Starost von Preny.

3 Als A.S. Radziwiłł nach Jahren seinen ›Abriß der Herrschaft Zygmunts III.‹ schrieb, gab er als Tag der Abreise fälschlicherweise den 16. Mai 1624 und nicht, wie es den Tatsachen entsprach, den 17. Mai 1624 an.

4 Lubieniec (Lubliniec): Stadt im kaiserlichen Schlesien, südwestlich von Tschenstochau (heute Częstochowa).

5 Österreichischer Hof: gleichbedeutend mit dem Hof der Habsburger.

6 Neiße (heute Nysa): damals Hauptstadt des bischöflichen Herzogtums, eine der größten Städte in Oberschlesien. Ende des 16. Jh. zählte es etwa 7000 wohlhabende Bürger, überwiegend deutscher Abstammung.

7 Bethlen Gabór (1580–1629): 1613–1629 Fürst von Siebenbürgen, Protestant und türkischer Lehensmann, von 1619–1620 König von Ungarn. Zu Beginn des Dreißigjährigen Krieges unterstützte er die Böhmen und stellte sich gegen Kaiser Ferdinand II. Im Juni 1622 schloß er mit ihm jedoch Frieden und verzichtete auf die ungarische Krone.

8 Karl von Habsburg: Bischof von Breslau.

9 Zygmunt III. und Konstanze.

10 Es muß heißen: Radaptein.

11 Radziwiłł schrieb sein Tagebuch erst Jahre später und verwechselte dabei die Zeit der Ankunft in Neiße.

12 Zygmunt III.

13 Der Stefansorden wurde 1561 von Cosimo, Großherzog von Toskana, zur Piratenbekämpfung gegründet.

14 1532 ging Oppeln (heute Opole) nach Aussterben des Piastengeschlechts in den Besitz der Habsburger über.

JUNI

15 E. Wassenberg (Gestorum ... Vladislai IV. ... pars I. principem panegyrice representans. Gedani 1640–1641, S. 139) berichtete, der Kronprinz sei vor allem deshalb nach Breslau gefahren, um ausländische Kleidung zu kaufen. Er wurde von den Herren Pac, Żółkiewski, Denhoff und Kazanowski begleitet und bewahrte sein Inkognito.

16 Peter Gebauer reiste im März 1624 als Gesandter des Kaisers Ferdinand II. zu Zygmunt III., um über die Wahl des Kronprinzen Karol Ferdynand Wasa zum Bischof von Breslau zu verhandeln.

17 W. Dzięgiel (Der Verlust der Herzogtümer Oppeln und Ratibor durch Ludwika Maria im Jahr 1666. Krakau 1936, poln., S. 8.) gab an, Kronprinz Wasa hätte sich während seines Aufenthaltes in Neiße und dann in Wien bemüht, die Forderung der polnischen Wasa in bezug auf die Herzogtümer Oppeln und Ratibor durchzusetzen; wenn das wirklich der Fall gewesen sein sollte, dann sicherlich ohne Ergebnis. J. Leszczyński teilt mit, Władysław hätte seinen Vorschlag erneuert, den Kaiser militärisch gegen die Aufständischen um den Preis dieser beiden Herzogtümer zu unterstützen.

18 Erzherzog Karl fuhr, vom spanischen König Philipp IV. aufgefordert, nach Spanien, um die Pflichten des Vizekönigs von Portugal zu übernehmen. Er starb am 28. Dezember 1624, ein paar Tage nach seiner Ankunft, in Madrid. Die Frage der Nachfolge für das Breslauer Bistum war Polen nicht gleichgültig. Karl hatte bereits am 20. Dezember 1619 in Warschau in einem Akt den damals sechsjährigen Karol Ferdynand Wasa zu seinem Koadiutor bestimmt.

19 Es handelte sich um protestantische Aufständische aus den Jahren 1618–1620.

20 Der Deutsche Orden bestand nach 1525, nach seiner Säkularisation in Preußen, unter dem Schutz der Habsburger auch weiterhin in Deutschland. Die einzelnen Landesgruppen des Ordens unterstanden Komendatoren, deren Stellung der der früheren Komturen entsprach.

21 Ferdinand II. von Habsburg.

22 Lisowtschiki: nicht reguläre polnische leichte Reiterei, aufgestellt zu Beginn des 17. Jahrhunderts von Aleksander Józef Lisowski. 1619 gingen die Lisowtschiki in kaiserlichen Dienst über, kämpften gegen böhmische Aufständische, dann bei Cecora und Chocim gegen die Türken. Für Gewalttätigkeiten in Rußland wurden sie 1623 zur Infamie, d. h. zum Verlust der Ritterehre verurteilt. 1624 wurde gegen sie abermals eine Konstitution beschlossen. Sie befanden sich zu dieser Zeit immer noch auf kaiserlichem Gebiet.

23 Ottavio Piccolomini, Herzog Amalfi (1599/1600–1656): kämpfte im Dreißigjährigen Krieg unter A. Wallenstein, trug 1634 zu dessen Untergang bei; 1648 wurde er Heerführer der kaiserlichen Truppen.

24 Karel Žerotin (1564–1636): einer der protestantischen Anführer in Mähren, den Habsburgern gegenüber friedlich gesinnt.

25 1 Taler = 3 Złoty.

26 Franz von Dietrichstein (1570–1636): Kardinal, Bischof von Olmütz, nach Niederschlagung des böhmischen Aufstandes von 1621 Großherrscher von Mähren.

27 Kaiserin Eleonore (1598–1655): Tochter von Vincenzo I. Gonzaga, Herzog von Mantua, seit 4. Februar 1622 Gemahlin von Kaiser Ferdinand II.. Dessen Söhne sind: Ferdinand (1608–1657) – Sohn aus der ersten Ehe mit Maria Anna, Tochter des bayrischen Herzogs Wilhelm V., seit 1625 König von Ungarn, als Ferdinand III. 1637–1657 Kaiser – und Leopold Wilhelm (1614–1662), seit 1626 Bischof von Passau und Straßburg; die Töchter: Maria Anna (1610–1655), seit 1635 Frau des bayrischen Kurfürsten Maximilian I., und Cäcilie Renate (1611–1644), seit 1637 Frau von Władysław IV.

28 Hans Ulrich von Eggenberg (1563–1634): Herzog, kaiserlicher Heerführer im Dreißigjährigen Krieg.

29 Hans Jakob Khiesel von Kaltenbrunn (1565 bis 1638).

30 Graf Bruno von Mansfeld (1576–1644): Kaiserlicher Großmarschall.

31 Zdenek Wojciech Popel von Lobkovic (1568 bis 1628): Kanzler des Königreiches Böhmen, seit 1623 Herzog des Reiches.

32 Leonard Hellfried von Meggau (1577–1644).

33 Orden vom Goldenen Vließ: 1429 von Philipp III. von Burgund gestiftet; die Habsburger übernahmen das Recht, diesen Orden zu verleihen.

34 Karl Baron von Harrach (1570–1628): kaiserlicher Diplomat böhmischer Herkunft.

35 Maximilian Graf von Trauttmansdorff (1584–1650): kaiserlicher Diplomat.

36 Geronimo Caraffa (Carafa) (1564–1633): Marchese de Montenegro, italienischer Herkunft, aus Neapel stammend, ernannt zum Herzog des Kaiserreiches und zum Vizekönig von Aragon.

37 Adam Herberstein, gest. 1626.

38 Maximilian Dietrichstein (1596–1655): Oberhofmeister, Neffe des Kardinals Franciskus.

39 Don Matthias de Austria: zweiter (illegitimer) Sohn des Kaisers Rudolf II., 1607 als Sohn anerkannt.

JULI

40 Erzherzog Karl starb in Spanien angeblich infolge seiner Trunksucht

41 Leopold von Habsburg: Bischof von Passau.

42 Piotr Choiński (gest. 1614): Kastellan von Przemeck, Anhänger der Habsburger, unterstützte insbesondere Erzherzog Maximilian in seinen Bemühungen um den polnischen Thron. Sicher ging es um Angelegenheiten, die mit diesen Bemühungen verbunden waren.

43 Entweder Herzog von Sachsen-Koburg, Johann Kasimir von Wettin (1572–1633), oder Herzog von Sachsen-Eisenach, Johann Ernst von Wettin (1572–1638), oder der sächsische Kurfürst Johann Georg I. von Wettin (1611–1656).

44 Georg Ludwig Graf von Schwarzenberg (1586–1646): Hofmeister von Erzherzog Karl; seine zweite Frau war Elisabeth von Sulz.

45 E. Wassenberg (op. cit. S. 143–144) beschrieb, daß der Kronprinz in Wien den besten Eindruck sowohl als erfahrener und berühmter Soldat wie auch als höfischer Kavalier und als eine besonnene Person hinterließ. Dementsprechend porträtierte man den Kronprinzen auch in Wien, und so fiel auch die Schilderung seines Äußeren aus.

46 heiliger Coloman: Märtyrer, stammte aus einer schottischen Familie, starb 1012.

47 Marcus Sittich Graf von Hohenembs, genannt d'Altemps: Salzburger Bischof von 1612–1619. Bei den erwähnten Palästen handelt es sich wahrscheinlich um das Schloß Hellbrunn, von Santina Solari zwischen 1613–1619 errichtet.

48 heiliger Antonius: genannt ›der Große‹, Eremit, Gründer und Abt des ersten Klosters in Thebaida in Ägypten, starb 356; heiliger Paulus, erster Eremit in der Wüste von Thebaida, starb um 342.

49 Stefan Pac.

50 Maximilian I. von Wittelsbach (1573–1651): seit 1597 bayrischer Herzog, ab 1623 Kurfürst und Anführer der Katholischen Liga.

51 Jeremiasz Golner.

52 Wasserburg am Inn, westlich von Altenmarkt.

53 Elisabeth (1574–1635): Tochter von Karl II., Herzog von Lothringen.

54 Ingolstadt an der Donau. Pac schreibt, der Kurfürst sei nach Nürnberg gefahren.

55 Baron Teringius.

56 Zygmunt III. Wasa und Konstanze.

57 Esther: Heldin des Buches Esther, das die Geschichte der Juden in der persischen Gefangenschaft und ihre wundersame Errettung durch Esther behandelt. – Ahasver: hebräischer Name des persischen Königs, der mit Xerxes identifiziert wird (486–465 v. u. Z.).

58 Heidelberg: Stadt am Neckar in der Rheinebene, Hauptstadt der Pfalz. Während des Krieges um die Rheinpfalz im Jahr 1622 nahmen die kaiserlichen Truppen die Stadt ein und plünderten sie. Papst Gregor XV. erhielt wertvolle Bibliotheksbestände zum Geschenk und gliederte sie als Palatinata in die Bibliothek des Vatikans ein.

59 Die Rede ist vom schwedischen Eingreifen in den Dreißigjährigen Krieg zwischen 1630 und 1635. München wurde von Gustav Adolf II. 1632 erobert.

60 Gustav II. Adolf: schwedischer König von 1611–1632.

61 Maximilian I. von Wittelsbach.

AUGUST

62 Starnberg: Stadt am Würmsee, südl. von München.

63 Maximilian hatte erst mit seiner zweiten Frau, Maria Anna, Tochter von Kaiser Ferdinand II., zwei Söhne: Ferdinand Maria (1636–1679), bayrischer Kurfürst von 1651–1679, und Maximilian Philipp (1638–1705), Landgraf von Leuchtenberg von 1666–1705.

64 Albrecht III. von Wittelsbach (1401–1460).

65 deutsches Bankiersgeschlecht, das durch weitangelegte Finanzoperationen zu großen Reichtümern gelangte und in den Adelsstand erhoben wurde. Die Fugger besaßen in Augsburg ein prächtiges Wohnhaus mit polychromierter Fassade.

66 heiliger Ulrich, Bischof von Augsburg (gest. 973), galt als Beschützer der an Zahnschmerzen Leidenden.

67 Podagra: Gicht der Großzehe oder ›Zipperlein‹; Chiragra: Gicht in den Gelenken der Hand.

68 Albrecht Dürer (1471–1528): deutscher Maler und Graphiker, stammte aus Nürnberg, wo er auch starb. Führte in Nürnberg nach seinen Auslandsstudien seit 1495 eine Maler- und Graphikerwerkstatt. Auch sein Bruder Hans (1490–1534) wurde hier geboren und lebte und wirkte anfangs in Nürnberg.

69 Jeremiasz Golner.

70 Johann Schweikart von Kronenberg: Erzbischof, Kurfürst von München in den Jahren 1604 bis 1625.

71 Wahrscheinlich schrieb A. S. Radziwiłł seine Reiseeindrücke nach 1632 auf, da er Gustav Adolfs Aufenthalt in Würzburg während der Schwedenkriege erwähnte.

72 Łukasz Żółkiewski.

73 Ferdinand von Wittelsbach (1577–1650): Erzbischof und Kurfürst von Köln von 1612 BIS 1650.

74 Herzog Albrecht VI. (1584–1666): Bruder des bayrischen Kurfürsten Maximilian.

75 Herzogin Matilde (1588–1634): Tochter von Georg Ludwig, dem Landgrafen von Leuchtenberg.

76 Wolfgang Wilhelm von Neuburg: Herzog von Jülich, Kleve und Berg in den Jahren 1614–1653.

77 Adolf Wolf von Metternich.

78 Jeremiasz Golner.

79 Die Kölner Bürger, die sich an den 1254 gegründeten ›Rheinischen Städtebund‹ anlehnten, fügten dem Erzbischof 1288 bei Worringen eine Niederlage bei; Ende des 13. Jahrhunderts verlegte das Bistum seine Hauptstadt nach Bonn. Seitdem war Köln eine Freie Stadt, der vom Kaiser 1475 die Rechte einer Freien Reichsstadt zugesprochen wurden, womit sich die Erzbischöfe aber nicht abfinden wollten.

80 Gebhard Truchseß von Waldenburg (1547 bis 1601): Erzbischof und Kurfürst von Köln, der nach ein paar Jahren seiner Regierung in Köln 1582 zum Protestantismus überging und das Erzbistum in ein weltliches protestantisches Fürstentum umwandeln wollte.

81 Brüssel: Stadt an der Senne. Nach Übergang der Niederlande unter die Herrschaft der spanischen Habsburger wurde Brüssel Hauptstadt der Niederlande. Ziemlich genau wurden die Niederlande von Jakub Sobieski (Erinnerungen an meine Reisen in westeuropäische Länder 1607–1613, gewidmet meinen Söhnen Marek und Jan.) nach dessen Aufenthalt im Jahr 1609 beschrieben. Brüssel schien ihm die wahre spanische Hauptstadt in Belgien zu sein, mit vielen ausländischen Gesandten und dem prunkvollen Hof der Großherrscher Albrecht und Isabella. ›Eine große Stadt, mit vielen Palästen aus lauter Marmor, mit vielen Bildern, Tapisserien und anderen Galanterien.‹ (S. 41–42)

82 Hugenotten: bekannten sich in Frankreich im 16. und 17. Jahrhundert zum Kalvinismus.

83 Bis zum 16. Jahrhundert bediente man sich einer ›Ganzuhr‹ mit einer Zifferblatteinteilung in 24 Stunden. Im 17. Jahrhundert wurde das System der ›Halbuhr‹ mit einer Einteilung in 12 Stunden eingeführt.

84 Peter Paul Rubens (1577–1640): bedeutender flämischer Maler in der Zeit des Barock.

85 Jan Bruegel (1568–1625): bekannter flämischer Maler, Sohn des berühmten Pieter Bruegel (1525 oder 1530–1569).

86 Limburg: nordöstlicher Teil von Belgien an der mittleren Maas.

87 Liége (Lüttich): Hafenstadt an der Maas.

88 Utrecht: Stadt am Fluß Kromme Rijn in den mittleren Niederlanden.

89 Ambrogio di Spinola (1569/1570–1630): Italiener, spanischer Heerführer in den Niederlanden von 1602–1609; seit 1620 im Dienst des Kaisers; eroberte 1625 das niederländische Breda.

90 Breda: Stadt an der Mündung der Mark und Aa in den Kanal, im Nordwesten der Niederlande gelegen.

91 Mutter Gottes Aspricollensis Montegu in Brabant.

92 Herzog Charles d'Aumale (1555–1631) verteidigte als einer der Heerführer der Katholischen Liga Paris vor Heinrich IV., ging später in den Dienst des Spaniers Philipp IV. über; starb in Brüssel.

93 Albrecht von Habsburg (1559–1621): Sohn von Kaiser Maximilian II.; seit 1577 Kardinal, von 1594–1598 Primas von Spanien, danach Statthalter in den Niederlanden; seit 1599 mit Isabella Klara Eugenia verheiratet.

94 Philipp Karl Herzog von Aremberg (d'Arescot).

95 Trier an der Mosel, Hauptstadt des erzbischöflichen Kurfürstentums.

96 Dom in Antwerpen, größter und wichtigster Kirchenbau Belgiens. Der Bau dieser mit sieben Schiffen ausgestatteten Kirche wurde im 14. Jahrhundert begonnen und im 16. Jahrhundert beendet. Der Dom enthält zahlreiche Kunstwerke alter Meister, darunter auch von Rubens.

97 Peter Paul Rubens weilte seit 1589 als Hofmaler von Erzherzog Albert und der Infantin Isabella in Antwerpen. Der Kronprinz posierte Rubens auf Bestellung der Infantin in spanischem Gewand, mit dem damals modischen Spitzbart ›imperiale‹ und mit Perücke für einen Porträtzyklus, der 1937 erstmals veröffentlicht wurde. Rubens begleitete den polnischen Kronprinzen in den ersten Oktobertagen 1624 angeblich auf der Weiterreise. Władysław soll in Rubens' Werkstatt auch mehrere Bilder bestellt haben. Nach dem Tod des Meisters beteiligte er sich an der Versteigerung einiger seiner Werke. Willem van Haecht verewigte den Besuch Władysławs bei Rubens auf einem Bild. Paulus Pontius fertigte nach Rubens' Porträt einen Kupferstich an. Auch S. Kobierzycki (op. cit. S. 884) schrieb über den Besuch und nannte den Künstler den größten Maler jener Zeit: ›Der Kronprinz beehrte Rubens mit seiner Visite und besichtigte seine Sammlung.‹ Er besuchte auch die von Christoph Plantin (1520–1589), einem berühmten Typographen, gegründete Druckerei. Plantin hatte sie 1555 in Antwerpen gegründet und druckte in ihr über 1600 wissenschaftliche Drucke in verschiedenen Sprachen. Nach Plantins Tod übernahm dessen Schwiegersohn Jan Moretus die Druckerei. Als der polnische Kronprinz sie besuchte, leitete sie Jans Sohn, Balthasar Moretus. Władysław weilte auch bei dem berühmten Pieter Bruegel dem Jüngeren (1564–1638) und bewunderte seine Kunst der Miniaturmalerei. Das von Alessandre Farnese restaurierte Schloß wurde von Władysław ebenfalls besichtigt.

98 Nach E. Rastawiecki, Herausgeber von Adam Kazanowskis Stammbuch mit Eintragungen berühmter Persönlichkeiten, die jenem während der Reise begegneten (op. cit. S. 455), herrschte damals gerade eine Mondfinsternis, aus der di Spinola dem Kronprinzen neue Siege über die Ungläubigen prophezeite.

99 E. Wassenberg setzte hinzu (S. 174), daß di Spinola den siegreichen polnischen Kronprinzen besonders ehren wollte und ihm das Kommando über das gesamte spanische Heer, das Breda belagerte, übergab. Dieses Ereignis wurde von Calde-

rón in dem patriotischen Drama ›Die Belagerung von Breda‹ gewürdigt. W. Folkierski behauptet in seinen ›Spuren der Flandernreise von Kronprinz Władysław (1624) in Calderóns Theater‹, daß sich Calderon zu dieser Zeit gar nicht in Flandern aufgehalten habe, aber durch einen Augenzeugen Einzelheiten des Aufenthaltes von Kronprinz Władysław habe erfahren können. Jedenfalls stimmen diese Einzelheiten mit den Berichten von Pac und Hagenaw überein.

100 Die Familie der Baglioni war in Italien allgemein geachtet. Ihr entstammten sowohl bekannte Kondottieri als auch berühmte Kunstmaler.

101 Erbauer dieser Fortifikationen soll nach S. Kobierzycki (op. cit. S. 886–887) Hermann Hogo gewesen sein, dem Kronprinz Władysław für sein Werk großes Lob aussprach.

102 Wahrscheinlich handelt es sich hier um Mitau (heute Jelgava), die Hauptstadt von Kurland, die von den Schweden eingenommen wurde und 1622 von polnischen Heereseinheiten unter Krzysztof Radziwiłł belagert worden war.

103 Maximilian I. von Wittelsbach.

104 Es handelt sich um die Schlacht bei Kirchholm im Jahr 1605, als die polnische Reiterei (Husaren) die viel stärkeren schwedischen Infanterieeinheiten besiegte.

105 Pac schrieb diese Zeilen also erst nach der polnischen Kampagne gegen die Schweden in Preußen (1626–1629).

OKTOBER

106 die heilige Anna vom heiligen Bartholomäus (1549–1628): langjährige Gefährtin der heiligen Therese von Avila (Teresa de Cepeda y Ahumada, 1515–1582), spanische Karmeliterin, Mystikerin, Doktor der Kirche, Reformatorin ihres Ordens, 1622 heiliggesprochen.

107 E. Rastawiecki (op. cit. S. 455 ff.) kritisiert J. Bartoszewicz (Kronprinze, Bischöfe. Warschau 1851, S. 193), der die Infantin Isabella bezichtigte, gegenüber Władysław bestimmte Absichten gehegt zu haben. Dabei war Isabella schon seit 1621 Witwe des niederländischen Statthalters Albrecht von Habsburg. Außerdem war sie bereits 58 Jahre alt und Karmeliterin.

108 Francesco Borgia: Jesuitengeneral, gest. 1572.

109 Ottavio Visconti.

110 Ein roter Złoty war eine Goldmünze mit einem Gewicht von etwa 3,5 Gramm und (im Jahr 1627) einem Wert von etwa 5 Złoty.

111 Breda wurde am 10. Juni 1625 durch Aushungern zur Kapitulation gezwungen.

112 Queveda: vielleicht der verunstaltete Name von Alfonso Cueva?

113 Nach dem Bericht von Fürst A. S. Radziwiłł, im Juli 1638 innerhalb eines anderen Werkes unter dem Titel ›Memoriale rerum gestarum in Polonia‹ (Band 2, S. 272) erschienen, beabsichtigte der Kronprinz, von Brüssel aus nach Frankreich zu reisen, was ihm der Fürst und Herr Pac nur schwer auszureden vermochten. Außerdem war seine Absicht gegen den Wunsch von König Zygmunt III. gerichtet.

114 Philipp II. von Habsburg: König von Spanien in den Jahren 1556–1598.

115 Givet: Stadt an der Maas an der französischen Grenze, südöstlich von Philippeville.

116 Karl V. von Habsburg: Römischer Kaiser von 1520–1556, als Karl I. König von Spanien in der Zeit von 1516–1556.

117 Jeremiasz Golner.

118 Longvy: Stadt an der Grenze von Frankreich und Luxemburg, nordwestlich von Metz am Fluß Chiers gelegen.

119 Karl IV., Herzog von Lothringen.

120 Leopold Wilhelm von Habsburg.

121 Großschatzmeister.

122 Metz: kaiserliche Freistadt an der Mosel, an der Mündung des Flusses Seille; Karl V. belagerte sie vom 19. Oktober 1552 bis zum 1. Okt. 1553.

123 Valtellina (Veltlin): Gebirgstal im Nordwesten der Lombardei, das sich vom Comer See 120 Kilometer weit in die Alpen hineinzieht. An diesen

Kämpfen nahmen auf der Seite des kaiserlichen Heeres auch die polnischen Lisowtschiki teil.

124 Conflan: wahrscheinlich verunstalteter Name.

125 Johann Tserclaes Graf von Tilly (1559 bis 1632): Heerführer der Katholischen Liga in kaiserlichem Dienst.

126 Das heißt, daß der Kronprinz mit der Landespost reiste, also inoffiziell.

127 Karl IV., Herzog von Lothringen.

128 Vinum Hippocraticum: wahrscheinlich mit Wasser versetzter Wein, benannt nach Hippokrates von Kos (etwa 460–377 v.u.Z.), der Hauptvertreter einer berühmten Medizinschule und Verfechter angewandter Diät und strenger Hygiene war.

129 Jeremiasz Golner.

130 Hermann (1596–1664) und Wilhelm Fortunat.

131 Wilhelm Ludwig Graf von Nassau (1590 bis 1640) und Johann.

132 Sittich d'Altemps.

133 Molsheim: Stadt im Elsaß, westlich von Straßburg.

134 Basel: Stadt am Rhein an der Nahtstelle von Frankreich, Deutschland und der Schweiz; gehörte seit 1501 dem Schweizer Bund an.

135 Johanniter (Ordo militiae Sancti Jannis Baptistae hospitalis Hierosolimitani): 1113 vom Papst bestätigte Bruderschaft, die nach dem Vorbild der Templer als geistlicher Ritterorden organisiert wurde. Hervorgegangen aus der Bruderschaft des Hospitals des heiligen Johannes von Jerusalem.

NOVEMBER

136 Georg Friedrich Markgraf von Baden-Durlach (1573–1638): einer der protestantischen Heerführer im Dreißigjährigen Krieg.

137 heiliger Gervasius und heiliger Protasius: Märtyrer aus Mailand im II. Jahrhundert.

138 Ruffach: Stadt im südlichen Elsaß, am Fuße der Vogesen.

139 Olten: Stadt an der Aar, südöstlich von Liestal.

140 Schweizer Kanton im Nordwesten des Landes.

141 Graubündner: Einwohner des größten Schweizer Kantons Graubünden.

142 Räter: Einwohner des antiken Raetia in den Alpen, wahrscheinlich etruskischer Herkunft.

143 Der Unwille der nichtkatholischen Kantone rührte angeblich daher, daß man Kronprinz Władysław in Verdacht hatte, die Führung des spanischen Heeres übernehmen zu wollen.

144 Name konnte nur schwer entziffert werden.

145 Gerard Denhoff war Kalvinist und Reinhold Rozen Lutheraner.

146 Luzern: Stadt in der mittleren Schweiz am Vierwaldstätter See. Hier residierte von 1579 bis 1874 der päpstliche Nuntius.

147 Sempach: Stadt und See in der mittleren Schweiz, nördlich von Luzern. Am 9. Juli 1386 besiegten die Schweizer in der Schlacht bei Sempach den österreichischen Herzog Leopold III., der in dieser Schlacht ums Leben kam.

148 Flüelen: Stadt im Kanton Uri, an der südlichsten Spitze des Vierwaldstätter Sees gelegen.

149 Es handelt sich zweifellos um die Kapelle, die Wilhelm Tell gewidmet ist und am Vierwaldstätter See steht.

150 Wilhelm Tell.

151 St.-Gotthard-Paß zwischen den Tälern der Flüsse Reuß und Ticino (Tessin) in einer Höhe von 2094 Meter ü. d. M..

152 Adige (Etsch): Fluß im nördlichen Italien.

153 heiliger Columbanus: Abt und Märtyrer, gründete das Kloster Bobbio in Italien, starb 615.

154 Ducatone (Scut): silberne spanische Münze, in Mailand geprägt. Seit 1602 mit einem Gewicht von 31,5 g bei 28,665 g Silbergehalt, wurde in 100 Solide geteilt.

155 Gómez Suárez de Figuera (1587–1634): Herzog de Feria, war in den Jahren 1618–1625 und 1631–1633 Gouverneur des Herzogtums Mailand, das seit 1555 zu Spanien gehörte.

156 Bellagio: Stadt südlich von Como.

157 Unterwäldler: Einwohner von Unterwalden, einem Kanton in den Westalpen in der mittleren Schweiz.

158 Schwyz: Kanton zwischen dem Züricher, Zug- und Vierwaldstätter See.

159 Uri: Kanton südlich von Schwyz.

160 Der Fluß Ticino mündet in den Fluß Po, der Fluß Reuß in die Aare.

161 Lacus Comanus: der Comer See, größter See in den lombardischen Alpen, durch den der Fluß Adda fließt.

162 s. Anm. 155.

163 Carlo Borromeo: Heiliger, Kardinal und Erzbischof von Mailand, gest. 1584.

164 Capolago: Anlegestelle an der südlichen Spitze vom Comer See.

165 Trotz eines gewissen ökonomischen Rückschrittes unter der spanischen Herrschaft seit dem 16. Jahrhundert galt Mailand auch damals noch als ein wichtiges europäisches Handelszentrum.

166 Der Bau des Kastells wurde von den Visconti begonnen; man nannte es damals Castello di Porta Giova. Weitergeführt wurde der Bau in der zweiten Hälfte des 15. Jahrhunderts von Francesco Sforza. Unter der spanischen Herrschaft erfuhr das Kastell im 16. Jahrhundert weitere Umbauten.

167 Theatiner (Ordo clericorum Regularium vulgo Theatinorum): Orden der regulierten Kleriker von der göttlichen Vorsehung, gegründet 1524 vom hl. Cajetan Thiene aus Venedig (1480–1547) und Pietro Caraffa, Bischof von Chieti (lateinisch: Theate).

168 heiliger Andreas Avellino: Advokat aus Neapel, gest. 1608.

169 Sohn von Ambrogio di Spinola.

170 die polnische Königin Konstanze.

171 Ferdinando II. di Medici (1610–1670): in den Jahren 1621–1670 Großherzog von Florenz.

172 Odoardo Farnese (geb. 1612): Herzog von Parma.

173 Kardinal Francesco Maria Farnese.

174 Margarete von Österreich (gest. 1611): Frau von Philipp III.; sicher geht es hier um ihren Aufenthalt während ihrer Fahrt nach Spanien im Jahr 1594.

175 Genua (Genova): Hauptstadt der Republik Genua am Ligurischen Meer im nordwestlichen Italien.

176 Padua (Padova): Stadt im Westen der Lombardei am Fluß Ticino, unter spanischer Herrschaft stehend. Padua wurde 1611 von J. Sobieski (op. cit. S. 137) als antike und denkmalsreiche Stadt am Po beschrieben. Er besuchte auch das Grabmal des heiligen Augustinus sowie das Kloster der regulierten Domherrn.

177 heiliger Augustinus, Aurelius Augustinus (354–430): Philosoph und Theologe. Sein Grabmal befindet sich in der Kirche San Pietro in Cieldoro. Der Augustinerorden wurde 1256 in Italien von Papst Alexander IV. (1259–1261) mit Missionsabsichten gegründet.

178 Cosimo de Torres: Kardinal, Polens Protektor, in den Jahren 1621–1622 päpstlicher Nuntius in Polen.

179 M. Pallavicini und N. Gentili: Vertreter der vornehmsten italienischen Familien.

180 Herzog Andrea Doria (1466–1560): Doge von Genua, befreite Genua von fremden Einflüssen, gründete die Republik und stellte sich an ihre Spitze.

181 Palazzo Ducale: stammt aus dem 13. bis 14. Jahrhundert und wurde im 15. Jahrhundert umgebaut.

182 Berühmtes Ensemble repräsentativer Paläste aus dem 16.–18. Jahrhundert.

183 Die San-Siro-Kirche wurde um 1575 von den Theatinern übernommen.

184 Die Kirche Santa Maria Assunta di Carignano stammte aus dem 16.–17. Jahrhundert.

DEZEMBER

185 Parma: Stadt am Fuße der toskanischen Apenninen. Das Herzogtum Parma und Piacenza befand sich in den Jahren 1545–1731 im Rahmen des Kirchenstaates in den Händen des Geschlechtes der Farnese. Herzog von Parma war Odoardo Farnese.

186 Karl VIII.: aus der Dynastie der Valois, französischer König von 1483–1498, eroberte 1495 Neapel. Auf dem Rückweg nach Frankreich kam es am 6. 7. 1495 bei Fornovo di Taro mit den Streitkräften der Koalition der norditalienischen Staaten zu einer Schlacht, die unentschieden endete.

187 Alessandro Farnese (1545–1592): Herzog von Parma, seit 1578 Gouverneur in den Niederlanden.

188 Septina Caccini: Tochter des Komponisten Giulia und Schwester von Francesco.

189 Margherita Aldobrandini: Witwe von Herzog Ranuccio II. Farnese, dem Vater von Odoardo.

190 Reggio (Reggio nell' Emilia): Stadt zwischen Parma und Modena.

191 Modena: Hauptstadt des Herzogtums Modena, seit 1288 im Besitz des Geschlechtes der d'Este. Herzog von Modena war Cesare d'Este (1597–1628).

192 Damiano Fonseca weilte in den Jahren 1617–1619 als Kommissär des Generals des Dominikanerordens in Polen und führte damals Inspektionen in den Klöstern durch.

193 Die Bezeichnung ›a latere‹ oder ›de latere‹ rührt daher, daß sich der Legat bei der Verleihung seiner Vollmacht an die Seite des Papstes stellen mußte.

194 Cosimo de Torres.

195 Guido Reni (1575–1642): Vertreter der Bologneser Schule im frühen Barock. Angeblich erwarb der Kronprinz einige seiner Bilder wie auch einige von Giovanni Francesco Guercino (1591 bis 1666).

196 Ferdinand II. von Medici.

197 Imola: Stadt am Fluß Santerno in Mittelitalien, südöstlich von Bologna.

198 Faenza: Stadt am Fluß Lamone, südöstlich von Imola.

199 Forli: Stadt am Fluß Montone, südöstlich von Faenza.

200 Rimini: Hafen an der Adria, das antike Ariminum, seit 1528 an den Kirchenstaat angeschlossen.

201 Paul V.: Papst von 1605–1621.

202 Urban VIII.

203 Brief von Adam Przyboś ins Polnische übersetzt, nicht nach der Ausgabe von Plebański.

204 Alessandro Ludovisi: von 1621–1623 Papst Gregor XV.

205 Urbino: Stadt südlich von Rimini, 774 an den Kirchenstaat angeschlossen, seit 1508 Herzogtum unter der Regierung der Herzöge della Rovere. Francesco Maria II. della Rovere (1548 bis 1631), letzter seines Geschlechtes.

206 Pesaro: Hafen an der Mündung des Flusses Foglia in die Adria, südöstlich von Rimini gelegen.

207 Fano: Hafen an der Mündung des Flusses Metauro in die Adria.

208 Ancona: Hafen an der Adria, 1532 dem Kirchenstaat angegliedert.

209 J. Sobieski (op. cit. S. 182–183) beschrieb Loreto mit großer Ehrfurcht und teilte mit, daß sie von zahlreichen Ausländern besucht wurde, die hier viele und kostbare Geschenke opferten.

210 Maria Magdalena von Habsburg (1589 bis 1631).

211 Agostino Galamina: Kardinal, General der Dominikaner, Bischof von Loreto.

212 Camerino: Stadt südwestlich von Tolentino.

213 Macerata: Stadt südlich von Ancona.

214 Heinrich IV.: Bourbone, von 1589–1610 König von Frankreich, am 4. Mai 1610 ermordet.

215 Angabe der Stunden nach dem 12- und dem 24stündigen Uhrensystem.

216 Assisi: Stadt in Mittelitalien.

217 Franz von Assisi (1182–1226): Heiliger, nach ihm wurde der Franziskanerorden benannt.

218 heilige Klara, Stifterin des Ordens der Klarissinnen im Kloster St. Damian in Assisi, gest. 1253.

219 Spoleto: Stadt südlich von Assisi, seit 1213 an den Kirchenstaat angeschlossen.

220 Terni: Stadt am Fluß Nera, südlich von Spoleto.

221 Monte Cavallo: Palast des Papstes, St. Peter, errichtet nach 1574. Zur Zeit Sixtus V. (1585 bis 1590) standen vor dem Palast die Figuren von Castor und Pollux.

222 Papst Urban VIII. weilte als Maffeo Barberini um 1610 als Legat in Bologna.

223 Über den Aufenthalt von A. S. Radziwiłł in Rom berichtete überdies E. Wassenberg (op. cit. S. 189), daß jener dort zwei seiner Cousins antraf, Jan Albrycht Radziwiłł (1591–1626) und Aleksander Ludwik Radziwiłł (1594–1654), zwei litauische Magnaten, die in Rom selbst Kardinäle und italienische Edelleute empfingen und diesen Visiten machten.

224 Marcantonio de Dominis: Erzbischof von Spoleto, griff das Ablaßwesen und die Autorität von Konzilen und Päpsten an, wurde im Mai 1624 vor Gericht gestellt und widerrief; starb am 8. September 1624.

225 Auf dem Campo di Fiori wurde 1600 Giordano Bruno verbrannt.

226 Santa Maria Rotonda: Pantheon (griech., ein ›allen Göttern geweihter Tempel‹), größter antiker Kuppelbau, der im 1. Jh. u. Z. erbaut und 609 in eine Kirche umgewandelt wurde.

227 Matutinum: Morgenmesse in der Zeit von Mitternacht bis in die Morgenstunden.

228 König Zygmunt III. Wasa.

229 Lucius Licinius Lucullus (um 117–um 56 v. u. Z.): römischer Feldherr, der in Kleinasien große Reichtümer erwarb und in Rom üppig und genießerisch, ›lukullisch‹ lebte.

230 Die Jesuitenkirche Il Gesù wurde in den Jahren 1568–1584 nach dem Projekt von Vignola, eigentl. Giacomo Barozzi (1507–1573), die Fassade nach Giacomo della Porta (1540–1602) errichtet. Als der Kronprinz die Kirche besichtigte, traf er in ihr den toskanischen Gesandten in Rom, Francesco Niccolini, der sich in seinem Bericht nach Florenz enthusiastisch über das lebhafte Interesse des polnischen Kronprinzen für Musik äußerte: ›Es erlaubte mir gestern der polnische Kronprinz, ihm die Ehre auf den Balkons der Il-Gesù-Kirche zu geben, wo eine ganz wunderbare Vesperandacht gesungen wurde [...] Die ganze übrige Zeit sprach der Kronprinz über Musik und die Sänger und bestand darauf, daß man ihm erläutere, wer sie alle waren, die man gehört hatte. Dabei versicherte er mir, daß er bisher keine besseren Musiker getroffen und noch keine so schönen Kompositionen gehört hätte als in Rom. Und da Eure Hoheit als ein ganz außergewöhnlicher Musikliebhaber bekannt sind und man dem Kronprinzen, der Gesang sehr liebt und mit großer Sachkenntnis darüber spricht, kein größeres Vergnügen bereiten könnte, so halte ich es für angebracht, darauf hinzuweisen, ihm etwas Ähnliches zu bereiten, weil er sich ganz besonders darüber freuen würde.‹

231 bevorzugte Kirchen: Kirchen, in denen bei der Messe für die Seele einer verstorbenen Person Generalablaß gewährt werden konnte. Nach Pac gab es in Rom nur sieben solche Kirchen.

232 Taddeo Barberini: Herzog von Palestrina, Kommandant der päpstlichen Abteilungen.

233 Die heilige Veronika reichte Christus, als er das Kreuz trug, ein Tuch zum Abwischen des Gesichtes. Angeblich blieb das Antlitz des Gemarterten auf dem Tuch fixiert. Es wurde in Rom aufbewahrt.

234 Karl V. von Habsburg: Kaiser von 1519 bis 1556.

235 Die Kirche Santa Maria della Vittoria wurde zwischen 1608 und 1620 von Carlo Maderna (1556–1629) erbaut.

1625

JANUAR

1 In der Nähe von Frascati befand sich die antike Stadt Tusculum, mit den alten Stadtmauern, dem Amphitheater und dem Forum.

2 Das Königreich Neapel gehörte seit 1503 zu Spanien. Damaliger spanischer König war Philipp IV. von Habsburg.

3 Giovanni Deodati.

4 Fernando Álvarez de Toledo Herzog Alba (1508–1582): Statthalter von Mailand, Vizekönig von Neapel, schlug den Aufstand der Niederländer nieder.

5 Clemens VIII. (Ippolito Aldobrandini): Papst von 1592–1605).

6 Pietro Aldobrandini.

7 Velletri: Stadt südlich von Rom.

8 Terracina: Stadt an der Bucht von Gaeta.

9 Fondi: Stadt südöstlich von Terracina.

10 Gaëta: Hafen und Festung am Tyrrhenischen Meer, zu römischen Zeiten Caieta.

11 Nola: Stadt südlich von Neapel.

12 Capua: Stadt am Fluß Volturno, nördlich von Neapel. J. Sobieski (op. cit. S. 177) berichtete, daß es ein antikes, doch rundherum fröhliches Land war, voll von Bäumen und Weinkellern: ›Kein Wunder, daß Hannibal in diesem Land verweichlichte.‹

13 Castel Nuovo: stammt aus dem 13. Jahrhundert, mit einem Triumphbogen aus dem 15. Jahrhundert.

14 Gotische Kathedrale San Gennaro aus dem 13.–14. Jahrhundert. Der heilige Januarsius, Bischof von Benevento, starb am 19. September 305 mit sechs Gefährten in Pozzuli bei Neapel.

15 Castel San Elmo: Schloß aus dem 14. Jahrhundert, in den folgenden Jahrhunderten ausgebaut, auf einer der höchsten Anhöhen von Neapel gelegen.

16 Pozzuli: Hafen an der Bucht von Neapel.

17 Fernando Álvarez de Toledo Herzog von Alba.

18 La Bell' Adriana Basile (1580–1640): berühmte Sängerin aus Neapel, Frau von Muzio Baroni; Caterina und Leonora waren ihre Töchter.

19 In Neapel lernte der Kronprinz Anna Caraffa di Stigliano kennen, die er mit einem seiner Brüder, Aleksander Karol oder Jan Kazimierz, vermählen wollte, doch die spanische Diplomatie durchkreuzte seine Absichten.

20 Papst Urban VIII.

21 Rastawiecki (op. cit. S. 458) berichtet, daß diese Zeremonie in einer Seitenkapelle der päpstlichen Wohnung stattfand. Es soll ein zweischneidiges Schwert und eine Hermelinmütze gewesen sein.

22 Giovanni Ciampoli (1589–1643): Dichter, Sekretär des Papstes. Komponierte die Kantate ›La vittoria del Principe Vladislav in Valachia‹, die den Sieg von Chocim rühmt. Es sangen Chöre polnischer und türkischer Soldaten und polnische Frauen.

23 Giovanni Girolamo Kapsberger (genannt Il Tedesco della Tiorba, Tedeschino): ein in dieser Zeit hochgeschätzter Komponist.

24 heiliger Felician: Märtyrer, Bruder des heiligen Primus; beide kamen am 9. Juni etwa im Jahr 300 in Nomentum bei Rom ums Leben.

25 Krone: hier Rosenkranz mit einem Medaillon mit der Abbildung von Urban VIII..

26 Ferdinand II. von Medici.

27 Urban II.: Papst zwischen 1088–1099; unter seinem Pontifikat wurde der erste Kreuzzug proklamiert.

28 Caprarola: Stadt südlich von Rom neben Viterbo, mit dem berühmten Palazzo Farnese, errichtet 1547–1559 von Vignola für Kardinal Alessandro Farnese, den Enkel von Paul III.

29 Montefiascone: Stadt am See di Bolsena, nordwestlich von Viterbo gelegen.

30 Radicofani: Stadt nordwestlich von Acquapendente mit einer starken Festung und einer geräumigen Osteria.

31 Siena: Stadt in der Toskana, südlich von Florenz.

32 Herzoginmutter: Maria Magdalene von Habsburg, Tante von Kronprinz Władysław, Witwe von Cosimo II. de Medici.

FEBRUAR

33 Heiliger Stefansorden: im Jahr 1561 von Cosimo I., Großherzog von Toskana, zur Piratenbekämpfung gestiftet.

34 Nach dem Tagebuch von Tinghi (op. cit. S. 105) stellte an diesem Tag die Erzherzogin dem polnischen Kronprinzen ihre zwei Töchter vor: die dreizehnjährige Margarethe und die neunjährige Anna; angeblich war die ältere Tochter als Frau des Kronprinzen vorgesehen.

35 Nach dem Tagebuch von Tinghi begab sich der Kronprinz, der sich maskiert hatte, mit Vincenzo Salviati zu einem Fest in das Haus der Giraldi.

36 Den Bau des Domes Santa Maria del Fiori begann 1296 Arnolf di Cambio; F. Talenti beendete ihn im 14. Jahrhundert; die Kuppel setzte im 15. Jahrhundert Filipp Brunelleschi auf.

37 Ferdinando Gonzaga: Herzog von Mantua. – Katharina de Medici: Schwester von Cosimo II., Herzogin. – Vincenzo Gonzaga: Bruder von Ferdinand, Kardinal.

38 Calcio: ein Spiel, an dem zwei Mannschaften zu je 28 Personen teilnahmen. Sie unterschieden sich durch zwei verschiedenfarbige Wimpel und kämpften nach der ›strengen Regel‹ auf dem Feld. In etwa erinnert das Spiel an das heutige Rugby. Ursprungsland dieses Spiels war Florenz.

39 Jan Jerzy Radziwiłł (1588–1625): seit 1613 Kastellan von Trock.

40 Lucca: Freistadt in der Toskana, westlich von Florenz.

41 Pisa: Stadt in der Toskana am Fluß Arno mit einer Akademie, einer bekannten Medizinschule und dem Palast der Ritter des heiligen Stefan.

42 Ambrosanium: Ambrogiana, herzögliche Residenz, errichtet von Ferdinand I. neben der Empoli-Brücke an der Mündung des Flusses Pesa in den Arno.

43 Pontedera: Stadt östlich von Pisa.

44 Livorno: Hafen am Ligurischen Meer, südlich der Mündung des Flusses Arno. Der Gouverneur Don Pietro Medici begrüßte den Kronprinzen, und von der Nuovo-Festung wurde aus Mörsern geschossen. Der Kronprinz besuchte auch die Kirche Santa Maria del Soccorso und den Dom. Im Hafen gaben 30 Schiffe Salutschüsse ab. Sobieski gefiel diese lebhafte Hafenstadt mit den breiten Straßen und den mächtigen Befestigungsanlagen, von wo aus die Ritter des Heiligen Stefan auf Galeeren gegen die Türken ausliefen.

45 Im Altertum betrug eine Meile 1000 Schritt, was etwa 1481,5 m ausmachte. Die Italiener führten das Meilenmaß erst im 17. Jahrhundert ein.

46 Ferdinand I. von Medici.

47 Mutter von Herzog Ferdinand II.: Maria Magdalena von Medici. – Großmutter: Christine von Lothringen.

48 Biliński (Galileo Galilei, S. 83) informiert über Archivmaterial, das den Aufenthalt des Kronprinzen in Florenz betrifft und sich im Staatsarchiv von Florenz befindet.

49 Pratolino: Stadt, fünf italienische Meilen von Florenz entfernt.

50 Scarperia: Stadt im Herzogtum Toskana.

51 Die Reise ging von Toskana auf Gebirgspfaden über die Apenninen.

52 Roberto Ubaldini: Kardinal, Legat von Bologna.

53 Astrachan: russische Stadt im Wolgadelta; hier als Symbol des Frostes angeführt.

54 Pianoro: 15 Kilometer südlich von Bologna gelegen.

55 Roberto Ubaldini.

56 Ferdinando Gonzaga: seit 1612 Herzog von Mantua, Sohn von Vincenzo I.

57 Herzog Cesare d'Este.

58 Mirandola: Stadt südlich von Mantua.

59 Bomporto: Stadt 12 Kilometer nordöstlich von Modena gelegen.

60 Concordia: Stadt am Fluß Secchia, 25 Kilometer von Mantua entfernt.

61 San Benedetto: Stadt 3 Kilometer vom Ufer des Po entfernt.

62 Giacinto (geb. 1616): Sohn von Ferdinando Gonzaga und Gräfin Margarete.

63 Hieraus ist zu ersehen, daß A. S. Radziwiłł seinen Bericht nach 1627 schrieb, da die ältere Linie der Gonzagas von Mantua im Jahr 1627 ausstarb.

64 St.-Andreas-Kirche: von L. B. Alberti (1404 bis 1472) im 15. Jahrhundert projektiert; Querschiff und Chor stammen aus den Jahren 1597–1600; gehört zu den berühmtesten Renaissancebauten.

65 heiliger Longinus: Name des Soldaten, der Christus mit einer Lanze in die Seite stach und um das Jahr 58 den Märtyrertod erlitt. In einer der Kapellen der St.-Andreas-Kirche befindet sich das Grabmal des heiligen Longinus mit der Aufschrift: ›Longini eius, qui latus Christi percussit, ossa‹ (Gebeine jenes Longinus, der Christus' Seite durchbohrte).

66 Der berühmte Palazzo del Té aus dem 16. Jahrhundert, Werk von Giulio Romano (1499–1546).

MÄRZ

67 Verona: Stadt am Fluß Atesis, gehörte in der Zeit von 1405–1796 zur Republik Venedig.

68 Das Amphitheater befand sich im Zentrum der Stadt und stammte aus der ersten Hälfte des 1. Jh. u. Z.

69 Vicenza: Stadt am Fluß Timonchio, nordöstlich von Verona.

70 Janusz Kiszka: Wojewode von Połock in den Jahren 1621–1654, studierte 1624 in Padua und begleitete den Kronprinzen nach Venedig.

71 Stanisław Rudomina: Bruder von Pac' Frau.

72 Aleksander Teodat (Bohdan) Sapieha (1585 bis 1633): seit 1606 Kämmerer in Witebsk, ab 1613 Starost von Orsza. Studierte mit Janusz Kiszka in Padua. Sapieha wurde von der ›polnischen Nation‹ in Padua auf die Nachricht von der Ankunft des Kronprinzen hin am 2. März 1625 zum Konsiliarus gewählt.

73 Brenta: Fluß in Norditalien; mündet in die Adria.

74 Lucefusina (heute: Füsina): Stadt an der Brenta.

75 Grimani-Palast: 1556 von Michele Sanmicheli (1484–1559) erbaut.

76 Giovanni Tiepolo war in den Jahren 1645 bis 1647 außerordentlicher venezianischer Botschafter in Polen und beeinflußte Władysław IV. in den Türkenkriegen.

77 Giovanni I. Cornèr: vom 4. Januar 1625 bis 23. Dezember 1629 Doge von Venedig.

78 St.-Marcus-Kirche aus dem 9., 11., 13., 15. Jahrhundert.

79 Murano: Stadt auf fünf kleinen Inseln in der Lagune von Venedig.

80 Der Kronprinz besuchte den Senatorensaal (sala de pregadi) im Palazzo Ducale, in dem sich Bilder von Ende des 16. Jahrhunderts befanden, darunter eins von Tintoretto, ›Venezia regina del mare‹.

81 Das Arsenal stammte aus den 11.–16. Jh..

82 Der Corner oder Ca' Grande-Palast wurde 1532 von Jacopo Sansovino erbaut.

83 Der englische Diplomat J. Wake beschrieb am 18. März 1625 den Aufenthalt des polnischen Kronprinzen in Venedig folgendermaßen: ›Es wird mitgeteilt, daß der polnische Kronprinz hier am 4. März um die zweite Tagesstunde eintraf. Er reiste inkognito durch Verona, Vincenza und Padua, um sich den Stadtherrn, die einen prächtigen Empfang vorbereitet hatten, nicht zu erkennen zu geben. Er stieg hier im Grimani-Palast ab, der auf Weisung des Senats für ihn vorbereitet worden war. Am 10. Tag besuchte er privatim den Dogen. Es hieß, es war ein zufälliges Zusammentreffen, denn er stieß auf den Dogen, als er durch den Palast ging, um das Gebäude und die Bilder zu besichtigen. Am nächsten Tag suchte er das Arsenal auf. Am 12. Tag wurde ein festlicher Ball veran-

staltet, zu dem die vornehmsten Damen geladen waren. Die Frauen dreier wichtiger Gesandter eröffneten den Tanz. Der Kronprinz schien traurig zu sein. Alle Freuden, die man für ihn vorbereitet hatte, schienen ihm gleichgültig, was die Veranstalter, die keine Mühen gescheut hatten, um ihm ihre Ehrerbietung zu erweisen und zu zeigen, wie sehr sie sein Anblick freute, nicht wenig bedrückte.‹

84 Phoenix: ägyptischer Sagenvogel, der sich alle 500 Jahre verbrannte und aus der Asche wieder verjüngt hervorging; hier als Symbol des Ungewöhnlichen angeführt.

85 Udine: Stadt am Fuß der Julischen Alpen, östlich von Friuli.

86 Gemona: Stadt nördlich von Udine.

87 Venzone: Stadt südlich von Udine.

88 Pontebba: Stadt westlich von Tarvisio.

89 Nach Plebański handelte es sich um Tarvisio.

90 Villach: Stadt in Kärnten (Südösterreich), an der Mündung des Flusses Gail in die Drau gelegen.

91 Feldkirchen: Stadt nordöstlich von Villach.

92 Friesach: Stadt nördlich von St. Veit.

93 Neumarkt: Stadt nördlich von Friesach.

94 Unzmarkt: Stadt am Fluß Mur.

95 Judenburg: Stadt westlich von Graz.

96 Aquileja: ehemaliger Hafen an der Adria, 425 durch den Hunnenkönig Attila zerstört, zu Beginn des 15. Jahrhunderts der Republik Venedig angegliedert.

APRIL

97 Frohnleiten: Stadt an der Mur, südlich von Graz gelegen.

98 Bruck: Stadt an der Mündung der Mürz in die Mur, südlich von Frohnleiten gelegen.

99 Mürzzuschlag: Stadt an der Mürz.

100 Pac irrt hier, Przerembski war kein Referendarius der Krone.

101 Anna Wasa, Tochter von Jan III. Wasa und Katarzyna Jagiellonka, am 6. Februar 1625 gestorben.

102 Karol Ferdynand Wasa (1613–1655) wurde am 3. Mai 1625 vom Kapitel zum Bischof von Breslau gewählt.

103 Bruck: Stadt am Fluß Leithe, südöstlich von Wien gelegen.

104 Eleonora.

105 Söhne: Ferdinand und Leopold Wilhelm. – Töchter: Maria Anna und Cäcilie Renate.

106 Karl von Liechtenstein: Statthalter von Böhmen.

107 Flüsse: Morava mit den Zuflüssen Dyje, Cezava und Jihlava.

108 Auspitz: Stadt nordöstlich von Nikolsburg.

109 Prossnitz (heute Prostejov): Stadt in Mähren, südlich von Olomouc.

110 Olmütz: heute Olomouc.

111 Sternberg (heute Sternberk): Stadt südlich von Olomouc.

112 Freudenthal: heute Bruntàl.

113 Hennersdorf: heute Jindrichov.

114 Zygmunt III. Wasa.

Personenregister

Verzeichnis der geographischen Namen

Abbildungsverzeichnis

47 *Kaiser Ferdinand II.*
Kupferstich. Reproduktion nach: Theatrum Europäum I. Frankfurt a. M. Matthäus Merian. 2., verb. Druck 1643.

49 *Kaiser Rudolf II.*
Zeitgenössischer Kupferstich. Stammbuch 7, Bl. 11. Universitätsbibliothek Jena.

51 *Prospekt des Kielmännischen Gartens bei Wien.*
Kupferstich. Reproduktion nach: Topographia Provinciarum Austriacarum. Frankfurt a. M. Matthäus Merian 1649. Ausgabe 1677.

53 *Ansicht von Schloß Hernals.*
Kupferstich. Reproduktion nach: Topographia Provinciarum Austriacarum. Frankfurt a. M. Matthäus Merian 1649. Ausgabe 1677.

54 *Erzherzog Leopold Wilhelm.*
Kupferstich. Reproduktion nach: Theatrum Europäum V. Frankfurt a. M. Matthäus Merians Erben 1651.

55 *Ansicht der Stadt St. Pölten.*
Kupferstich. Reproduktion nach: Topographia Provinciarum Austriacarum. Frankfurt a. M. Matthäus Merian 1649. Ausgabe 1677.

56 *Die Stadt Melck aus der Vogelperspektive.*
Kupferstich. Reproduktion nach: Topographia Provinciarum Austriacarum. Frankfurt a. M. Matthäus Merian 1649. Ausgabe 1677.

59 *Ansicht der Stadt Linz.*
Kupferstich. Reproduktion nach: Topographia Provinciarum Austriacarum. Frankfurt a. M. Matthäus Merian 1649. Ausgabe 1677.

67 *Ansicht des Marktes und der Frauenkirche zu München.*
Kupferstich. Reproduktion nach: Topographia Bavariae. Frankfurt a. M. Matthäus Merian 1644.

68 *Kurfürst Maximilian I.*
Kupferstich. Reproduktion nach: Karl Brandi. Deutsche Reformation und Gegenreformation. 2. Halbband. Leipzig 1930.

69 *Herzog Albrecht V. von Bayern.*
Gemälde von Hans Mielich. Reproduktion nach: Karl Brandi. Deutsche Reformation und Gegenreformation. 2. Halbband. Leipzig 1930.

70 *König Gustav Adolf II. von Schweden.*
Gemälde von van Dyck. Reproduktion nach: Karl Brandi. Deutsche Reformation und Gegenreformation. 2. Halbband. Leipzig 1930.

71 *Stadtplan von München.*
Kupferstich. Reproduktion nach: Topographia Bavariae. Frankfurt a. M. Matthäus Merian 1644.

75 *Vorderansicht des Augsburger Rathauses.*
Kupferstich. Reproduktion nach Topographia Sveviae. Frankfurt a. M. Matthäus Merian 1643.

77 *Ansicht der Stadt Nürnberg.*
Kupferstich. Reproduktion nach: Topographia Franconiae. Frankfurt a. M. Matthäus Merian 1648.
Die Stadt Nürnberg in der ersten Hälfte des 17. Jahrhunderts.
Kupferstich. Reproduktion nach: Topographia Franconiae. Frankfurt a. M. Matthäus Merian 1648.

78 *Teilansicht der bischöflichen Residenzstadt Würzburg.*
Kupferstich. Reproduktion nach: Topographia Franconiae. Frankfurt a. M. Matthäus Merian 1648.

80 *Ansicht des bischöflichen Residenzschlosses mit der alten Mainbrücke zu Würzburg.*
Kupferstich. Reproduktion nach: Topographia Franconiae. Frankfurt a. M. Matthäus Merian 1648.
Johannes Schweikart von Kronberg.
Zeitgenössischer Kupferstich. Stammbuch 7, Bl. 21. Universitätsbibliothek Jena.

81 *Ansicht der Stadt Aschaffenburg und der Stadt Steinheim.*
Kupferstich. Reproduktion nach: Topographia Archiepiscopatuum Moguntinensis, Treuirensis et Coloniensis. Frankfurt a. M. Matthäus Merian 1646.

82 *Die Stadt Hanau im Jahre 1632.*
Kupferstich. Reproduktion nach: Topographia Hassiae et Regionum Vicinarum. Frankfurt a. M. Matthäus Merian 1646.

83 *Die Reichsstadt Frankfurt am Main im Jahre 1646.*
Kupferstich. Reproduktion nach: Topographiae Hassiae et Regionum Vicinarum. Frankfurt a. M. Matthäus Merian 1646.

84 *Die Stadt Mainz im Jahre 1633.*
Kupferstich. Reproduktion nach: Topographia Archiepiscopatuum Moguntinensis, Treuirensis et Coloniensis. Frankfurt a. M. Matthäus Merian 1646.
Teilansicht der Stadt Mainz.
Kupferstich. Reproduktion nach: Topographia Archiepiscopatuum Moguntinensis, Treuirensis et Coloniensis. Frankfurt a. M. Matthäus Merian 1646.

85 *Das erzbischöfliche Residenzschloß Johannisburg zu Aschaffenburg aus der Vogelperspektive.*
Kupferstich. Reproduktion nach: Topographia Archiepiscopatuum Moguntinensis, Treuirensis et Coloniensis. Frankfurt a. M. Matthäus Merian 1646.

87 *Ansicht von Schloß Braunfels und Schloß Greiffenstein.*
Kupferstich. Reproduktion nach: Topographia Hassiae et Regionum Vicinarum. Frankfurt a. M. Matthäus Merian 1646.

88 *Die Stadt Koblenz während der Belagerung und Einnahme durch die schwedischen Truppen im Jahre 1632.*
Kupferstich. Reproduktion nach: Topographia Archiepiscopatuum Moguntinensis, Treuirensis et Coloniensis. Frankfurt a. M. Matthäus Merian 1646.

91 *Ansicht und Plan der Stadt Bonn.*
Kupferstich. Reproduktion nach: Topographia Archiepiscopatuum Moguntinensis, Treuirensis et Coloniensis. Frankfurt a. M. Matthäus Merian 1646.

93 *Stadtplan von Köln.*
Kupferstich. Reproduktion nach: Topographia Archiepiscopatuum Moguntinensis, Treuirensis et Coloniensis. Frankfurt a. M. Matthäus Merian 1646.

99 *Ansicht der Stadt Aachen.*
Kupferstich. Reproduktion nach: Topographia Westphaliae. Frankfurt a. M. Matthäus Merian 1647. Ausgabe 1700.

103 *Ansicht der Stadt Bergen op Zoom und der Stadt Löwen.*
Kupferstich. Reproduktion nach: Topographia Germaniae – Inferioris vel Circuli – Burgundici. Frankfurt a. M. Caspar Merian 1659.

104 *Ansicht der Stadt Antwerpen und der Stadt Brüssel.*
Kupferstich. Reproduktion nach: Topographia Germaniae – Inferioris vel Circuli – Burgundici. Frankfurt a. M. Caspar Merian 1659.

105 *Albrecht VII., Erzherzog von Österreich.*
Zeitgenössischer Kupferstich. Bildersammlung (Nr. 5a) der Universitätsbibliothek Jena.

106 *Kaiser Maximilian II.*
Zeitgenössischer Kupferstich. Stammbuch 7, Bl. 10. Universitätsbibliothek Jena.

107 *Kaiser Maximilian II.*
Kupferstich. Reproduktion nach: Karl Brandi. Deutsche Reformation und Gegenreformation. 2. Halbband. Leipzig 1930.

109 *Infantin Isabella Klara Eugenia.*
Kupferstich. Reproduktion nach: Theatrum Europäum II. Frankfurt a. M. Matthäus Merian. 3., verb. Druck 1646.

113 *Ansicht der Stadt Mechelen.*
Kupferstich. Reproduktion nach: Topographia Germaniae – Inferioris vel Circuli – Burgundici. Frankfurt a. M. Caspar Merian 1659.

115 *Grundriß der Festung Breda.*
Kupferstich. Reproduktion nach: Topographia Germaniae – Inferioris vel Circuli – Burgundici. Frankfurt a. M. Caspar Merian 1659.

117 *Ambrogio di Spinola.*
Kupferstich. Reproduktion nach: Theatrum Europäum I. Frankfurt a. M. Matthäus Merian. 2., verb. Druck 1643.

119 *Ausschnitt aus einem Schlachtenbild.*
Kupferstich. Reproduktion nach: Theatrum Europäum III. Frankfurt a. M. Matthäus Merian 1644.

123 *König Philipp II. von Spanien.*
Zeitgenössischer Kupferstich. Stammbuch 7, Bl. 122. Universitätsbibliothek Jena.

124 *Kaiser Karl V.*
Zeitgenössischer Kupferstich. Stammbuch 7, Bl. 8. Universitätsbibliothek Jena.

126 *Stadtplan von Metz.*
Kupferstich. Reproduktion nach: Topographia Palatinatus Rheni et Vicinarum Regionum. Frankfurt a. M. Matthäus Merian 1645.

phia Italiae. Frankfurt a. M. Matthäus Merians Erben 1688. Ausgabe um 1700.

209 *Ansicht vom Markusplatz zu Venedig.*
Kupferstich. Reproduktion nach: Topographia Italiae. Frankfurt a. M. Matthäus Merians Erben 1688. Ausgabe um 1700.

211 *Darstellung einer Senatssitzung im Dogenpalast zu Venedig.*
Kupferstich. Reproduktion nach: Topographia Italiae. Frankfurt a. M. Matthäus Merians Erben 1688. Ausgabe um 1700.

216 *Prospekt der Stadt Villach.*
Kupferstich. Reproduktion nach: Topographia Provinciarum Austriacarum. Frankfurt a.M. Matthäus Merian 1649. Ausgabe 1677.

217 *Ansicht der Stadt St. Veit.*
Kupferstich. Reproduktion nach: Topographia Provinciarum Austriacarum. Frankfurt a.M. Matthäus Merian 1649. Ausgabe 1677.

219 *Landschaft mit Schloß Obertal und Schloß Untertal bei Graz.*
Kupferstich. Reproduktion nach: Topographia Provinciarum Austriacarum. Frankfurt a. M. Matthäus Merian 1649. Ausgabe 1677.

221 *Władysław IV. Wasa.*
Kupferstich. Reproduktion nach: Theatrum Europäum III. Frankfurt a. M. Matthäus Merian 1644.

225 *Schwedische Truppen vor Frankfurt am Main 1631.*
Kupferstich. Reproduktion nach: Theatrum Europäum II. Frankfurt a. M. Matthäus Merian. 3., verb. Druck 1646.

226 *Die Schlacht bei Thann im Oberelsaß von 1634.*
Kupferstich. Reproduktion nach: Theatrum Europäum III. Frankfurt a. M. Matthäus Merian 1644.